人生金书系列

北大心理课

黄晓林

编著

北京联合出版公司
Beijing United Publishing Co.,Ltd.

图书在版编目（CIP）数据

北大心理课 / 黄晓林编著.—北京：北京联合出版公司，
2015.9（2022.7 重印）

（人生金书系列）

ISBN 978-7-5502-6094-8

Ⅰ.①北… Ⅱ.①黄… Ⅲ.①心理学 Ⅳ.①B84

中国版本图书馆 CIP 数据核字（2015）第 207037 号

北大心理课

编　　著：黄晓林

责任编辑：昝亚会　徐秀琴

封面设计：韩立强

责任校对：许俊霞

图文制作：北京东方视点数据技术有限公司

北京联合出版公司出版

（北京市西城区德外大街 83 号楼 9 层　100088）

北京德富泰印务有限公司印刷　新华书店经销

字数 600 千字　720 毫米×1020 毫米　1/16　28 印张

2018 年 10 月第 2 版　2022 年 7 月第 4 次印刷

ISBN 978-7-5502-6094-8

定价：68.00 元

前　言

北京大学是我国科学心理学的发源地。1902 年，京师大学堂日籍教员服部宇之吉讲授心理学，拉开了在北大传播科学心理学的帷幕。1917 年北京创立中国第一个心理学实验室，这是中国现代科学心理学的开端，是由著名教育家、北京大学校长蔡元培先生倡导的，他曾在德国莱比锡大学修习科学心理学之父冯特教授的心理学课程。此后，不少教授在北大讲授和研究心理学，如陈大奇、孙国华等，北大让越来越多的人了解到心理学，受益于心理学。

生活中，你是否有过这样的疑惑呢：记忆中为什么偶尔会出现前世的画面？做了决定为什么常常会后悔？微笑为什么能让人感觉到美好的存在？打扮漂亮的人为什么更受欢迎？跌势股为什么还紧抓不放？"墙头草"为什么能见风使舵？拍马屁的人为什么更得人喜欢？为什么有人会见死不救……

在这个纷繁复杂的世界，很多类似的事情我们习以为常，很多想法或疑惑萦绕心头，但我们并不了解真相。大多时候，我们不是命运的囚犯，而是心灵的囚犯。因为我们没有意识到操控着人类的神奇力量——我们的心理！

每个人都希望了解自己，了解他人，拥有幸福，走向成功，但是这并不容易做到。心理学的出现让这一切都变得简单起来，它可以帮助人们认识自己，看透别人，破解生活中的许多难题，从而更好地驾驭自己的人生。可见，人生中不能不懂心理学，更不能没有心理学。

关于我们的心理世界，有很多神奇而有趣的现象，正是这些有趣而神秘的事情揭示了世界、人类运行的逻辑规律，推演命运发展的因果关系，而这些就是北大心理课所要专注的主要内容。

《北大心理课》囊括了认知心理学、性格心理学、情绪心理学、行为心理学、成功心理学、人际关系心理学等多个心理学分支，无论是生活、工作还是人际交往、情绪等，都涉及了。课程采用通俗易懂的语言，结合具体事例，同时介绍一些非常实用的方法，并在开篇引用名人名言。这些方法无须您细细揣测，完全可以拿来就用，帮你轻松掌握心理学的智慧与奥秘，教你从生活、工作、情感、人际关系等各个方面提升自己，应对各种突如其来的困难和麻烦，帮助更好地树立自己的形象、处理和朋友的关系、说服别人。从而更好地了解自己、读懂他人、认识社会，拥有融洽的人际关系、良好的心态和幸福的生活。

美国心理学家马斯洛曾说过："人生虽不完美，却是可以令人感到满意和快乐的。"在这场不断破译人生密码的旅程中，你可能会因为错过一些东西而遗憾，但也会因为收获一些东西而满足，这就是本书将带给你的最大用处。

相信这本书一定能够为您解决生活中的很多问题。轻轻松松学习心理学，我们的目标不是为了能成为心理学专家，而是要理解和运用心理学知识，进而学会如何更理性、更舒适、更精彩地生活。

目　录

第三章

潜意识的奥秘和力量

第四章

遇见未知的自己

第五章

为什么会产生心理错觉

第六章

记忆没有想象中的可靠

第七章

大多数人实际上并不理性

第八章

我们的决策易受别人影响

第九章
有些人就是能征服别人

第十章

人会经常陷入执着和疯狂

第十一章

是什么让你感到恐惧

第十二章

让自己倾听心灵的声音

第十三章

不断提升自己的幸福指数

第十六章

如何读懂人心而识人

第十七章

如何增强自己的吸引力

第十八章

润物细无声的心理操纵术

第十九章

以强大的内心面对世界

第二十章

管理要懂一点心理学

第二十一章

如何在谈判中战胜对手

第二十二章

投资是一场心理学的游戏

第一章　看懂行为背后的性格密码

个人性格的问题，不是别人管得着的。我常常以为性格不是优点，也不是缺点，是特点。不同的性格互见短长，各有代价，有百害而无一利是少见的。

——郑也夫

（北京大学教授，著名社会学家）

每个人都有不同的性格

性格又称个性，源于古希腊语 Persona。它原是古希腊时代的戏剧演员在舞台上戴的面具，它代表剧中人物的角色和身份，面具随人物角色的不同而变换，体现了角色的特点和人物性格，犹如中国传统京剧中的脸谱。

在今天的心理学范畴里，性格是人的个性心理特征之一，它是指在人的认识、情感、言语、行动中，心理活动发生时力量的强弱、变化的快慢和均衡程度等稳定的动力特征。主要表现在情绪体验的快慢、强弱，表现的隐显以及动作的灵敏或迟钝方面，因而它为人的全部心理活动表现染上了一层浓厚的色彩。它与日常生活中人们所说的"脾气""气质""性情"等含义相近。

性格是在人的生理素质的基础上，通过生活实践，在后天条件影响下形成的，并受到人的世界观、人生观等价值观的影响。它的特点一般是通过人们处理问题、人与人之间的相互交往显示出来的，并表现出个人典型的、稳定的心理特点。

公元前202年12月寒冬，项羽率10万楚军，被70万汉军围困在垓下。这时候，楚军断炊绝粮，饥寒交迫，外无援兵，已成孤军。夜间，项羽听到垓下四面

1

楚歌，他大惊："汉军难道都占领了楚地？"

在慌乱之下，项羽作诗送给随行的虞姬："力拔山兮气盖世，时不利兮骓不逝。骓不逝兮可奈何，虞兮虞兮奈若何！"虞姬感到项羽气数已尽，于是壮烈自刎。项羽性格的敏感程度太高，四面楚歌，虞姬自刎，都让他身心大受刺激。

后来，经过激战，项羽到达乌江边，乌江亭长停船岸边，对项羽说："江东地方小，可也有千里土地，数十万人口，割据一方，足以称王，愿大王赶快渡江，现在有臣有船，定能突出重围。"

项羽闻听此语，说道："天要亡我，我还渡江干什么呢？当年我带江东子弟八千人渡江向西，今天，无一人生还，纵然江东父老可怜我，尊我为王，难道我就不觉得愧疚么？"项羽内心的悲伤感愈盛，后来又将跟随自己多年的战马送给了亭长。

当心爱的女人虞姬、曾经出生入死的兄弟、战马等都离开自己了，项羽感到了无比绝望、悲怆……

到了最后，项羽对认出他的汉军将领说："我听说汉王悬赏千金，封邑万户要我的头，我就为你做件好事吧！"说完就自刎了。

项羽认为自己愧对虞姬，愧对江东父老，不忍心杀马，还为别人"做件好事"，这种狭隘的性格让他过度顾及他人和环境的感受，最后死在自己的手中。

历史人物中，项羽的性格很典型。虽然各种历史版本对项羽的描写各有不同，褒贬不一，但作为心理学的案例来说，项羽历史中的故事发展属于敏感人格的表现。

这个世界上的人形形色色，没有任何两个人的人格特征完全相同。比如在日常生活中我们常看到，有的人谦虚好学，有的人狂妄自大；有的人公而忘私，有的人自私自利；有的人喜怒形于外，有的人则遇事不动声色；有的人和蔼可亲，有的人蛮横无理。但是性格不同是不是一定意味着矛盾和争执呢？

其实不一定，我们既然理解了人和人本来就不同，就应该放开心胸，不必强求别人和自己一样。在一些非原则性的小事上强求别人，其实是在自寻烦恼。只从自身的角度出发看问题，固执己见，强人所难，我们的生活将不得安宁。和不同性格的人求同存异，和睦共处，其实是一种处世艺术。

性格是在人的社会化过程中形成的，因此它总是受一定社会环境的影响，性格是个体的先天素质与其所遭遇的复杂多变的社会关系所构成的矛盾的统一，从而产生了一系列的内外部的行为。人的性格形成一半来自先天的遗传基因，一半来自后天的环境。每个人性格的不同决定其把握机遇的能力也不同。后天的可塑性对于人的性格成长非常重要，尤其是幼儿时期的生长环境，对一个人性格有终生的影响。

人的性格并不是一朝一夕形成的，但一经形成就比较稳定，并且贯穿在他的全部行动之中。因此，个体一时性的偶然表现不能认为是他的性格特征，只有经常性、习惯性的表现才是他真正的性格特征。性格是稳定的，但又不是一成不变的。性格是一个人在主体与客体的相互作用过程中形成的，同时，又在主体与客体的相互作用过程中发生缓慢的变化。

恩格斯说过：人的性格不仅表现在他在做什么，而且表现在他怎样做。"做什么"表明一个人追求什么、拒绝什么，反映了人的行为动机及对现实的态度。"怎样做"表明一个人如何去追求想要的东西、如何去拒绝想避免的事情，反映了人的活动方式。在古希腊德而菲神庙上有句古老格言："认识你自己。"只要人类存在，人们对自己的探索就不会停止，人之所以探索性格的问题，是因为人们希望自己能更好地把握世界。人们在自然和社会中寻求发展的同时，不断反思、反躬自问，探索着行为与人性、性格的关系，以求更好地掌握自己的人生。

性格是如何形成的

性格的形成是一个过程，随着年龄的增长和阅历的丰富，性格会慢慢地走向成熟。根据心理学家的观察和研究，人的性格在形成过程中，大致要经历三个阶段。

1. 性格的雏形阶段

在一个人的幼年和童年期，儿童本身所固有的生理特征（气质类型），经过家庭的早期教育和周围环境的影响，个人性格开始出现最早的雏形。

2. 性格的成型阶段

随着年龄的增长，儿童变成少年以至青年，开始从事积极的独立活动，并在活动过程中不断接受各种外界影响，性格开始形成个人所特有的独特风格，并以区别于他人的、基本稳定的性格类型表现出来。

3. 性格的完善阶段

一个人进入成年，积累了丰富的生活经验，认识了外在世界和主观世界发展的规律性，有了评判性格优劣的能力。或者，当一个人形成了世界观和理想，并开始按照这个世界观和理想来塑造自己的时候，对性格进行自我调节、自我改进的愿望就会产生，性格也就会通过这种自我调节、自我改进逐渐变得成熟。

我们已经了解到，性格对人的一生有决定性的影响，因此，我们有必要不断地完善自己的性格，使它日益成熟。性格的修炼与完善是一辈子的事，任何人都不敢说自己的性格已经完美无缺，不需要完善了，性格修炼与完善是贯穿人的一生的。但与其他阶段相比，青年时期的性格修炼与完善更为重要。

青年时期正是性格开始成型还未定型的过渡时期，具有很强的可塑性。在这一时期，各方面都在迅速成长起来，可是各方面又都没有成熟，身体各部位还在继续发育和生长，各种器官和机能处在逐渐成熟的过程。在心理上，思维、记忆、情感、兴趣、能力和性格，都处在发展和形成的旺盛期。一切都还未定型，变动性大，可塑性也强。这个时候，正是进行自我修炼，把自己引向正确方向的最好时期。如果在这个时期不能完成塑造自己性格的任务，那么以后就很难完成了。生活实践告诉我们：青年时期的改变是比较容易的，年轻人在自然生长的过程中不断改变着，而成年人却几乎没有什么改变，就是有也很困难。

我们知道，人的发展是以前一阶段向后一阶段过渡的形式进行的，向下一阶段的过渡是以本阶段的发展为前提的。如果在前一发展阶段形成的准备很成熟，那么，向下一阶段的过渡就能顺利地进行。青年时期乃是一个人由孩童向成人过渡的最重要阶段，是人发展的重要时期。这个时候如果基础没有打好，将会影响到今后一辈子的发展。成年之后，不得不回过头纠正青年时期形成的不良性格时，将需要多费几倍乃至十几倍的努力才行。所以，我们一定要十分重视青年时期的性格养成，认真进行自我完善，尽最大努力在这个时期为今后一生性格的发展，打下良好的基础。

从心理上看，青年往往一方面更加迫切要求认识周围的世界，另一方面也开始饶有兴趣地研究其自身，研究自己的能力和性格，研究怎样为人处世。这个时候青年已进入自我意识阶段，开始意识到自己，并且想把自己塑造成受人尊敬的人。因此，这时往往有着自我完善的强烈愿望。

从思想发展来看，青年此时正在或已经受过中学教育，形成了一定的知识体系，对人生、社会有了自己的认识，并且开始以一定的方式对待人和社会事件，对自己的职责也有了一定的认识，对自己的未来有了一定的规划。青年人一方面为理想将要变为现实而跃跃欲试；另一方面，又为自己缺乏实践经验而感到焦虑不安。在这行将独立走上生活道路的时候，青年的成人感、责任感和自尊感迅速地增强，渴望重新认识自己，迫切要求改善自己，并开始努力学习掌握、控制和改造自己。这样，青年不但获得了自我修养的内在动力，而且在知识、信念、人生观等方面也都具备了自我修养的基础。

从生理上看，青年的身体发育已接近成人的水平，神经系统，特别是大脑皮质的结构和机能也已经发育完全，兴奋过程和抑制过程趋于稳定，基本上具备了自我掌握和自我控制的能力。青年时期抽象逻辑思维的发展，对情感、意志和自我意识等也都有很大影响，比如能使情感更加丰富而深刻，意志更具有果断性和批判性，理智更加明晰，行为更具有目的性、计划性，等等。总之，一个人进入青年期后，在各个方面都已具备了按一个成人的样子塑造自己的条件。青年应该充分利用这个条件，抓住有利时机，及早进行性格的自我修炼和塑造，为以后的人生之路打好基础。

人的本性难移

俗话说：江山易改，本性难移。这里的"本性"是就人格而言的。人格是一个心理学术语，类似于我们平常说的个性，是指一个人与社会环境相互作用表现出的一种独特的行为模式、思维模式和情绪反应的特征，也是一个人区别于他人的特征之一。因此人格就表现在思维能力、认识能力、行为能力、情绪反应、人际关系、态度、信仰、道德价值观念等方面。人格的形成与生物遗传因素有关，但是人格是在一定的社会文化背景下产生的，所以也是社会文化的产物。

从心理学角度讲，人格包括两部分，即性格与气质。性格是人稳定个性的心理特征，表现在人对现实的态度和相应的行为方式上。从好的方面讲，人对现实的态度包括热爱生活、对荣誉的追求、对友谊和爱情的忠诚、对他人的礼让关怀和帮助、对邪恶的仇恨等；人对现实的行为方式比如举止端庄、态度温和、情感豪放、谈吐幽默等。人们对现实的态度和行为模式的结合就构成了一个人区别于他人的独特的性格。

性格从本质上表现了人的特征，而气质就好像是给人格打上了一种色彩、一个标记。气质是指人的心理活动和行为模式方面的特点，赋予性格光泽。同样是热爱劳动的人，可是气质不同的人表现就不同：有的人表现为动作迅速，但粗糙一些，这可能是胆汁质的人；有的人很细致，但动作缓慢，可能是黏液质的人。

人格很复杂，它是由身心的多方面特征综合组成。人格就像一个多面的立方体，每一方面均为人格的一部分，但又不各自独立。人格还具有持久性。人格特质的构成是一个相互联系的、稳定的有机系统。张三无论何时何地都表现出他是张三；李四无论何时何地也都表现出他是李四。一个人不可能今天是张三，明天又变成李四。

有一个地方住着一只蝎子和一只青蛙。一天，蝎子想过一条大河，但不会游泳，于是它就央求青蛙道："亲爱的青蛙先生，你能载我过河吗？"

"当然可以。"青蛙回答道，"但是，我怕你会在途中蜇我，所以，我拒绝载你过河。"

"不会的。"蝎子说，"我为什么要蜇你呢，蜇你对我没有任何好处，你死了我也会被淹死。"

虽然青蛙知道蝎子有蜇人的习惯，但又觉得它的话有道理，它想，也许这一次它不会蜇我。于是，青蛙答应载蝎子过河。青蛙将蝎子驮到背上，开始横渡大河。就在青蛙游到大河中央的时候，蝎子实在忍不住了，突然弯起尾巴蜇了青蛙一下。青蛙开始往下沉，他大声质问蝎子："你为什么要蜇我呢？蜇我对你没有任何好处，我死了你也会沉到河底。"

"我知道，"蝎子一面下沉一面说，"但我是蝎子，蜇人是我的天性，所以我必须蜇你。"说完，蝎子沉到了河底。

人格具有稳定性。在行为中偶然发生的、一时性的心理特征，不能称为人格。例如，一位性格内向的大学生，在各种不同的场合都会表现出沉默寡言的特点，这种特点从入学到毕业不会有很大的变化。这就是人格的稳定性。

人格的稳定性表现为两个方面：一是人格的跨时间的持续性。在人生的不同时期，人格持续性首先表现为"自我"的持久性。每个人的自我，即这一个的"我"，在世界上不会存在于其他地方，也不会变成其他东西。昨天的我是今天的我，也是明天的我。一个人可以失去一部分肉体，改变自己的职业，变穷或变富，幸福或不幸，但是他仍然认为自己是同一个人。这就是自我的持续性。持续的自我是人格稳定性的一个重要方面。二是人格的跨情境的一致性。所谓人格特征是指一个人经常表现出来的稳定的心理和行为特征，那些暂时的、偶尔表现出来的行为则不属于人格特征。例如，一个外向的学生不仅在学校里善于交往，喜欢结识朋友，在校外活动中也喜欢交际，喜欢聚会，虽然他偶尔也会表现出安静，与他人保持一定距离。

人格的稳定性源于孕育期，它经历出生、婴儿期、童年期、青少年期、成人以至老年。随着年龄的增长，儿童时代的人格特征变得愈益巩固。一般而言，人在 20 岁时人格的"模子"就开始定型，到了 30 岁时便十分稳定。由于人格的持续性，因而我们可以从一个人在儿童时期的人格特征来推测其成人时的人格特征以及将来的适应情况。同样也可以从成人的人格表现中来推论其早年的人格特征。

人格的稳定性并不排除其发展和变化，人格的稳定性并不意味着人格是一成不变的。人格变化有两种情况：第一，人格特征随着年龄增长，其表现方式也有所不同。同是焦虑特质，在少年时代表现为对即将参加的考试或即将考入的新学校心神不定，忧心忡忡；在成年时表现为对即将从事的一项新工作忧虑烦恼，缺乏信心；在老年时则表现为对死亡的极度恐惧。也就是说，人格特性以不同行为方式表现出来的内在秉性的持续性是有其年龄特点的。第二，对个人有重大影响的环境因素和机体因素，例如移民异地、严重疾病等，都有可能造成人格的某些特征，如自我观念、价值观、信仰等的改变。不过要注意，人格改变与行为改变是有区别的。行为改变往往是表面的变化，是由不同情境引起的，不一定都是人格改变的表现。人格的改变则是比行为更深层的内在特质的改变。一个人如果想改造另一个人，应该明白，这种改变是有限的，因为一个人的人格具有稳定性，正所谓"江山易改，本性难移"。

你属于哪种性格

人的性格各不相同。自古以来，人们就对人的性格类型做了无数的划分，但是由于性格的复杂性，至今还没有对性格的类型有一个公认的分类方法。

一户人家有一对双胞胎儿子，十分可爱，但两人性格大相径庭，一个很乐观，一个却非常悲观。双胞胎的父亲对儿子们的表现甚为担忧。

这天是两个孩子的生日，父亲为了帮他们进行"性格改造"，便分别为他们准备了不同的生日礼物。父亲把那个乐观的孩子锁进了一间堆满杂物的屋子里，把悲观的孩子锁进了一间放满漂亮玩具的屋子里。

一个小时后，父亲走进悲观孩子的屋子里，发现他坐在一个角落里，正一把鼻涕一把眼泪地哭泣。父亲看到悲观的孩子泣不成声，便问："你怎么不玩那些玩具呢？""玩了就会坏的。"孩子仍在哭泣。

当父亲走进乐观孩子的屋子时，发现孩子正在兴奋地用杂物和废纸堆一个模型。看到父亲来了，乐观的孩子高兴地叫道："爸爸，这是我的新房间吗，我以后可以天天在这个房间玩吗？"

这位无奈的父亲很忧虑，自己的双胞胎儿子怎么这么的不同呢？

从某种程度上来说，双胞胎的性格是最相近的，但孪生兄弟何以会有如此大的差别呢？根据公元前5世纪古希腊医生希波克拉底的看法，人体内有四种体液，而这四种体液造就了人们的四种气质，分别是多血质、黏液质、胆汁质、抑郁质。不同的气质，导致了不同的表现。这种分析方法一度是心理学上判断人们特质的依据，人们在情绪反应、活动水平、注意力和情绪控制方面表现出的个体差异是区别于他人的特征之一。

人的气质是先天形成的，孩子一出生，最先表现出来的差异就是气质差异。气质是人的天性，它只给人们的言行涂上某种色彩，但不能决定人的社会价值，也不直接具有社会道德评价含义。气质不能决定一个人的成就，不同气质的人经过自己的努力可能在不同实践领域中取得成就，也可能成为平庸无为的人。

气质本身并没有好坏之分，因为任何一种气质类型都有其积极的一面和消极的一面。例如，多血质的人灵活、亲切，但是轻浮、情绪多变；黏液质的人沉着、冷静、坚毅，但是缺乏活力、冷淡；胆汁质的人积极、生气勃勃，但是暴躁、任性、感情用事；抑郁质的人情感深刻稳定，但是孤僻、羞怯。因而，我们要注意发扬气质中积极的方面，克服消极的方面，这样才能完善自我。

气质	特点
多血质	灵活性高，善于交际，却有些投机取巧，易骄傲，受不了一成不变的生活。
黏液质	反应较慢，能克制冲动，严格恪守既定的工作制度和生活秩序；情绪不易激动，也不易流露感情；自制力强，不爱显露自己的才能；固定性有余而灵活性不足。
胆汁质	情绪易激动，不能自制；不善于考虑能否做到，工作有明显的周期性，当精力消耗殆尽时，便失去信心，情绪顿时转为沮丧而一事无成。
抑郁质	高度的情绪易感性，主观上把很弱的刺激当作强作用来感受，常为微不足道的原因动感情，且持久；行动表现上迟缓，有些孤僻；遇到困难时优柔寡断，面临危险时极度恐惧。

这四种性格类型及其特点是：

（1）敏感型。这类人精神饱满，好动不好静，办事爱速战速决，但是行为常有盲目性。与人交往中，往往会拿出全部热情，但受挫折时又容易消沉失望。这类人最多，约占 40%，在运动员、行政人员和其他职业的人中均有。

（2）感情型。这类人感情丰富，喜怒哀乐溢于言表。别人很容易了解其经历和困难，这类人不喜欢单调的生活，爱感情用事。讲话写信热情洋溢。在生活中喜欢鲜明的色彩，对新事物很有兴趣。在与人交往中，容易冲动，有时易反复无常，傲慢无礼，所以与其他类型人有时不易相处。这类人占 25%，在演员、活动家和护理人员中较多。

（3）思考型。这类人善于思考，逻辑思维强，有较成熟的观点，一切以事实为依据，一经做出决定，能够持之以恒。生活、工作有规律，爱整洁，时间观念强。重视调查研究和精确性。但这类人有时思想僵化、教条，纠缠细节，缺乏灵活性。这类人约占 25%，在工程师、教师、财务人员和数据处理人员中较多。

（4）想象型。这类人想象力丰富，喜欢憧憬未来，在生活中不太注重小节。对那些不能立即了解其想法的人往往很不耐烦。有时行为刻板、不易合群，难以相处。这类人不多，大约只占 10%，在科学家、发明家、研究人员和艺术家、作家中居多。

影响性格形成的力量

每个人的任何性格特征都不是一朝一夕形成的，而是由遗传因素、家庭环境、社会环境、教育和自身的实践共同、长期塑造而成的。一个人的社会环境，包括他的家庭、学校、工作岗位、所属社会集团以及各种社会关系等。其中的各种社会关系与生活条件，以及人对它们的反应，也对性格的形成有一定影响。

1. 遗传因素

生活中常常会有这样的现象：父母和孩子在举手投足、一颦一笑之间有着惊人的相似，像是在一个模子中铸出来的。有句俗话概括了这种颇为常见的奇特现象："龙生龙，凤生凤，老鼠的儿子会打洞。"其实，这种现象说奇特也并不奇特，它只不过是说明了遗传和环境对性格形成的特别作用。

事实上，不仅父母与子女之间存在着这种奇妙的相似，就是同一父母所生的兄弟姐妹之间，在言谈举止之中也会有或多或少的相似之处，自己不觉得，外人却能一下子发现。这也说明了遗传对性格的影响。

关于遗传对于孩子性格形成的作用，有所谓的"先天生成说"或"遗传决定说"。它指的是一个人的性格在出生时就已被决定了，终其一生都不会改变或只是有很小的改变，遗传在孩子性格的形成过程中起到了关键性的作用。

支持"先天生成说"或"遗传决定说"的最有力的证据，是家庭系统研究即"家系研究"。它通过观察某家族所有成员是否具有某种共同的特征，来考察遗传对性格形成的影响的程度。这方面的研究结果表明：有些家庭成员普遍有某方面的特殊才能，如德国著名作曲家巴赫家族在连续五代中出现过 13 个创作能力极强的作曲家，17 世纪瑞士著名数学家贝努利家族出了 8 个极其优秀的数学家。

家族系统研究还表明，不仅一些特殊才能可以由上辈遗传给下辈，一些不良性格也可能被下辈再现出来，如某些家庭中出现罪犯的比例较高，这是由于他们的犯罪性格由上代遗传给了下一代。

日常生活中，我们有可能发生这样的现象，有些双胞胎在外貌上很相似，让人几乎不可辨认，在外人看来他们的性格竟然也有某种相似性。这更增加了区分的难度，恐怕除了至亲好友，别人是不能轻易确定站在自己面前的是哥哥还是弟弟，是姐姐还是妹妹的。

我们还发现，在一家之中，如果父母成天乐呵呵的，对人总是笑脸相迎，其孩子也必然是笑口常开的人。相反，如果父母成天阴着一张脸，孩子也很少会用好脸色示人，这也是遗传对一个人性格形成的作用。有关遗传对人的性格形成的影响的研究还表明，有的人很善解人意，很体贴他人，善于为他人着想，有的人却满脑子自私思想，一门心思想自己，时时处处以自我为中心，这种个性上的分歧在很大程度上也是缘于遗传。

2. 家庭环境

"龙生龙，凤生凤"，这是强调遗传因素对孩子性格的形成有很大的影响，但是这并不绝对。孩子有可能在个性方面酷似父母，但也有可能不像父母，这就要谈到父母个性对孩子个性的间接影响——通过家庭环境的影响来实现。

家庭环境对孩子个性的影响又可分为积极影响和消极影响。这就要涉及父母两人个性的相互影响、配合问题。首先，父母个性的相映成趣对孩子个性的形成、发展和丰富具有积极的促进作用。比如父母中有一位是胆汁质气质，另一位是黏液质气质，这样两种个性刚好形成互补，这样的父母一唱一和，张弛有致，孩子就能从父母的言行举止中感受到家庭的魅力、生活乐趣、人生的幽默感。生活在这类家庭中的孩子往往会形成乐观、开朗的个性。相反，若是父母的气质类型相同（多血质还好点），要发脾气两人大动干戈，要温柔起来，两人情意绵绵，家庭环境也形成夏日型环境：一会儿狂风暴雨，一会儿晴空万里。这样的个性组合对孩子个性的形成往往具有消极影响。他们往往对父母的行为感到不知所措，再开朗、乐观的孩子也会变成一副坏脾气，沉默、抑郁、苦恼、少年老成。

此外，父母对孩子个性的影响还表现在父母本身的个性影响力上。一般说来，多血质和胆汁质气质的父母比较能吸引孩子的注意力，这两种"外向型"的气质，极大地影响了孩子的说话方式和行为方式，从而使他们很容易形成类似父母的个性。如果父母性格比较沉郁，孩子在沉寂的家庭环境找不到多少快乐就会把目光投向外界，从周围的环境中寻找欢乐，从而丰富自己的个性内涵，使孩子在未来形成与父母相差甚远的个性。或者孩子在父母的影响下也形成了郁郁寡欢的性格，这对孩子的发展极为不利。

在人生的过程中，家庭是孩子最早接触的教育环境，父母是子女最早接触的教师，因此父母的性格对孩子最具潜移默化的影响。

3. 社会环境

性格的形成与一个人生活的周围环境有很大的关系，孟母三迁的故事是这方面很好的例子。

孟子是我国著名的教育家和思想家，是儒家学派的代表人物。孟子小的时候非常调皮，他的母亲为了让他受好的教育，花了很多的心血。起初，孟子和母亲居住在墓地旁边。孟子就和邻居的小孩一起学着大人跪拜、哭嚎的样子，玩儿办理丧事的游戏。孟子的母亲看到了，心里想："不行！这个地方不适宜孩子居住，我不能让我的孩子再住在这里了！"于是就将家搬到了市集旁边。到了市集，孟子又和邻居的小孩学起商人做生意的样子，一会儿鞠躬欢迎客人，一会儿招待客人，一会儿和客人讨价还价，表演得像极了。孟母知道了，就想："这个地方也不适合我的孩子居住！"于是，他们又搬家了。这一次，孟母将家搬到了学校附近。夏历每月初一这一天，官员进入文庙，行礼跪拜，揖让进退，孟子见了，一一记住。他开始变得守秩序、懂礼貌、喜欢读书。这个时候，孟母才高兴地点着头说："这才是我儿子应该住的地方呀！"于是就在这里定居下来了。

生活中我们发现，贫苦人家的孩子懂事早，比别的同龄孩子早成熟，这是由于"穷人的孩子早当家"。生活中我们还发现，某些才能卓越的孩子，是由于他们自小就生活在一个有助于他们发展特殊才能的家庭环境中。这些都是环境带来的影响。

在那些一个家族同时产生很多音乐家的例子中，虽说音乐天赋的遗传在其中占了很大的比重，但我们也绝不能否认来自音乐环境的熏陶。一个具有很高音乐天赋的小孩，如果生长在一个与音乐完全绝缘的环境中，恐怕也很难在音乐方面有所作为。

生活中，我们可能还有这样的经验，那就是一个从小生活在优裕环境中的人，由于他从来不为一些日常小事发愁，所以很容易形成一种大度豁达的性格，不会斤斤计较，什么事都放得开，且有一种包容的气度。在书香门第中长大的孩子，举手投足之间都会透出一种温雅的气质。农村来的孩子其性格中的朴实与憨厚也是掩盖不住的。有良好家教的孩子待人接物有节有礼，对待老人尊爱有加。相反，从小娇生惯养的孩子则可能显得骄横跋扈，让人难以接近。这些都是环境对人的性格发生作用的有力实证。

环境对性格形成的影响还有更多的例子：常与他人交往的孩子在处理人际关系方面有很强的能力，在众人面前显得落落大方。相反，与人交往较少的小孩子多会形成文静内向的性格，拙于与人交往，一说话就脸红，显得忸忸怩怩，不知所措。

4. 教育因素

除了遗传因素、环境因素会对人的性格产生巨大的影响，教育也是其中一个不容忽视的因素。

达尔文在童年时代曾被学校认定"是一个很平庸的孩子，远在普通的智力水平以下"。达尔文家中有一座不小的花园，他和兄弟姐妹整天在万花丛中玩耍。儿时的生活环境，使达尔文对生物学产生了兴趣。达尔文很爱看书，科学书和文学书都爱看，尤其是《世界奇观》之类，引起了他的幻想，他想去远游，认识世界。为此，学校校长责骂他是"二流子"，父亲教训他："除了打猎、养狗、捉老鼠以外，你什么都不操心，将来会玷辱你自己，也会玷辱你的整个家庭。"在这些不良教育的影响下，达尔文逐渐地形成了孤僻、不合群、胆小等性格特点。

幸好他的母亲及时对他进行积极的教育，使他终成大师。达尔文的成才要归功于他母亲苏姆娜早年的引导。她的母亲掌握了儿子喜欢自然生物这一心理特点，并且巧妙地运用了它。"比一下吧，孩子，看谁从花瓣上先认出这是什么花?"达尔文比哥哥姐姐认得快，妈妈就吻他一下。这对孩子来说，可以说是一种心理奖赏。而当发现一只彩蝶飞来时，不仅逗引孩子去捉住它，还诱导孩子数出彩蝶翅膀上的各种颜色和斑点，然后又进一步去启发孩子去比较蝴蝶之间的异同，一步一步地把达尔文带进丰富多彩的"生物王国"。

正确的教育是引导孩子走上成功之路的关键。许多家长的不正确做法妨碍了孩子才能的发挥。如孩子还很小的时候，就为他们的一生做好了设计。而大多的家长则更偏重于子女文化知识的学习（智育），而忽视对子女兴趣、爱好的广泛培养。孩子在学习之外表现出来的兴趣和爱好，被认为不务正业，学校则以学习为主题剥夺了学生课外活动时间。父母不根据孩子本身所具有的特长，让孩子自然地朝着符合自己实际的方向发展，而是按照家长的设想，从很早就把孩子放进了一个模型中。这样做的结果只能使孩子的创造性与丰富的才能夭折。同时，生活在这样环境中的孩子，容易形成狭隘、孤僻、自闭等不良性格，对孩子的成长极为不利。

怎样看穿一个人的性格

有些人对星座特别着迷，总是会追问别人的生日，然后经过一番仔细的研究比对后再神秘兮兮地告诉对方："原来你是天秤座，那你的性格应该是……""你是白羊座的，你的性格应该是……"听的人有时会觉得自己的性格确实是这样的，从星座看性格还挺准的，有的人则会感觉压根就不是这么回事，简直在胡言乱语。不管信与不信，星座与性格的关系还是有一大批人在关注、在研究，并且分析得越来越细。除了星座性格学，还有人非常着迷从血型看性格、从生肖看性格等。网上也有五花八门、各式各样的性格分析。甚至现在网上还出现了透过宠物看主人性格的测试，你养了什么宠物，就能知道你是什么性格的人，还有通过作息时间来看性格。养什么样的宠物和作息时间真的能看出一个人的性格吗？人们为何有探究别人性格的心理呢？

无论相信星座还是血型甚至生辰八字，抑或宠物和作息时间，大家的目的都是想弄清楚别人的性格。性格体现了人们对现实世界的看法，并用他的行为举止进行表现。性格是在后天的社会生活中逐渐形成的，诸如害羞、暴躁、果断、英勇、刚强等，性格和先天所形成的本性如虚荣、懒惰、贪婪不同。

理查德·怀斯曼是英国赫特福德大学的教授，他曾经利用网络对两千多名养宠物的人进行调查，调查内容包括社交能力、情感稳定性和幽默感。通过研究结果，我们能看出，养鱼的人最快乐，更加满足于现状，养狗的人更易于相处，而养猫的人情感纤细敏感，有依赖感，最独立的是养爬虫类宠物的人。

调查还表明饲养宠物的人和其宠物在性格上基本趋向一致。主人与宠物的性格会随着时间的增加而越来越相近。有20%的宠物主人声称自己和宠物的性格有相似的特点，如果饲养宠物的时间超过 7 年，将会达到 40％的比例。怀斯曼说："这就像夫妻一样，在一起生活得越久，他们的外貌和性格就会越来越相近，主人和宠物在一起的时间越长，两者之间就会越相似。宠物的性格可以在一定的程度上反映主人的性格。"

怀斯曼教授是用统计学的方法来研究心理学的原理。心理学中有"相似性效应"，即人们从心理上更愿意接受与自己相似的人或物。就像"物以类聚，人以群分"一样，人们总爱和志同道合的人在一起探讨问题处理事情。无论是将人的性格分为"开放"、"尽责"、"外向"、"令人愉快"、"神经质"5 类，还是分为"现实型"、"探索型"、"艺术型"、"社会型"、"管理型"、"常规性"6 类，以及用血型分出的四类和星座分出的更多类，都是在实验的基础上统计出来的，所以具有一定的科学道理。

怀斯曼教授对作息时间与人性格的关系同样做过研究。他对近 400 人做过问卷调查，调查结果显示，早睡早起的人不喜欢抽象的概念而喜欢具体的信息，他们的判断来自逻辑推理而非直觉，他们一般拥有内向的性格，具有很强的自制力，希望能够把好印象留给别人；晚睡晚起的人比较独立，喜欢冒险和不守规则，他们对人生的思考充满创意。

为什么一些人有着窥探别人性格的心理？其实他们是想通过了解别人的性格，更容易与别人相处，来赢得别人对自己的信任。性格有好有坏，它受一个人的人生观、价值观、世界观的影响，能够直接地反映一个人的处事方式和道德风貌。所以，在警察办案中，也会运用性格分析来探求犯罪人的性格，找寻作案的动机。

当你晚上在外散步时，你会很容易和遛狗的人交谈起来，因为你知道了养狗的人性格比较外向，容易与之相处，而你一定不会走向抱着猫的人。你在追求女孩子时，也可以通过她养的宠物来推断她的性格，进而去想怎样取悦她。试想一下，如果你是一个大人物，你更愿意亲近养着狗的奥巴马还是养着老虎的车臣共和国总统卡德罗夫？如果你不知道你的老板是云雀还是夜莺，那你肯定没有知道老板性格的同事更能获得老板的喜欢和提拔。

虽然说物似主人形，心理学家也通过统计认为从宠物性格可以看出主人的性格，但是，这样的性格分析与从作息时间看人的性格以及星座性格学、血型性格学还有其他的性格分析一样，都是从调查统计中获得的结论。当然，这些结论有一定的道理，但这毕竟只是一种靠归纳获得的一般原理。正所谓："龙生九子，子子不同。"大千社会，芸芸众生，根本找不到两个性格完全一样的人。所以，在与人的社会交往中，不能迷信性格分析，把它当作放之四海而皆准的真理。

几年前，世界各国领导人在瑞士的经济论坛上共同探讨全球的重大问题。在会后，人们找到了一位重要的与会者不小心留下的纸条，媒体对此很感兴趣。笔迹专家通过上面的笔迹分析了这个人的性格，最终认定这是英国首相布莱尔在开会时信笔涂鸦留下的。但是，事实是这张纸条并不是布莱尔的，而是微软的创始人比尔·盖茨的。

从一个人的笔迹中看出这个人的性格，是许多人推崇的，不是有人从崇祯皇帝的书法中看出这个人心胸狭隘吗？虽然说从一个人的笔迹中不能准确地看出此人的智力、健康甚至犯罪倾向，但还是能大概推测出此人的一些性格。那为什么笔迹专家都失误了呢？这是因为从笔迹看性格也是用归纳的方法得到的一般原理，并不一定适合每个个体，这和从宠物性格和作息时间看一个人的性格是一样的，性格分析有时是能大概看出一个人的性格的，但并不适用于所有时候所有人。

可见，在社会中与人交往时，性格分析只是一个参考，我们应该做的是尽量真诚地与人交往，这样才能在交往中游刃有余。

性格心理测试准吗

我们身边有很多这样的朋友，他们对各种各样的心理测试抱有浓厚的兴趣，通常在论坛上或 QQ 群里发出一些测试，并能够迅速得到回复，接着便是催促发帖者："快给答案！"尽管他们得到的答案有些会被认同，有些会被当作玩笑嗤之以鼻，但下一个测试帖出来后他们仍然兴致勃勃。

如若问起"为什么爱测试"这个问题，得到的回答通常是这样："觉得好玩""试试准不准""想要多一点了解自己"。

确实如此，大多数人喜欢心理测试，只是想多了解一点自己。想知道"我"是怎样的人，"我"应该从事什么样的职业，有没有获得成功的捷径？特别是那些曾经遭遇过挫折或正在遭受挫折的人，他们更希望能够通过某种方法得到宽慰。

多了解一点自己的迫切心情，就是人们爱做心理测试的心态之一。他们害怕与机遇擦肩而过，想获得适合自己的发展空间。但他们中的多数人也许并不知道，通过科学的测试，这种心态驱使下期望达成的目标，在某种程度上是可以实现的。

麦尔斯性格类型测试量表就指出：有些人很注重细节，那么他自然就很难与一个大大咧咧的人相处融洽。而霍兰德六边形理论把人的兴趣分门别类，一共有6种不同类型，所有的职业也可以纳入这6种对应的类型，这样一来"人"与"职业"就能够实现有效的匹配了。

学心理学的李燕在考研之前做了很多相关的心理测试，测试结果表明，她是一个倾向于研究和操作型的人，从事心理咨询工作与她的性格相悖，在这个领域获得成就的机会较少。而以往的经验告诉李燕，她的确在与人沟通方面有缺陷。于是，她明确了自己的人生方向，选择了另一种职业，并获得了成功。

可见，有效工具的应用是可以有助于人的"天命"定位的。开玩笑地试想一下，如果孔夫子也能在早年用霍兰德测评的话，他会不会更早地知道自己要做一名伟大的教师呢？可他没有这样的测试工具可用，所以周游列国几十载，到了50岁才感慨"五十知天命"。

现实生活中，我们很多人最先想到的努力方向不再是踏实工作，而是开始寻求自己最大的价值空间，尽可能多地了解自己。以前的成功人士热衷于"低头拉车"，现在的人们则都在"好高骛远"期望简单地创造奇迹。

尽管已经了解到心理测试只是一种具备一定功效的工具，测出的结果并不能完全符合现实，但我们多数人并不愿意放弃使用，因为很少人愿意只靠自己的努力实现梦想。现实的状况是，我们把关注的焦点都集中在自己身上，不停地为实现自我取得成功寻求简单有效的方式，可以说，有了心理测试后我们变得越来越懒了，这绝非心理测试本身的意义所在。

这就是人们喜欢做心理测试的第二种心态——我们相信别人的话胜于我们对自己的肯定，我们不愿努力付出只爱寻求捷径，并力图在测试结果中寻求一种自我认同，也就是我们常说的缺乏自信的表现。

在测试结果出来后经常有人惊呼"太神奇了"，只是因为这个结果局部肯定了他的性格特征、兴趣爱好，以及行为方式，等等，尽管测试结果是片面的他们仍然会因得到了一点点肯定而高兴。

在我们生活中很受人们欢迎、传播得很广的有这样一些带有趣味性的小测试，它们图文并茂甚至会插播优美的曲子。这类的测试准确性也许并不高，甚至可能完全是娱乐大众而已。但对于那些热衷于心理测试的人而言，他们根本就不在乎自己是否被愚弄，因为心理测试实在太多了，总有一款"适合你"。

如今网络上依然流行的"猜心术"心理测试游戏，通过你对几件东西的喜爱程度，能够测出你对爱情、金钱、事业，以及家庭的重视程度。你真的需要这个心理测试来告诉你答案吗？当然不是！你要得到的答案其实早就知道了，它们在你的内心深处，但你不够坚强不敢承认，所以你需要这个测试结果来支持你、肯定你。其实，就算答案一点都不准也没关系，你可以不屑一顾："切！不对！再来一题！"直到你感觉被认同了为止！

许多时候人们并不是借助工具在探索自己，而是想证明自己已有的选择是对的，他们极度地缺乏自信，甚至有时会自欺欺人。这就好比在森林里找一只兔子，结果只找到了一只熊，却用枪逼着熊承认自己就是兔子。

因此，许多人才会对心理测试上瘾，不测出一个"好"的结果誓不罢休。有时信任感的缺失不仅仅是对周围人，更多的时候我们连自己都不相信。接着，许多专家就投其所好，编制出各种各样的测评工具。莫非你真能相信让你选择起床后先叠被子还是先开窗户，就可以判断你适合做什么职业吗？我相信答案是否定的。

网络上确实有做不完的测试为你指引着方向或满足着你对认同的需要，但它们也很容易让你变得盲目和懒惰。严格来讲一个正规的心理测试，是需要有一个理论基础的，这样才能有信服力。并且要进行多次试验来证实该测试的可行性，最后才能形成一个科学的测评工具。当然，这样一来花费的成本也是非常高的，至少它是科学可信的。而我们在网络或是其他媒介上所接触到的测试，可能只是某些人无中生有，为了达到某种效果而蓄意制作的。所以，假如我们希望通过测试带来有价值的信息，就必须具备鉴别的能力，最简单的方法就是看该测试是否取自专业机构的研究成果。

话说到这里便引出另一个话题，就是权威性的心理测试是否全部准确，我们是否能够依此来设计我们的人生呢？

作为一个工作经验相当丰富的心理咨询师，她来到一家企业应聘人事部主管的职位，接待人员拿出一份人格测试题。认真做完试题后，她拿着答卷去见负责人，令人诧异的事情发生了，负责人并不忙着了解她的从业经历，而是将她的答卷与一叠厚厚的分析材料做对比，然后敷衍地问了几个毫无针对性的问题，就请她回去等通知。她自然知道此次面试的结果，可让她觉得难堪的是，工作经验相当丰富的她居然会败给一份心理测试题！

　　现如今的确有很多专业的心理测试，它们建立在专业人员长期的研究和大量案例分析的基础之上，并且已在使用中不断地加以补充完善，但并不代表它就一定能将所有的状况在测试结果中准确地反映出来。正如《九型人格》测试，它的确能将人的性格特征划分为 9 个类型，但它永远无法将人在职业操守中所取得的诸多经验囊括在内。所以说，迷信或教条地使用这些心理测试是不可取的，因为再好的理论如若没有结合实际就不能发挥应有的功效。

　　即便你真的能找到一份无可挑剔的心理测试，测试的结果也确实能对你生活中的方方面面产生正面影响，但千万别忘了，这只是你侥幸地找到了一条捷径而已，不踏踏实实地走照样到不了写着"成功"的另一头！

第二章 做情绪的主人

走运时，要想到倒霉，不要得意得过了头；倒霉时，要想到走运，不必垂头丧气。心态始终保持平衡，情绪始终保持稳定，此亦长寿之道。

——季羡林

（北京大学终身教授，著名教育家）

学会驾驭你的情绪

人非草木，孰能无情？人生活在社会中，为了自身的生存和发展，就要不断地认识和改造客观世界，创造人类文明、进步和发展的条件。人们在变革现实的过程中，必然要遇到得失、顺逆、荣辱、美丑等各种情境，因而有时感到高兴和喜悦，有时感到气愤和憎恶，有时感到悲伤和忧虑，有时感到爱慕和钦佩等。

那么，究竟什么是情绪呢？从 19 世纪以来，心理学家对此进行了长期而深入的研究，对情绪的实质提出了各种不同的看法，但是，由于情绪具有极端复杂性，至今还没有得到一致的结论。当前比较流行的一种看法是，情绪是人对客观事物的态度体验及相应的行为反应。这种看法说明，情绪是以个体的愿望和需要为中介的一种心理活动。当客观事物或情况符合主体的需要和愿望时，就能引起积极的、肯定的情绪。如：渴求知识的人得到了一本好书会感到满意；生活中遇到知己会感到欣慰；看到助人为乐的行为会产生敬慕；找到了志同道合的情侣会感到幸福等。当客观事物或情境不符合主体的需要和愿望时，就会产生消极、否定的情绪，如失去亲人会引起悲痛，无端遭到攻击会产生愤怒，工作失误会感到内疚和苦恼等。由此可见，情绪是个体与环境间某种关系的维持或改变。

情绪是人对外界刺激所产生的一种心理反应。人作为主体，客观事物或事件对他总是具有某种意义的，客观事件或情境符合主体的需要或者愿望，人就会比较平静，情绪也就不会出来作乱。但是，当客观条件或情况不符合主体的需要或愿望时，人就势必会产生一种改造使之适合自己需要的冲动，这种冲动在某种程度上促使了行为的产生。

另外，情绪是一种很短暂爆发的力量，在情绪激烈的时候，人会迷失自己的方向，他的脑海里只会有一个念头，再也容不下别的想法。有一些在情绪的左右下做出冲动行为的人往往在事后非常懊恼，或者是百思不得其解：我为什么会做出那样的事情呢？

情绪的表现可分为几方面：生理变化，如血流加速、心跳加快、呼吸加快；主观感觉，如感觉不舒服；表情变化，如眉头紧皱、嘴角下垂、拳头紧握、肌肉紧绷；行为冲动，如打人、摔东西。

情绪的主要特征有：无所谓对错，常常是短暂的，会推动行为，易夸大其词，可以累积，也可以经疏导而迅速消散。

人类拥有数百种情绪，它们或泾渭分明，如爱恨对立；或相互渗透，如悲愤、悲痛中有愤恨或愤怒中夹杂；或大同小异的情绪彼此混杂，十分微妙，往往只可意会难以言传。在纷繁复杂、波谲云诡的情绪面前，语言实在是有点苍白无力。

人的基本情绪有以下几种：

（1）快乐。快乐是一种愉快的情绪，是人的需要得到满足时产生的喜悦体验。

（2）愤怒。愤怒与快乐是相对的两极，怒是由于事与愿违，期望不仅未能如愿，反而出现根本不愿意见到的东西，从而使原有的紧张不仅未能解除，反而更加重心理的压力体验，或突然遭到意外，瞬间引起的心理感受。

（3）悲哀。悲哀产生于所热爱和所盼望的事物突然消失或泯灭，是心理感受到的失落、空虚、渺茫、不知所措，是心理上另一种刺痛的体验。

（4）恐惧。恐惧是一种极度紧张的心理状态，极端严重时可有濒死感、失控感、大祸临头感，伴有明显的生理变化，如面色苍白、呼吸急促、小便失禁、冒虚汗等。

认识、了解情绪的目的是要我们了解、学会控制坏情绪，维持好情绪。虽然好情绪对健康有利，坏情绪对健康不利，但两者不能截然分开，物极必反及乐极生悲就是这个道理。

《说岳全传》中有一则笑死牛皋、气死金兀术的故事，说的是金兀术被岳家军中一员有勇无谋的猛将牛皋所擒获，金兀术是岳家军中的头号强敌，因此牛皋欣喜无比，内心高兴到了极点，狂笑不止。最终，由于这种情感突然爆发，超出了应激反应的极限，对机体生理功能的损害也达到顶点，牛皋猝死。金兀术之死，也是同理，他一向自恃强大无比，牛皋根本不在他的眼里，如今却被牛皋所擒，其不服、激愤的心理无以复加，心中的郁积也达到极限，这种激烈爆发的应激反应，超过了机体所能承受的极限，促使心血管、神经功能发生极度紊乱、衰竭而致死。这两个一喜一怒的极端事例形象地描述了无论何种情绪，过之即伤身甚至致命。

所以，为了健康，不论是愉快的或不愉快的情绪都应控制在适度的范围内。受到挫折时不要气馁，事业有成就时不要目空一切，忘乎所以。

预防和控制自己的怒气

很多人会在生气后"小宇宙爆发"，似乎无法自控，一招"天马流星拳"，再一招"庐山升龙霸"，恨不得毁了一切。于是，心跳急速、胆汁增多、呼吸加快、鼻孔扩张、胸部升高、全身发抖。再看脸上，双眉倒竖、两眼圆睁、咬牙切齿，进而伸拳捋袖、怒打怒骂。人在不愉快时不一定会发泄，但若在愤怒时就一定会发泄。

2011 年，某烧烤园发生一宗人命案，被害者是年仅 15 岁的叶某，他被一群小青年殴打致重伤，之后送往医院抢救无效死亡。谁曾想，这样一个花样年华的少年，竟是因为一个手机号码就送了性命。原来，当时，被害人叶某只因为被女生讨要手机号码，之后被其男友陈某发现，陈某醋意加上怒气，气势汹汹地质问叶某，最后，竟然和与其同行的姐夫、表哥将叶某打成重伤，致其死亡。

每个人都有情绪不好的时候，每个人也都有过满怀怒气的经历，生气并不可怕，也不值得责备，这本来就是我们的一种情绪宣泄方式。但是，我们要注意的是宣泄怒气的方式，不要过分激烈，最后导致了害人害己。

怒气真的是很"伤身"——无论自己的，还是别人的。陈某因为自己的愤怒锒铛入狱了，而无辜的叶某也因为陈某的愤怒丢掉了年轻的生命。其实，有的时候，我们可以明白地体验到生气时我们身体和情绪上的变化，我们就像是什么都不知道了，只想马上将自己的怒气找个出口宣泄出来，于是，这样的急迫感就容易造成我们的失控。常有人在怒气发过后说，我都不知道自己当时在干吗！脑子里嗡嗡的，就想好好地大吼大叫一番。

那么，我们为什么会生气呢？生气之后为什么又会容易做那么冲动的事情呢？

1. 怒气的控制也与我们的修养有关

需要不能满足，财物受到损失，人格受到侮辱，即使具有高度的精神文明修养的人也会有不快之感，但不一定会动怒，要发怒则怒于内心，不怒形于色。对于缺乏精神文明修养的人，有时候自以为利益受到了侵犯，那就不是不愉快的问题，于是勃然大怒，大打出手。

2. 与自尊心受损害有关

当人受到批评、嘲笑、奚落、讥讽时，就容易垂头丧气或者勃然大怒。没有自尊心的人唾其面而待其自干，但这样的人很少见。都说"人有脸，树有皮"，所以许多人就易暴怒，"既然我皮都被撕了，那我还给你什么脸"。

3. 与自身的需要没有得到满足有关

人的需要满足了，就会产生快乐的、积极的情感，没得到满足就会产生不快、消极的情感。人有物质和精神的需要，考不上大学、长期待业，或工作不理想、找不到合适的对象、要结婚没有住房，等等，如果这些问题不能得到合理解决或不能正确对待，就会产生苦闷、埋怨甚至是愤怒的情绪。

怒气不可取，那么，我们如何才能预防和控制怒气呢？

首先，转移注意。当某种不平之事使我们心潮起伏气难消的时候，可以转移自己的注意。当然，这种办法同减少刺激一样，是临时措施，不是根本之法，但是，它能立刻收到效果，化怒为喜，转忧为乐，有益身心，何乐而不为呢？例如当我们遇到一件倒霉的事，越想越气，不如丢开它，不再去想它，转而寻些开心快乐的事干，诸如听音乐、看戏、看电影、旅行，看些有意义、有趣的书等。但不要寻求酗酒、打扑克这一类的消极办法。有人认为"一醉"可以解"千愁"，其实喝醉过酒的人都知道，这并不是一个好办法，既花了钱又伤了身体，非但不能消愁，还会给我们添愁，殊不知"把酒浇愁愁更愁"。

其次，减少刺激。整个社会的问题是躲避不了的，这里说的是在我们的狭小天地里，某种常令我们不快的刺激，可以避开或减少它。例如对性格古怪、是非较多的公婆，对简单粗暴、委屈了自己的领导，对一时误解自己的朋友等，若跟他争个水落石出，闹个你输我赢，没有什么必要。可是，一看见他，心里又冒火，不如暂时先躲一躲，让自己消消气，也让对方冷静一下，再寻个适当机会谈谈心，互相谅解。

克服自己的自卑心理

在现实生活中，很多人会觉得自己在外形、事业、爱情、学习等方面都不如别人，他们经常对自己说的一句话是："我怎么不是××，人家的命怎么就那么好！"这样的抱怨使他们产生"己不如人"的主观意识，严重者甚至把悲观失望当成了人生的主题。

2005年12月底发生了一起案件。恩施市一中高一学生杨某对三名同宿舍同学下了毒手，用刀割破三人的喉部，导致一死二伤。杨某事后企图自杀，但是被救。

经事后杨某供述，自己因腿部有残疾，十分自卑，平时经常感觉受同学们歧视，他平时忍气吞声，尽量想要忽视那些轻视的言语，但是自卑在他的心中扎根得更深了，同时，心中的愤恨似乎也蠢蠢欲动着。之后，他在学习上出现了障碍，这让他备感压抑，而同学的歧视却一直没有间断。终于，种种矛盾在同学某天的嘲笑中爆发了！

固然，这种悲剧的发生不只是杨某一个人的过错，群体的冷漠与嘲讽的确可以成为一柄刮骨钢刀，让人痛不欲生。但是，遇到这样的情况，有人会更加奋发图强，而有人却走上了另外一条不归路。这是为什么呢？

心理学家阿德勒认为，每个人都有先天的生理或心理欠缺，这就决定了每个人的潜意识中都有自卑感存在。处理得好，会使自己超越自卑而寻求优越感，但处理不好就将演化成各种各样的心理障碍或心理疾病。另外，自卑容易销蚀人的斗志，就像一把潮湿的火柴，再也燃不起兴奋的火花。长期被自卑笼罩的人，不仅心理失去平衡，而且也会诱发生理失调和精神病变。

大家都知道，在众人的冷言冷语中要有所建树，该是需要多大的勇气和力量。我们得不到赞美，得不到认同，甚至在困苦时得不到安慰。但是，越是遇到这样的情况，我们越是应该扛下来，当然，这很难，可能会有人抱怨说，这样的话是"站着说话不腰疼"。但是，我们反过来思考一下，如果连我们自己都放弃了、绝望了、悲情了，纵使这个时候出现一位"天使"来治疗我们的伤口，我们也会认为那是张牙利齿的猛兽。

自卑就像是吞噬自己人格的毒药。所以，自卑的人必须明白一个道理，与其白白祈求别人的理解和同情，不如奋发向上建立自己的功勋，这个道理就是"被救不如自救"！

我们应该怎么克服自卑心呢？

1. 要能够正确评价自己

如实看待自己的短处，也要看到自己的长处。切不可只看到自己不如人之处，而看不到自己优于他人之处。同时，我们不妨多做一些力所能及、把握较大的事情，即使很小，也不放弃取得成功的机会。任何大的成功都蓄积于小的成功之中，在成功中能不断增强自信心。

2. 要善于扬长避短

"金无足赤，人无完人""尺有所短，寸有所长"，每个人都有自己的优点和缺点，要全面正确地评价自己，既不对自己的长处沾沾自喜，也不要盯住自己的短处顾影自怜。要善于发现和挖掘自己的优势，以弥补自己的不足。

3. 要学会关注他人

容易自卑的人，主要是缺乏集体情感。集体或群体的荣辱得失引不起他们的任何情绪变动，只有个人的失败才是他们关注的焦点。但现实总是不尽如人意的，总有某些方面你是不如别人的，如果总是过分关注自我，期待自己事事都比别人强，我们总会发现自己的不足，从而感到自卑。但当我们将目光多投向到别人时，就会变得理智、客观、忘我，为集体的成功而欢笑，为他人的幸福而欣慰，那我们的快乐就会成倍增加，我们的自信会增强。

不要活在抑郁的世界里

生活中，大多数人是很容易与抑郁邂逅的，而抑郁也逐渐扩大着它在人群中的浸染度。据世界卫生组织统计，全球抑郁症的发病率约为 11%，目前全球抑郁人口多达 1.2 亿人，抑郁症已经成为威胁人类健康的第四大疾病之一。

而在中国，心理卫生协会的有关统计显示：我国抑郁症发病率约为 3%～5%，目前已经有超过 2600 万人患有抑郁症，而我国每年大约有 25 万人死于自杀，自杀未遂者有 200～250 万人。2011 年 4 月 18 日晚，韩国著名模特金宥利在首尔三星洞住所服毒自杀，经抢救无效死亡，年仅 22 岁。金宥利自杀前曾在个人主页上留下了暗示自杀的文章，她写道："不管怎么想，不管想多少次，这世界上我都是孤独一人。"这个自杀案件再度引起了娱乐圈的轰动。有人猜测金宥利是因为工作压力过大、爱情不顺，患上了抑郁症而自杀。

无论是明星还是我们普通人，不可能随时或者总是在生活中快乐无比、无忧无虑，我们有时也会感到无能为力和莫名的忧伤，就好像血液被无形的污物堵住，我们疏通不了，所以焦急难耐。从病理的角度来看，抑郁是一种感到无力应付外界压力而产生的消极情绪，常常伴有厌恶、痛苦、羞愧、自卑等情绪。对大多数人来说，抑郁只是偶尔出现，历时很短，时过境迁，很快就会消失。但有些人，则会经常地、迅速地陷入抑郁的状态而不能自拔。当抑郁一直持续下去，愈来愈严重，以致无法过正常的生活，就会变成抑郁症。

虽然抑郁症在现代生活中比较普遍，但并不是没有办法医治，下面就介绍 4 种有效的疗法：

1. 把我们的抑郁喊出来

目前流行的喊叫疗法能从我国的传统气功疗法中找到源头，中医里有个功法是属于喊叫疗法的，叫"哼哈吐纳法"。其步骤是：找一个空旷处，放松站立。首先，深深吸入一口气，在吸气的同时，左、右手握拳，右拳抬起，高过头顶，虎口向自己。然后，呼气，瞪眼发出"哼"的声音，尽量延长，同时紧握拳。待气出尽以后，再用最后的力发出"哈"音，同时两手尽量张开。之后，再进行第二次呼吸。在吸气同时，手势同上；呼气时，瞪眼，两手尽量张开，同时发"哈"音。气出尽时，再用最后的力发"哼"音，同时紧握拳。

2. 听音乐解抑郁

音乐能直接进入潜意识领域，所以它是驱除心理疾病的最佳治疗手段。大量研究表明，音乐的旋律、节奏和音色通过大脑的感应，可以引发情绪反应，松弛神经，从而对心理状态产生影响。

当我们感到孤独无助，得不到别人的理解，缺乏主动性，对任何事、人、物均提不起兴趣时，最好的宽心方法是：每天听 3 遍贝多芬的音乐，如贝多芬的《第二交响曲》。其他作曲家的作品也有医疗功效，如拉赫玛尼诺夫、柴可夫斯基的作品能使我们恢复信心，而且音乐疗法没有任何副作用。

3. 沐浴阳光，活动身体

多接受阳光与运动对于抑郁的人非常有利。多活动活动身体，可使心情得到放松，阳光中的紫外线也可或多或少改善人的心情。

4. 放松地生活

抑郁的人缺乏摆脱警戒状态而安静下来的能力。如果是这样，我们可以这样做：首先，选择一句话或祷告词，作为入静的口诀。然后，选择一个舒服的姿势安静地坐下或躺下。闭上眼睛，肌肉放松，缓慢而自然地呼吸，呼气时默念我们选择的口诀。如果我们思想走神，想法回到口诀上来。这样的方法最好每天做1～2次，每次10～20分钟。

别让焦虑折磨死人

已到知天命之年的老人刘宋玲得了一种怪病——她一听到"饿"字，马上就觉着饿得前胸贴后背，即使两小时前她刚吃过饭也还要再吃。她一天吃十多顿饭，但依然感觉饥肠辘辘。

刘宋玲退休后不久就陷入饥饿感中。"感到饿就吃，才吃一点儿马上就不饿了，过一会儿，又感到饿。"刘宋玲说，随着时间的推移，饥饿感的频率和强度不断加强，"吃完饭不到两个小时，又饿得心慌，一听到别人说饿，马上就觉得自己腹中空空，就是晚上，也要爬起来吃上三四顿饭。"刘宋玲痛苦极了。

刘宋玲四处求医，有医生认为她患了胃溃疡，但检查结果是一切正常。日子一天天过去，刘宋玲的饥饿感越来越强烈，已经达到了只要别人一说"饿"字，她就会焦虑得"头发都竖立起来"的状态。她到心理医生那里看病时，还随身携带了大量的方便面、方便粉丝等食品，只要一饿，马上就吃。这一天她吃了十三顿饭。

经过心理专家诊断，刘宋玲的这种"饥饿症"是因为患上了非常严重的焦虑障碍，主要是对"饿"很敏感，产生了焦虑心理，这也与她一饿就吃、一吃就饱，每次食量只有一点点有关。

确诊后，心理卫生中心的专家用特殊治疗方案对她进行治疗。一周后，刘宋玲的饥饿感不再那么强烈；两周后，饥饿感得到初步缓解；到了第三周，刘宋玲严重的饥饿焦虑症已得到很大改善。形形色色的焦虑充斥人们的生活，不胜枚举，它们像细菌一样侵蚀人们的灵魂和肌体，妨碍人们的正常生活，影响人们的身心健康。所以，走向幸福生活，应该从拒绝焦虑开始。

焦虑就像不停往下滴的水，而那不停地往下滴的焦虑，通常会使人心神丧失，使人生变得灰暗之至。

从心理学上讲，焦虑是指一种缺乏明显客观原因的内心不安或无根据的恐惧。

专家指出，这种病是心理原因所致，因此，保持一个良好的心态非常重要。焦虑是摧毁一切的恶魔，走出焦虑，势在必行。学会去承受发生在我们生活中的每一件事，这是达到心境平和的唯一方法。我们真的没有必要去焦虑，因为我们完全能够应付任何事情。

其实，大灾大祸在我们身上发生的概率微乎其微，人们总是习惯花很多时间和精力去担忧也许永远也不会发生的事，其实这真是杞人忧天，完全没有必要的。如果我们能冷静接受我们所遭遇的每一件事，我们就没有必要去焦虑。

战胜焦虑的方法之一是客观冷静地分析、评估我们所处的境遇，估计一下可能发生的最糟糕的结果。通过分析，会发现最坏的结果并没有遭到山崩地裂、地球爆炸的程度，而如果坏事一旦发生，我们也可以承受它。其实，我们预先担忧的事通常不会发生。就算不幸真的发生了，也往往没有预计中的可怕，损失也并不那么惨重。

哭出来情绪更好

按照传统的看法，一个人在人前哭泣流泪，就意味着他将自己的缺陷和柔弱暴露在人前，这就向别人传达着一个信息："我失败了，我输了，我在示弱。"然而，我们总是崇尚发扬自己的优势，而掩盖甚至是压抑自己技不如人的一面。因为这涉及尊严的问题，从本质来看，人都有好胜心，这种强势感是不容许我们轻易低头的。同时，我们在面对挫折时，总是被教育要"愈挫愈勇"，而现在男女权力和个性磨合上的平等化，更要求我们展现强势的一面。所以，面对这个竞争激烈，需要出众人才的社会里，我们不是不能哭，而是不敢哭。

据专家介绍，由于现代人的生活方式的改变、生活节奏的加快，一些人无法适应快速的节奏，而令自己陷入心理困境之中。尤其是男人，为了彰显自己男儿本色，甘愿独自承受任何压力和痛苦，他们永远是一副坚强的表情，好像天塌下来也可以顶住。但是，有时候压力过大，也会让他们摒弃"男儿有泪不轻弹"的"金玉良言"。

其实，不管是大人物也好，普通老百姓也好，就本质而言，哭泣并不是一件丢人的事情，那只是一种情绪，就好像我们因中奖而高兴，因失恋而悲伤一样。

遇到问题时，"把所有问题都自己扛"并不是一个明智的选择。纽约心理学家弗雷契教授也说："哭泣能消除紧张，不管任何问题积累出来的感觉，都会引起哭泣。"他认为，压力导致心理失衡，哭泣使我们恢复平衡，使神经系统的紧张消除。有专家认为，强忍着眼泪就等于"自杀"。不过，哭不宜超过 15 分钟。压抑的心情得到发泄、缓解后就不能再哭，否则对身体反而有害。因为人的胃肠机能对情绪极为敏感，忧愁悲伤或哭泣时间过长，胃的运动会减慢、胃液分泌减少、酸度下降，会影响食欲，甚至引起各种胃部疾病。适当的哭泣是对我们的身体和生活大有裨益的。

在面对"哭"的问题上，我们又应该抱持怎样的态度，并且从容处理这样的问题呢？

在遇到一些人际障碍的时候，总是表现出一副强硬的态度反而令人生厌，如果这个时候，懂得利用眼泪攻势，那么这种示弱很可能让对方无法招架。这并不是一种欺骗，而是人与人之间相处的技巧。我们的柔弱在特定时间，带来的并不一定是嘲笑，而可能是意料之外的益处。

同时，不要把哭泣流泪看作是什么见不得人的事情。许多人平日里总是摆出一副"流血不流泪"的样子，如果一不小心被人发现掉了一颗"金豆"，就会很烂俗地一拨额前的刘海，惆怅地说眼睛里进沙子了。其实，这大可不必，我们要认识到，人这一辈子不可能不会遇到一点让人沮丧的事情、让人悲愤难过的事情，流几滴泪难道还会有人责备？而且，哭并不等于懦弱，"山寨"鲁迅先生的一句话：真正的勇士，敢于直面惨淡的人生和淋漓的眼泪。

不以物喜，不以己悲

很少人能真正做到"不以物喜，不以己悲"。的确，控制情绪不是一件容易的事。情绪不可能被完全消灭，但可以进行有效疏导、有效管理、适度控制。美国哈佛大学心理学教授戈尔曼认为，情绪意指情感及其独特的思想、心理和生理状态，以及一系列行动的倾向。

在现实生活中，很多事情都会影响到我们的心情。当遇到开心的事，我们就高兴；当遇到倒霉的事，我们就伤心。也就是说，我们的心情有时候完全被外界环境所掌控。

在我们的潜意识里，我们希望任何事物都按自己的意愿发展，否则会很糟糕。当你失去了某件最心爱的物品；当你的考试失利了；当恋人抛弃了你……当你付出足够的努力还是没能得到期待的结果，你很可能会变得郁郁寡欢，甚至会自艾自怨，从此一蹶不振，甚至丧失了对工作和生活的信心。

其实，你只是从事情发生的角度去想问题，而没有全面地考虑这些事情的发生究竟给你带来了什么。任何都有得有失，如果你能换个角度看待这件事，也许就不会如此痛苦不堪了。

有一个年轻人失恋了，一直摆脱不了现实的打击，情绪低落，已经影响到了他的正常生活，他没办法专心工作，因为无法集中精力，头脑中想到的就是前女友的薄情寡义。他认为自己在感情上付出了，却没有收到回报，自己很傻很不幸。于是，他找到了心理医生。

心理医生告诉他，其实他的处境并没有那么糟，只是他把自己想象得太糟糕了。在给他做了放松训练，减少了他的紧张情绪之后，心理医生给他举了个例子。

"假如有一天，你到公园的长凳上休息，把你最心爱的一本书放在长凳上，这时候走来一个人，径直走过来，坐在椅子上，把你的书压坏了。这时，你会怎么想？""我一定很气愤，他怎么可以这样随便损坏别人的东西呢！太没有礼貌了！"年轻人说。

"那我现在告诉你，他是个盲人，你又会怎么想呢？"心理医生接着耐心地继续问。"哦！原来是个盲人。他肯定不知道长凳上放有东西。"年轻人摸摸头，想了一下，接着说，"谢天谢地，好在只是放了一本书，要是油漆或是什么尖锐的东西，他就惨了！""那你还会对他愤怒吗？"心理医生问。"当然不会，他是不小心才压坏的嘛，盲人也很不容易的。我甚至有些同情他了。"

心理医生会心一笑："同样的一件事情——他压坏了你的书，但是前后你的情绪反应却截然不同。你知道是为什么吗？""可能是因为我对事情的看法不同了吧！"

对事情不同的看法，能引起自身不同的情绪。很显然，让我们难过和痛苦的，不是事件本身，而是对事情的不正确的解释和评价。这就是心理学上的情绪ABC理论的观点。

情绪ABC理论的创始者埃利认为，正是由于我们常有的一些不合理的信念，才使我们产生情绪困扰，如果这些不合理的信念日积月累，还会引起情绪障碍。

在情绪ABC理论中，A表示诱发事件；B表示个体针对此诱发事件产生的一些信念，即对这件事的看法和解释；C 表示个体产生的情绪和行为结果。通常人们会认为诱发事件 A 直接导致了人的情绪和行为结果 C，发生了什么事就引起了什么情绪体验。然而，同一件事，人们的看法不同，情绪体验也不同。

两个人同样都刚刚失恋，有的人放得下，认为失去一个不爱自己的人是一件好事，失恋才能有机会寻找到一个爱自己的人；而有的人却伤心欲绝，埋怨对方无情，自己把所有的心思都投入这场情感中，甚至认为自己今生可能都不会再恋爱了。这两类人面对同一件事件的态度不同，就是因为看待事情的角度不同，他们的情绪体验当然不同。

对于上面这个失恋的年轻人来说，失恋只是一个诱发事件 A，结果 C 是他情绪低落，生活受到影响，无法专心工作；而导致这个结果的，正是他的认知 B——他认为自己付出了一定要收到对方的回报，自己太傻了，太不幸了。假如他换个想法——她这样不懂爱的女孩不值得自己去珍惜，现在她离开可能避免了以后她对自己造成更大的伤害，那么他的情绪体验显然就不会像现在这么糟糕。

因此，当我们情绪不好的时候，我们要学会疏导自己的情绪，从而调节心情。比如，问问自己，为什么这么不开心，告诉自己，其实事情没有自己想象的那么严重，不如换个角度看待这个事情，郁闷的心情就会释然不少。

坏情绪是会转移的

生活中，我们的坏心情就像流感一样，如果不加以控制，就会不断蔓延。下面这个故事就是很好的证明。

王先生是某私企的总经理，对公司管理非常严格，而且以身作则，每天都早来晚去。但是，有一天早晨，王先生看报太入迷，出门晚了。他匆匆忙忙地开车，闯了一个红灯，正巧被警察逮到，还罚款了。

本来上班就迟到了，没想到还被罚款了，王先生气急败坏。刚到办公室，正好碰到项目经理向他汇报工作，他没好气地问："上周那个项目敲定没有？"项目经理告诉他还没有。他大吼道："我已经付给你七年薪水了，现在我们终于有一次机会做笔大生意，你却把它弄吹了！如果你不把那个项目争回来，你就别想再踏进公司半步！"

项目经理怀着一肚子不满回到自己的办公室，心想："我为公司卖了七年力，你王经理不过是个傀儡。现在，就因为我丢掉了一个项目，就恐吓要解雇我，太过分了!"正巧秘书来找他签字,他马上问秘书:"今天早上我给你的那五封信打好了没有?"秘书回答说:"还没,我……"他立刻冒起火来,指责说:"不要找任何借口,我要你赶快打好这些信件。虽然你在这儿干了三年,但不表示你会一直被雇佣!"

秘书愤怒地回到自己的座位上,心想:"三年来,我一直很努力工作,经常超时加班,现在就因为我无法同时做两件事,就恐吓要辞退我,太欺负人了!"

秘书下班回家,看到九岁的儿子正悠闲地打着游戏,立刻叫起来:"我告诉你多少次,要好好学习,赶快给我回到房里去看书!"

儿子回到自己房间,心想:"妈妈刚到家就冲我发这么大的火,真过分!"这时,平时他最喜欢的小狗走了过来,他二话没说就狠狠地踢了小狗一脚:"给我滚出去!"

小狗疼得乱窜,发疯似的冲出门乱咬,还咬了一个人——那个人正好是从这里路过的王总经理。

王先生的消极情绪通过漫长的链条,经过不同人的传导,最后报应了自己。虽然这个故事的恶性循环的结果有些可笑,但是这种情绪转移现象在生活中却并不少见。一个人的不良情绪一旦无法正常发泄和排解,往往会找一个出气筒,把情绪转移到别人的身上,有时甚至是无意识的,自己也很难控制。

我们是否有过这样的经历:遇到塞车时,如果有一个司机不耐烦地按喇叭,那么这种烦躁的情绪便会传染开来,后面的司机也会不停地跟着按喇叭。同时,喇叭那刺耳的声音又会使更多的乘客和司机烦躁不安。其实,这种现象在心理学上被称为"坏情绪的转移"。

情绪转移定律,指人的不好情绪如果没有得到适当的宣泄,就会转移到其他人和事上,是一种情绪的蔓延现象。这个心理也可以很好地解释什么是"迁怒"了。

要知道,快乐的钥匙不是掌握在别人手中,而是掌握在自己手中。我们郁闷也好,快乐也好,其实都不是由外界原因造成的,而是由我们自己的情绪造成的。我们的幸福通俗来讲,就是一种愉悦感,而这种愉悦感很大程度上来源于我们的好心情。所以,我们要做情绪的主人,而不能被情绪所左右。正如心理学家所证明的,人不仅是消极情绪的放大镜,而且也是积极情绪的制造者,生气郁闷只能是折磨自己。我们应该学会调整自己的情绪,经常保持积极情绪。

保持积极情绪的方法有很多种,包括宽容别人,保持积极乐观的心态,能接纳自己的情绪变化，及时调整自己的不良心态，掌握有效的自我调节的方法等。如果我们不慎掉进了河沟里，不妨想想正好衣服该洗了；当我们参加一些重要的考试或活动，感到非常紧张，可以在心里暗暗提醒自己"沉住气，别紧张，胜利一定是属于自己的"，这样自然就会冷静下来，信心百倍；当遭遇困难和逆境时，想想"失败乃成功之母"，振作精神，那么，下一步或许就会走向成功。

努力驱逐负面情绪

每天都这么奔波忙碌，觉得自己活得像个机器。重复的生活让你觉得疲惫，小时候因为一颗糖果、一根雪糕带来的小幸福已经不复存在了，你觉得自己的幸福感荡然无存，甚至因此而消沉和失望，觉得自己不可能再幸福了。日复一日，这种负面情绪引领着你的思维，你总是否定自己的想法，长此以往，你怎么可能会幸福，怎么可能拥有健康的生活？

如果幸福与否是由我们的思想所决定的，那么赶紧把脑子里那些负面情绪进行彻底的大扫除吧，驱除心中负面的想法，我们才能走进健康的、充满希望的生活。

我们心中要有一个信念，时刻驱除负面的想法，并下定决心地去做，即可达到你的目的。那么究竟如何去做呢？我们不妨来看看这个故事，也许你能从中轻易地发现秘诀。

安森一直在研究有关内心想法与幸福的联系，他认为幸福与否和人的内心想法有着很大关系，可以说这点直接影响到幸福感的存在。

在一次聚会上，安森遇到了一位优秀的青年企业家，他的事业一度风生水起，按理说他是最应该感到幸福的那一类人。可是经过一番交谈，安森发现被亮丽光环笼罩下的青年企业家内心竟是如此消沉，听他讲的那些话，愈发觉得他不仅内心消沉而且正朝着毁灭自己的方向前进着。他的心灵就像一节干枯的树枝，没有一丝生机，仿佛沉寂在一片沉沦的世界中，渴望脱离苦海。这种急欲脱离的情绪反而带动着他往相反的方向前进，物极必反，接二连三问题的发生无情地浇灭了这位青年企业家的希望之火。

耳畔回荡着青年企业家的叹息，安森忍不住告诉他，如果想拥有幸福，也不是那么难的事情，他倒是有一个解决之道。

"你能有什么方法呢？除非你能制造奇迹。"青年企业家疑惑地问道。

"不，虽然我不能制造奇迹，但我可以把你介绍给能够制造奇迹的人。这个人将改变你内心的想法，让你的内心变得积极开朗。更重要的是，这个人能让你感受到什么是真正的幸福。好了，我的话说完了。"安森和青年企业家告别，就此离开了会场。

很显然，青年企业家对安森的话有着强烈的好奇心，于是从那时开始，他就经常主动与安森联系，就这样他们一直持续交往着。有一天，安森送给了青年企业家一本适合放在口袋里的袖珍型小书，并且告诉他这是一本"魔法书"，能教会他如何产生健康和幸福，一定要随身携带着它，且在一个月之内把书中的建议都一一牢记在心。

青年企业家满脸的不可思议，问道："安森，这本书真的这么神奇吗？它能驱除我心中那些否定的想法，真的能给我带来幸福吗？"

安森神秘地说道："当然可以！只要你能切实按照书上的建议一一照做，那些消极的、有损快乐、有损心灵健康的想法势必会一扫而空，消失殆尽。虽然这些对你来说，似乎有些过于奇妙，但是你照做了就会发现它的妙不可言。"

青年企业家听了之后，虽然心中满怀疑惑，但仍按照安森的指示一一照做。一个月之后，安森接到了青年企业家的电话，电话那头又惊喜又激动的声音："安森，这本书真的有魔法，真是不可思议，我已经得到了我想要的，这真是做梦都想不到事情，只要能改变内心消极的想法，幸福原来触手可及……"

这位曾经内心消沉的青年企业家已经抓住了幸福。有些时候，我们对幸福的理解太泛泛和表面化了，觉得表面的光鲜亮丽、腰缠万贯就是幸福，可幸福是来源于内心的，从青年企业家的故事中我们就不难看出，虽然他看上去很风光，可是他却不幸福，因为他的内心消极苦闷。

真正的幸福是来源于心的，即使生活困苦，但仍有一颗积极向上的心，那就会获得积极健康的生活。这种来源于内心中肯定的、积极的想法才是获得幸福的正能量，还是拿那位青年企业家的故事来说，在他学会如何掌握幸福的方法后，即使再次陷入困境、遭遇到不幸，他也不会跟随这些消极的情绪继续否定自己，一味地去自责与自怜了，而会全力以赴地去扭转这种困境。

可见，我们的思想决定着幸福，思想改变了，世界就不一样了，对幸福的感知也会变得不同。消极和否定只会让事情越来越糟，而不断地积极向上、肯定自己才能获得幸福，这是幸福的秘诀所在。

努力地去驱除心中负面的情绪吧，摒弃消沉或失望的思想，做个彻彻底底积极强大的人。如此一来，你会发现自己的人生轨道是健康而充满希望的。

将烦躁消除在萌芽中

解决困难最好的办法是什么？就是在困难的萌芽期，就把困难解决掉。同样，消除自己的不良情绪的最佳时期也是其萌芽状态。

一位睿智的老师与他年轻的学生一起在森林里散步。走着走着，老师突然停了下来，仔细地看看身边的四株植物：第一株植物是一棵刚刚破土而出的幼苗；第二株植物已经算得上是挺拔的小树苗了，它的根牢牢地扎在肥沃的土壤中；第三株植物枝叶茂盛，差不多与年轻学生一样高大；第四株植物是一棵巨大的橡树，年轻学生几乎看不到它的树冠。

老师指着第一株植物对他的学生说："把它拔起来。"学生用手指轻松地拔出了幼苗。"现在，拔出第二株植物。"学生听从老师的吩咐，略加力量，便将树苗连根拔起。"好了，现在，拔出第三株植物。"学生先用一只手进行了尝试，然后改用双手全力以赴。最后，树木终于倒在了脚下。"好的"，老教师接着说道，"去试一试那棵橡树吧。"学生抬头看了看眼前巨大的橡树，想了想自己刚才拔那棵小得多的树木时已经筋疲力尽了，所以他拒绝了教师的提议，甚至没有做任何尝试。

"我的孩子"，老师叹了一口气说道，"这验证了生活的常识：习惯对一个人生活的影响是多么可怕！"

这个近似寓言的小故事，其实告诉了我们这样一个道理：无论是好的习惯还是坏的习惯，一旦形成了，就会变得牢固，就像挺拔的橡树一样，任凭你使用多大力气也很难扭转。所以，在那些不良的习惯还没有牢固之前，我们就应该及时改正，将坏习惯扼杀在萌芽的状态。

生活中的习惯其实有很多种，有的是单纯的卫生习惯，比如勤换衣服、保持良好的卫生环境；有的却是属于我们精神层面的习惯，比如有的人贪财；有的人好色；有的人易怒……这些都是习惯在人们生活中不同方面的表现。而现代社会中，人们在忙碌中也养成了另一个不好的习惯——烦躁。

你有没有这样一种感觉，当给自己的朋友打电话的时候，你问朋友最近忙什么，朋友一开口"烦死了，最近都快忙死了""太烦人了，正在赶一个很大的项目""实在受不了了"……人们用种种同义词倾诉着相同的主题，宣泄着对生活的不满。

可是，如果我们愿意静下心来梳理一下烦躁的源头，就会发现那些惹我们生气的或许根本就只是一些小事。那些鸡毛蒜皮的小事总是让我们烦恼、生气，进而发怒。严重的还会因此摔东西、打骂周围的人。更有甚者，还会因为公交车上谁踩了谁一脚，打得头破血流。这些怨恨、怒气与烦恼，究其原因都是因为我们在厌烦的时候没有有效地克制，而是任由不良情绪滋长。久而久之，内向型的人就会抑郁，外向型的人就会狂躁，甚至不分场合就发脾气。

这样一来，我们的生活自然会受到影响——因为烦躁，我们的生活自然也不会快乐。

那么，为了生活得快乐，该如何控制自己的烦躁，使烦躁不至于像植物一样生长呢？有人说，应该在烦躁的时候睡觉，有人说应该出去逛街看电影，也有人说应该找朋友们聊天散心……不管采用什么样的方法，其实想要达到的目标只有一个：消除刚刚萌发的烦恼。

别让烦躁从豆芽菜长成参天大树。这是一个很形象的比喻，当我们的烦躁情绪刚刚滋生的时候，我们不妨就将它连根拔起，这样既不会太耗费我们的精力，也不至于让烦躁情绪越长越大，以致我们没有力气拔起。

不要给自己多寻烦恼

看待人生的角度不同，解决烦恼的方法也就不同。对于人生的许多问题，我们应该从多个角度去认识，才能看破烦恼的本质。

一个年轻人四处寻找解脱烦恼的秘诀。他见山脚下绿草丛中一个牧童在那里悠闲地吹着笛子，十分逍遥自在。

年轻人便上前询问："你那么快活，难道没有烦恼吗？"

牧童说："骑在牛背上，笛子一吹，什么烦恼也没有了。"

年轻人试了试，烦恼仍在。

于是他只好继续寻找。

他又来到一条小河边，见一老翁正专注地钓鱼，神情怡然，面带喜色。于是便上前问道："你能如此投入地钓鱼，难道心中没有什么烦恼吗？"

老翁笑着说："静下心来钓鱼，什么烦恼都忘记了。"

年轻人试了试，却还是放不下心中的烦恼，静不下心来。

于是他又往前走。他在山洞中遇见一位面带笑容的长者，便又向他讨教解脱烦恼的秘诀。

老年人笑着问道："有谁捆住你没有？"

年轻人答道："没有啊？"

老年人说："既然没人捆住你，又何谈解脱呢？"

年轻人想了想，恍然大悟，原来他是被自己设置的心理牢笼束缚住了。

世上本无事，庸人自扰之。萧伯纳说过："痛苦的秘诀在于有闲工夫担心自己是否幸福。"其实很多时候，烦恼都是自找的，要想从烦恼的牢笼中解脱，首先要"心无一物"，放下心中的一切杂念。

有位虔诚的佛教信徒，每天都从自家的花园里采撷鲜花到寺院供佛。一天，当她送花到佛殿时，无德禅师非常欣喜地对她说道："你每天都这么虔诚地以香花供佛，来世当得庄严相貌的福报。"

信徒非常高兴地回答道："这是应该的。我每次来您这里礼佛时，觉得心灵就像洗涤过似的清凉，但回到家中，心就烦乱了。作为一个家庭主妇，如何在烦嚣的尘世中保持一颗清净纯洁的心呢？"

无德禅师反问道："你以鲜花献佛，对花草总有一些常识，我现在问你，你如何保持花朵的新鲜呢？"

信徒答道："保持花朵新鲜的方法，莫过于每天换水，并且在换水时把花梗剪去一截，因为这一截花梗已经腐烂，腐烂之后水分不易吸收，花就容易凋谢！"

无德禅师说："保持一颗清净纯洁的心，其道理也是一样。我们的生活环境就像瓶里的水，我们就是花，唯有不停地净化我们的身心，放下烦恼，才可保持内心的清静。"

信徒听后，作礼感谢道："谢谢禅师的开示，希望以后有机会亲近禅师，过一段寺院中禅者的生活，享受晨钟暮鼓，菩提梵唱的宁静。"

无德禅师说："你的呼吸就是梵唱，脉搏跳动就是钟鼓，身体就是寺宇，两耳就是菩提，无处不是宁静，又何必等机会到寺院中生活呢？"

很多人之所以觉得烦恼缠身，主要是因为自己的心不净。心不净，想要的太多，记挂的太多，烦恼自然生。因此，要想在生活中离烦恼远一点，我们的心不妨就要净一点，要知道：心净万事净，心平万事平。

请不要总是保持冷漠

冷漠一旦注入一个人的身体，其痛苦让人难以忍受。伴随着冷漠的疯长，一个人就会感到孤独无助，甚至觉得自己和整个社会格格不入。一个拥有冷漠心理的人，会对什么事情都不感兴趣，做什么都会觉得无味，而且他们的内心会很脆弱，总是觉得世间很大，却没有自己的容身之所。

卡耐基曾经说过：如果你想要别人喜欢你，也就是说你想要改善你糟糕的人际关系；如果你想帮助自己也帮助他人，那么，就请你牢牢记住一个原则：真诚地去关心别人，彻底查杀冷漠这个病毒。

有一个著名的心理学家曾说过：在所有能够破坏友谊的因素中，冷漠是来自人灵魂深处的丑恶。人人都想生活在爱的包围中，一个内心冷漠的人，怎么可能懂得去爱别人，不懂得爱人，又如何能被人所爱呢？一位哲人曾经说过，我们需要被爱，但更需要爱人的能力。的确是这样，人与人之间存在一种爱的"交易"，所谓不行春风难得春雨就是这个意思。如果你对别人冷漠，对别人的事情一点都不关心，别人怎么可能关心你？怎么可能爱你？在没有关爱的世界里，你又如何能生活得开心？所以，唯有丢掉自己的冷漠，释放心中的爱，才能彻底医好你的心灵创伤。

那么，我们该怎样才能消除冷漠呢？以下是一些很实用的建议，希望通过这些建议，可以帮助你战胜冷漠。

1. 不要对热情抱有任何怀疑

有人问战胜冷漠最快速的办法是什么？答案是热情。任何时候都不要对热情产生怀疑。如果你能时时保持着一颗热情之心，那么，你心中的冷漠自能消融。

2. 三步走培养热情

消融冷漠需要培养热情。培养热情可以具体遵循以下三个步骤：

第一，深入了解每个问题。问题也是机遇。因此，对待任何事情，哪怕是困难，我们也要抱着热情去解决。

第二，学习更多你目前尚不热爱的知识，接触更多目前尚不热爱的事情，了解得越多，我们就越容易培养自己的兴趣。有兴趣自然就有热情，做到驱赶冷漠就水到渠成了。

第三，你的谈话要真挚热情。说话热情的人都会受到欢迎。当你话语充满热情时，你自己也会变得很有热情。你必须时时刻刻活泼热情，这样才能消除冷漠。

3. 尽可能多地去满足他人的愿望

就像上面所说的，一个人不仅要求被爱，更重要的是要有爱人的权利。我们尽可能地去满足别人的愿望，别人才会觉得我们的重要，我们也会因为成为别人需要的人而更加热爱生活。

尽可能满足他人的愿望，一方面可以更好地发挥我们的人生价值；另一方面可以让我们的人际关系更加顺畅，让我们的工作和生活更加便利。

4. 将热情付诸行动

只有将好的思想或者情绪付诸行动，我们积极的情绪才能起作用。当一个人以饱满的热情去应对生活、工作或者人际关系的时候，一个人心中的冷漠才能从根源上消失。

5. 尽可能多地与别人交流

尽可能多地与别人交流不仅是克服冷漠的一剂良方，也是我们攻克情感障碍的武器。

6. 语言鼓励

老板用语言鼓励自己的员工，老师用语言鼓励自己的学生，教练用语言来鼓舞球队……语言的激励作用是巨大的，很多人把语言比喻成团体奋进的助力器。同样，我们自己对自己进行语言鼓励，也有着重要的作用，其效果就像老师鼓励学生那样。在做任何事前，给自己一些语言方面的精神鼓励，以鼓舞自己，消除冷漠，必定会收到奇效。

7. 欣赏艺术

无论是音乐、美术还是文学，好的艺术作品都蕴涵着让人不得不折服的魔力。就像有人说的，真正热爱艺术的人对生活也会充满热爱，如果你爱上了这些无言的美，你就能从中体会到巨大的精神力量，也就不会再一味沉寂于冷漠了。

8. 接触大自然

大自然是烦恼情绪的最好排解器，当我们孤独、冷漠时，我们不妨跨上自行车去郊外转一圈，呼吸一下新鲜空气，让大自然消解我们心中的郁闷和烦恼。

改变浮躁的心态

要想处处得力、事事顺心自然很难。但我们要降低自己的失意程度，却有一个十分有效的方法，那就是苦练内功，切忌浮躁。

小吴是某事业单位的普通干部，他近一年来一直心神不定，老想出去闯荡一番。看着别人房子、车子、票子都有了，他心里发慌。炒股赔多赚少就去摸彩票，一心想摸个 500 万，可结果花几千元连个响都没听着，心里就更慌！后来小吴跳了几家单位，不是嫌这个单位离家太远，就是嫌那个单位专业不对口，再就是待遇不好，反正找个合适的工作对小吴来说真是难啊！后来听说某人很有钱，小吴于是写了信去，说自己很困难，想求助些款项，可他连信也没回，气得小吴又去信大骂了一顿。为此小吴心里也确实感到失衡，但这种恶作剧让小吴解恨呀！总之，小吴就是感到心里闷得慌，做什么都不踏实。

小吴表现出来的这种"不踏实""闷得慌"的状态正是一种典型的浮躁情绪。

浮躁心理是指做任何事情都没有恒心、见异思迁，喜欢投机取巧，讲究急功近利，强调短、平、快，立竿见影，平时则无所事事，乱发脾气，一刻也不能安稳地工作。浮躁是当前非常普遍的一种负面情绪。

浮躁从表现上看有躯体性亚健康的症状特点，如心神不宁、焦躁不安、喜欢冲动，甚至铤而走险等。实际上这种躯体的表现是在心理的作用下完成的，症状来得快去得快，受外界环境的影响很大。

浮躁会使人们失去准确定位，让人随波逐流、盲目行动、不计后果，与脚踏实地、艰苦创业、励精图治、公平竞争的社会准则相抵触，对国家、社会的整体运转非常有害。

作为一种心理现象来说，浮躁的内核是人朴素的、本能的生命冲动和物质欲望。浮躁的深层特点，是重外延轻内涵、重数量轻质量、重表面轻实际、重短期轻长远。在现代社会，浮躁心理对社会和个人的发展都十分有害，必须想方设法减少和消除这一不健康的心理。

自我暗示是控制情绪的一个简捷而实用的好方法。例如你可这样暗示自己：无论面对怎样的处境，总会有一种最好的选择，我要用理智来控制自己，绝不让情绪来主导我的行动。只要我善于控制自己的情绪，我就是一个战无不胜、快乐的人。

在攀比时要知己知彼。比较是人获得自我认识的主要方式，比较要得法，要"知己知彼"，否则就无法去比，得出的结论也会是虚假的。知己知彼才能知道是否具有可比性，就不会出现人的心理失衡现象，产生心神不定、无所适从的感觉。

人们应该正确地认识到：每个人的成功，都付出了别人难以想象的努力和智慧。要保持一颗平常心，不要期待"天上掉馅饼"的事会在自己身上发生。还要正确地看待别人的缺点和错误，不要凭一时的情绪或偏见对人和事下结论。

学会调节不良情绪

人的不良情绪主要有两种：一是过度的情绪反应，指情绪反应过分强烈，如狂喜、暴怒、悲痛欲绝、激动不已等，超过了一定的限度；二是持久的消极情绪，指人在引起悲、忧、恐、惊、怒等消极情绪的因素消失后，仍长时间沉浸在消极状态中不能自拔。

大量的研究和临床观察表明，不良的情绪会危害人的身心健康。一方面，不良情绪的出现可能会使人的心理活动失去平衡；另一方面，不良情绪会造成人的生理机制紊乱，导致各种疾病的发生。

既然不良情绪会危害人的身心健康，我们就要克服不良情绪，培养良好的情绪。那么，如何调节不良情绪呢？

1. 转换认识角度

现实中，人们的许多情绪困扰并不一定是由诱发事件直接引起的，而是由经历者对事件的非理性认识和评价所引起的。如有的人在遇到一些不顺心的事情后，往往会以偏概全，或把事情想象得糟糕透顶，过分夸大后果。因此，主动调整认知，换一个角度去重新看待发生的事情，纠正认识上的偏差，就可减弱或消除不良情绪。比如，你被小偷掏了钱包，你很愤怒，"发泄"是解决不了问题的，这时你应该换个角度想："破财免灾""塞翁失马，焉知非福"。这是自觉地、比较积极地从另一个角度重新思考，这是消除不良情绪的一个有效的方法。

2. 积极的自我暗示

自我暗示是运用内部语言或书面语言的形式来自我调节情绪的方法。暗示对人的情绪乃至行为有奇妙的影响，既可用来松弛过分紧张的情绪，也可用来激励自己。如在学习成绩落后、恋爱失败、生理上有缺陷，或交往技巧缺乏等情况下，要使自己振作起来，就要克服消极的心理定势，进行积极的自我调整和改变。此时积极的心理暗示是很有必要的，如在心中经常默念："别人能行，我也一定能行""我能考好，我有信心""别人不怕，我也不怕"。要努力挖掘自己的长处及优点，在很多情况下此法能驱散忧郁和怯懦，使自己恢复快乐和自信。

3. 合理宣泄

情绪的宣泄是平衡心理、保持和增进心理健康的重要方法。不良情绪来临时，我们不应一味控制与压抑，还要懂得适当地宣泄。

当生气和愤怒时，可以到空旷的地方去大喊几声，或者像屠格涅夫一样"在开口前把舌头在嘴里转上十圈，怒气也就减了一半"，或者进行比较剧烈的体育活动，如跑两圈、扔铅球等。

当过度痛苦和悲伤时，放声痛哭比强忍眼泪要好。研究证明，情绪性的眼泪和别的眼泪不同，它含有一种有毒生物化学物质，会引起血压升高、心跳加快和消化不良等不良症状。通过流泪，把这些物质排出体外，对身体有利。尤其是在亲人和挚友面前痛哭流涕，是一种真实感情的宣泄，哭过之后痛苦和悲伤就会减轻许多。

4. 言语暗示

语言是人类独有的高级心理功能，是人们交流思想和彼此影响的工具。语言的暗示对人的心理乃至行为会产生奇妙的作用。在被不良情绪所压抑的时候，可以通过语言的暗示作用，来调整和放松心理上的紧张状态，使不良情绪得以缓解。比如，在发怒的时候，就重述一下达尔文的明言："人要是发脾气就等于在人类进步的阶梯上倒退了一步。愤怒是以愚蠢开始，以后悔告终。"或者用自编的语言暗示自己，如"不要发怒""别做蠢事，发怒是无能的表现""发怒会把事情办坏的""发怒既伤自己，又伤别人，还于事无补"。还可以在家中或单位悬挂字幅暗示自己。例如，禁烟英雄林则徐，为了控制自己的暴躁脾气，便在中堂挂了上书"制怒"的大字幅，随时提醒自己在忧愁满腹时，则可以提醒自己，"忧愁没有用，要面对现实，想出解决办法"等。在平静、排除杂念、专心致志的情况下，进行这种言语暗示，往往对情绪的好转有明显的作用。

5. 学会幽默

幽默是精神的消毒剂，是消除不良情绪的有效工具。当你发现遇到某些无关大局的不良刺激时，要避免使自己陷入被动局面或激怒状态，最好的办法就是以超然洒脱的态度去应付。此时，一句得体的幽默话，往往可以使你摆脱窘迫，使愤怒、不安的情绪得以缓解。不要针尖对麦芒，以牙还牙，激化矛盾。幽默是智慧和成熟的象征。学会幽默，乐观地面对生活，才能使自己快活起来，成为真正的强者。

6. 升华

将不为社会认可的情绪反应方式或欲望需求导向正确的方向，将情绪、情感激起的能量引导到对人、对己、对社会都有利的方面。安徒生、贝多芬等人都曾在失恋之后，以更大的热情投入到文学艺术的创作之中，为人类社会创造出精美的传世作品。居里夫人在其丈夫因车祸不幸身亡之后，忍受着巨大的悲痛，把自己的情感升华到对科学的忘我追求之中，终于第二次获得了诺贝尔奖。

7. 求助他人

培根说过："如果把你的苦恼与朋友分担，你就剩下一半的苦恼了。"不良情绪仅靠自己调节是不够的，还需要他人的疏导。人的情绪受到压抑时，应把心中的苦恼倾诉出来，如果长时间地强行压抑不良情绪的外露，就会给人的身心健康带来伤害。特别是性格内向的人，光靠自我控制、自我调节还远远不够，可以找一个亲人、好友或可以信赖的人倾诉自己的苦恼，求得别人的帮助和指点。在很多情况下，一个人对问题的认识往往是有限的，甚至是模糊的，旁人点拨几句，会使你茅塞顿开。这时人家即使不发表意见，仅仅是静静地听你说，也会使你得到很大的满足。别人的理解、关怀、同情和鼓励，更是心理上的极大安慰，尤其是遇到人生的不幸或严重的疾病，更需要别人的开导和安慰。将自己的忧愁和烦恼倾诉出来，不但会保持愉快的情绪，而且会增进人际交往，令你感觉到自己生活在爱的怀抱中。

保持良好情绪的途径

人类之所以会产生种种的情绪，都是与人的需要满足与否紧密相连的。那么只要给予满足就可保持良好的情绪吗？表面上看是这样，然而，现实生活中不满足之事十有八九，很多时候连基本需要都难以满足。那么，良好的情绪如何得以产生和保持呢？况且，还有许多人类不需要的东西无时无刻不在侵扰着我们的生活，如生活事件、自然灾害、环境污染、战争等。凡此种种都将对人类产生心理压力，影响人类的身心健康，威胁人类的生命。

然而，面对困难所引起的同样的心理刺激，有的人致病，有的人却顽强地挺了过来，究其原因，不外乎两个字：情绪。一般说来，乐观、幽默、兴趣广泛、视野开阔的人，抵抗不良心理刺激的能力较强。这个道理看上去很简单，似乎人人皆知，但真正做起来却很难。

首先，人的行为容易控制而心理、情绪却不易控制。饿了吃，困了睡，累了休息，不是自己的东西不能拿等这些都容易做到。然而，失去亲人谁能不悲伤？遭到打击、陷害谁能不愤怒？面临重大抉择谁能不焦虑？面对战争谁又不恐惧？其次，情绪是人的心理活动，是一种内心体验。它摸不着，抓不住，不可称，无法量，没有具体明确的标准。况且暂时心情不好，很难看出其潜在危害，疾病大多是日积月累的量变过程，难以及时察觉，因而不易引起重视。那么，在现代生活中人们应该怎样保持良好的情绪，做情绪的主人呢？

（1）培养幽默感

幽默感常常可以使一个原来比较紧张的气氛变得轻松。研究发现，在问题面前，那些经常运用幽默作为应对机制的人，健康问题较少，而那些经常运用哭喊作为应对机制的人，健康问题就较多。

（2）增加愉快的生活体验

我们要设法增加生活的情趣，增加愉快的生活体验。这样，即使偶尔遇到不愉快的事情，也不至于发生过于强烈的情绪反应。研究发现，增加令人愉快的体验，可以因此减弱消极情绪状态。

（3）加强道德修养

在日常的生活实践和心理活动中，逐步认识和理解社会道德情感，形成正确成熟的道德观。心胸豁达，视野开阔，积极乐观，对待个人得失，能做到不贪求、不妄想，把握正直做人的准则，碰到不顺心的事，能以唯物辩证的观点剖析事物不利和有利的方面，做到思想通、情绪平、随遇而安、知足常乐。

（4）培养业余爱好

业余爱好会把人的心绪引导到一个令人十分舒畅、欢愉的精神境界，琴棋书画、花鸟虫鱼、散步打拳、走亲访友、阅读书报……各种爱好可培养愉快平静的情绪和积极向上的精神，既可调剂生活，避免单调、枯燥，又可陶冶性情，还能起到使消极心态及时得到疏导的作用，有益身心健康。可以想象，当一个人把注意力全部倾注到自己所爱好的活动中去的时候，一切忧愁烦恼，自然会抛至九霄云外，此时，心理上的平衡，自然会很容易获得。

二战时期的美国总统富兰克林·罗斯福喜欢用集邮来调节自己紧张的情绪。他每天挤出一个小时把自己关在一幢房子里，摆弄各种邮票，借此摆脱周围的一切。去的时候，满脸阴沉，心情忧郁，疲惫不堪；离开的时候，精神状态完全变了，似乎整个世界都变得明亮了。

（5）积极参与社会交往

保持良好情绪和身心健康的最佳途径，就是积极参与社会活动，多与人交往，为社会贡献力量的同时体现自我价值。研究证明，社会交往能使人产生积极的情绪体验，积极的情绪体验又会使人们更积极地与人交往，更好地适应环境与应对应激事件，从而形成一个良性循环。

不良情绪固然可以伤身，而喜乐之情，若过于强烈，也同样会对身体有害。"物极必反""乐极生悲"都辩证地说明了这一规律。所以，悲伤喜乐均应适度，要时刻保持冷静。遇悲伤之事，不可过于悲痛；惊恐面前，善于保持冷静；生忧思之情，切勿深陷而不能自拔，要针对现实，冷静、实际而恰当地处理问题。防止感情过分激动，保持情绪平和与心理平衡。

宣泄情绪的方法很多，有些人会痛哭一场，有些人找三五好友诉苦一番，另一些人会逛街、听音乐、散步或逼自己做别的事情以免老想起不愉快，比较糟糕的方式是喝酒、飙车甚至自杀。要提醒大家的是，宣泄情绪的目的在于给自己一个理清想法的机会，让自己好过一点，也让自己更有能量去面对未来。如果宣泄情绪的方式只是暂时逃避痛苦，尔后需承受更多的痛苦，这便不是一个适宜的方式。有了不舒服的感觉，要勇敢地面对，仔细想想，为什么这么难过、生气？我应该怎么做，将来才不会再重蹈覆辙？怎么做可以降低我的不愉快？这么做会不会带来更大的伤害？根据这几个角度去选择适合自己且能有效缓解情绪的方式，你就能够控制情绪，而不是让情绪来控制你。

人生路途上，曲折、磨难和逆境多于坦途、顺利和成功。为了摆脱精神枷锁，不妨试一试"舒心七法"：

（1）想一想。换个角度来讲，挫折和失败是对人的意志、决心和勇气的锻炼。人是在经过了千锤百炼才成熟起来的，重要的是吸取教训，不犯或少犯重复性的错误。

（2）走一走。到野外去郊游，到深山大川走走，散散心，极目绿野，回归自然，荡涤一下心中的烦恼，清理一下浑浊的思绪，净化一下心灵的尘埃，唤回失去的理智和信心。

（3）比一比。与同事、同乡、同学、好友相比，虽说比上不足，但也会比下有余。及时调整心态，以保持心理平衡。不因失败而失去信心，不因受挫而挫伤锐气。

（4）放一放。如果不是急事大事，索性放下不去管它，过几天再说，那时或许会有个更清晰的认识，有更合理、周密的打算。

（5）乐一乐。想想开心的事、可笑的事；或拿本有趣的书，读几段令人开怀大笑或幽默风趣的章节。

（6）唱一唱。唱首优美动听的抒情歌，一曲欢快轻松的舞曲或许会唤起你对美好过去的回忆，引发你对灿烂未来的憧憬。

（7）让一让。人生如狭路行车，该让步时姿态低些，眼光远点，不在一时一事上论长短。正所谓退一步海阔天空。

第三章　潜意识的奥秘和力量

只要发挥出自身的全部潜力，你甚至能超越自身的体能极限，最终创造出别人无法创造的辉煌，这点对于每个运动员都十分关键。

——李宁

（毕业于北京大学，奥运冠军）

潜意识影响你的生活

虽然每个人都拥有它，但是并不是每个人都能够自如地使用它，因为它是一个"魔鬼"，拥有魔力。人们的生活就是被这种奇妙的魔力所围绕着，它会带领你走出痛苦和失败，让你摆脱束缚，获得幸福、自由和辉煌，同时它也会让你走向相反的方向，这就是它的魔力所在。

潜意识的魔力已经存在很长时间了，它是生命和心灵的真理，比任何文化都历史悠久。鉴于这个原因，你应该深入地了解它，让它引导你改变你的人生，改变你的命运。所以，你要做的就是敞开你的心扉，让愿望和情感相结合，让潜意识做出回应。

潜意识一点一滴地影响你，慢慢地叠加在你的生活里，最后将现实生活中的你塑造成你潜意识中的那个你，它保持着中立的立场，你的一切行为，不管好坏，它都会接受，潜意识这样长期累积，就会让你模糊了好与坏、对与错。所以要想改变你的生活，必须先改变你的内心，也就是要开发、改变你的潜意识。

只要你接受了潜意识理论，你就会发现改变现实并不是什么难事，这样你就会积极乐观地面对人生。

如何开发潜意识？

第一，培养潜意识的记忆功能。

利用潜意识积累更多的知识和信息，不断地学习新的东西，这样才能让你更加聪明，充满智慧。

为了让记忆更加深刻，你可以采取一些辅助手段，比如不断地学习，多看书、看报纸，拓展创造性思维，协助潜意识为你服务。

第二，训练潜意识的辨别能力。

让它为你的成功服务，而不是引导你走向失败的深渊。

这么做是因为潜意识本身不会分辨对错，但同时又直接支配着人的行为，所以，一个人的成与败都取决于他的潜意识。

因此，要严格地训练自己，多发现和输入有利的信息，让成功的因素占据潜意识的统治地位以支配你的生活；控制可能导致失败的、消极的因素，不要让它们随意地进入你的大脑，它一出现就立即制止，慢慢遗忘，或者对它进行批判、改造，化腐朽为神奇。

第三，利用潜意识的智慧，帮助你解决问题。

潜意识蕴藏着丰富的信息，而且能够创造出新的概念。很多人冥思苦想不得答案的某个问题，结果可能在梦中、走路时突然被找到了，因此要随时记录灵感，不要让它消失，让它帮助我们走向成功。

第四，不断地进行自我暗示和想象。

如果你想要取得成功，就要暗示自己"我会成功，一定能够成功"；想要提高学习成绩，就暗示自己"我学习很好，一定能够取得好成绩"；想要身体健康，就要暗示自己"我身体很强壮，我没有病"。

这样不断反复地确认，你的潜意识就会接受这个指令，你所有的行动和想法就会自动地配合它，朝着这个目标前进，直到实现为止。

如果你重复的次数不够，或者不够坚定，也许就不会有效果，所以一定要不断地重复，这是影响潜意识最关键的一点。因此，想要实现目标，一定要记得重复。

大部分的人只注重外部世界，只有得到启发的人才会更多地关注内心世界。其实内心世界是极其重要的，它是人们的思想、感情，是它们造就了人们的外部世界。因此说，内心世界是人的创造力。所以，想要改变生活的外部世界，必须先改变内心。很多人盲目地在外部找原因，却没有弄清楚，真正的问题就在他们的内心。

生活在一个丰富多彩的世界里，人们的潜意识是非常敏感的，每个人都应该知道怎样使用它，它深深影响着你的思维和习惯，是一切创造的动力，拥有无穷的智慧和财富。

潜意识是情感和思想的根源

潜意识是人们情感的根源。如果想的是好事情，好事就会来找你；如果是坏事情，坏事就会找你的麻烦。这就是潜意识，一旦接受了一个指令，它就会执行，无论好坏，这关键就取决于你自己了，你要是积极地使用它，你收获的就是成功和美好；你要是消极地使用它，那么你得到的指定是失败和不幸。这就是你的潜意识给你的必然结果。心理学家和精神病专家都指出："当思想传递给潜意识时，在大脑的细胞中会留下痕迹，它会立刻去执行这些想法。"

人们所遭遇的不幸，都是他们曾在内心设想过的，随之印在潜意识里的结果。如果你和潜意识进行了错误的交流，那么就赶快纠正它吧。给你的潜意识一个全新的、积极的、健康的习惯，让它帮助你改变现实世界。

要知道，人们的内心世界是有无穷智慧的，只要你知道你想要的是什么，坚信它是属于你的，就会慢慢得到它。想象一下，如果你想要的都变成你的，你会变成什么样。

人们每分每秒都在建造着自己的内心世界，这是生命最基本的活动，虽然它可能不被别人所知，也不被别人所见，但它却真实地存在着。

放暑假了，李明约朋友一起去划船游玩，但是这个朋友告诉李明自己晕船。一路上李明给朋友讲了好多笑话和故事，逗得他兴致勃勃，到了青岛码头，依旧意犹未尽。李明问："你怎么没晕船呢？"谁知话音未落，他"哇"的一声吐了出来。

这也正说明，心态消沉的人，其自身对自己身体和心理上的抑制力是相当弱的，而暂时的良好外界环境，也能激发他潜意识中最原始的乐观思绪，使他能够忽视心理和身体上的不适。但是一旦他没有把控好，让消极的心态占了上风，那么他的乐观情绪也将灰飞烟灭，身体上的不适也会接踵而来。看来，阻碍积极情绪的最大敌人，不是别人，正是自己的内心。人的内心说强大也强大，说弱小也弱小，关键是不要让消极的心态占上风。人应该学会乐观，从乐观的角度去看待自己和周围的事物。

古人说：不以物喜，不以己悲。说的就是潜意识中要学会控制自己，不要让小事左右自己的情绪。

在生活中，潜意识有时就像个爱捉弄人的魔鬼，有时它能发挥积极的能量，有时它起的是消极的作用，关键是要意识到它的存在，并且尽量让它发挥积极的力量，抵制消极的影响。潜意识能够帮助人们走向成功，也能使人陷入消沉，关键看你怎么运用它。

要想实现你所希望的，最有效的方法就是借助潜意识的帮助。因此正确认识潜意识是通往成功的必经之路。在潜意识中注入期望，在现实中就会得到回报。只要你的内心是肯定的，就会逐步实现你的期望。

潜意识的力量是巨大的，当你有意识地去培养自己的潜意识时，它就会日益增强，就像一个拥有魔力的"魔鬼"。潜意识可以让原本弱小的人，在它的支配下，变成心理异常强大的人。

让潜意识帮你自信

在生活中，成功者总是能够克服困难，在成功的道路上前进一步又一步。每个人都有成功的权利，别人能做到的你也能做到，只要有信心去追求，就一定可以得到自己想要的。当你足够自信的时候，你的潜意识也很容易被激发出来。

王兴现在是学术界知名的教授、学者和演讲家，人们不仅为他渊博的学识所倾倒，也为他演讲时的魅力和挥洒自如所折服。但是他第一次登台演讲的时候，却十分紧张，想到要面对台下那么多的人，手脚直哆嗦冒汗，心想："要是到时候紧张了，忘词了怎么办？"越想越害怕、越紧张，甚至想就此逃跑。

正当王兴手足无措的时候，他的指导老师走过来，将一张纸塞到他的手里，轻声说道："这上面写着你的演讲稿，如果你一会儿上台时忘了词，就打开看看。"他握着这张纸，就像手中握着一根救命的稻草，上了台，开始了自己的演讲。

心里有了底，王兴就不慌了，他顺利地完成了此次演讲，获得了观众热烈的掌声。王兴去向老师道谢，老师却笑着说："其实我给你的，只是一张白纸，上面根本没有写什么稿子，是你自己战胜了自己，找回了自信心。"王兴打开纸一看，上面果然什么也没写。他感到很惊讶，手里的一张白纸，竟然在危急时刻给了自己力量，使自己最终获得了成功。原来自己握住的并不是什么白纸，而是自己的信心。也正是这次演讲让他读懂了自信的力量，并且这种力量一直激发着他在以后的路上前进。

当人对自己的能力自信时，这种自信就变成了人的一种潜意识，并且在一些日常的工作、生活中有意识地鼓励着自我，给自己以信心。久而久之，这种自信的意念会深深地根植到你的潜意识里，当人们再面临一些紧急时刻时，潜意识就会发挥能量，出于对自己能力的自信，潜意识里会觉得没有什么大不了，自己完全可以应付得来。

有些人十分害羞，不好意思跟别人说话，甚至也不敢直视别人的眼睛，所以给人的印象是冷淡、说话闪烁其词。其实这种身体语言传递的是一种害怕、胆怯。有时候，你的身体语言传达的意思会给人一些不好的印象，也许你自己并不是想要传达这样的信息，但是你的身体语言却出卖了你。

美国心理学家阿瑟·沃默斯认为，只要将身体语言做些调整，就能产生令人吃惊的直接效果。他使用了面带微笑、坦率开通、身体前倾、友善性的握手、眼睛对视、点头等来表现外在印象的亲切、随和。他宣称这将获得友好的回报，陌生人也不再那么可怕了。当然要想变得胆大、自信则是一个长期努力的过程，特别对于一个胆小害羞的人来说，要使自己成为一个敢于尝试新领域、勇于迎接挑战的自信、乐观的人，还需要勇气和恒心！

一个人能够成功，首先是因为他自信，如果能够经常保持这种自信，那么自信也就变成了属于人的一种本能反应，也就是我们所谓的潜意识。

当你想做一件事情时，你会发现"好事多磨""一波三折""人生不如意事十之八九"等古话是多么有道理——确实，这个世界上没有容易的事情，总会有各种各样的困难和波折。完成一件事的难度总是会比我们一开始想象得要大。当你遭遇挫折和打击时，你会变得很脆弱，你会很想放弃，想"下次吧""这次算了吧"，其中最可怕的一种潜意识就是："算了，我做不到。我果然是做不成的。我没戏了……"这种消极的潜意识一旦出现，并且占了上风，人们的放弃那就是兵败如山倒的速度了。

这是非常可惜的。如果在这种时刻，能够自信起来，用积极的潜意识对自己进行鼓励："是挺难的，不过人生不就是这样吗，谁是容易的呢。这件事的确挺难做的，好好努力就成了啊。再试试吧。失败了也没什么，最后能做成功就可以。我看我这个人挺厉害，这件事其实也不过如此。我一定能做成。"

如果一个人在潜意识中充满自信，对自己的能力和未来充满良好的想象，那么这个人成功的可能性就非常大。一个人的能力界限，往往是受自己潜意识中的"能力的尽头"所限制的。当一个人抛弃这种"限制"潜意识，他就能发挥出比以往更强的实力。这种"限制"潜意识，不仅是对自己潜意识的限制，更多是对自己能力的限制，他使人对自我的认知维持在一个界限内，使人的能力局限在这个限制内。打破限制意味着获得自信，也意味着"永无止境"。

Luck 身高 1.88 米，双腿修长，弹跳出色，在 16 岁的时候被教练发现带入了跳高训练队。教练对他进行精心的培养，安排了一整套训练计划，从体能到爆发力、从理论课到过竿技术无不细心指点。

Luck 进步神速，3 个月的训练下来，他已经能够越过 1.89 米，成绩足足提高了 20 多厘米。教练非常高兴，因为再提高一厘米，自己的弟子就可以破市纪录了。可就是这一厘米，却成了无法逾越的障碍。教练想了各种各样的办法，诸如增强弹力、技术更新、补充营养。甚至物质刺激、精神鼓励等，但是两个月下来，Luck 的成绩正常状况下只能维持在 1.85～1.89 米之间。这可把教练急坏了。

这天 Luck 又开始训练了，跳过 1.86 米后，教练直接将横竿升至 1.90 米。按照平时的习惯，横竿总是两厘米两厘米地往上升。此时，Luck 并不清楚横竿的实际高度。第一次试跳失败时，教练大声呵斥："怎么连 1.88 米也跳不过去？"Luck 第二次居然一跃而过！教练心中暗喜：原来心理作用有时大于生理和体能本身。他严守着秘密，直到 Luck 在这种特殊培训下越过 1.92 米时，才将一切告诉他。最终，Luck 打破了比赛纪录。

很多事情，不是自己能力达不到，就像跳高男孩，其实他有足够的能力取得更好的成绩，但是他的不自信害了他，并且这种不自信长时间在他的心里渲染，变成了一种消极的情绪，进而进入自己的潜意识，在关键的时刻，潜意识就会告诉他：你不行，放弃吧！正是这样，人们事先就给自己埋下了"我不行"的种子，低估了自己的水平。

自信是相信自己能够成功，并坦然面对一切艰难险阻的心理状态，是一种健康、积极的个人品质。自信对每个人都非常重要，无论是面临生活的压力，还是生命的挑战，无论身处顺境还是逆境，自信都可以产生神奇的力量。拿破仑说："如果你想让一个胆小的士兵变得勇敢，只要告诉他，你信赖他，并且相信他是勇敢的，他就会变成一个勇敢的人。"给予他人信心，使他人自信，就可以发挥出他内心的能量。正是因为自信如此重要，所以更需要给自己内心植入这种自信的力量，刻意地锻炼自己，让这种自信转化为一种潜意识，只有这样，你才能够变得真正的自信，无论何时何地。

人在人生的路上需要走很多路，过很多桥，攀登很多山峰，想要走得更远，就要对自己充满信心，这样才能在成功的道路上看到更多美好的事物或风景。

梦想不断引导潜意识

成功离不开梦想，它会引领你走向未来的发展旅途，它有着惊人的力量，会慢慢地强大起来，它会像变魔术一样，改变你的生活、你的世界。但是梦想的这种力量不是瞬间爆发的，而是需要从小愿望开始，一点点地升华，当你的体内集聚了强大的愿望时，你才能拥有实现这种愿望的强烈欲望和自信。

当回忆自己的童年时你会惊奇地发现，童年时期的信仰和行为习惯，现在依然存在于内心之中，影响着自己，它会时常浮现，深深地影响着现在的生活。每个人都有童年时代的梦想，有些人的童年梦想可能已经变为泡影，而有些人的童年梦想却开花结果，变成了现实，为什么同样是童年梦想，会有截然相反的两种结果呢？

小威廉姆斯在儿时就说下了大话，她要超越姐姐，事实证明她兑现了自己的大话。20年前，当威廉姆斯一家还居住在洛杉矶南部的坎普顿贫民区时，经济拮据的父母只能将他们的五个女儿塞进只有四张床的一间房里。这也就意味着，年纪最小的小威廉姆斯每晚不得不和她四个姐姐中的一位挤在一张床上。小威廉姆斯最喜欢和维纳斯在一起，从小，这位年长她仅仅15个月的姐姐就是她的最爱。

2007年，小威廉姆斯夺得了澳网赛上的第八个大满贯女单冠军。小威廉姆斯说："从我小时候开始，即便在我成为职业球员之后，人们总在不停地谈论维纳斯、维纳斯、维纳斯，人们认为我永远也不可能超越她。事实证明人们的预想是错的，是我这辈子的最大动力。超越姐姐就是我努力的动力。"

小威廉姆斯的成功不是靠瞬间的能力爆发，她能够实现自己儿时的豪言壮语，可以看出是通过努力一步步靠近自己的愿望，并最终走向成功的过程。这说明愿望不分大小，也不分时间的早与晚，只要不断地去实现自己的每个小愿望来积累自己的经验和斗志，那么，这种坚持将会变成一种强烈实现自己愿望的潜能。

生活因为有了梦想而变得不同，因为梦想可以让我们不断地拥有更高的目标，不断地向上努力，正如别人所说的，"梦想有多大，舞台就有多大"。但是如果把梦想当成幻想，只想而不去做，那么它将永远只会飘在空中。

爱迪生为人类做出的伟大发明，还跟他小时候有着千丝万缕的联系。他小时候只上了几个月的学，就被辱骂为"蠢钝糊涂"的"低能儿"惨遭退学了。他眼泪汪汪地回到家，要妈妈教他读书，并下决心：长大了，要在世界上做一番事业。爱迪生在家里喜欢捣鼓一些奇奇怪怪的小实验，有时免不了要闹点笑话，出点小乱子。父亲就不许他再搞小实验，爱迪生急得直说："我要不做实验，怎么能研究学问？怎么能做出一番事业来呢？"爸爸、妈妈听了他的话，感动得只好收回"禁令"。

后来，爱迪生果然做出了一番事业，他把小时候的愿望化为了现实，实现了自己定下的一个个人生目标。

你认为爱迪生能够实现自己愿望的力量来自何处呢？当然也是来自于对自己儿时愿望的强烈。但是这种力量不是偶然出现的，是他从小就在自己心里埋下的一颗种子。时刻告诉自己，你能行，只有朝着自己期望的方向努力，最后才能够走向成功，千万不要放弃。这样的一种声音时刻警告自己，久而久之，如果你的潜意识里存在着这种愿望，那么这种愿望就会投射到外部世界。

潜意识有一个很奇特的特点，它没有自己的主观想法，只是负责接收信息，不会帮你整理和挑选。所以，如果你认为自己是一个笨蛋，那么你就是一个笨蛋；但是如果你认为自己很优秀，那么潜意识就会接收你所发出的这个信息，让它在你的头脑中形成一个具体的概念，逐渐地你就会认为自己越来越优秀。简单地说，就是你选择什么，它就接受什么。给潜意识正确的信息，你就会取得成功；相反的，你就会失败，所以千万不要有"我不行"的这种想法，这种信息是非常可怕的，它会让你一事无成，甚至跌入失败的深渊，因为潜意识不会分辨真假，无所谓对错。

约瑟夫·墨菲是潜意识心理学的专家，他曾经这样说："如果能灵活地运用潜意识的力量朝正确的方向努力，就能够如你所愿地去操纵命运、愿望、财富及健康，并能步向幸福，我多年来都如此提倡着。"

如果想实现自己的愿望，那么，从小愿望就要开始，让自己实现愿望的意识逐渐强大起来。

既然潜意识的力量如此强大，那么在实现自己的愿望过程中，要充分调动自己潜意识的作用，从点滴的小愿望开始。今天想把工作做好，得到老板的夸奖，那么就认真地去完成；最近喜欢上一个女孩，希望她能够成为自己的女朋友，不要退缩，勇敢地去追求和表白；希望自己可以成为一个有钱人，当然，只要你有了明确的规划，这个愿望也不难实现。通过一系列日常小愿望的积累，你慢慢会发现自己根本不用惧怕什么，愿望经过努力都可以实现。因此愿望其实不难实现，重要的是你能够在实现大的愿望前给自己集聚足够的力量，只有前期的努力，才能够换来大愿望的实现。

不过，需要注意的是，明确自己的愿望很重要。只有符合自己实际情况的愿望才能够有助于自己的发展，如果定的目标或者愿望过大，难以实现，反而会伤害到自己的信心。因此，如果希望培养自己在实现愿望方面的潜在意识，就需要一步步脚踏实地地去努力，而不是白日做梦。

不要灌输"不行"的暗示

在生活中，由于碰过壁，或者由于别人不断灌输过某种"你不行"的理念，本来颇有能力的人，也容易产生"我不如人"的自卑感，最终干脆自暴自弃。应该警惕的是：所谓"事实证明我不行"，不过是几次偶然的挫折和失败，并不能代表人生的全部，更不能证明你会永远失败。通过摒弃消极情绪、壮大自己的内心，从而用自己的力量来改变外在条件，否定"事实证明我不行"，多试几次，你最终会得到自己想要的肯定答案。

在成长的环境中，很多人用一些肉眼看不到的链条系住了自己，甚至经常将这些铁链当成习惯，视为理所当然。就这样，独特的创意被自己抹杀，一幅好的作品也许被当成了垃圾，一个完美的表演让自己惭愧自责。紧接着，开始向环境低头，甚至开始认命、怨天尤人。其实，这一切都是自己心中那条链条在作祟罢了。既然如此，就要敢于当机立断，运用自己心中那股自信的力量去对抗消极和自卑的情绪，不让这种消极的幻觉刺激到自己的神经，进而麻痹整个大脑，让自己的好情绪一落千丈。

欧·亨利在《最后一片叶子》中，讲述了两个女画家去华盛顿写生的故事，其中一个叫琼西，在写生的时候不小心得了肺炎。她躺在旅馆的床上，忽然注意到窗外常春藤上的最后一片叶子，从此便认定这片叶子是她的生命的象征，叶子一落，她就要死了。有一天晚上，暴风骤雨突然来临，她想那片叶子一定保不住了，于是哭得很伤心。但是，第二天拉开窗户一看，那片叶子依然如故。于是，她十分高兴，病也暂时有所好转。其实原本的那片叶子早就掉了，她看到的是一个画家给她画在墙上的，但是正是这样，这片画出的叶子挽救了她。

通过这个故事我们可以明白，消极的暗示对人的影响力是很大的，如果人们暗示自己不舒服，身体不好，那么真的会觉得身体健康每况愈下。所以在日常的工作和学习中，要注意不要受到消极的环境暗示、言语暗示和他人的行为暗示，而应当用积极的自我暗示让自己产生勇气、产生自信，帮助自己更好地做事。

事在人为，运气、环境等外在因素某种程度上只是起了客观辅助的作用，但是主观能动性的强大仍然占主要的地位。例如一个乞丐，他觉得自己没有什么本事，只希望每天能够要到足够的饭，可以让自己饿不死，那么也许他一辈子就只能沿街乞讨；如果这个乞丐换种思考，虽然自己没啥本事，但是可以做些小生意，比如利用对当地交通的熟悉，通过给别人带路挣点钱，那么说不定这个乞丐10年后会成为旅游公司的老板。

一个人在山上救起一只幼小的山鹰。他把小鹰带回家，关在鸡笼里。渐渐地，这只鹰羽翼丰满了。那人把它抛向空中，可是山鹰却怎么也飞不起来，原来山鹰早把自己当成一只鸡了。最后，他想了一个办法，站在山顶上把它扔出去，为了保命，山鹰拼命扑打翅膀，终于飞了起来！

在生命的危急时刻，你最应做的，也是唯一能做到的，就是立刻调整自己的人生目标，要么生，要么死。就算是毫无希望了，也要积极笑对人生，与命运抗争到底，给自己画个圆满句号。

经常听朋友说："我这个人真笨。"本来是用来自嘲的一句话，但潜意识却认为自己就是愚笨的，接到这一指令，大脑就会自然地让你说一些笨话，办一些笨事，让你莫名其妙，不可思议。

小品《卖拐》中的卖拐者以行家里手自居，用一些貌似科学术语的语言就更有欺骗性。买者说自己"脸有点大"，言外之意是说自己的腿没有问题。卖者则说："那是腿部神经末梢坏死，把脸憋大了。""神经末梢坏死"可不是小事，放在谁身上心里也得"咯噔"一下。买者说：自己左腿没有毛病，只是小时候右腿摔过。卖者便说"那是转移了"。"转移了"这三个字是癌症晚期常出现的字眼，很有煽动性。让你把腿跺麻之后走一圈儿，肯定会有不适之感，因此买者对自己的腿有病就深信不疑。医学上证实人们对自己的健康方面的消极暗示，往往会带来近乎神奇的负面效果，如果觉得自己身体某个部位不舒服，经常这么暗示自己，那么久而久之，这个身体部位也许真的会发生病变。

有时遇到了一件不顺心的事，你心想"我怎么这么倒霉"，也许只不过是随便说说，可是倒霉这个信号，反复次数多了，就会进入你的潜意识，让你认为自己不是倒霉这么简单，而是自己命该如此，这就是"祸不单行"的原因所在。

知道了这一点，就要注意自己的言行了，不要随便地把自己的消极幻想释放出来，让它来危害自己。有了好事，人们往往心情快乐，总想着发生更多的好事；而有些人碰到不开心的事，就会给自己运气不好的暗示，所以就有了这样的俚语："好事成双，厄运连连。"

某中年妇女为了休病假，就去医院开假诊断，说自己得了肾病。没想到她刚说自己得了肾病，她母亲就不舒服，带去医院一查，竟然是真的得了肾病。从此以后，她每天疑神疑鬼，一方面怀疑母亲的病是"自己咒的"，另一方面又觉得自己说自己得肾病，不是个好兆头。是不是暗示了什么呢？会不会是对自己的警告和预示呢？于是她逢人就说此事，每天都把这件事挂在嘴边，总是怀疑自己身体要垮了。上厕所也在想自己有没有可能真的得肾病了。渐渐地，她的身体真的开始不舒服，慢慢显示出了肾病的症状。但是去看医生，并没有实质问题。她没有因此而放松，反而变本加厉地怀疑。一年以后体检，她真的得了肾病。这时她反而放松了，逢人就说：我就知道！千万不要说自己有病啊，千万别自己咒自己，真的灵的！

真的是这样吗？潜意识既然无法分辨是非对错，假如输入的都是一些恐惧、贫困或否定性的负面想法，潜意识就会认定你所要的愿望是你输入的负面想法，如果你总认为自己有病，潜意识就会认为你希望自己有病，那么它就会尽它所有的能力达成你想要的结果。所以，一定不要给自己进行消极暗示才是上策。

抵制消极的心理暗示

其实所有的消极情绪都是人们自己幻想出来的，假如你去超市买东西碰巧你要买的东西没有了，你会认为自己运气不好；长时间相处因为合不来女朋友跟自己分手了，你自卑觉得自己不适合恋爱；因为工做出了小差错被老板训了一顿，你甚至会认为自己不能胜任这个做了 10 年的工作。试想一下，如果你买的东西有货，是不是就是自己运气好呢？女朋友跟自己分手了，也许是女朋友觉得配不上自己？被老板挨训了，可能是老板太看重自己，对自己的期望高些？所有的事情都可能是因为客观原因而出现的，但是如果你内心不够强大，不够自信，你可能就把这种偶然的失败归结为自己的无能，从而产生一种叫作"消极"的不良情绪。这种情绪轻则会让自己一错再错，重则会让自己自暴自弃，耽误一生。所以一定要积极地抵制自己心里产生的消极情绪，以诱发自己的积极情绪，潜意识会告诉你，其实你是最棒的。

有时候听到别人夸奖你能力强，人踏实，你会感到信心十足，而且往往也会变得更加能干，别人对你的肯定增加了你行动的动力和期望，你的行为也会尽力去回报这一期望。

拿破仑·希尔说过："自我暗示是意识与潜意识之间互相沟通的桥梁。"也就是说，经常地进行自我暗示，可以将自己的意识转化为潜意识。并且可以通过有意识的自我暗示，将有益于成功的积极思想和感觉，深深植入到自己的潜意识当中，使其能在成功过程中减少因考虑不周和疏忽大意等招致的破坏性后果。通过自我成功的暗示，可以使自己具有成功力量的意识慢慢转化到自己的潜意识中，成为潜意识的一部分。所以，成功会有潜意识来辅助，自然变得更加顺利了。

可见心理暗示有好有坏，合理利用心理暗示，可以帮助自己成功，让自己实现原本实现不了的事情。如果别人的消极暗示影响到了你，你可以用自己的意愿去化解它。因为坏的暗示并不比难闻的气味可怕，只要你愿意，它们就可以迅速消除。但是如果你不能够进行自我控制，不能有意识地去抵消和制止这种暗示，它带来的危险有时是致命的。

在一次大雨过后，由于雨水的冲刷，泥土变得很松软，一处矿井受不了大雨的冲击而坍塌，把矿井的出口堵住了，6名矿工被困在里面。大家你看看我，我看看你，一言不发。凭借经验，他们知道自己面临的最大问题就是缺乏氧气，最终会导致死亡，在这个矿井里氧气最多能坚持4个小时。他们要尽可能在获救以前节省氧气，减少体力消耗。他们关掉了随身携带的照明灯，全部平躺在地上。

这时四周一片漆黑，很难估计时间，矿工当中只有一个人戴着手表。因此所有的人都问他："现在几点了？过了多长时间了？还有多少时间？"

戴表的矿工就不断回答时间。滴滴答答，时间一分一秒地过去了，刚刚过去半个小时，大家已经问了十来次。并且矿工们每问一次时间，就绝望一次，戴表的矿工想：这样下去不是办法，于是他说他每半个小时报一次，其他人一律不许再问。

又一个半小时过去的时候，矿工说：半个小时过去了。还有3个小时。这时周围异常的安静。

　　戴表的矿工想：不行，不能让他们知道时间，这样大家没有被憋死，也要被自己吓死了。于是他隔了一个多小时才说：半个小时过去了。实际已经过了一个半小时了。

　　第三次报时的时候，已经接近 4 个小时了。他说：2 小时过去了。

　　矿工们虽然焦急，但是毕竟还有 2 个小时，倒不至于绝望。剩下的人都在心里暗自计算距离出去的时间差。

　　但是戴表的人越来越感到窒息，他知道已经接近 4 个小时了。他很难受，害怕自己第一个死去。他偷偷把表向前调了 2 个小时。他说：我困了，我睡一会儿。你们谁都我看着表报时。

　　一个矿工接过了表。没有了表的矿工慢慢地睡着了。

　　当救援人员找到他们的时候，矿工们的表刚过去 3 个半小时。但是救援的人都不敢相信，居然只有一个矿工死去了，剩下的全活着——因为实际的时间已经过去 5 个半小时了——那个死去的矿工，就是睡着了的戴表的人。

　　当你对自己进行积极的暗示时，就能带来积极的影响，你就能发挥出超越平时的水平和能力。同理，当你对自己进行消极暗示时，你的身体就会服从这种暗示，这不仅会使你的内心变得弱小，也会使你的身体遵从内心的暗示衰弱下去。戴表的矿工谎报时间，给其他队友带来了积极的心理暗示，更重要的是他带给大家的是信心和力量，这种信心和力量使人们坚信：没事，不会死，时间还没到呢。反正现在是肯定没事的。当大家不知道真相，对自己和未来有信心的时候，潜意识认为自己现在不会死的时候，身体也就坚持下去了。积极的心理暗示可以成为一种内心的力量，这需要人们经常培养自己的自信心，只有在日常的事情中经常让自己得到锻炼，自我鼓励，学会不断对自己进行积极暗示，让自己一点一点地变得自信起来，那么在临危时刻，才能利用内心的力量，利用自我暗示的积极能量去渡过难关，并且才能抵制消极的心理暗示，不让自己陷入绝望的泥沼。

　　积极的心理暗示可以让一个人养成自信、乐观的意识，并且充分地发挥这些有用的意识，久而久之积极的自我暗示便能自动进入潜意识。但是具体该如何做呢？

　　要想将树立成功心理、发展积极心态这个总原则变成可以具体操作的方式和手段，就要通过心理暗示的作用来实现。因为心理暗示是人的自我意识中"有意识"和潜意识之间的沟通媒介。因此要经常通过积极暗示，让自信主动的电流与潜意识接通。

心理暗示的内容是具体的、实际的，要通过选择正确的目标来培养自己的潜意识，例如树立正确的学习目标，这样主要的目标将渗透在潜意识中，作为一种模型或蓝图支配你的生活和工作。

在生活与工作中，懂得使用积极的暗示，可以让事情更美好。所以我们经常要用积极的暗示提醒自己：我是最好的，我能做好这件事情，我一定可以成功，这样才能不断追求更高的境界，获得成功。

让潜意识执行你的愿望

潜意识存在于每个人的心里，你给它什么样的暗示，它就会去执行，不会辨别，也不会转变，所以说它是你愿望的最真实的执行者。潜意识藏在每个人的身体内，它很不容易被发现。它是个固定而活跃的心理程序的"发电厂"，人们通常意识不到，但是当在特定的情况下，它又会被激发出来，并且发出巨大的力量。

当你吃饭的时候，对于比较烫的食物你会本能地吹一吹再放进嘴里，当你看到高空坠落杂物的时候，你会本能地抱起头躲避，当你看到恐怖画面时会因为害怕自然地闭起眼睛，等你清醒后发现，为什么这些动作自然而然地就发生了，看着自己抱着头的双手，是否觉得自己很可笑？这就是潜意识的作用，是与生俱来的，是人出自自我保护的一种本能。但是也有一种潜意识是可以通过后天培养或者锻炼来改变和强化的，这类潜意识如果能够合理利用，会让你受益无穷，例如，你的潜意识很重要的一个作用——真实地执行你的愿望。它影响我们职业的选择、结婚对象的选择、健康状况的判断以及我们生活之中的每件事情，它在我们的一生中发挥着作用。一般人若没有得到特殊专业的协助，根本不可能完全认识自己的这一部分。

经常地偷懒和放纵自己，那么潜意识里会滋生一种叫作惰性的东西，经常地严格要求自己并坚持不懈，潜意识里就会滋生一种叫作勤奋的东西，经常地给自己鼓励和打气，潜意识里就会形成一种叫作自信的东西，经常自怨自艾、临阵脱逃，潜意识里就会形成一种叫作自卑的东西，经常地坚持实现自己的愿望，即使是一个个的小愿望，那么久而久之，当你再次需要通过自身的努力去实现自己的愿望时，潜意识会毫不犹豫地帮助你，因为在前几次的时候你都下发了立马行动的指令，那么它就像电脑一样，已经默认了这套程序，会毫无保留地支配你认真地去实现自己的愿望。

韩红的《天亮了》这首歌讲述了一个感人的故事：

一对父母在面对缆车失事的时候，靠两个人的力量举起了自己的孩子。最终他们都死了，却救了自己的孩子。为什么他们可以在如此危急的时候想到这样的方式救下自己的孩子呢？其实这其中正是潜意识发挥了作用。缆车下降的时候，对于他们而言，最担心的不是自己的存亡，而是年仅几岁的孩子，当这种人类最伟大的本能——父母之爱被激发出来，潜意识就会毫不迟疑地去执行，最终最真实地执行了一对充满了爱的父母的愿望。

相反，人类有时候一些邪恶的想法或者愿望，依然也会被潜意识真实地执行。但是这些邪恶的念头和愿望平时会被深深地埋藏在潜意识里，因此一般人并不知道自己的身上居然会有这些不道德的观念和欲望。如果有人自告奋勇地去告诉他这件事，得来的若不是不相信的嘲笑，也必定是最愤怒的眼神。根据精神分析学派的研究，每个人的潜意识都保有这个秘密，就是："为什么我是我现在这个样子？"是愿望就总会有要去实现它的欲望，当欲望达到一定的程度，就会激发自己的潜意识去执行，这也是为什么一些看似正义凛然的人，却做着见不得人的勾当。也许有时候这些做坏事的人冷静下来也会后悔，正如经常看到被公安机关抓获的犯人在狱中的悔过自新，但是因为他们的恶念在心中集聚太久，当看到时机成熟的时候，潜意识就真实地去执行了，也许是不经过主人大脑思考的，很多犯罪行为也都是这样酿成的。

两个刚初中毕业的少年，不求学业，专门替人"教训"他人，随意殴打学生。无知的他们不知道自己的"江湖义气"和所谓的"打抱不平"已经构成了犯罪，最终被依法判处。

这种青少年犯罪的案件屡禁不止，很大程度上都是由于个人没有树立起正确的人生观和价值观造成的。这也跟父母和老师的教育有关系，当小时候父母不告诉孩子要乐于助人、拾金不昧，孩子偷了邻居的一个苹果父母说"好"时，那么这个孩子也许日后就会偷别人的汽车，因为他会认为，这样的做法是正确的，等到长大后，有了自己的是非观时，这种不良的潜意识已经形成了，因此一旦经过不好的引导，悲剧就发生了。

所以日常生活中，要经常给自己灌输一些优秀的思想，培养高尚的情操，树立正确的价值观。这样才会让潜意识认识到你的愿望是正面的，因此也会执行这些好的愿望。

用主观意识去控制潜意识

潜意识会根据人的表现而变强或者变弱，也会根据人的情绪产生负面和正面不同的影响，当一个人充满了恐惧、担心和焦虑时，潜意识中的负面力量就被释放了出来，导致意识层面进一步被恐慌、不祥的预感和绝望包围。但是当你保持健康、乐观的情绪时，潜意识中的正面力量就会被释放出来，自己会更加地乐观坚定和充满自信。潜意识是受主观意识影响的，因为它不反映外在的客观世界，而只与内在的主观世界保持联系。因此，这种主观意识往往可以控制自己的潜意识。

如果用轮船来打比方，意识就是领航员，领航员的命令通过话筒传递到动力舱，船员们就开始操作蒸汽机、位置计量器等命令。但是动力舱内的船工却不清楚自己将要前往什么地方，他们只是在其位谋其职，根据命令办事罢了。一旦领航员下达的是错误的指令，对于船员而言，他依旧会执行，也许下一秒等待他们的就是触礁。因此领航员选择的方向的正确性直接决定了整个船只的航向和安全。跟人的主观意识和潜意识一样，你的主观意识可以控制潜意识，所以要注意传达正面积极的信号给潜意识，否则就会因为指挥错误而导致错误的潜意识被激发而酿成大祸。

如果你觉得自己很穷，没有钱。那么你真的会变得越来越穷，这是潜意识给自己的选择。如果你说"我买不起车，也没钱旅行，更没钱买房子"，那么，你的潜意识就开始遵循你的命令，也许你这辈子真的都会没房没车。可见潜意识听命于自己的内心选择。

所以要时刻告诉自己，潜意识一旦接受了一个观念，就会真的去认真执行，并将其变为现实。更重要的是，潜意识不像人的主观意识可以鉴别，无论这个观念是好是坏，潜意识都会不加选择地接收并同样有力地开始执行。如果这条定律发挥负面作用，那么它就会带来失败、屈辱和痛苦；如果这条定律往正面的方向发挥作用，那么它就能带来健康、成功和富有。因此，要控制自己的意识，把潜意识往积极的方向引导。

在临床医学中，注入积极的潜意识，给予人积极的心理暗示，还可以用来治疗疾病。在心理咨询中，咨询者常采用言语或非言语的手段（手势、表情、动作以及某种情境等）含蓄间接地对来访者的心理和行为施加影响，引导来访者顺从咨询者的意见，从而达到某种咨询目的即心灵感应的使用。

在美国有件很神奇的事情，一位妇女因丈夫突然在车祸中死亡，精神上受到强烈的刺激，伤心过度而双目失明了。但经医生检查，眼睛的结构没有病变，诊断为心理性失明，用了许多方法都没治好。后来进行催眠治疗，催眠师暗示她视力已经恢复，对她说："我数五个数，数到第五个时，你醒来就能看见东西了。"催眠师很慢地数一、二、三、四、五，果真数到五的时候，病人醒来，发现自己的视力已完全恢复。让这个妇女恢复视力的其实是她自己的潜意识。通过催眠术，潜意识得到了正确的引导，从而发挥了积极的作用。

你把自己想象成什么人，你就会按照那种人的行为方式行事，而且，即使你做了一切有意识的努力，即便你具有很强大的意志力，你也不会有别的不合这种意识的行为。如果自己把自己想象成失败的人，那无论怎样想尽办法避免失败，也必定会失败。这就是"自我意向"心理在发挥作用。一个人的"自我意向"一旦形成，就会变成事实。

心理学家马尔慈说，人的潜意识就是一部"服务机制"——一个有目标的电脑系统。而人的自我意向犹如电脑程序，直接影响这一机制运作的结果。如果你的自我意向是一个失败的人，你就会不断地在自己内心的"荧光幕"上看到一个垂头丧气、难担大任的自我，听到"我是没出息、没有长进"之类的负面信息，然后感受到沮丧、自卑、无奈与无能，而你在现实生活中便"注定"会失败。但是，如果你的自我意向是一个成功人士，你会不断地在你内心的"荧光幕"见到一个意气风发、不断进取、敢于经受挫折和承受强大压力的自我，听到"我做得很好，我以后还会做得更好"之类的鼓舞信息，然后感受到喜悦、快慰与卓越，你在现实生活中便"注定"会成功。因而，个人自我意向的确立是十分重要的，其正或负的倾向是我们的生命走向成功或失败的方向盘、指南针。

一个人若想取得成功，并全面地完善自己的意识，就必须有一个适当的现实的自我意向伴随着自己；就必须能接受自己，并有健全的自尊心。你必须信任自己，必须不断地强化和肯定自我价值，必须有创造性的表现自我，而不是把自我隐藏或遮掩起来。你必须有与现实相适应的自我，以便在一个现实的世界中有效地发挥作用。

此外，你还必须认识自己的长处和弱点，并且诚实地对待这些长处和弱点。当这个自我意向完整而稳定的时候，你会有"良好"的感觉，并且会感到自信，会自由地作为"我自己"而存在，自发地表现自己。如果它成为逃避、否定的对象，个体就会把它隐藏起来，不让它有所表现，创造性的表现也就因此受到阻碍，你的内心会产生强烈的压抑机制，且无法与人相处。一个人难以改变他的习惯、个性或者生活方式，似乎有这样一个原因：几乎所有试图改变的努力都集中在所谓自我的圆周上，而不是圆心上。他们所尝试改变的都是环境而非心理。但是，自我心理暗示是十分重要的，它可以左右你的一切行为，所以你必须重视自我意向，这样才能通过不断努力，走向成功的人生。

潜意识具有无穷的正能量

爱默生说："在你我出生之前，在所有的教堂或世界存在之前，潜意识这种神奇的力量就存在了。这是一个伟大永恒的真实力量，是生命运动的法则，只要你牢牢抓住这个能改变一切的魔术般的力量，就能够治愈你心灵的创伤，愈合你身体的伤痛，摆脱心中的恐惧，摆脱贫穷、失败、痛苦和沮丧。你所要做的一切就是将自己的精神、情感与你所期待的美好愿望结合为一体，富有创造力的潜意识会为你做出安排。"

潜意识具有无穷的力量，它隐藏在心灵深处，能够创造魔术般的奇迹。潜意识很奇妙，看不见，也摸不着，似乎它们本身没有一丝一毫的实际力量。但是，我们只要恰当地运用它们，充分掌握激发它们的技巧和方法，就能发挥出我们想象不到的巨大的力量，创造出奇迹。

歌剧男高音卡鲁索有一次突然怯场，因为害怕他的喉咙开始痉挛，无法再唱了。还有几分钟就要出场了，他感到恐惧，大滴汗水从脸上淌了下来。他浑身发抖地对自己说："他们要嘲笑我了，我无法唱了。"他到后台对着那里的人大声说："小我要把大我掐死啦。滚出去，小我！大我要唱歌啦！"

如此这般后，潜意识回应了他，他镇定地走上台，结果唱得好极了，全场为之轰动。

在这里，"大我"指的就是潜意识中的力量和智慧。潜意识是心理学家弗洛伊德在其《精神分析学》中首先提出来的，他认为潜意识是在我们的意识底下存在的一种潜藏的神秘力量，这是相对于"意识"的一种思想。而意识与潜意识具有相互作用，意识控制着潜意识，潜意识又对意识有重要影响。

潜意识如同一部"万能的机器"，许多我们自认为不可能实现的愿望都可以办得到，但需要有人来驾驶它，而这个人就是我们自己，只要我们有心控制，只让好的印象或暗示进入潜意识就可以了。

潜意识大师摩菲博士说过："我们要不断地用充满希望与期待的话来与潜意识交谈，于是潜意识就会让我们的生活状况变得更明朗，让我们的希望和期待实现。"只要我们不让负面的事情占据我们的大脑，而选择有积极性、正面性、建设性的事情，我们就可以左右自己的命运。

我们的意识就是我们身体、我们的周围环境以及我们所从事的一切事务的主人。我们的意识向我们的潜意识发布命令，因为我们的意识能做出判断，接受认为是合理的事情。当我们的理性（小我）充满恐惧、担忧、焦急的时候，我们的潜意识（大我）会以恐惧、绝望等影响我们的意识。当出现这种情况的时候，我们要像卡鲁索那样，坚定地对非理性的自我发出指令。

第四章　遇见未知的自己

人应该有一种基本的自信，就是做人的自信，作为人类平等一员的自信。在日常生活中，当一个人在某方面，例如权力、财产、知识、相貌等处于弱势状态时，常常会产生自卑心理。但是，只要你拥有做人的基本自信，你就比较容易克服这类局部的自卑，依然坦荡地站立在世界上。

——周国平
（毕业于北京大学，著名作家）

为什么会经常性紧张

某人是 1977 年恢复高考后的第一届大学生。他经常对别人说，无论是在学校的学习成绩还是后来参加工作后的专业技能，他在同龄人中都是佼佼者。但是他生性胆怯，非常害怕与陌生人交往，还没开口脸就红了。有时单位组织一些社交活动，他不得不参加，但在活动中他总是感到很不自在。每年年初是他感到最难过的时候，因为单位实行处级干部竞争上岗，在年初要进行"施政演说"。他每次都放弃，不是因为工作能力不行，而是因为他没有足够的胆量和勇气。他太在意别人的看法，常常使自己处于紧张和焦虑之中。可以说，他专业技能很强，经验也很丰富，但就是由于"胆怯、害羞"而拖了他的后腿。并且，也因为这种想法的单一心态不开放造成了他的自卑心理。

为什么有些人常常表现出心跳加速、脸红，甚至吐字不清的"症状"，而另一些人却能利用最短的时间控制住紧张的情绪，让别人几乎看不出异样呢？因为前者会不停地在心里判断、盘算，到底该不该做？做了究竟好还是不好？

"世界上根本就不存在生来就胆怯、害羞、脸红的人。"这是美国著名成人教育学家卡耐基通过研究发现的。他认为之所以有这些心理现象，是因为人在成长中，某些经历成了诱因而造成的。按照卡耐基的看法，如果是后天的，那就是可以改变的。

心理学认为，紧张可以为应付外界刺激和困难提供一种准备，是一种有效的反应方式。人们有了这种准备，便能产生应付瞬间变化的力量，所以紧张并不完全是坏事。但是，如果紧张状态一直持续，就会严重扰乱身体内部的平衡，从而引发疾病。研究表明，胆怯、害羞和脸红的人"脸皮儿太薄"，对于人际关系他们往往比一般人更加敏感。从心理学上讲，这类人对自己缺少应有的自信，他们太在意别人对自己的看法，在一些公众场合他们大多不敢表达自己的感受。这类人一般会活得很累，别人也会时常因他们感到不舒服。

心理学家曾对数百名志愿者做过调查研究，以探寻他们紧张时的一般表现情况。研究发现，当人们紧张时，会有以下表现：（1）感知觉敏感。警觉性很高，一些轻微声响都会让他们受到惊吓。（2）易怒。一些小事也能让他们发火。（3）做事轻率。经常不加考虑而做出决定。（4）口吃严重，词不达意。（5）不想与人打交道。社交活动少，心里烦躁。（6）胆怯而惴惴不安。经常产生无名的焦虑和担心，不知什么原因。（7）思维不清晰。难以集中注意力，做事没有头绪，经常出错。（8）心跳加速、手发抖、面部肌肉抽搐。（9）表情不自然。神色慌张，笑得勉强。（10）不断地抽烟。（11）小动作很多。吹口哨、拗手指、咬牙、坐立不安。（12）食欲不振。（13）全身疲惫。头昏脑涨，感到周围不真实。

其实世界上一点都不害羞、胆怯和脸红的人是没有的。每个人都会紧张，只是程度和持续的时间有所不同。我们要做的是永远不要控制自己的紧张，因为当你越想控制时，紧张就会越厉害。所以，你要做的改变就是顺其自然。

当今社会竞争激烈、节奏快、效率高，人们在压力下不可避免地会精神紧张。不过精神紧张一般分为较弱、适度和较强三种。适度的紧张其实有助于人们解决问题。但是，如果过度紧张，人们就无法很好地解决问题。从心理学的角度来看，长期反复的紧张状态会对人的生理造成极大危害。

如果长期处在紧张的状态中，心脏、肠胃等内脏的功能会直接受到影响，体内各系统都会失去平衡。紧张的人容易激动、急躁、恼怒，大脑神经功能在严重紧张时会紊乱，不利于身体健康。被人们称为"都市病"的失眠、内分泌失调、头痛、头晕、心悸等症状就是一种表现。

心理学家指出，长时间处于紧张状态还会造成：（1）心脏负担过重。在西方国家，由于生活压力，人们长时间处于紧张状态下，死于心脏病与高血压者，已大大超过癌症病人。因为人在紧张状态时，交感神经会使全身各系统发生相应的变化，如呼吸急促、心跳加快等。而长时间处于紧张状态，心血管等各类病患肯定会增加。（2）肝功能下降。在紧张状态下，肝脏负担会加重，其功能随之受影响而降低。这是由于为了满足大脑高度兴奋与肌肉能量的需要，肝脏里的糖分会再次释放到血液中，来提高血糖量。（3）哮喘与消化系统溃疡病发生。心理学家称，第二次世界大战中，伦敦市民患胃溃疡与十二指肠溃疡病者骤增，原因是：在德军的不断空袭下，市民长时间处于惴惴不安的紧张状态之中。（4）机体免疫功能下降。由于长时间处于紧张忙碌的状态，人的精神与身体消耗很大，这时免疫力下降，像高血压、动脉硬化、恶性肿瘤与呼吸系统疾病便会乘虚而入。

从心理学上看，长时间处于紧张状态还会影响人们的精神活动。人体活动在紧张状态下受下丘脑部分的控制，如果这部分的活动过强，相应减弱的是大脑皮质的意识活动，例如推理、判断等思维活动受到抑制，学习与工作效率就会降低。此时还容易造成反常行为，大脑会通过迁怒来调节紧张感，有时会出现攻击性行为。总之，长时间处于紧张状态对个人和社会都会有害，不仅导致身心疾病，还会造成人们反常的心理活动与行为方式，所以应该避免这种紧张心理。

持续的紧张状态，会严重扰乱身体内部平衡，会引发疾病，还会产生不健康的心理。我们要学会自我调节，从紧张的情绪中设法解脱出来。

实验证实，通过做一些放松身心的活动可以有效缓解紧张心理。具体如下：（1）选择一个安静、没有打扰、空气清新、光线柔和、可以活动自如的地方，站、坐或躺下，找到一个自己感觉比较舒适的姿势来静心。（2）深呼吸，慢慢把气吸进来再呼出去，在呼出的时候在心中默念"放松"。（3）可以闭上眼睛，去刻意想象一些美好的事物，如蓝色的海、金色的沙滩、白云、流水等。（4）把注意力集中到一些日常物品上，细心观察它的美好之处。如烛光、一朵花或任何一件柔和的东西。（5）经常活动身体的一些大关节和肌肉。（6）做一些自己热爱的活动，像游泳、打球、逛街、登山、听音乐、看电影等。

如果一个人已经处于紧张情绪之中，应该怎么调适呢？对于这种情况，人们习惯上常常会采用劝慰的方式："不要紧张！""没什么大不了的！"当事人通常也会这样告诫自己："千万别紧张！""没什么了不起的！"但是，这样的办法不仅行不通，还会适得其反，人们往往会感到更加紧张不安。正如有句话所说的"情绪如潮，越堵越高"。结果是你的压力越来越大，紧张感越来越强。

当已经出现紧张的情绪反应时，接受自己的紧张并坦然面对才是最有效的调适方法。另外，可以进行适当的心理移情，想象许多人在这种情境下可能比自己还紧张，你自己的紧张是正常的，不用特别在意。要训练自己体验和接受这种紧张心理，不要与这种不安的情绪对抗，不要让它控制住自己，你可以暗示自己："如果我感到紧张，那我确实就是紧张了，但是我不能由于紧张而无所作为。"此时你可以和你的紧张心理对话，甚至想象自己所担心的最坏的结果可能是怎样的，问自己还值得这样紧张吗。当你可以正视并接受这种紧张的情绪时，你就可以坦然从容地应对，轻松地做自己该做的事情了。

在犹豫不决中丧失机会

一个小伙子工作勤勤恳恳，为人憨厚老实，人缘也很好。但他有个毛病，办事优柔寡断，"前怕狼，后怕虎"，总是拿不定主意。有人介绍他去相亲，见面后他基本满意，女方也没有拒绝。按说该确定关系，往前发展了，但几次约会后，他却不敢继续向前迈进。他犹豫的是，如果女方拒绝了怎么办？以后会不会遇到比她条件更好的？考虑再三，结果女方等不及，离他而去了。

有的人总是在该下决断的时候举棋不定，而陷入犹豫之中。人犹豫时，往往有着强烈的内心冲突，出现"前怕狼，后怕虎"的矛盾心态。心理学称犹豫心理是遇事前思后虑、瞻前顾后、难下决断、拿不定主意的心理状态。优柔寡断的人总是徘徊于取舍之间，无法定夺。时间长了，人会因这种矛盾状态而备感焦虑。那些本该得到的东西也因为犹豫而失去了。

举棋不定、优柔寡断的性格弱点可以破坏一个人的自信心，破坏一个人的判断力，影响一个人的精神状态。有犹豫习惯的人往往难成大事，因为这种习惯会让机会从自己身边跑掉，从而让别人占了先机。

由于青年人涉世不深，对一些事物缺乏必要的知识和经验，优柔寡断多发生在他们身上。为什么这些人优柔寡断，遇事易反反复复呢？心理学家认为这是由人的性格和思维判断不确定造成的。对问题的本质缺乏清晰的认识，导致人们在处理问题时拿不定主意并产生心理冲突。

心理学家通过实验，找出了人们做事经常犹豫不决的原因。即 45% 的人是因为认识障碍；20% 的人是由于情绪刺激，"一朝被蛇咬，十年怕井绳"，消极的条件刺激让他们经常踌躇不前；还有 35％的人是性格原因，易受暗示、缺乏自信、过分小心谨慎、在集体中随大流以及凡事追求完美的人都容易如此。

意志是人们认识客观事物时，通过克服困难达到自己预定目标的心理过程，它使人们自觉地确定行动目的并选择适当的手段。意志薄弱也称意志欠缺，它的突出表现就是胆小怕事，缺乏主见，容易被外来暗示所左右，无法自作决定；有时候就算已经作了决定，也常常反悔。如果是面对多种选择，更是会惶恐不安，束手无策。

从上述分析可看出，这种心理障碍产生的原因大体可归结为内在和外在两种因素。从内在因素讲，或者是因为性格软弱，没有主见，容易受到外界的影响；或者是因为涉世不深，年轻幼稚，没有得到实际锻炼。从外在因素讲，有的人家里管教过严，从小就胆小怕事，十分谨慎，害怕选择失误会受到指责；还有的人有过选择失误的挫折经历，对自己产生了消极的心理暗示。

心理学认为，人所具有的知识经验影响着其决策水平。知识经验越丰富的人，其决策水平就越高，反之则越低。心理学家通过调查了解到那些自强自立、能够主动思考、有胆有识、遇事冷静的人通常意志坚定，很有主见，做事不会犹豫不决，并且判断的准确性很高。

心理学家建议那些经常犹豫的人，如果拿不定主意，可以跟着感觉走，成功或失败都不用后悔，不管对或错，至少你努力过！在作决定时要进行积极的心理暗示，提醒自己要果断，而不是瞻前顾后、畏首畏尾。

人们面对事物时总希望能够做出正确的选择，并以为避免失误的方法就是推迟或反复斟酌，殊不知这却造成了做决定时的犹豫不决。如果你不看别人的脸色行事，不采用是非标准来衡量，那你就会认识到不存在是非问题，只是选择了一种结果。就像你到商店买衣服，买什么样的衣服完全由你做主，并不用受别人的左右一样。这样你做事时就会与犹豫无缘。

看来，如果要消除犹豫心理，就不应单纯地将各种可能的结果视为好的或坏的，对的或错的，更不应视为更好或更坏，而只是把他们当作是不同的审美选择就可以。还有，你应该尽量缩小范围明确自己所选目标的特征。比如，如果你想买一台电脑，就应明确是台式还是笔记本，是国产还是进口机，屏幕是多大尺寸，价位在哪个档次，是名牌还是一般品牌。把目标确定好，你就会有清晰的方面，到商场去不至于因为售货员的商品推销而无所适从。所以一定要做好准备，明确目的，再去处理事情。

如果当你不想放弃，却又踌躇不前时，你该如何调整自己的心态呢？很多人对此很迷茫，心理学家给出了两种选择：一种是继续前进，想想怎样可以处理好自己内心的矛盾，把它化解，这就要求你不要过多担心别人的想法，只要暗示自己"我作的决定只会影响自己，作给我自己的这些决定，与别人关系不大"就好。另一种则是再三考虑，发现自己确实没有能力做这件事时，暂时退却。承认自己不行，放下面子暂且后退一步，这样至少能避免更多的问题。同时，在作决定之前，先要在内心掂量一下轻重，问问自己想要的究竟是什么。不可挽回的错误决定只是极少数，你不可能也不会用一辈子作为代价为某一个决定买单。所以，与其犹犹豫豫、再三考虑不如勇敢向前，在过程中不断勉励自己，尽力做到最好。

克制自己的怒火

"发火"，是人们对客观事物不满时产生的一种心理状态，在心理学上称之为愤怒。在《你的误区》中，美国心理学家戴埃称愤怒是"人们在事与愿违时做出的一种惰性反应"。美国的一项心理调查表明，发火的持续时间多数是一分钟到两天，平均为一刻钟。对于外向型的人，怒火是通过表情、言语、动作表现出来的，他们常常暴跳如雷，乱摔东西，寻衅发泄，严重时会打人、伤人；而内向型的人的表现形式一般是怒目相向，缄口不言。前者的怒气来得猛也消得快，而后者的怒气虽然不激烈但消得很慢，表面上没有破坏人际关系，实际上却更多地销蚀了自己。

古语云"怒从心头起，恶向胆边生"，这就表明愤怒是在心理不正常时采取的表现方式。从心理学角度看，愤怒会影响人们之间思想的沟通，阻碍情感的交流；极度的愤怒会使人陷入疯狂状态，丧失自制力，甚至危及他人的生命和自己的前途。

"愤怒"的情绪到底从何而来呢？心理学家认为，在生活中人们会预测行为和结果。如果自己不能控制局面，结果出乎意料，人们就会感到"不安"或"恐慌"。就会以"发怒"的形式来体现对于"不安"或"恐慌"的防卫反应或警告反应。

比如，你在排队买票，你计算着以现在的速度很快可以轮到你，但是，不断有人插队，于是，你开始陷入一种不安状态。最后随着不满情绪的不断升级，终于演变为愤怒状态。也就是说，当事情没有按自己预想的那样发展时，人们会产生愤怒情绪。

此外，心理学家指出人还有一种情绪叫作"自尊感"，就是一种认为自己有价值的感觉。这不同于我们平常所说的"自尊心"。当有人说我们"作为人，你没有价值""你不是一个合格的人"时，我们的自尊感就受到了伤害。我们就会愤怒，这种愤怒就是一种保护自己自尊感的行为反应。

一般来说，自尊感高的人，可以宽容地对待别人的侮辱。由于自尊感高，不会因为别人怎么说而影响自己对自己的评价。但自尊感低的人，无法客观、正确地评价自己，需要从别人的尊重中间接地获得自尊感。因此，只要受到任何不适当的评价，他马上就会发怒。如果平时能够认真地观察自己，多发现自己的优点，提高自尊感，就不会为一些琐碎小事而经常发火了。

如果你不想再为究竟"是忍耐还是爆发"而苦恼，那你就要一劳永逸地解决这个问题，走出这个怪圈。从心理学上看这个问题的纠结点是会不会愤怒，如果你不发火，也就不用忍耐。愤怒的出现时机和表现形式是多种多样的，要根据具体情况来采取必要的措施控制自己的愤怒情绪。

心理学家建议我们：当遇到令人愤怒的事情时，最好是离开是非之地，回避锋芒，转换宣泄感情的方式。比如可以到公园散散步，去看看电影，回家听听音乐，出去找知心朋友聊聊天，都容易转移兴奋点，化解心中的愤怒情绪。特别是当你向朋友倾诉心中的不满、郁闷和委屈，在朋友的劝解和安慰后，你的愤怒就更容易化解。

心理学家还指出，幽默有助于缓解紧张氛围，化解愤怒情绪，所以不妨"四两拨千斤"，以幽默的态度对待愤怒。生活中一些令人愤怒的事情，如果以愤怒对待愤怒，你会更加愤怒，但是如果你用幽默的态度来对待愤怒，愤怒的一方就失去了火上浇油的机会，变成了无的放矢。这样做回避了愤怒，却也是"退一步海阔天空"，甚至使双方破怒为笑，化解愤怒情绪。

提升自己的忍耐心

在心理学上，忍耐是一个自我控制、自我调节的心理过程。生活中素有"百忍成金""小不忍则乱大谋"的说法，即便是"退一步海阔天空"，也有忍耐的成分在里面。人们常说，保持心境的平和需要适当的忍耐，化解一些生活中的纠纷也需要适当的忍耐。

从越王勾践的"卧薪尝胆"，到韩信的"胯下之辱"，人们传颂着这些故事，佩服的正是他们的忍耐精神：能忍人所不能忍，才能为人所不能为。如果勾践和韩信采取公然对抗的做法，将无异于自取灭亡，又怎能成就功业？古往今来，能够忍耐而取得大事业的人数不胜数，欲成大事者必须要以忍为先，先屈而后伸。

心理学家罗尔卡恩举过一个例子：有一个年轻人毕业后就被分配到海上油田钻井队工作。工作第一天，领班要求他在规定的时间里，把一个包装好的盒子拿给在几十米高的钻井架顶层的主管。当年轻人满头大汗、气喘吁吁地登上顶层，把盒子交给主管时，主管只在盒子上面签了自己的名字，又让他送回去。于是，他又快步走下舷梯，把盒子交给领班，而领班也是同样把自己的名字签在盒子上面，再次让他送给主管。

年轻人犹豫了一下，但还是登上了舷梯，这次他已经浑身是汗，两条腿也抖得厉害。主管和上次一样，在盒子上签下名字，再次让年轻人把盒子送下去。年轻人擦了擦脸上的汗水，转身走下舷梯，把盒子送了下来，但领班在签完字后还是让他再送上去。

年轻人开始愤怒了，但他尽力忍着不发作，抱起盒子，步履维艰地往上爬。当他爬到顶层时，他全身被汗水浸透了，汗顺着脸颊往下淌。他第三次把盒子递给主管，主管看着他说："把盒子打开。"年轻人打开盒子——里面是两个玻璃罐：一罐是咖啡，另一罐是咖啡伴侣。年轻人终于无法克制心头的怒火，把愤怒的目光射向了主管。主管慢条斯理地对他说："把咖啡冲上。"此时，年轻人"啪"的一声把盒子扔在地上，再也忍不住了，他说："我不干了。"说完，他看着扔在地上的盒子，把刚才的愤怒发泄了出来，心里痛快了许多。

这时，主管站起身来，看着他说："你走吧。不过，看在你辛苦上来三次的分上，我可以告诉你真相：你做的这些实际上是一种'承受极限训练'。在海上作业，我们随时会遇到危险，这就要求队员们有足够的承受力，能够承受各种危险的考验，这样才能成功地完成任务。前面三次你都通过了，很可惜，只差这最后的一点点，不然，你可以喝到自己冲的甜咖啡，现在，你可以走了。"

忍耐是一种人生哲理，能够忍耐的人在心理上是成熟的，他们有着坚定的信念支持着自己，他们有着豁达的心胸，不断地告诫自己，忍耐是值得的。所以成功之所以出现在他们面前，是因为他们忍耐了常人所无法承受的痛苦。对一个渴望成功的人来说，能够忍耐，就已经成功了一半。成功完全掌握在自己手中，就看你愿不愿忍耐，能不能忍耐。一个人有多大的忍耐力，就有多大的成功。只有付出一份忍耐，才能收获一份成功。

从心理学来说，共情指的是一种能深入他人主观世界，了解其感受的能力。忍耐在这里是善解人意的代名词，突出表现了尊重理解。阿兹·凯萨尔是美国芝加哥大学心理学教授，他的最新研究表明，中国人更容易体会对方的心情。因为中国人强调集体主义，人与人之间相互依存，希望通过和谐的人际关系来确定自我的位置，从而实现自我发展。

在生活中，我们所熟悉的"批评和自我批评"这句话，其实是矛盾冲突中的一种换位思维。在纠纷或矛盾中，如果我们能够进行心理换位，站在对方的角度考虑问题，就不会一味地指责对方有过错，反而会想"如果我是他，应该会怎么办"等。人在这样共情的状态下就会反省自己的过错，忍耐在这层意义上是人生智慧的表现，也是一种反省心理的体现。

香港城市大学的心理学家曾对外企公司中的中国员工与西方员工在冲突的化解方式上做过一项研究。结果显示，在回避、顺其自然、妥协和对抗 4 种化解方式中，西方员工习惯用对抗的方式来解决矛盾，而中国员工则习惯用"妥协"来解决矛盾。这在一定程度上也验证了中国人善于忍耐的人格特征。

但是任何忍耐都是相对的，都是有底线的。其实，忍耐的智慧在于"该缩头就缩头，该出手就出手"。当别人无理取闹时，你要勇敢地维护自己的权益；当看到不法行为时，你要勇于挺身而出，维护正义。正所谓：忍无可忍，无须再忍。无论何时都一味地忍，就不是智慧和美德了，而是不折不扣的怯懦。此外，忍耐并不是彻底放弃，而是"好汉不吃眼前亏"，等回过头来，再想其他办法。

不要在失去时才后悔

人们在办错事后，总是后悔不已，后悔自己没有料到事情的结果，总想得到"后悔药"，让自己可以重新来过。可以说后悔的心理人们经常会有，大到身陷囹圄的罪犯对自己所犯罪行的忏悔，小到办错一件私事的懊恼，都是一种后悔心理。

印度有一位饱读经书、富有才情的学者，很多女人迷恋他。一天，学者喜欢的一个女子来敲他的门，说："让我做你的妻子吧！你错过我将再也找不到比我更爱你的女人了！"学者却回答说："我要考虑考虑！"他用研究学问的精神，罗列了结婚和不结婚的好坏所在，却发现两种选择好坏均等。无论找出什么新的理由，都只是徒增选择的困难罢了。于是，他陷入长期的苦恼之中。在他百思不得其解之后，他决定答应那个女人的央求。学者来到女人的家中，向女人的父亲询问："你的女儿呢？我决定娶她为妻！我考虑清楚了，请你告诉她。"但女人的父亲很冷漠地回答："你来晚了十年，我的女儿现在已经是三个孩子的母亲了！"学者崩溃了，他万万没有想到，他引以为傲的学者头脑让自己换来了一场悔恨。在以后的生命里，学者一直后悔，最终抑郁成疾。临终，他只留下一句对人生的批注，而将其他所有的著作都丢入了火堆，这句批注是：如果把人生一分为二，那么前半生应该是"不犹豫"，而后半生应该是"不后悔"。

假如没有犹豫，他的前半生就能有情人终成眷属；假如没有后悔，他的后半生就可以开始幸福的生活。人们总是在后悔：假如没有……但生活并没有假设。

我们最后悔什么？

曾有一位比利时心理学家利用杂志对全国 60 岁以上的老人做了一次专题调查，题目是："你最后悔的是什么？"他列出了十几项生活中容易后悔的事情，供被调查者选择。最后出现了这样一个结果：72％的人后悔年轻时不够努力，以至事业无成；67％的人后悔年轻时选择了错误的职业；63％的人后悔对子女教育不够或方法不当；58％的人后悔没有加强身体锻炼……只有11％的人后悔没有赚到更多的钱。

调查结果似乎让人有所意外，因为有无钱财并不是多数人后悔的事，但却又在情况之中，因为唯有走过人生风风雨雨的老人才能真正体会得到"后悔是什么"。对比结果，我们可以一一佐证。

曾经有一个中年人被医生告知得了绝症，最多还能够活 3 年。为了让自己最后几年活得不后悔，中年人拟定了一个计划——"3 年要做 10 件事"，包括出一本书、创办一家公司、观赏 30 座名山、游历 50 个城市，等等。他立即行动，只用两年零八个月，就完成了全部目标。当他去医院复诊时，却发现自己根本没有得病，是当时医生拿错了病历。他没有责怪医生，因为这 3 年他很充实，毫不后悔。

其实每个人都有足够的时间去完成自己想完成的事，但如果和别人一样工作，和别人一样休息，和别人一样娱乐，那么你得到的也只能和别人一样多。而若想比别人得到的更多，就要付出比常人更多的努力。然而事实却是：那么多的人在后悔自己的事业无成，原因正是自己未付出更多一点的努力。

还有些人把自己后悔的原因归结为选择了错误的职业。其实，错误不是在于你选择了什么职业而在于你敢不敢冒险尝试。有三个刚毕业的大学生被分配到县直机关。几年后，有一个人对每天打水扫地、时时看领导眼色不甘心，就请求调动，转到企业。又过了几年，在市场经济的浪潮下，又有一个人辞职下海了。只有一个毫不动心。几年后同学聚会，到企业的那个已成了老总，辞职的那个成了富豪，最后没有动的那个人后悔了，后悔当初不该满足于现状。许多人之所以后悔，是因为他们的"第一目标"是"稳定"，拿稳定的工资、享受稳定的福利。没有压力，但也就没有了动力。没有了动力，个人的潜力也就发掘不出来了。所以，与其埋怨天下伯乐太少，埋没了自己，不如问问自己有没有主动去找过伯乐。

再看父母的心理也是一样的：在开始时父母会认为自己对孩子的教育都是正确的。他们逼着孩子在学习了一天后继续上钢琴课、英语课、美术课，若孩子稍有反抗，就打骂，从而造成了孩子的极度厌学。当时他们并不后悔，他们觉得自己做得"很对"。许多年后，他们发现按照自己的"经验"、自己的"模式"和自己的"方法"，子女不仅没有成才，反而"不成器"。这时，他们才醒悟"方法不当"或"教育不够"，但这时再后悔已经晚了。

身体是革命的本钱，那些后悔没有加强身体锻炼的人肯定身体出现了状况，他们60岁以前想用身体换一切，加班加点，不注意饮食和睡眠，也许功成名就，家财满贯，但60岁以后却想用以前获得的一切换身体。可世界上比身体健康更宝贵的还有什么呢？

钱并不是万能的，人生最重要的目的也不是赚钱。对于还没有赚到很多钱的年轻人和中年人来说，只有11％的人后悔没有赚到更多的钱也许是个很好的安慰。年轻的时候后悔还可以亡羊补牢，年老的时候后悔，只能追悔莫及了。

所以，我们每个人都应该经常回头看看自己走过的路，不要真的等年老了，已经没有补救的余地了，才扪心自问："我最后悔什么？"

不为摔碎的牛奶瓶哭泣

在漫长的人生旅途中，人们都会因为种种原因犯下错误，从而带来某种悔恨的心情。生活中有些人做了错事后，会自我谴责，自我埋怨，甚至自我惩罚，心情也万分痛苦、懊恼和内疚。其实，大可不必这样。当过度悔恨时，人体免疫机能会因此而减退，各种疾病就会乘虚而入。所以，要学会控制这种情绪，我们的身心健康和对美好明天的追求不能被它妨碍。

美国一位心理学教师为了教育他的学生摆脱那些毫无益处的悔恨，曾经讲了一个很形象的事例。在课堂上，一只装满牛奶的瓶子被他猛摔到地上，结果瓶子摔碎了，牛奶流了满地。他告诉学生："请记住这被摔碎了的牛奶瓶，你们对这瓶牛奶感到惋惜的心情不能使这瓶牛奶恢复原样。你们的惋惜、后悔是毫无用处的。与其为它哭泣，不如再把牛奶灌入新的瓶中。因此，在今后的生活中无论你们发生了什么样无可挽回的事情，都不要没完没了地后悔。"这位心理学教师告诉了我们一个生活哲理：如果错误已经形成，并且无法挽回，而你却偏要去挽回，最后只能是徒劳无益。

如果时时追悔生活中的一些细小过失，那一个人一辈子都将生活在无穷无尽的悔恨之中，这将严重地影响生活。从心理学上讲，如果一个人为没有取得预期效果而悔恨，是不明智的。我们不可能在办一件事之前，看清楚未来的一切前景，但我们不能因此不行动，我们只要尽力而为，就算没有达到目标，也无须后悔。

错误已经出现，悔恨是毫无用处、于事无补的，我们要做的最重要的事是在悔中求悟，只有弄清楚自己做错的原因所在，今后才能避免再犯。所以后悔的意义在于深刻的反省：要放眼今后怎样才能少做后悔事，以减少损失。

既然悔恨心理不能对出现的结果有任何改变的意义，何不大度地放开。如果你因为错过太阳而流泪，那你也将看不到美丽的月亮。对于无法挽回的结果，后悔是徒劳的，更会阻止你前进的脚步。与其浪费时间在回忆、后悔过去的事情上，不如在一开始就学会未雨绸缪。正所谓既已覆水难收，何不未雨绸缪，我们要从失误中找到原因，避免今后再犯，这样才能避免继续后悔。

一个人托熟人买了台MP5，价格不菲。一年后MP5的一个功能键坏了，拿去修理，才被告知这个MP5是旧货，已被修过两次了。这个人很吃惊，他没想到熟人也会骗自己，但他终究是"哑巴吃黄连，有苦说不出"，只能认了。

后来，他要买台电脑，这次他没有像上次一样找熟人，反而是跑遍了所有的电子商城，做足了比较，最后在比较有信誉的一家店里买了一台。自始至终他都没有找人帮忙，迄今用了三年了，也没有出过什么问题。

俗话说"吃一堑，长一智"。我们有时的确难以充分全面地认识事物的本质，但我们应有的正是"吃亏"过后的"智慧"。

所以，一定要冷静地处理与人或事物的关系，全面分析、客观地认识利弊。经常性地进行积极的心理暗示，让自己既要看到人或事物的优点长处，也要警惕"人心惟危"的乘虚而入；不仅要认知人或事物的表面性，更重要的是思索其本质；要综合分析各种现象来纠正认知偏差，避免先入为主的情感印象。如果在认识人或事物时能做到这些，令人后悔的事情就会减少或避免，也就无须再去苦苦寻觅不存在的后悔药了。

我们应该记着"亡羊补牢，为时未晚"的道理。当差错或失误出现后，应采取补救措施，针对差错的性质和程度，力争把损失减少到最小。并且一定要在补救的基础上做好"未雨绸缪"的准备，减少再次发生的概率。

世间没有后悔药，失误正如泼在地上的水一样，是无法收回的。客观的态度是，把惨痛的教训当作学费为自己"充电"，从而振作精神，开拓进取，用新的成绩弥补以前的损失和精神的创伤。

不要把抱怨当成习惯

有一位老者半身不遂，由于行走不便，所以家人搀扶他到心理治疗室。刚一落座，他就愤愤不平地抱怨起来，说自己的脑出血是被别人活活地气出来的。老者怒容满面地说起了事情的来龙去脉：他抱怨他的老伴整天唠唠叨叨的也不会关心体贴人，当自己发病疼痛难忍时，她也不知道如何照顾；他说到子女，更是气不打一处来，他说好不容易把子女拉扯大，"孝顺"两字根本不要说，能少给你一点脸色看、少给你惹点麻烦就算不错了；他还抱怨很少有单位领导来看望自己，真是"人走茶凉"，同事们更是人情淡薄，世风不古……老者无助地看着心理医生，说："家人都说我是闲着太寂寞造成的，难道我真的寂寞了吗？"

生活中有这种人，他们看什么都不顺眼，对家人、对朋友、对同事，百般挑剔，总觉得别人对不起他们，有负于他们。在社会上，他们一会儿抱怨社会不平等，单位待遇不公平，一会儿又抱怨自己没有受到优待，和一般人没有区别，真是满腹牢骚。其实这种人自己也感到十分痛苦和烦恼，但却往往不能够自我解脱。他们在犯了错误、遇到挫折以及事业失败时，往往总是抱怨他人、抱怨社会、抱怨命运、抱怨人生，却从不反思自己。因为他们认为是别人让他们受到了不平等的待遇，是社会的不公平导致了他们的失败。

抱怨是因为当事人在心理上有一个标准或者期望值，因此当现状（包括自己、他人、环境等）达不到自己这个标准或者期望值时，就会产生不满，进而反复受挫，怨言不断。

抱怨不是解决问题的方法

抱怨不仅不会给我们带来健康，还会给我们的身心、工作和生活带来严重不良影响。

抱怨常常使简单的问题复杂化。在工作中受到不公正待遇的人如果能够用恰当的方法提出来，那么就有可能得到合情合理的解决，但如果这些人不顾及大局，不分场合地大发牢骚，肯定会招来别人的厌烦，本来有理的事结果就会变成无理取闹，别人也不会再给予同情。朋友间有了矛盾，彼此可以推心置腹地谈心，这样误会就会比较容易解决。如果怒气冲冲地发一顿牢骚，不仅于事无补，彼此间的感情因此还会被伤害。久而久之，你的同事和朋友就会对你避而远之，你的形象在他们心目中也会随之一落千丈。

喜欢抱怨的人通常有怯弱无能的一面。如果一个人能力很强，不管在生活中还是工作中遇到问题和困难，他都能冷静地思考对策，并凭借自己的努力征服困难，从而扭转局面；而懦弱无能的人在这种局面下就会束手无策，只能怨天尤人，牢骚满腹，因为他们没有足够的力量和智慧去战胜困难。

抱怨是一种不良的心理现象，不是解决问题的方法，不仅会使人丧失决心、信心和勇气，还会带来一系列不良后果。

心理学家波尔米勒一直致力于发现如何让人远离抱怨，通过研究，他发现生活中的确存在着一些很少抱怨的人——不苛求自己的人；可以暂时逃避，能够及时疏导自己感情的人；从不对他人抱很高期望的人；乐于找人倾诉烦恼，喜欢为别人做点事的人；与世无争，从不争强好胜的人；经常对别人表示善意的人。

像上面这些人一样，要克服抱怨心理先得纠正某些错误的信念和观点。我们不能理所当然地认为只要付出，别人就应该给我们回报，我们也不能认为自己必须得到别人的尊重和关注。我们往往抱怨别人没有满足我们的要求，我们会因为这些要求没有得到充分满足，就感到好像是别人欠了自己什么一样，而有一种被捉弄和被欺骗的感觉，心中愤愤不平；我们自己却意识不到这些要求其实都是一些不合理的要求。

但是，即使是自己最亲近的人，哪怕是我们的父母，我们都不能对他们有过分的要求，对别人更是如此。没有人欠我们什么，任何人都没有责任和义务来满足我们的要求。想让别人听从我们的意志，按我们的喜好来行事，这是很自私的表现。我们不可能主宰环境和他人，我们不可能做到事事如愿，学会舍得，要学会放弃高要求，学会对自己的感情和生活负责，要明白我们的怨恨情绪大都是因为我们自己的态度和对他人的过分要求所导致，而不是直接由别人的言行所引起的，这种情绪往往是自己伤害自己。

如果我们要解除自身烦恼，不怨天尤人，就要充分认识到外部环境只是诱发烦恼的外因，而自身心理上的问题才是根本原因，只有改变自己才能改变现状。在生活中要克服抱怨心理就要学会自我消解，即通过心理暗示来开导自己，调整自己，使自己冷静下来，把问题想通、想透，这是最好的办法。想一想自己对问题的看法是否过于片面，想一想自己考虑问题有没有偏激，尽量使自己从矛盾和不平衡的心理中走出来。

保持一颗平常心才能保证平衡的心理。如果凡事都过于较真，就会让自己疲惫不堪。所以，遇事要有一种平和的心态，对于那些琐碎之事，还是置之不理为佳，这样才能更加理智地生活，从而减少不必要的抱怨和牢骚。

荀子说："自知者不怨人，知命者不怨天，怨人者穷，怨天者无志。"在生活中，我们要胸怀大度，多反省自身，面对生活中不完善的地方，我们应当看到自己的责任，不要牢骚满腹，不要怨天尤人，而应该拿出实干的精神和勇气来解决遇到的问题。

付出努力，才会有回报

每当公司招聘新员工的时候，管理者们都会认真地研究他们看过的每份简历。他们反复权衡，一再问自己那个早已不新鲜的问题——"这个人真是我想要的吗？"每个职位后面都有一个责任，关系到公司未来的发展，不容轻视。不同的面孔，不同的经历，这些形形色色的人在管理者的脑海中被重新过滤一遍。每个公司要求求职者最重要的素质是什么呢？其实我们也知道，那些主动和最勇于承担责任的人，往往会在众多求职者中脱颖而出，成为首选。

我们就像管理者一样，只不过我们管理的是自己，自己的思想和自己的身体。在生活中，我们总在思考，我们对自己的要求是什么，我们想要的是什么？

事业、财富、地位、健康、幸福……我们不断地质疑：这真的是自己想要的吗？其实，如果消除疑惑，我们想要的就是回报。有人说，我从来不求回报，那"不求回报"也是一种回报。不过，你要想得到回报，就先要付出。

根据吸引力法则，你想要什么就会得到什么，你想得到的是回报，就是回报，但是这个回报也是别人的付出；你心里想的是回报，你关注的也是回报，从自身来说这是你对别人的回报，就是你的付出。生活中，为了获得财富，我们在不断地付出努力；为了获得健康，我们在不断地付出汗水，参加锻炼。这就是我们的经历，我们用付出换取了生活中的所有快乐和不快乐，无论怎样的结果都是我们付出的回报，是付出让我们的生命变得充实。

在我们为其他人提供他所需要的服务时，我们的心理也得到了满足，我们为他人付出的越多，自身得到的充实感也就越多。所以不管付出多少，其实我们得到的总是比付出的多很多。这就像我们种下一颗种子，到秋天我们将收获很多粮食，如果细心照料还会得到更多。在工作中，如果你的付出比上司所期待的多，那么毫无疑问，你一定会被提拔。

如果我们帮助的是自己的同事，哪怕是竞争对手，我们也会得到相同的回报。因为我们不单是为同事付出，也是为公司付出，那么公司会衡量你付出的价值。对于公司来说，最重视的品质和文化是团队合作精神，而非个体的单打独斗。即使团队中有我们的敌人，这个方法也同样适用。只要我们为他做一些对他真正有益的事情，那我们其实就是在为这个团队贡献力量。成功的企业极其欣赏这种和平护卫者，因为雇员之间的和谐是团队成功的最大因素。

心理学家指出，我们周围每个人在看到我们的同时也看到了我们对自己的宣传。所以，无论我们周围的人在哪，他们每时每刻都能看到我们的广告，即使是我们的老板也是如此。如果我们坚持这种与众不同的推销方式，没有人能拒绝我们的商品和服务。你应该明白，那些对你指手画脚的人其实正在做你的义务宣传员，因为他帮助你引起了别人的注意。如果我们做的比他说的出色，老板自然就会对自己有兴趣，明智的人决不会简单到只听一面之词。付出会让你的成功水到渠成。

另外，我们必须为所有与我们有关系的人真诚付出，从身边的妻子到为我们扫地的保洁人员，从亲密无间的朋友到势不两立的仇敌。或许，人们总是让你微笑，但你所付出的微笑其实有着交换的目的。当你不停微笑时，就会得到别人同样的回应。我们要始终相信，真诚地付出一定能够得到别人真诚的回报。

不管我们出于什么样的目地去帮助别人，一些自私的想法都会不可避免地夹杂在其中。就像我们被灌输的所谓的无私，其实只是相比回报而言我们付出的更多一些，那些不求回报、真心付出的人，实际上也会得到更多的回报，像荣耀、赞誉等，他们得到的是精神上的回报。

付出能够得到回报本身就是真理。神学家称它为"因果报应"，人道主义者把它称作"奉献精神"，商人则把它看成"常识原则"。不管我们对此有着什么态度，无论信服还是藐视，它都会自然地运行，是无法打破的。有一句名言是这样说的："给予而后收获——用十足的升斗。不管你们用什么量器量给别人，别人也必会用相同的量器量给你。"事实就是如此。

那么在生活中我们究竟应付出什么呢？毫无疑问，你所能付出的首先是你所拥有的。分享即是一种付出，把你所拥有的一切与其他人分享，是一种获得回报的很好的方式。比如当你突发奇想，灵感涌现，有了新的想法时，不要藏在心里，请和大家一起分享。只有把你认为最美好的东西奉献出来，它才会在最大程度上实现自身价值，同时，他人也会把最好的东西回报给你。如果一个人能够依照这一法则工作，他就根本不需要担心自己的事业。因为分享的同时，会有丰厚的回报等着他。

多问自己"要什么"

有一个一直以来就困扰着很多人的问题，那就是："我到底想要什么？"一些人想知道自己到底是应该坚持做手头上这份工作，安于现状，还是立刻去找一个更好的？什么才是你想要得到的？是万人瞩目的工作，还是一份普通的工作？还是想要开创属于自己的事业？还是要有实权的工作？生活中很多问题都会让人不断地迷茫，也许很多人穷其一生地去追逐财富，那么他们究竟想要财富还是财富以外的东西呢？每个人都有迷茫心理，那么怎样才能消除心底的迷茫，坚定自己的信念，真正获得自己所需要的呢？

这个问题的答案实际上取决于你追求的到底是什么。首先你要明确自己的目标。

心理学家戴维尔曾经询问过上千名白领人士他们对工作最大的期望是什么？戴维尔给他们列了几个选项，大部分的人选择了以下选项：能够获得工作经验、知识和锻炼，为将来的发展准备宝贵的财富；可以获得一份合理的报酬；为达成自己的目标积累在行业中的声誉和丰富的人脉资源。

如果让你重新从这三个方面进行思考，你能否判断出到底哪个更适合你呢？一开始就因为报酬微薄抛弃你的工作实在不是明智之举。如果你的工作可以让你接触到最新的工作方法，在此同时还可以获得一份薪酬，你何乐而不为呢？你先得有充分的时间去了解你的工作，你应该有足够的耐心深入到工作中去，这样就能充分了解工作中的每个细节。如果刚开始的过程你已经经历完了，但你还是在工作时忙得不可开交，那么你就要仔细想想怎样才能提高效率，更好地协调这份工作，让它变得轻松一点。如果找到了方法，就要马上改进，不要停下你一直向前的脚步！正所谓活到老，学到老，你每天都需要有新的收获。如果有一天，你发现从现在的工作中再也学不到新的知识，能力再也得不到任何提升，也无法再获得任何裨益，并且如果继续待在这里，你会渐渐退步时，那么，你就该考虑换换环境了。如果可能，你现在该升迁了——否则，那就离开吧！你的工资跟你积累的经验和学到的知识相比，根本无足轻重。薪水和财富都会紧紧跟随足够多的知识和能力而来。除非你已具备足以支持你好好运用它的知识，否则即使是巨额的薪水也不会为你带来什么好处。

这就好像一个女孩在挑选她未来的老公。她可以挑选一个没头脑却很有钱的富二代，或者她也可以挑选一个能力出众但现在却没什么钱的潜力股。如果选了前一个，她会在刚开始的时候享受一段奢华的生活，但最后，她将面对离婚或者守着一个年轻却无用的浪子的选择。如果选了一只潜力股，他们的生活刚开始的时候可能会很艰辛，但是最终，她将会得到一个真挚的、勤奋的丈夫，她也能帮丈夫建立起一个幸福的家庭，她将得到幸福和快乐。钱，虽然是婚姻中考虑的因素之一，但是，却不能成为婚姻的决定因素。但如果让我们在金钱和头脑中选择的话，毫无疑问，我们每一次都应该选"头脑"。财富和头脑比起来，根本是微不足道的。只要拥有一个时刻保持清醒并且能不断接受新知识的头脑，你就能得到任何你想要的财富。65％的年轻夫妇认为，最幸福的事是白手起家，靠着自己的双手最终共同开创美好的生活。

心理学家指出，人有了目标，才能不断前进，才能够保持积极的思想，而不是消极的态度。这就是制定目标的价值，目标始终如一，决不轻言放弃。心理学家还建议我们用积极的自我暗示来确定自己的目标，只要说出你确定的目标，就能在自己的潜意识里遵循一条普遍的规律，"人能想到什么，就能用积极的心态去完成什么"。你会对所做的事更加有兴趣，眼光会更加敏锐，能够在日常生活中发现不为他人所察觉的机会，这些机会将帮助你达到目标。

每个人都可能在想，我们从生活中最想获得的是什么？是财富吗？每个人都有这样的心理：如果大自然中的一切能力都将为自己服务，不管在什么地方自己都具有万能的能力，最终就拥有了全世界的财富。心理学家可能会问这些人，你会如何花费这些属于你的财富？你将用它们来做什么？也许他们会住在早就梦寐以求的豪宅中，开着自己心仪已久的名牌汽车，衣着光鲜，享受着一切生命中追求的东西。这是他们的梦想，有梦想是正常的，有梦想才能走向成功。

心理学家卡曼通过研究表明，在人们的内心里，对于财富的渴望没有止境。如果你可以任意地做你想做的事，过你想要的生活，可以为你爱的人完成他们的希望。如果用你的心去看这一切，在不远的未来相信这一切都会变成真的。你想要的快乐和愉悦就会从中得到。这就是实现你的梦想的第一步：用自己的心描绘你想要的一切。

心理学家要表达的意图是只要在精神上适当地追求，每个人都将获得这个世界所蕴藏的巨大的财富。但是在人们真真切切地得到它们之前，必须要有梦想，要梦想着得到它们。正如莎士比亚所说："只有思想能让你的身体富有起来。"把你希望拥有的东西看成已经进入你的口袋了，最后你会发现，你真的很快就能拥有它们。要把它们看成你的，那它们迟早就是你的，但前提是你要敢想，并且为此进行积极的思考。

心理学家一再强调的是我们的头脑和思想最重要，喜欢金钱的人把财富当成驱动力，其实他们不知道最重要的是自己的主意和想法。这就好像没有了维持河床的力量，再壮观的河流也将不再存在一样。所以只有你的思想起到了支配作用，金钱才能变得有用，才能真正发挥作用。当你有着渐渐完善的想法时，你会发现根本不需要刻意做什么，你想要的东西正按着你的想法向你靠近，只要你没有怀疑和恐惧，它们本来的路线就不会改变。

渴望让我们加倍努力

我们追求精彩的生活，我们追求更加舒适的生活，我们追求更有乐趣的生活，我们希望活得更久、更健康，而这正是我们生活的动力所在。

你应该带着一颗思考的头脑留心观察生活中的点点滴滴，时刻要考虑：应该怎样改进这件事？这件事可不可以用其他的新途径做好？然后你就需要想办法，只要你找出了完成它们的方法，你就应当满怀信心地去做，然后你想要的东西就会源源不断地按正确的方向流入你的口袋。你的心里应该有着这样的信念，那就是：对于任何一件正确的事情，只要你想做，就一定能做得到。你的学习，你的交际，你的工作，只要你想做好，只要你满怀梦想，拥有目标，你的目标最终都会实现。

美国南加州大学的心理学教授伯顿·布莱利说："如果人们极度渴望得到某种东西，人们就会乐于加倍努力为此奋斗，甚至可以没日没夜地为此劳碌，放弃睡眠、放弃娱乐、放弃舒适。这种渴望让其他一切变得庸俗和廉价，生命会因此而更有意义。"

你可以为你想要的东西制订所有的计划，你会做很多的美梦，也会有很多的烦恼，所有的汗水都为它而流，你会用尽你的能力、才华与智慧，全身心为此拼搏，寒冷、饥饿、贫穷与憔悴都不能令你屈服，即使有疾病、疼痛、身体和心灵的双重折磨，你也不会放弃，那么在最后，在你不屈不挠，勇往直前地执着追求下，你一定会成功。

总有人疑惑："是什么力量让他们衰退的欲望重新展现活力，让那些垂死的凌云壮志死灰复燃？又是什么力量让他们拥有了一个又一个的新起点？"其实那个力量就是坚信成功的信念。一些人获得了新的信念，他们同时就获得了取得成功的力量。然后，他们的事业开始突飞猛进地发展，并能从似乎要失败的窘境中获得了成功。

你要得到的是什么？是财富？是成功？是安逸的生活还是健康的身体？你还在迷茫，究竟要得到什么吗？其实，你要得到的是获得这些东西的信念，有了信念，你才能得到你想要的东西。不要再迷茫，你可以回答那个永恒的问题，信念是你唯一需要得到的。

唯有做到，才能得到

生活中，有的人喜欢制订计划，小到"明天我是这样想的，这周我是如此安排的，这个月我想读 10 本书……"大到"30 岁前完成 10 件大事，计划用 5 年时间游历名山大川，想用 10 年时间创建自己的公司并健康发展……"但是，制订计划的人未必总能完成计划。因为现实是：这个月才读了两本书；30 岁了还没有成家立业；5 年过去了，还没有见过一次名山大川；两个 10 年了，公司还没有影子，自己头发都花白了……于是人们感到非常矛盾：为什么我想的和我做的总不能统一起来？当然有人说，计划赶不上变化。是的，外部环境也影响着计划的实现，不过，内因决定外因。能否把所想和所做实现统一，最重要的还是要看你的执行力如何。

我们说思想是每个人创造力的源泉，并且驱使着人们去行动。我们可以不停地思考，制定将要达到的目标，但并不是说我们不停地思考就能得到我们想要的结果，我们不能忽略行动而一味单纯地依赖思想。行动是通向成功的必经之路。心理学家指出，许多空想家之所以失败是因为他们没能将思想和行动结合在一起。

哥伦比亚大学心理学研究专家戴维森教授曾经做过一个形象的比喻，他说：一个人的想法和创意就像埋藏在深山里的金矿，只有通过你的思想才可以找到。但是，金矿不会自己进行开采、提炼，然后铸造成金币自动滚进你的口袋。就像你的目标和愿望不可能自己实现一样。如果你不去开采，肯定会有人去开采，最终取走金子，而你却一无所得。你要做的，是迅速找寻金矿，并且开采金矿，这样，才能把创意变为现实。

人通过思考可以把一切计划好，但是能够帮你实现计划的只有你自己。所以，你必须做好准备，当你所渴望的事情出现在你的脑海时，你不仅要准确地接收，还要准确地去实现，即做到。你不能把愿望仅仅当作一种心理慰藉，把它放在那儿观赏，你必须要让这些创意实现自身的价值，从而才能实现你的价值。

心理学家通过众多实验者的研究发现这样一个现象：任何人都有迫切实现自己愿望的心理，但他们往往不知道如何把理想变为现实。在对实验者的建议中，心理研究者强调实现理想应该遵循以下两点：

第一，要进行思考。首先在你的脑海里可以形成一幅清晰明朗的图像，这就是你渴望得到的事物；接着启用意志使自己坚信能够得到这一切；最后再怀着感恩之心把这一切变成现实。你要坚信自己意志的力量，不要采用投机的方法，不要侥幸地认为任何迷信的方式能够起作用或者为你所用，这都是无用功，只会削弱你的力量，使你无法集中心智。当你进行思考时，你其实已经开始在调动全身的能量，你此时要做的只是保持你的愿望，坚定你的信念，坚持你的目标，并时刻心存感激之情。

第二，要进行行动。只有行动才能保证在金矿出现时，你能取得属于你的那一份。你要明白这样一条真理：当你所渴望的事物出现时，它们不应该在其他人的手中，那些是你想要的，你必须先于他人得到。你的金矿不会无缘无故跑进别人的口袋，而你也不能不劳而获。

心理学家想让人们明白，不仅要通过思考确定自己所渴望的事物，更需要通过实际行动来得到它。另外，必须采取正确的行动时间，不能在没有形成清晰图像之前行动，也不能一直拖着，幻想着在未来行动，因为那时你所想要的也许已经成为别人的囊中之物了。

思想和行动必须紧密地结合，这是实现理想的关键。如果目前周围的环境不太适合你，或者你也没有从事适合自己的工作，那么你更不能因此认为可以推迟行动，你需要相信自己，相信当问题出现时自己有能力解决，所以对于未来可能出现的问题，你不要浪费过多时间去思考。

心理学家通过研究告诫人们：不要坐等结果出现，不要将想法束之高阁，否则你永远也得不到你想要的。如果你想获得你所渴望的一切，你必须从现在开始调动全部的力量，全身心地投入到当前的行动中。

做白日梦和幻想构建空中楼阁都是在浪费时间，这不是你应该做的，你需要保持你所渴望的图像，然后马上开始行动。最好可以在行动中脚踏实地、按部就班，不要采取标新立异的行动作为获得金矿的第一步，也不要千方百计寻找新奇的事情去做。一旦你开始按"既定的目标"行动，就不要对自己有所怀疑，坚定不移地做下去，直至实现目标。

行动就像调换工作这件事一样，有些人总是处于矛盾的心理中，心理学家建议这些人如果认为自己从事的工作不适合自己，对它感到不满，那就不要等到找到合适的工作再开始辞职行动，应该立即行动。如果不行动，就不要因为被安排在错误的岗位上就感到气馁，更不要坐在那里怨天尤人、满腹牢骚。没有人被放错岗位，只是他没有找到正确的岗位。就像没有人从事错误的工作一样，你可以去找属于你的正确的工作，关键是你是否去寻找。

消灭身体里的负面声音

在生活中，不知道你有没有这样的经历，当你雄心勃勃地已经计划要做某事时，到了关键的时候，你的身体中有个声音在拖你的后腿，你斗争了很久，结果放弃了。这个声音有时是积极的，比如在你要犯原则性错误时，这个声音就制止了你。但是多数时候，这个声音是消极的，比如当你要参加冬泳锻炼时，在泳池边，你看着冰冷入骨的水，这时，身体里的另一个声音说："算了吧，太冷啦，多受罪啊。"你站在池边跟它斗争了很久，最终放弃了冬泳计划。再比如，你要克服赖床的毛病，决定每天早起，在冬天的早晨，你躺在被窝里，嘴里念叨："这就起了，这就起了。"结果还是没动，上班也迟到了。因为你的身体里还有一个声音在说："天太冷了，还是被窝里舒服，再多躺一会儿吧。"你也很苦恼，总在不断地斗争着：如何才能消灭身体里的另一个声音？

从心理学上看，我们的身体里之所以会出现另一个声音，是因为我们自身的惰性心理，没有足够的毅力来克服它。在日常生活中常常会出现的虎头蛇尾现象，就是自身惰性、缺乏坚持性的表现，另一个声音就会出现。

心理学认为，我们人类自己是自己力量的源泉，没有谁比自己更强大，所以你的思想就是你的精神能源，它们蕴涵着丰富的宝藏，你可以努力开发它们，以消灭身体中的另一个声音。

心理学中强调意志的行为，是一种自觉的、有目的的行为，并会受到个人理性思维的控制。外界的事物错综复杂，给我们带来无限选择的自由。而我们的内心有着强大的精神能源，我们要依靠这一能源，来提高意志行动力。意志总是为了达到某一个特定的目标而存在的，因此意志就不能不受到客观规律的约束，并拒绝做出脱离自身和外界条件的片面选择。即使是一个意志力很强的人，一旦选择了脱离实际的错误目标，其最终的结果，也必然是违背自己的意志。

如何避免错误的选择呢？人的思想具有相当大的游移性，往往受到外部环境的影响，尤其是感情的影响，从而改变最初选择的目标，甚至半途而废。这就需要我们开发强大的精神能源，集中思想专注于我们所关注的东西。心理学家指出意志也是一种自我控制的能力和力量，这种力量能将人的注意力始终集中于所关注的事物。一旦我们的思想专注了，这时候，意志的力量就起着决定性的作用。另外，如果我们缺乏对于未来的正确判断以及把它变成现实的手段，所选择和进行的目标仍然有夭折的可能，因此选择还需要受到智慧的引导。智慧来源于哪里，来源于我们的内心，来源于我们的思想，来源于我们强大的精神能源。当我们具有了强大的意志力时，我们身体里的另一个声音自然就会消失。

心理学家通过研究发现，在神经系统中，对于显意识和潜意识的必要互动也有相应的反应。心理学家特罗沃德法指出了影响这种交互作用的方法。他说："显意识发生的器官是大脑—脊椎系统，潜意识发生的器官是交感神经系统。大脑—脊椎系统不仅是我们通过感官接收意识传输的渠道，还控制着全身的动作。

大脑—脊椎系统的中枢在脑部。交感神经系统也有一个中枢，它在胃的后部，是一个神经节丛，叫作太阳神经丛，这是精神行为的渠道，在潜意识中正是这种精神行为支撑着身体的生命机能。"

我们的每一种想法都是通过大脑接收的，意识发挥作用的器官是大脑，它听命于我们的推理能力。当客观想法被判定为正确时，就会被传送到太阳丛或是主观意识中，成为我们生命的一部分，然后再作为事实传送给外界。当到达主观意识后，这些想法就不再受推理论辩影响。所以，潜意识只是执行，不能进行推理。它会全盘接受客观想法的结论。

太阳丛是中枢机构，用来分发能量，它就像我们身体的太阳，全身不断产生的能量都被它传送出去。当太阳丛表现活跃的时候，全身各部分的能量就都会处于激发状态，与他接触的每个人都能被这种激发的能量感染。

我们身体有了不适，就是因为充足的能量无法传送出去，不能激发身体的各个部位；精神上的困扰是由于显意识要依靠潜意识提供思维能量，而此时潜意识肯定没有正常传送能量。太阳丛是能量的中心，这个能量的中心无所不能，它是全部智慧和全部生命的汇合点。显意识的能量在这里潜伏着，显意识交付给潜意识的一切计划和使命，潜意识都能够并且必将执行。显意识所持有的想法，其品格和质量决定着这个太阳丛辐射出的思维的品格和质量，其特性决定着这个太阳丛辐射出的思维的特性，从而也决定着我们最终的人生遭遇的特性。

心理学家还发现我们的思想越是不抵抗，太阳丛就越会不断扩张，如果我们的思想在抵抗，这颗太阳就会黯然失色。愉悦的想法能扩展太阳丛，烦恶的想法会削减它的光芒。我们的才能、勇气、信心和希望，这些都会产生相应的状态。所以，我们要做的就是让我们内心的光亮照耀四方。这样我们才能改变那些令人不愉快的处境，从而让人感到更加快乐。

如何使内心的发光体闪耀出光芒，如何产生这种能量？我们必须彻底摧毁我们内心的恐惧，因为它遮蔽我们内心太阳的阴霾。

第五章　为什么会产生心理错觉

比如说著名的两根线段，看上去不相等，但实际上它们是相等的。另外一个错觉图形会给人带来图片在动的错觉。即使我们强迫自己相信错觉是不存在的，也很难不感觉到视错觉给我们带来的震撼。

——于荣军

（毕业于北京大学，心理学家）

各种各样的心理错觉

有时候人们也会产生各种各样的错觉，即我们的知觉不能正确地表达外界事物的特性，而出现种种歪曲。例如，太阳在天边和天顶时，它和观察者的距离是不一样的，在天边时远，而在天顶时近。按照物体在视网膜成像的规律，天边的太阳看上去应该小，而天顶的太阳看上去应该大。而人们的知觉经验正与此相反，天边的太阳看上去比天顶的太阳大得多。

我国古书《列子》中曾有记载：孔子东游，见两儿斗辩，问其故。一儿曰："日初出时大如车盖，及日中则为盘盂。此不远者小而近者大乎？"一儿曰："日初出苍苍凉凉，及日中如探汤，此不为近者热而远者凉乎？"孔子不能决也。两小儿笑曰："孰谓多知乎？"

这里所讲的近如"车盖"，远似"盘盂"的现象，就是错觉现象。

简单地说，错觉就是不符合刺激本身特征的错误的知觉经验。它与幻觉或想象不一样，因为它是对应于客观的和可靠的物理刺激的，只是似乎我们的感觉器官在捉弄我们自己，尽管这样的捉弄自有其道理。

在日常的生活中有着数不清的错觉。除了上例中的几何图形错觉外，还比如一斤棉花与一斤铁哪个更重？许多人会脱口而出，是铁更重，因为人们总是倾向于认为体积小的物体比体积大的物体更重一些，这就是所谓的形重错误。再如，听报告时，报告人的声音是从扩音器的侧面传来的，但我们却把它感知为从报告人的正面传来。又如，在海上飞行时，海天一色，找不到地标，海上飞行经验不够丰富的飞行员因分不清上下方位，往往产生"倒飞错觉"，造成飞入海中的事故。另外，在一定心理状态下也会产生错觉，如惶恐不安时的"杯弓蛇影"、惊慌失措时的"草木皆兵"，等等。

关于错误产生的原因虽有多种解释，但迄今都不能完全令人满意。这是一个相当复杂的问题。客观上，错觉的产生大多是在知觉对象所处的客观环境有了某种变化的情况下发生的；主观上，错觉的产生可能与过去经验、情绪以及各种感觉相互作用等因素有关。

比较多的解释是从人本身的生理、心理角度出发，比如把错觉归因于是同一感觉分析器内部的相互作用不协调或多种分析器的协同活动受到限制，提供的信号不一致。但是，外在因素同样也会引起我们的错觉。曾有一个实验，分别从富裕家庭和贫困家庭挑选10个孩子，让他们估计从1分到50分（美元）硬币的大小。实验发现，来自贫困家庭的孩子比来自富裕家庭的孩子要高估钱币的大小，尤其是5分、10分和25分值硬币。而当钱币不在眼前只靠记忆估测或者把钱币换成相同大小的硬纸板时，则高估情况会急速降低。这个实验形象地证实了在不同家庭环境中形成的态度和价值观对知觉有不可忽略的影响力。

错觉虽然奇怪，但不神秘，研究错误的成因有助于揭示人们正常客观世界的规律。研究错觉，可以消除错觉对人类实践活动的不利影响。如前述的"倒飞错觉"，研究其成因，在训练飞行员时增加相关的训练，有助于消除错觉，避免事故的发生。此外，我们还可以利用某些错觉为人类服务。人们能够通过控制错觉来获得期望的效果。建筑师和室内设计师常利用人们的错觉来创造空间中比其自身看起来更大或更小的物体。例如一个较小的房间，如果墙壁涂上浅颜色，在屋中央使用一些较低的沙发、椅子和桌子，房间会看起来更宽敞。美国宇航局为航天项目工作的心理学家们设计太空舱内部的环境，使之在知觉上有一种愉快的感觉。电影院和剧场中的布景和光线方向也被有意地设计，以产生电影和舞台上的错觉。

错觉的产生是普遍存在的"正常现象"：一方面，只要产生错觉的条件具备，同一个人在任何情况下都会产生同样的错觉；另一方面，在一定的条件下，错觉的产生对任何人来说都是一视同仁的。

对一个人来说，产生错觉是一种正常的知觉。那么，是什么因素导致了错觉的产生呢？原因比较复杂，通常有以下几个方面：

首先，生活环境和条件会影响我们对同一事物的感觉。同样一餐饭，分别让一个来自贫困家庭的儿童和一个来自富裕家庭的儿童来吃，会吃出不同的感觉：在多数情况下，前者会觉得味道更好，而后者对这个味道的评价则会差许多。同样这俩儿童，因学习成绩较好分别获得 100 元的奖金时，前者会比后者感觉得到的更多。

其次，错觉的产生，与我们的生理构造息息相关。某些几何图形错觉，可能是视觉分析器内部的兴奋和抑制的诱导关系造成的。这种关系可能会造成视觉的某些错位现象。

再次，过去的经历，也会导致我们对当下的处境产生错觉。人们对事物的知觉是在自己过去经验的基础上形成的，当目前发生的情境与过去的经验相矛盾时，如果仍然按照经验习惯去知觉当前的事物，那么就容易发生错觉。

虽然，错觉的产生是不可避免的，但并不等于说人不能正确地认识客观事物，相反，利用错觉能够帮助我们更好地认识周围的世界。近年来，人们在对错觉现象进行理论研究的基础上，已经将视野转到利用错觉理论进行产品的研究开发上。目前，错觉已经在电影电视、广告制作、服装设计、商品装潢、军事工程等实际生活的各个领域得到了广泛应用。这些都将利用错觉的原理，为我们呈现一个更契合我们感官体验的世界。

时光飞逝与度日如年

不知道你是否留意过，当你做你喜欢的事情时，你觉得时间过得很快，可以说是时光飞逝；当做一件你不喜欢的事情时，你如坐针毡，觉得时间过得很慢，似乎都过了一个小时了，可实际上才过了 10 分钟。这是因为你对时间的知觉发生了错误，我们对时间长短的感觉，会因在这个时间内所做的事，而产生不同的错觉。

时间错觉是指对时间的不正确的知觉。由于受各种因素的影响，人们对时间的估计有时会不符合实际情况——有时估计得过长，有时估计得过短。

一般地，当活动内容丰富、引起我们的兴趣时，对时间估计容易偏短；当活动内容单调、令人厌倦时，对时间的估计容易偏长。当情绪愉快时，对时间的估计容易偏短；情绪不佳时，对时间的估计容易偏长。当期待愉快的事情时，往往觉得时间过得慢，时间估计偏长；当害怕不愉快的事情来临时，又觉得时间过得太快，时间估计偏短。

此外，人们的时间知觉还具有个体差异，最容易发生时间错觉现象的是儿童。

人们对时间的错觉容易使人想起爱因斯坦的相对论，关于相对论，爱因斯坦有一个精妙的譬喻，对它进行了简单而恰当的概括。他是这样说的："当你和一个美丽的姑娘坐上两小时，你会觉得好像只坐了一分钟；但是在炎炎夏日，如果让你坐在炽热的火炉旁，哪怕只坐上一分钟，你会感觉好像是坐了两小时。这就是相对论。"

和美丽的姑娘聊天，当然是甜蜜的体验，人人都希望它能长时间持续下去；相反，炎炎夏日，在炽热的火炉边烤着，分分秒秒都是煎熬，好像受刑，就希望它赶快结束。也许正是因为自己的主观愿望和实际情况的比较，使我们产生了这两种截然相反的时间错觉。我们平时所说的"欢乐嫌时短""寂寞恨更长""光阴似箭""度日如年"，也是这种情况的表现。

下面的这个故事会让你更加深刻地体会时间错觉，故事的主人翁叫罗勃·摩尔，他这样回忆：

1945 年 3 月，我正在一艘潜水艇上。我们通过雷达发现一支日军舰队——一艘驱逐护航舰、一艘油轮和一艘布雷舰——朝我们这边开来。我们发射了 3 枚鱼雷，都没有击中。突然，那艘布雷舰直朝我们开来（一架日本飞机把我们的位置用无线电通知了它）。我们潜到 150 米深的地方，以免被它侦察到，同时做好了应付深水炸弹的准备，还关闭了整个冷却系统和所有的发电机器。

3 分钟后，天崩地裂。6 枚深水炸弹在四周炸开，把我们直压海底——276 米深的地方。深水炸弹不停地投下，整整 15 个小时，有一二十个就在离我们 50 米左右的地方爆炸——若深水炸弹距离潜水艇不到 17 米的话，潜艇就会被炸出一个洞来。当时，我们奉命静躺在自己的床上，保持镇定。

我吓得无法呼吸，不停地对自己说："这下死定了……"

潜水艇里的温度几乎有 40 度，可我却怕得全身发冷，一阵阵冒冷汗。15 个小时后攻击停止了，显然那艘布雷舰用光了所有的炸弹后开走了。

这 15 个小时，在我感觉好像有 1500 万年……

惊人的恐怖给人造成了巨大的时间错觉，恐怖的感觉给人带来的不只是"度日如年"。

在一个时间周期内，人们往往感觉到前慢后快。比如，一个星期，前几天相对于后几天感觉慢，过了星期三，一晃便到了星期天。一段假期，前半段时间相对后半段显得慢，当过了一半时间，便觉得越来越快。所以有人说："年怕中秋日怕午，星期就怕礼拜三。"这种现象的原因是：在一段时间的前期，你觉得后面的时间还很多，就不着急，就感到时间慢；越到后来，你越感到时间所剩不多，越感到着急，也就觉得时间过得快。

在人的一生中也有这个规律，人在童年时代感到时间过得慢，就像歌里唱的，"那时候天总是很蓝，日子总过得太慢"，因为你觉得以后的时间还有的是。等到老了，尤其过了 30 岁，就开始感到时间不那么多了，就开始着急，也就觉得时间过得快了。

其实，时间并不像我们想象的那样充裕。在任何时候，珍惜时间都是必要的。

第六感的神奇能力

所谓的第六感，就是除了视觉、听觉、嗅觉、触觉、味觉之外的第六感"心觉"。通常我们都是通过感官（五感）——眼（视觉）、耳（听觉）、鼻（嗅觉）、舌（味觉）、肌肤（触觉）来感知外在的世界。但也有一些人提到，我们拥有第六感，能够超感官地感知周围事物。

仔细留意一下我们的生活中，第六感或说是超能力是普遍存在的。比如，我们走进一个房间，会自觉地感受到哪些地方有问题，有差异，并且从细小的地方，我们就可以感受到一些东西，并能得到一个整体的印象，虽然我们并不能用语言表达出来。或者，我们准备做什么事情的时候，会预料到有什么事情发生，而在我们进行的时候，真的发生了！

许多人都认为这就是第六感或直觉，它超出了一般的视觉、听觉、触觉等的范围，是神秘的、无法解释的。事实上，直觉和第六感背后是有原因的。

首先，相对理性来说，我们身体的感性要敏锐得多。

其次，我们的潜意识时刻在帮我们搜集信息，可能在我们还没有察觉的时候，潜意识已经通过这些信息得出结论，并谨记在心。

但是，无论如何，在这些事情的背后，都有大脑无形的运作。我们得到的直觉，更多的是大脑从生活中进行推演的结果，这个过程是在大脑感知区域进行的，而不是认知区域，所以我们并不能理解为什么是这样，但我们却实实在在地觉得会是这样。

关于这个问题，17世纪的哲学家兼数学家帕斯卡说过这样一句话："心灵活动有其自身的原因，而理性却无从知晓。"经过4个世纪，这一观点得到了证实，并且得到了进一步的确认。要知道，在我们的思维中，自动的那部分要比主动的部分多很多，我们是难以把握这些自动的思维的。而这些自动思维的外显，便构成了生活中的直觉。

同时，生活也为直觉提供了"土壤"。当我们面对一些危险事情的时候，大脑就会从那些已经得到的"生活"中给我们一些警告。比如，当我们害怕某个人的时候，身体就会在大脑的支配下，出现一系列不舒适的信号：起鸡皮疙瘩、手心出汗、胸口发冷、恶心等。相反，如果我们面对某个安全人物的时候，身体就表现得比较舒适，比如身体感到温暖、肩膀放松，整个身心都会比较轻松舒服。

由此看来，直觉并不是可以呼之即来，可以随时帮我们做出判断的。直觉需要我们积累一定的生活经验，才能对新情况迅速做出反应。毕竟所有的直觉都不是偶然获得的，是我们长期积累的结果。这就是为什么象棋大师一眼就可以看到什么是关键的棋子，而新手却要经过很长时间的磨炼，才会有这样的直觉。在这里心理学家给我们提供了一些锻炼和启发直觉的小窍门：

质疑日常的思维方式和对传统问题的处理方法。

回忆自己的经验。

有勇气去冒险。

随身携带一个小本子，捕捉自己瞬间的猜测，记下来。

让思维紧张。

与其他人交流。

详细地陈述问题。

总之，第六感或直觉也是感官功能的一种，如果我们能科学对待，努力训练，让自己的感知能力更全面、更敏锐，那么当我们处于两难之中，用知性和理智难以解决问题的时候，也许直觉可以派上用场，帮我们做出一个真正符合自己心理需求的选择。

缺点会无限夸大

有时候，人会把自身的一个小缺点无限夸大，并为此烦恼不已，严重影响自己的正常生活和工作。其实，很多时候，这些缺陷都只是我们的一种错觉，是某种心理因素在作祟，是我们的心理作用让事情不断恶化。

于小姐，相貌虽然说不上百里挑一，但是也很不错了。江南女孩子的苗条秀美，白领整齐端庄的服饰，五官端正。不过她总觉得自己的眼睛一大一小，并为此烦恼了很多年。若仔细看她的两只眼睛，的确大小稍稍有异，不过差别很小。实际上，如果仔细看，大多数人的眼睛都有一点点差异，所以她的眼睛应该说完全正常。

可是，她总是担心眼睛大小的差异会影响视力，在看书或其他用眼的时候，她就会注意感觉"这两个眼睛的感觉"，看两个眼睛的感觉"是不是相同"。这样，她看书的效率大幅度下降，看一页杂志对她来说都是一件很困难的事情。

她曾经找过眼科医生，医生反复向她保证她的眼睛完全正常，为了让她放心，还对她的眼睛做了详细的检查。她也知道按道理应该没有问题，可她还是没有办法抛弃"眼睛大小不同会影响视力"这个想法。而且她感觉症状越来越明显，最后甚至连东西都看不清了。

为什么会出现这么奇怪的症状呢？于小姐和家里人都感到不解，最后于小姐走进了心理咨询室，才找到了问题的根源。

其实，很多人的烦恼都来自于内心的某种焦躁或者忧虑的情绪，并且一些怪异的行为都指向一个确实存在但不为当事人所知的目的。带着这种观点，心理医师试着了解于小姐的生活和最近的心理状态。

医师发现，于小姐对一切的期望值都很高：本希望自己考上好大学，结果没有考上大学只读了一个大专；本希望找一个高学历的丈夫来补偿自己的不足，但是丈夫的学历比自己还低，而且在其他方面也不能令自己满意；此外，在近期，她和丈夫产生了很多矛盾，她比较任性，丈夫在婚前对她百依百顺，但是在婚后就不同了，她感到丈夫对她态度越来越不好；在工作中，她也面临着许多压力。比如她正在准备一个很重要的考试，有些书需要读，可是偏偏在这个时候，她又开始想眼睛大小的问题了，以至于无法专心读书。

总之，从于小姐的描述中，可以看到她的生活充满各种压力，压得她喘不过气，而她又总是无法放弃对自己对别人的高要求。于是，现实让她感到不满，因此她也无比烦恼。

她不愿意面对自己的婚姻正濒临破裂的事实，也不愿意面对自己在工作中不可能达到自己希望的样子这个事实。所以，她的眼睛问题实际上是她无意识中找到的一种回避这些问题的手段。一天到晚纠缠在眼睛的大小上，她就没有时间去想学历、婚姻和工作压力。这是一种逃避。她不敢抛弃这个痛苦的烦恼，因为眼睛的痛苦烦恼是回避更大的痛苦烦恼的唯一方法。

一旦消除了关于眼睛问题的烦恼，不需要再想眼睛问题，她就不得不面对这些比眼睛的问题更让人难以承受的现实。但是，要知道回避问题虽然可以一时减少心理压力和焦虑，但是问题依旧存在，它带来的压力也依旧存在。

这种情况下，要让症状有所缓解，一方面要鼓励她抛开眼睛的问题，支持她直面生活中真正的难题并找到解决方法。一旦解决了这个难题，眼睛问题就可以不药而愈了。另一方面，要帮助她重新找到属于自己的骄傲，做一个自信的女人。很多女性之所以会对外貌感到烦恼，很大原因是因为缺乏自信和安全感，担心自己不漂亮会被世界所遗弃。其实这都是不必要的忧虑，对女性的身心健康毫无益处。

幻听是耳朵出问题了吗

在手机没有设置振动功能的情况下，你能感受到你的手机在振动吗？那种"吱吱"的吵闹声，像虫子在叫一样，甚至你的身体也感受到了一种持续的轻微的震颤。正常人很难有这种体验，可是在心理咨询与治疗室，这样的诉说并不是稀罕事。

小张在半年前听力出现一些异常：有时明显听见手机在震动，拿起来一看，却什么也没有；有时埋头工作，突然听见旁边有人叫她，猛的一抬起头，却谁也没有。小张心想，可能是工作太繁忙，压力太大，才会出现这种情况，所以，也没有特别重视。谁知道，半年过去，这种幻听却变本加厉，最近，她常常听到一个人在肚子里骂她，这不仅引起小张心理的恐惧感，也让小张变得心神不宁，难以集中精神做其他事情。

是小张的耳朵出问题了，还是她身体的其他部分有毛病？我们先来了解一下幻听。

幻听就是现实环境中根本就没有这种声源，但患者却实实在在地感受到了某些声响，一般的幻听患者听到的声音主要是人的说话声。其次，幻听还伴随着身体其他的幻觉，比如该患者经常听到有人在旁边喊他的名字。通常，过度疲劳、精神极度紧张和惶恐等情况下，容易出现幻听。

当然，以上提到的怪现象只是幻听的部分症状。心理学家经过大量心理学和医学上的临床资料观察，总结出了幻听病人的一些症状：早期，幻听出现次数较少，幻听的虚幻程度较接近真实世界；随着病情的发展，幻听频率上升，内容也变得离奇古怪。在这种大量的虚幻刺激下，患者的精神能量逐渐耗竭，他们再也没有能力分辨出自己到底生活在一个什么样的世界了，感觉自己就像生活在一个梦幻的世界里。一般幻听病人听到的语言多是针对他们自己的，大部分是对他们的议论、批评、命令、攻击等。患者在这些声音的主导下可能去伤害别人或自己。这个时候，患者对于社会来说就成了危险人物，需要接受治疗才行。

幻听深入发展，还伴随着患者和虚幻中的声音的争吵，但在我们看来，他是在自言自语，并伴有脸部肌肉痉挛、精神起伏剧烈的症状。精神分裂症的幻听，往往是随疾病发展而发展，不经治疗很少能自动消失。经过治疗后，幻听随病情好转而逐渐减少，患者对幻听的态度逐渐淡漠，最后幻听消失。幻听的重新出现，往往预示着病情的波动与复发。

此外，幻听的临床表现还分为假幻听和真幻听。通常假幻听患者认为声音不是来自外部，而是来自他的身体内部，比如他的腹部、头部等，他会指着自己的肚子说："你听，他们在开会，商量如何杀死我呢！"而真幻听患者听到的，声音是真实的，他会说："你听，就在门口，那个男人又开始骂我了。"门口确实有个男人在说话，但是并没有骂他。精神分裂症患者的幻听大多为真幻听，也有一些假幻听。

看到各种幻听的怪现象之后，我们不禁要问，幻听是怎样产生的呢？为什么会出现这些奇怪的声音，混淆我们的听觉呢？

心理学家认为，幻听是大脑听觉中枢对信号错误加工的结果。我们生活在一个满是声音刺激的世界，正常人对不同的声音都能给予合理的加工，而幻听患者却错误地加工和解释了这些声音。幻听者是对声音世界进行了主观改造与加工，是加工系统混乱造成的，比如声音刺激和过去的记忆会产生混淆，导致患者的时间感混乱，内外世界混乱，导致对声音来源的判断错误，从而表现出离奇的行为。

如果我们常常感觉手机在震动，实际却什么也没发生时，可不要轻易一笑了之，而应慎重对待。如果还伴随有其他的幻听现象，应尽快去心理咨询中心或精神治疗场所进行诊断，将症状遏制在初始阶段，不要让事实上并不存在的声音打乱了我们原本正常的生活。

直觉的来源依据

我们在观察和认知事物的过程中，通常会受颜色和形状的影响。一般情况下，我们会凭直觉进行判断，选出自己中意的商品。不过，每个人的直觉"依据"都有所不同，有人受形状的影响比较大，有人则受颜色的影响比较大。前者被称为"形型人"，后者被称为"色型人"。

小洋洋四五岁的时候，对色彩特别敏感，母亲给他买了一整套的涂色画册和各色彩笔，他十分高兴。每天他都在画册上涂涂抹抹，乐此不疲，甚至连家里干干净净的墙面也成了他色彩涂鸦的广阔天地。

但奇怪的是，随着小洋洋的逐渐长大，他的喜好也有了一百八十度的转变。他对彩色图画的兴趣正在慢慢变淡，而开始喜好上素描、漫画，也不太追求五颜六色，一根铅笔他也能画得不亦乐乎，并且，在他的涂鸦作品中，也出现了各种多样的图案。

小洋洋为什么会出现这种"成长的变化"呢？其实，这是正常的知觉变化发展过程。

根据现有的研究结果可知，人类的大脑在发育过程中，对颜色的认知要早于对形状的认知。一般来说，9 岁以下的儿童大部分都属于色型人，他们对色彩相对敏感，能迅速地记住各种颜色，并试图将其表现出来。色彩，是这个阶段的儿童认识外部世界的最直观途径。但到了 9 岁左右，大多数儿童会转变为形型人，他们开始被形状吸引。形状取代色彩，成为他们观察世界的重点。这种转变将一直保持到成年后，因此，大多数成年人都属于形型人。

当然很多时候，对色彩或形状的"偏爱"也会因人而异。比如，选择一件商品时，如果功能、品质、价格完全相同，我们会根据什么做出选择？是颜色，还是形状？答案并不总是偏向形状。

有心理学家对此做了相关的调查研究，结果表明，男性中形型人略多，而女性中色型人稍多。从年龄段上进行分析，二三十岁的女性中色型人居多，尤其是30多岁的女性，色型人的比例达到70%。可见，成年人中色型人的比例较高。对此，心理学家的解释是，日常所见的事物对大脑的发展会产生刺激，而现代社会中，色彩比以前要丰富得多。身处色彩缤纷的世界中，人对颜色也会变得敏感，色型人也因此增加。

在实验调查过程中，心理学家还发现了一个有趣的现象：假如一个人的主要工作是绘制色彩丰富的图案，那他与颜色相关的细胞一定相对发达。而长年看某种特定形状的人，对该形状产生反应的细胞自然发展迅速。

可见生活环境和自身经历，也会影响我们大脑对色彩和形状的敏感度。其实，对环境做出反应的这种大脑系统，并非人类的专利。有实验表明，在正常环境中喂养动物，动物对各种光的刺激做出反应的细胞均得到发展。在竖条纹的房间中喂养动物，动物只有对竖条纹做出反应的细胞得到发展，而对横条纹做出反应的细胞几乎不存在。

这就是为什么生活环境相同的人，比如夫妻、兄弟姐妹、朋友同事，多属于同一类型。因为生活环境相同的人，常常看到的都是一样的颜色和形状，对颜色和形状产生反应的细胞发达程度也大体相当，从而产生了对色彩或形状相类似的偏好。

那么，我们的成长经历和生活环境影响了我们对色彩和形状的感知，那么反过来，对色彩或形状的感知又会对我们自身的成长产生什么样的影响呢？色型人和形型人之间又有什么差别呢？很多心理学家进一步研究了这两类人的性格差异。

德国精神病理学家恩斯特·克雷奇默在性格分析研究领域颇有建树，而他的学生们则对色型人和形型人的性格差异进行了研究，并搜集到大量有价值的数据。根据他们的研究成果可知，容易受形状影响的人不善言谈，社交是他们的弱项；而容易受颜色影响的人，性格开朗，善于交际。

但是，也有持相反意见的，认为色型人趋向内向，神经敏感，形型人则性格爽朗。对于这些认识上的差异，我们不必要深究。重要的是，了解其中的原理，并能在平时的生活中，有意义地去提高对色彩和形状的感知，尤其是在幼儿的培养和智力的开发过程中，多让孩子接触五颜六色的东西，多给孩子玩不同形状的玩具，这些都有利于刺激他们大脑对色彩和形状的感知，促进其智力的发育。

似曾相识的感觉因何而来

在我们的生活中，不管是看人、看事还是看景，经常会有"似曾相识"的感觉。也就是说，在现实环境中（相对于梦境），我们会突然感到自己曾经亲身经历过某种画面或某些事情。在心理学上，这种体验被称为"既视感"。

看过《红楼梦》的人，应该都记得宝玉与黛玉第一次相见的场景：

宝玉看罢，笑道："这个妹妹我曾见过的。"

贾母笑道："可又是胡说，你又何曾见过他？"

宝玉笑道："虽然未曾见过他，然我看着面善，心里就算是旧相识，今日只作远别重逢，未为不可。"

宝玉在黛玉身上找到似曾相识的感觉，这种经历其实几乎在我们每个人身上都发生过。有些人即使第一次见面，却莫名地觉得亲切和熟悉，仿佛已经认识很久了。为什么会出现这种情况呢？是不是真如一些人所说的存在前生往世呢？

关于这种体验出现的原因，前生往世我们无法做考究，倒是医学家和心理学家们做出了下面一些解释。

首先，似曾相识源自大脑的错误储存。医学上对"似曾相识"有这样一种解释：每个人的大脑都会有一个记忆缓存区域，当你看到一些事情的时候，会把这些记忆先放到缓存区里面。但有的时候，大脑会把这些记忆储存到错误的地方——历史记忆区。于是当我们看着眼前的事情，就会感觉自己好像看到过一样。尤其当我们疲劳的时候，这种现象更容易发生。

其次，似曾相识是过去的记忆惹的祸。心理学家认为，似曾相识感的出现可能是因为我们接收到了太多的信息而没有注意到信息的来源。生活中，我们所经历的事情很多很多，有的我们会刻意记下来，但有的我们却不会在意，这些记忆就变成了无意识的记忆。而当我们面对新的事物和情景的时候，这些事物会刺激我们储藏在大脑里的一些记忆，让我们曾经经历的记忆与现状进行匹配，于是似曾相识的感觉便产生了。

再次，似曾相识是现实与虚拟信息的产物。有一些心理学家也认为，我们未必都真的经历过那些"相匹配"的事情。但是，我们做过相匹配的梦，看过相匹配的小说、电视、电影，它们通过各种虚拟的场景，给我们提供"相匹配"的信息。于是，当我们在面对一些与这些虚拟信息相符合的场景的时候，便会突然想起我们忘记的梦，或者是忘记的小说、电视、电影的情节。这样，便产生了似曾相识的错觉。

这也就是为什么那些经常在外旅游的人、喜欢电影小说的人和想象力丰富的人，似曾相识的感觉在生活中会来得更加频繁。因为他们的信息来源要远比其他人多。

除了以上这些人容易产生似曾相识的感觉，有关研究结果还发现有以下特点的人，也比其他人更容易出现似曾相识的情况。

一方面，情绪不稳定的人更容易出现似曾相识的现象。这是因为与情绪相关的记忆我们会更容易记住。所以，曾经的恋人在很多年后，还记得分手前说过的话、经历的事，甚至连一个动作也那么历历在目。

另一方面，青年人和更年期的人，相对于年幼和年老的人，更容易出现"似曾相识"的感觉。这和人体的内在状况有很大关系，由于内分泌剧烈变化，情绪不大稳定，记忆也就变得活跃起来，那些无意识的记忆，不需要去想，就可以深刻地映现在我们的大脑里。

但值得注意的是，过于强烈、过于频繁的"似曾相识"并不好，它意味着储存记忆的脑细胞正遭受着强烈刺激，而这很可能是癫痫的前期症状。所以，在我们的生活中，要细心体察自己的情绪和感觉，学习相关的心理学知识，当出现奇怪的感觉时，可以科学地给自己一个解释。就像对待似曾相识的感觉，既不要将其说得玄乎其玄，也不要忽略其存在，如果频繁出现这种感觉，及时地咨询有关心理专家是最安全的做法。

记忆也有可能会变形

很多时候，我们听到的未必是真的，但是，我们看到的难道就一定千真万确吗？我们的眼睛或许不会说谎，但是我们的大脑却有可能不说实话。美国青年罗纳德·科顿莫名其妙地被受害者珍妮弗·汤普森指控为强奸犯，在监牢里耗去了11年青春时光。最终，他凭借 DNA 检测为自己洗刷罪名，证明汤普森当初辨认罪犯时确实"看走了眼"。研究发现，目击者对事件的回忆会因为提问方式的不同而有很大的差异。例如，在一项研究中，让被试者看一部关于一起撞车事故的影片，然后要求被试者对事故中车辆的行驶速度做出判断。结果发现，当问题是"车辆在冲撞时的速度是多少"时，被试者对车速的判断超过 65 千米/小时；而当问题是"车辆在接触时的速度是多少"时，被试者对车速的判断只有50千米/小时。一周之后，主试官要求被试者回忆在事故中车窗玻璃是否被撞碎了，事实上影片中的车窗玻璃并没有被撞碎。结果是，以"冲撞"字眼被提问的被试者中有33％的人回忆说车窗玻璃被撞碎了，而在以"接触"字眼被提问的被试者中，比例只有14％。显然，在提问时不同的字眼改变了被试者对目击事件的记忆。

这些研究和实验证明了：一个人回忆时，如果向他提供某些似乎是真实的信息，便会影响他的看法，甚至会使其"看见"了某些实际上并未发生的事件。因而现在法庭已开始注意到防止"诱导性问题"的出现，这也是法律心理学为现实生活所做出的重要贡献。

在法庭对案件的审判中，许多情况下，法官和陪审团都是依照目击者的证词和物证来进行判断的，人们普遍认为目击者的证词是正确和可靠的。但研究表明，对同一件事情，不同的目击者有不同的描述，因而目击证人的证词的可信度值得怀疑。由于证词一般是证人在相隔一段时间后对所发生事件的回忆，因而事实上它并不像人们想象的那样可靠。人们往往会以自己的方式解释所经历过的事或人，并且很难把实际发生过的事和自己经过推理而认为理所当然发生过的事区分开来。这种记忆扭曲现象有时会造成严重的后果。

这个理论，我们可以在说话技巧上反向运用它。表现在人际交流上，就是一种对交流对方的思维的引导。

在这个过程中，可以先巧设陷阱，在对方没有防备的情况下诱其说"是"。比如与人讨论某一问题时，不要一开始就将双方的分歧亮出来，而应先讨论一些双方具有共识的东西，让对方不断说"是"，这个时候，他的思路已经开始被我们引导了，所以，当我们开始提出存在的分歧时，对方一时发现不了这个陷阱，就会习惯性地说"是"。

再将这种技巧拓展为人际关系的打造手段，就是在做事的过程中，即使自己是对的，别人是错的，我们也要避免和别人起直接冲突，最好不要用过于严厉的词句来斥责对方。要用巧妙地暗示，诱使对方注意自己的错误，就可以把事情处理好。

第一印象为什么很重要

有一个实验，心理学家设计了两段文字，描写一个叫吉姆的男孩一天的活动。其中，一段将吉姆描写成一个活泼外向的人：他与朋友一起上学，与熟人聊天，与刚认识不久的女孩打招呼等；另一段则将他描写成一个内向的人。

研究者让有的人先阅读描写吉姆外向的文字，再阅读描写他内向的文字；而让另一些人先阅读描写吉姆内向的文字，后阅读描写他外向的文字，然后请所有人评价吉姆的性格特征。

结果，先阅读外向文字的人中，有78％的人评价吉姆热情外向；而先阅读内向文字的人中，则只有18％的人认为吉姆热情外向。

在与人的接触中，我们给别人的第一印象——指与人第一次交往时给他人留下的印象，在对方的头脑中形成并占据着主导地位。而第一印象在7秒之内就可完成，这种印象会记忆得非常深刻，同时对整体的综合评价有着不可小觑的作用。

所以，人们对我们形成的第一印象，日后往往很难改变，而且人们会寻找更多的理由去支持这种印象。有的时候，尽管我们的表现并不符合原先留给别人的印象，但人们在很长一段时间里仍然会坚持对我们的最初评价。

我们既然了解了第一印象的重要性，那么，应该怎样做才能给人留下良好的第一印象呢？一般来说，想给他人留下良好的第一印象，要牢记以下5点：

1. 讲信用，守时间

现代社会，人们对时间愈来愈重视，所以，许多人往往把不守时和不守信联系在一起。所以，我们最好避免第一次与人见面就迟到。

2. 显露自信和朝气蓬勃的精神面貌

自信是人们对自己的才干、能力、个人修养、文化水平、健康状况、相貌等的一种自我认同和自我肯定。一个人要是走路时步伐坚定，与人交谈时谈吐得体，说话双目有神、目光正视对方、善于运用眼神交流，就会给人以自信、可靠、积极向上的感觉。

3. 言行举止讲究文明礼貌

语言表达要简明扼要，不乱用词语；别人讲话时，要专心地倾听，态度谦虚，不随便打断；在听的过程中，要善于通过身体语言和话语给对方以必要的反馈；不追问自己不必知道或别人不想回答的事情，以免给人留下不好的印象。

4. 微笑待人，不卑不亢

第一次见面，热情地握手、微笑、点头问好，都是人们把友好的情意传递给对方的途径。在社会生活中，微笑有助于人与人之间的交往和友谊。

5. 仪表、举止得体

脱俗的仪表、高雅的举止、和蔼可亲的态度等是个人品格修养的重要部分。在一个新环境里，别人对我们还不完全了解，过分随便有可能引起误解，以致产生不良的第一印象。当然，仪表得体并不是非要用名牌服饰包装自己，更不是过分地修饰，而是给人一种清新爽朗的舒适感。

我们在与陌生人见面的时候，往往会精心打理一番，掩饰自己平时的性格或外形缺陷，突出自己的优势。这种行为看似平常，不过，现在看来，也是有心理规律可循的。

现在发生的是我过去梦到的

很多人可能有这样的经验，感觉在梦中获得了有关远处或隐藏在后或与此同时的事件的信息，这种超感知觉一般包括两种感应：一种是预言性的心灵感应，即做了梦，在后来的某时某地竟发现一种现实景象跟梦中出现的景象一模一样，这种现实景象就是预言性的心灵感应；另一种就是在时间上梦中的景象与现实某处发生的景象完全吻合的心灵感应。

莱因夫人的著作《生活中和实验室中的透视》中记录了一个有关梦的超感知觉的例子。这是杜克大学超心理学家实验室收到的一位来自明尼苏达州的女性的报告：

事情发生在 5 年前，当时我只有 18 岁。一天晚上我睡得很不安稳。早上醒来时，我清楚地记得自己在夜里做了一个梦。我醒来时常常记得自己做过的梦，但是这个梦使我特别烦恼。梦境是这样的：当时我母亲睡在起居室里的一张折叠床上，我则睡在毗邻的一间卧室里，后来，我们一起看着那张折叠床，床上躺着母亲的一位朋友。什么东西都很准确，我和母亲都以同样的姿势站立着，她呜咽着说了 8 个字："她是我最好的朋友。"

可是，在这个梦后的一个月，发生了一件截然相反的事，我的母亲因心脏病复发而在睡眠中去世。我被她的喘息声惊醒，立即通知了医生和她的那位朋友，医生先赶到，他告诉我母亲已逝世。而那位朋友这时走进了屋，当时，我俩站的位置恰如那晚的梦一样，只不过角色有了互换，躺在床上的是我的母亲，而她也用同样的语调说了同样的话。

古时，人们将梦视为异己的力量、神明的暗示，常常从梦中卜知未来的事件，以决定自己未来的行为。随着梦的研究越来越多，梦的价值也曾成为一个极具意义的话题。梦本身还有许多有待发掘的奥秘，但无论是过去的重演还是生活的警示，梦总是潜意识浮出水面的小舟，是一面展示人的内心世界的镜子。

这种情况下，很多人将梦看作是一种超感知觉。超感知觉又被人称之为"第六感"，埋藏于意识之下，是潜意识的东西，包含了人内心深处所有没有意识到的东西。超感知觉可以让人获得有关远处或隐藏着的事件的信息。其实，这种梦的预示作用，是在我们日常生活信息积累的前提之中，对我们生理活动或者心理活动的一种暗示，或者说是表现。我们常说日有所思夜有所梦，在对某一特定事件长时间的思考中，我们的大脑或许会以梦的形式来对这种思维活动做出反应。比如，我们梦到自己赤身裸体地走在校园或者家里，这其实是一种希望自己的能力、才华或者技术得到展示、发挥、重用的一种表现形式。同时，很多时候，当我们的生理机能出现了某种问题，我们的大脑也会用梦来提醒我们。

弗洛伊德认为："古老的信念认为梦可预示未来，也并非全然没有道理。"荣格也曾对梦的预示作用发表过这样的言论，"这种向前展望的功能……是在潜意识中对未来成就的预测和期待，是某种预演、某种蓝图或事先匆匆拟就的计划。它的象征性内容有时会勾画出某种冲突的解决……"

阿德勒认为，梦的预示作用，其实就是人们未来生活的预演，为人们以后的生活提出心理警示。非现实的或象征性的梦也不一定如实地反映客观事件。在这类梦中，梦者随意而自由地选择想象，结果是，梦的意义不能像现实想象中的那样一目了然。它能带来多么完善的观念取决于幻想离信息诸项本身有多远。

但是，梦作为一种思维活动，对于从事艺术或创意类职业的人或许会有一些帮助。梦境之中常常会出现现实生活中不可能出现的景象，梦中无边的想象力和创造性信息，可以作为一种发挥创意的小技巧。我们应学会利用梦境。这样的话听起来似乎有点玄乎，但是，现实生活中也的确可以行得通。当然，这只是一个取巧的技巧，不能作为解决生活问题的主要手段。

第六章　记忆没有想象中的可靠

从复杂性科学来说，人类有如此多种多样的精神世界，是因为我们人类的大脑非常复杂，所有的行为都是源于复杂的大脑，如果一个芯片或者某个其他的介质足够的复杂，它也有可能产生像人类一样的意识。

——毛利华
（北京大学心理学系副教授）

影响记忆力的因素

如果你读到一个句子的结尾时已经不记得开头是什么，那么所有的句子都会失去意义。非但如此，我们还得记住句子中词语的意思。阅读无疑需仰仗记忆，而且几乎人类所有的官能和知觉都要依赖记忆才得以进行。

我们每天都会说话，记忆在其中意味着两件互相关联的事物：把信息存储起来并能够检索到这些信息。但是，正如心理学家托尔文（1927年）所指出的那样，你并不总是能找到某个你知道你有的东西。

有一则不幸蜈蚣的寓言很好地说明了这一点：

有位科学家请蜈蚣解释它何以有那么多条腿却能走得那么优雅。蜈蚣试图解释每一条腿的走法，但却说不明白自己到底是怎么走的。最后，蜈蚣绝望了，糊涂了，它的腿胡乱缠起来，打成了节，那情形非常可怕。

尽管蜈蚣清楚地知道该怎样行走，或者说它对怎样行走有内隐知识，但它不能把这些知识外显出来，也就是说，它不能对别人说明这些知识。

婴儿的记忆类似蜈蚣关于行走的知识：是内隐的而非外显的。婴儿不会有意识地检索并用语言表达信息。从定义上说，还没有获得语言能力的儿童不会用语言表述任何事情。这给研究婴儿发展的心理学家提出了一些问题，但我们依然会有很多巧妙的办法可以考察内隐形的婴儿记忆。

成年人的记忆也有内隐的。这并不是因为我们没学会用语言表达这些知识，而是对有些记忆来说，没有可以表达它们的语言。举个骑自行车的例子，别人告诉你怎么骑并不能让你学会骑车，而你也不能把自己刚学会的骑车知识传授给别人。归根结底，骑自行车的知识内隐于你的身体，而不能外显出来。

心理学家认为，记忆的贮存方式主要有三种：感觉记忆、短期记忆（也称工作记忆）和长期记忆。

感觉记忆指刺激物对视觉、听觉、触觉、味觉、嗅觉等感觉器官的影响。研究表明，即使我们不注意，或者在刺激物消失后，这种记忆都能发生。也有研究人员称这种记忆为回声。

当你注意某种刺激物时，也就是说当你意识到某刺激物时，该刺激物就进入了你的短期记忆。短期记忆是我们在任何特定时间都能立即意识到的记忆。在短暂时间内记住某事物对思考和理解来说都很必要，这就是短期记忆为什么也被称为工作记忆的原因。像前面所说，理解这句话要求你在读到句子末尾的时候还能记住句子开头，这就有赖工作记忆发挥作用了。短期记忆非常有限：它只能持续数秒（通常不超过 20 秒），且成年人所记项目不超过 7 个。

"这条蜥蜴叫作阿道费斯。"假使这个句子对你来说很重要，而且你拼命想记住这个句子，你就会反复读这个句子。这个过程就是所谓的复述。或者，你会在心里把这条蜥蜴和某个叫阿道费斯的人联系起来，我们称这个过程为阐释。或者你会通过其他赋予句子意义的方式记住句子，即把这句话和你已经掌握的其他信息项目组织起来。复述、阐释和组织，是把短期记忆转变为长期记忆的最重要的3 种策略。心理学家用编码一词来描述人们如何加工信息使之成为长期记忆的过程。

长期记忆是我们对周围世界相对持久的知识。它既包括我们对自己的认识，也包括对别人和事物的认识，代表着我们人生经历所引起的对事物相对持久或长期的印象。其中有些知识是外显的，即我们可以用语言对它进行表述。而有些知识则是内隐的，即我们不能把它用语言表述出来。内隐记忆也被称为非陈述性记忆，这是因为内隐记忆不能用语言进行表达，例如，走路、系鞋带就不可言传。

外显记忆有两种类型，二者似乎对应着大脑的不同部位。语义记忆由抽象知识组成，譬如在学校学到的加法、减法都属此列。情景记忆则是个人经验的集合。

我们是谁？长期记忆对于这一点的确认是非常重要的。我们所有的技巧、习惯、能力和自己的身份，全都存在于长期记忆中。丧失记忆的病人，如阿尔茨海默病患者，最终可能连最基本的日常生活的能力都没有。

你能记住几个数字

在日常生活中，你可能有过这样的体会：给陌生人打电话，你先看一下电话号码，然后再拨电话，等打完电话后，已经想不起所打的电话号码了。这种记忆持续的时间不会超过1分钟，这段时间刚好可以拨完一个电话。一般来说，你经常拨打的一些电话号码你都会记住，如家中的电话、办公室的电话。但是，手机号码则不同，虽然只多了三四位数字，却比普通电话号码难记得多。这是为什么呢？

很早以前人们就注意到了类似的现象。1871年英国经济学家和逻辑学家威廉·杰沃斯说，往盆子里掷豆子时，如果掷上3个或4个，他从来没有数错过；如果是5个，就可能出错；如果是10个，判断的准确率为一半；如果豆子数达到15个，他几乎每次都数错。

如果读者有兴趣的话，可以找个人做下面这个简单易行的实验：一个人读下面的数字，另一个人努力记住所听到的数字，听完后按听到的顺序将数字写出来，看看最多能正确记住几个数字。注意，读数字时声音不要变调，前后要一致，读2个数字的时间间隔控制在1秒钟左右。如果不能准确控制时间的话，可以在读完1个数字后默念一下自己的名字，然后再读下1个数字。比如，要念"469"这一串数字，你先读"4"，然后默念自己的名字，再读"6"，再默念自己的名字，再读"9"。念的时候从个数少到个数多的数字，记的人要等念完一串数字后才能动手将自己记住的按顺序写下来。每2串长度一样的数字都能记得正确无误才能进行下一组实验，直到这个人对某一长度数字不能完全记住为止。这样，我们就能知道他的短时记忆广度。

假如你的记忆力像一般人那样，你可能能回忆出7个数字或字母，至少能回忆出5个，最多回忆出9个，即7±2个。

这个有趣的现象就是神奇的7±2效应。这个规律最早是在19世纪中叶，由爱尔兰哲学家威廉·汉密尔顿观察到的。他发现，如果将一把弹子撒在地板上，人们很难一下子看到超过 7 个的弹子。1887 年，M. H. 雅各布斯通过实验发现，对于无序的数字，被试者能够回忆出的数字的最大数量约为 7 个。而发现遗忘曲线的艾宾浩斯也发现，人在阅读一次后，可记住约 7 个字母。这个神奇的"7"引起了许多心理学家的研究兴趣，从 20 世纪 50 年代开始，心理学家用字母、音节、字词等各种不同材料进行过类似的实验，所得结果都约是"7"，即我们的头脑能同时加工约"7"个单位的信息，也就是说短时记忆的容量约为"7"。1956 年，美国心理学家米勒教授发表了一篇重要的论文，明确提出短时记忆的容量为 7±2，即一般为 7，并在 5 和 9 之间波动。这就是神奇的 7±2 效应。

但是实验中采用的材料都是无序的、随机的，如果是熟悉的字词或数字，短时记忆还只能容纳"7"个吗？例如"c-o-o-p-e-r-a-t-i-o-n"，这个字母序列已经有 11 个字母，如果学过英语的人听到这个序列，很快就能明白这是个词，意思是"合作"，并能很好地回忆出来。这不是违背了短时记忆的"7±2"效应了吗？不是的，这恰恰是神奇"7±2"中存在的另一个奇特的现象。因为短时记忆中信息单位"组块"本身具有神奇的弹性，一个字母是一个组块，一个由多个字母组成的字词也是一个组块，甚至可以通过一些方法把小一些的单位联合成为熟悉的、较大的单位，而且对知识的熟悉程度也会对它产生影响。例如"认知心理学"5 个字对于不懂心理学的人来说是 5 个组块，对稍懂心理学的人来说是 2 个组块（认知、心理学），而对专业心理学学生、心理学家来说就只是 1 个组块。但不论人们储存的组块是什么，短时记忆的容量均为 7±2 个组块。

神奇的 7±2 法则给我们最直接的启示就是，短时记忆的容量是有限的，不要再幻想一口吃成胖子，一下子变成天才。不管是学生给自己设定学习目标和计划，还是教师进行授课，都要考虑到 7±2 法则的特点，合理地安排学习任务，否则就会出现认知超载。

激发回忆的最佳环境

如果让你回到你曾经生活过的地方，也许你已经遗忘多年的往事就会重新浮现在你的眼前。这是因为环境是我们回忆的一个重要线索，很多情况下，你回忆不起来的事情，只要回到事件发生的情景中，就又会想起来。比如，你走出家门，正想去做某件事情，没想到却碰上了熟人，打了招呼，聊了几句，说"再见"后，你就忘了出来要做什么事情了。这时如果你怎么想也想不起来，不如先回家。参加过体育比赛的人都知道，训练时成绩再好，比赛时也不一定发挥得出来，因为场合发生了变化，这也就是为什么在选拔选手的时候要考虑到底有没有大赛经验。即使没有机会参加比赛，教练员也会在平时训练的时候强调队员要把训练当成比赛，要想象自己就是在万众瞩目之下。心理学家证明这种想象也是有一定作用的。

其实，我们在日常生活中已经很好地利用了记忆的这一特点，只是我们没有意识到。比如，你的朋友不开心了，有烦恼了，你可能会跟他说："出去走走吧，心情会好起来的。"换个环境，人的心境也会相应改变。可见，记忆的规律不仅适用于学习，在生活中对我们的心身健康也有很大的帮助。

环境变化对我们的学习也有影响。心理学家做过这样的实验：让2组人在2个不同的房间里学习同样一份材料，学习完成以后，让每一组人中的一半留在原来的房间做测验，另一半到另一组人的学习房间去做测验。结果发现，留在原来房间参加测验的人平均成绩都好于去另一个房间做测验的人。心理学上把这种现象叫作记忆的场合依存性。心理学家还发现，如果让这些到另一个环境参加测验的人想象他们就是在原来的学习环境下做测验，通常他们都会做得好一点。这个实验证明，环境对我们的学习是有影响的。通过这个发现，我们就不难理解为什么有些同学平时学习成绩很好，每次参加比赛却总是拿不到名次，或者参加大考时总考不出来好成绩。在学校学习期间，基本上是在什么地方上课就在什么地方考试，不能很好地培养我们在环境中的应变能力。不过，反过来，对那些想提高成绩的同学来讲，如果事先知道会在什么地方考试，不妨就到这个地方去学习，这也是利用心理学知识提高考试成绩的一种方法。

有人做过这样一些有趣的心理学实验。在一个实验中，大学生在不同日期、不同实际场合下分别学习2组对偶联想项目（相当于记住外语单词与中文意思）。一次大学生们是在靠近密歇根大学校园的一幢建筑的一间没有窗户的屋子里学习的。实验主持者衣着整洁，打着领结，把成对联想的项目用幻灯机放映出来。另一次，大学生们是在一间窗户开向校园主楼的小屋里学习的。实验主持者（还是先前那位主持者，但有些大学生认不出他了）衣着草率，穿一件蓝色T恤、一条运动裤，成对联想项目是用录音机播放的。1天以后，一半大学生在原来场合下进行回忆，另一半大学生在另一种场合下进行回忆。在原场合下测验时，大学生能回忆原来所学的59%；而在另一种场合下测验时，大学生只能回忆原来所学的 46%。

在另一个实验中，让佩戴水下呼吸器的潜水员在海滩上或在水下学习一些单词序列，然后在其中的一个环境下测试他们对这些单词的记忆保持程度。结果，当识记和回忆的环境匹配时潜水员们的成绩提高了将近 50%，尽管学习内容与水或潜水根本没有关系。同样地，当背景音乐的节奏在识记和回忆时保持一致时，人们在记忆任务中会表现得更好。

日常生活中，经常发生与此类似的现象。俗话说"触景生情""睹物思人"，在一定的情景下，人能联想起在这一情景下所发生过的事。故地重游，不禁联想起上次同来之人、同游之事，如崔护的《题都城南庄》中所说："去年今日此门中，人面桃花相映红。人面不知何处去，桃花依旧笑春风。"

为什么会出现这种现象呢？这是因为当信息的提取情境与学习情境相同或相似时，我们可以充分利用情境中的信息提示线索，这些线索能帮助我们回忆曾在此环境下发生的事情以及学习的内容。当面临新的提取情境时，因新情境与原情境有差异，我们在走进新情境的刹那间便会启动与新情境相联系的相关经验，从而达到对新情境的理解，消除陌生感。这一过程虽然是在无意识的状态下完成的，但其对新情境相关经验的启动却必然会引起对原有情境相关知识的抑制，从而影响记忆信息的提取。

了解了信息提取的这一规律，在日后的学习中，我们不妨利用它来提高我们的学习成绩。

好记性不如烂笔头

人们常说："好记性不如烂笔头。"这句话是否正确呢？有心理学家为此做了专门的试验。

美国心理学家巴纳特以大学生为对象做了一个实验，研究了做笔记与不做笔记对听课学习的影响。大学生们学习的材料为 1800 个词介绍美国公路发展史的文章，测试者以每分钟 120 个词的中等速度读给他们听。心理学家把大学生分成 3 组，每组以不同的方式进行学习：甲组为做摘要组，被要求一边听课，一边摘出要点；乙组为看摘要组，即他们在听课的同时能看到已列好的要点，但自己不动手写；丙组为无摘要组，他们只是单纯听讲，既不动手写，也看不到有关的要点。学习之后，心理学家对所有学生进行回忆测验，检查对文章的记忆效果。

实验结果表明：在听课的同时自己动手写摘要组的学习成绩最好；在听课的同时看摘要，但自己不动手组的学习成绩次之；单纯听讲而不做笔记，也不看摘要组的成绩最差。

之所以会出现这样的结果是因为：

首先，做笔记有助于多种分析器协同作用。用笔记下来，它用到了看、记相应的分析器活动。每一种分析器进入大脑记忆的通道并不一样，但相互都是联系的。同一内容从不同通道进入，能够使记忆更加牢固。现代心理学研究表明，单凭听觉，会话通信每分钟仅能传达 100 个单语，而视觉传达的速度则是听觉的 2 倍；视觉、听觉同时起作用，传达的速度则是听觉的 10 倍。可见，分析器参与越多，彼此联系越紧密，其记忆效果就越好。这就是用笔记下来的内容容易被记住的原因之一。

其次，做笔记有助于提高记忆力。用笔记下的内容，它与仅看到的内容有本质的差异。前者既有思维参与，又有活动因素，而后者主要是思维参与，其参与程度一般也不如前者。因此，后者的记忆效果不如前者。现代心理学大量实验表明，活动是有助于提高记忆效果的。例如，苏联心理学家陈千科的实验：他要求三年级学生解答 5 道现成的和 5 道自编的算术题。经过若干时间后，他要求学生再现这些习题中的数字。结果学生们把自编习题里的数字比现成习题里的数字多记住 2 倍。

研究表明，对于同一段学习材料，做笔记的学生比不做笔记的学生成绩优异 2 倍。由此可见，做笔记对我们的学习是十分有利的。

做笔记能够集中我们的注意力。要想在听课的同时记好笔记，必须要跟上老师的讲课思路，把注意力集中到学习的内容上，光听不记则有可能使学生的注意力分散到学习以外的其他方面。

记笔记能加深对学习内容的理解。记笔记的过程也是一个积极思考的过程，可调动眼、耳、脑、手一齐活动，促进对课堂讲授内容的理解。

记笔记有助于对所学知识的复习和记忆。如果不记笔记，复习时只好从头到尾去读教材，这样既花时间，又难得要领，效果不佳。如果在听课的同时记下讲课的纲要、重点和疑难点，用自己的语言记下对所学知识的理解和体会，这样对照笔记进行复习时，就会既有系统、有条理，又觉得亲切熟悉，因而复习起来会事半功倍。

记笔记能够让我们获得新知识。笔记可以记下书本上没有而老师在课堂上讲授的一些新知识、新观点。不断积累，便能获得许多新知识。

既然做笔记有这么多的好处，那么在日后的学习中，怎样才能记好课堂笔记呢？

做好记笔记的准备工作。笔记本是必不可少的，最好给每一门课程准备一个单独的笔记本，不要在一个本里同时记几门课的笔记，这样会很混乱。准备两种不同颜色的笔，以便通过颜色突出重点，区分不同的内容。

要用笔记，而不要依靠录音机。使用录音机，虽然能将老师讲课的内容全录下来，但自己没参与记的过程，做笔记的好处也无法体现。此外，录下来的内容复习起来也太费时、费力。

每页笔记的右侧划一竖线，留出 1/3 或 1/4 的空白，用于课后拾遗补阙，或写上自己的心得体会；左侧的大半页纸用于做课堂笔记。

笔记方式多种多样。学生在课堂上常用的笔记方式有要点笔记、提纲笔记及图表笔记等。

（1）要点笔记：不是将教师讲的每句话都记录下来，而是抓取知识要点，如重要的概念、论点、论据、结论、公式、定理、定律，对老师所讲的内容用关键词语加以概括。

（2）提纲笔记：这种笔记以教师的课堂板书为基础，首先记下主讲章节的大小标题，并用大小写数字按授课内容的顺序分出不同的层次，在每一层次中记下要点和有关细节。条理清晰，使人一目了然。

（3）图表笔记：利用一些简单的图形和箭头连线，把教学的主要内容绘成关系图，或者列表加以说明。图表比单纯的文字更加形象和概括。

提高书写速度。书写速度太慢，势必跟不上讲课进度，影响笔记质量。要学会一些提高笔记速度的方法，如不必将每个字都写得横平竖直、工工整整，可以潦草地快速书写；可以简化某些字和词，建立一套适合自己的书写符号，比如用"∵"代表"因为"，用"∴"代表"所以"。但要注意不要过于潦草、过于简化而使自己也看不懂所记的内容是什么。速写的目的是提高笔记效率。

在笔记遗漏时，要保持平静。上课时，如果有些东西没有记下来，不要担心，不要总是惦记着漏掉的笔记而影响听记下面的内容。可以在笔记本上留出一定的空间，课后求助于同学或老师，把遗漏的笔记尽快补上。

课后要及时检查笔记。下课后，从头至尾阅读一遍自己记的笔记，既可以起到复习的作用，又可以检查笔记中的遗漏和错误，将遗漏之处补全。同时还可将自己对讲课内容的理解及自己的收获和感想写在笔记右侧的空白处。这样，就能使笔记变得更加完整、充实、完善。

关键是提高注意力

增强记忆力的关键是提高注意力，因为注意力的高低直接从某个侧面反映了其智商水准的高低。

有这么一道益智抢答题：在公车始发站上来三个乘客；在下一站上来两人，下去一人；再下一站上来五人，下去三人；再下一站……许多人都以为会问最后剩下几个乘客，便一边听一边计算人数。可是到最后问题竟是："公车一共停了几站？"听题者由于只注意乘客数，而没有数公车站数，虽然注意听了，却没把注意力放在应该记忆的事物上，结果白费力气。要增强记忆力，有许多方法。但采用这些方法之前有个绝对必要的条件，那就是要把注意力集中到自己所要记忆的对象上来。没有意识地去记，或观察不认真细致，都是记不住的。有人认为背诵不是什么高级脑力活动，只要有较强的背诵能力也没什么了不起，因此不愿意积极地努力背诵。这种观念实际上是错误的。

那么，怎样才能使注意力集中到要记忆的对象上呢？

首先要对想要记忆的对象感兴趣。举个例子，新来的老师要想很快记住所有学生的名字是根本不可能的。可是老师会很快记住那些显眼的学生，如课堂上爱发言的学生、学习特别好的学生、最不遵守纪律的学生等。相反，对那些不显眼的学生、缺乏个性的学生，老师就很难在短时期内记住他们的名字。

其次要培养良好的习惯，持之以恒。注意的习惯是多方面的，一方面，在事情开始时要能立即集中注意力于活动对象；在活动发展过程中，需要能保持高度注意，尽可能减少分散力；遇到困难时，则能动员自己的意志力，迫使自己思想集中；结束时仍能使注意保持紧张状态。有始有终，不虎头蛇尾。一旦养成良好的注意习惯，无论从事任何活动都会事半功倍。另一方面，也要有意识地经常进行调控注意力的训练。比如，经常提醒自己集中注意某一事物、目不斜视、耳不旁听，力求在大脑中只形成一个兴奋中心。过一会儿，再把自己的注意力迅速转移到别的事物上，而置原来的注意对象于不顾，经常这样练习，就能提高自己调控注意的能力。

当然，我们也会经常遇到无法集中注意力的情况。下面，我们来看一下有哪些方法可以应付这种困境，改善注意力。

当你无法集中精力时，又是一个人在房间里的话，可以采用一种简便的办法——自言自语。我们经常看到幼儿园里的小朋友，一边做游戏，一面自言自语，颇感自得其乐。这种用自我对话来刺激大脑功能的语言，被瑞士心理学家称之为"自我中心语言"。对于难懂的逻辑问题，同样可以采取"自我中心语言"来打消念头、集中思想，不但易于记忆，而且能帮助理解问题，加深印象。

当考试、做功课或者工作中要做出某项决策时，却被外在的其他事物所吸引，无法专心，怎么办？美国有一所记忆术训练学校对此进行了专项研究，并提供了一种解决方法。大致是这样的：

第一阶段：先将注意力转移到钢笔、课本、玩具、零食等各类琐碎的事物上。

第二阶段：再凝视某一目的物，直到厌烦为止。

第三阶段：将眼睛闭起来，回忆刚才所见的事物，例如圆珠笔，将其颜色、形状、长短等外形特征描绘在脑海中。

第四阶段：将思维从圆珠笔上移开，然后睁开眼睛。

第五阶段：间隔 30 秒。

接着，再选其他事物重新从第一阶段做起。

根据受此训练的人介绍，刚接受训练时，精神集中力无法持续 8 秒钟以上，但经过一周的训练后，集中力便能持续到 3～4 分钟。

"冰冻三尺非一日之寒"，掌握了改善注意力的方法，要坚持不懈地锻炼，才能收到成效，提高记忆力。

大脑控制海马回

在今天这个对奇异现象备感兴趣的时代，我们常说的前世今生，则被许多小说、影视作品渲染得神乎其神，如忽然对某场地、某人、某物"似曾相识"，似乎能准确地描述对方的每一个细节，更有甚者好像能预测接下来的事态发展。

根据调查，有三分之二的成年人至少经历过一次这样的"似曾相识"。调查显示，常年在外经历丰富的人比宅在家里的人更有可能遇到这种情况，同时，想象力越是丰富并且受过高等教育的人也比普通人较容易引发这种心理现象。但是，这样的现象会随着年龄的增长而逐渐减少。列夫·托尔斯泰说，他有一次去打猎，正在追赶着一只兔子，这时，马蹄陷入了一个坑里，他从马背上摔了下来，跌在了地上。这个时候，他眼前似乎出现了一幅十分熟悉的场景：自己的前世也是这样从马背上摔了下来，甚至连时间他都记得很清楚，他肯定那是 200 年前的事情。世界上总会发生许多匪夷所思的事情。我们来到一处完全陌生的场所或者是身处某个场景和动作，却总有一种"似曾相识"的感觉。就像《红楼梦》里贾宝玉和林黛玉两人相见时，宝玉却道"这妹妹倒像见过一般"。

那么，我们真的有前世今生吗？如果没有的话，那些神奇的"记忆"又是怎么一回事呢？

研究表明，"似曾相识"这种心理是一个叫作"海马回"的区域在作祟。海马回是位于脑颞叶内的一个部位的名称。人有两个海马回，分别位于左右脑半球。它是组成大脑边缘系统的一部分，担当着关于记忆以及空间定位的作用。它的名字来源于这个部位的弯曲形状貌似海马。

海马回主要是控制记忆活动的区域，它负责形成和储备长期记忆。而记忆则是被强大的化学作用联系在一起的脑细胞群，当我们要从脑中"抽出"某种记忆时，实际上就是在寻找特定的脑细胞并对其进行激活。而海马回可以帮助我们脑海中已经存在的记忆"索引"其他相类似的情况。这就是为什么我们在现实生活中如果做了类似的事情或者说了类似的话，就会恍然大悟般感慨：哦！这件事（这些话）我以前好像做（说）过！

但是，有的时候，这样的记忆"索引"也会出现差错。它们将此时此刻的所知所感与某种未曾发生的"记忆"搭配在一起。比较典型的情况有，我们看到的电影或者小说里面的某些情节，因为天长日久，我们会有所遗忘。这种遗忘并不是真的忘记了，对其的记忆还是储存在脑子里的。然后忽然有一天，如果我们处于类似的场景中时，我们可能会误以为那是我们自己亲身经历过的事情，而产生对"前世"的猜测。

对于前世，如果我们只是将其作为一种娱乐，那也是无可厚非的。但是，如果痴迷于这种说法，那就会给我们带来不必要的消极影响。社会上很多"江湖人士""算命大师"利用这样的说法对我们进行欺诈，而许多人也因对此"乐此不疲"而付出了很多代价。所以，从现在开始，与其执着于那看不见摸不着的"前世"，还不如好好地把握当下，活在今天。只有保持着认真活于此刻的心态，才能在为人处世时充满自制、理性却又不失活泼的生活态度。只有这样，才能拥有更好的明天。

总之，与其回头看向一片虚无，不如踏实地活在当下，从而乐观地创造未来！

大脑能储存多少内容

我们常听人说"我的记性真差""我对数字真是无可奈何，朋友的电话号码都记不住""仅有一面之缘的朋友的名字和长相，我老是记不住"等。我们无法记住数字，无法记住朋友长相，是不是就是记忆力不好呢？还是只是我们记忆的方式不对？

爱因斯坦是 20 世纪举世公认的科学巨匠。他死后，科学家对他的大脑进行了研究，结果表明，他的大脑无论是体积、重量、构造，还是细胞、组织，与同龄的其他任何人都一样，没有区别。这充分说明，爱因斯坦成功的秘诀，并不在于他的大脑与众不同，用他自己的话说，在于超越平常人的勤奋和努力以及为科学事业而忘我牺牲的精神。

正如《美国心理学会年度报告》中指出的：任何一个大脑健康的人与任何一个伟大的科学家之间，并没有不可跨越的鸿沟。

据研究记忆力的阿诺欣教授和劳金茨科克教授说，我们脑子的容量非常大，几乎对进来的信息全部都能收容下来。人的大脑是一个"超级内存"，像一座望不到边的金矿，可以供无限开采。至今为止这座金矿被我们开采得太少了。世界著名的控制论专家维纳说："每一个人，即便是做出了辉煌创造的人，在他的一生中利用他自己大脑的潜能还不到百亿分之一。"人类的大脑是世界上最复杂也是效率最高的信息处理系统。别看它的重量只有 1400 克左右，其中却包含着 100 多亿个神经元；在这些神经元的周围还有 1000 多亿个胶质细胞。大脑的存储量大得惊人，在从出生到老年的漫长岁月中，每秒钟大脑足以记录 1000 个信息单位，也就是说，我们能够记住从小到大周围所发生的一切事情。

所以，我们并不用担心我们大脑内存不足而导致记忆力不如人。记忆的强弱也并非天生的，它是可以随着训练和掌握好的记忆技巧和方法而提高的。美国哥伦比亚大学心理学教授伍德华司曾在一篇文章中指出：只要学到正确的记忆方法，就能够提高记忆力。

他做过一个实验，把一些人分成记忆相仿的两组，让第一组人只依赖简单的背诵方式去完成一个记忆任务，而让另一组人先接受记忆方法的训练，再完成与第一组同样的记忆任务，结果掌握正确记忆方法的一组效果远比另一组好得多。因此，在记忆中，既要花工夫苦练，又要找窍门、摸规律，才能做到事半功倍。

许多人在剧场和电视节目中看到过在记忆方面所表现出超级能力的人，都对记忆的神秘莫测感到惊讶。其实经过训练，我们也能拥有超级记忆力。

记忆力的训练有很多途径和诀窍，每个人都可以通过努力找到适合自己的记忆模式来提升记忆力。但是有一点最重要，就是抱着能够记忆的自信与决心。若是没有这种自信，脑细胞的活动将会受到抑制，脑细胞的活动一旦受到抑制，记忆力便会迟钝。关于这一点，我们可以从心理学上得到证明。在心理学上，将这种情形称为"抑制效果"。一般的反应过程是：没有自信，脑细胞的活动受到抑制，无法记忆，更缺乏自信，最后形成一种恶性循环。

通过以上的实验和分析，我们应该明白，与其说记忆力不好是脑力衰退的原因，不如说那是自信心不足犯的错。如果我们足够自信和努力，说不定一点都不比爱因斯坦差呢。

超强记忆的能力

在生活中，我们常常会发现：有些人的记忆非常好，看过的东西可以过目不忘，而有些人的记忆却比较差，学过的东西很快就忘了。美国有一位名叫布拉德·威廉姆斯的人，他记忆力超群，年过半百的他几乎能够记住其一生中发生的任何事情，甚至包括某日的天气情况。正因为这种超常的记忆力，他受到了《早安，美国》节目的采访。节目中，当主持人问他是否还记得小学某次考试的成绩时，布拉德笑着说："我真想忘了它。"不过他还是答出来了，成绩是 B。因为他的这种能力，他被同事戏称为"活百科全书"。

之后，有研究人员将威廉姆斯的超常记忆力称为"超强记忆综合征"，而神经学家也开始了对威廉姆斯大脑的研究，他们希望能够找出威廉姆斯拥有超人记忆力的原因，从而找到增强记忆力的方法。那么，是什么原因造成了人们记忆上的差别呢？有些东西，我们看过后经久不忘，有些东西我们却怎么也回忆不起来，记忆到底是怎么一回事？

人们对记忆规律的掌握和运用不同，是造成记忆差别的重要原因。形象地说，如果把我们的大脑比做一个"加工厂"，当外界信息进入"加工厂"后，我们的大脑就会给它们"贴上号码",让信息转化为我们更容易接受的简单形式,最后大脑把这些信息放进了"记忆仓库"里。比如,我们读一首诗,诗句的书面字符作用于我们的眼睛,转化为神经脉冲,传到大脑中枢,引起有关字符的感知觉,同时,过去已经贮存在大脑里的一些有关的信息也被激活,跟眼前的诗句建立起联系,再经过多次的诵读、多次地刺激,我们就把这首诗记在脑子里了。

心理学研究表明,影响记忆差别的心理因素主要是由心理倾向性和对记忆规律的掌握不同造成的。所谓心理倾向性,是指人们对某一事物的兴趣、爱好和注意的程度。我们知道,注意是产生记忆的首要条件。不把注意力集中在所学的东西上,要产生良好的记忆是不可能的。比如,你可能说不出你住的楼房的楼梯有多少级台阶。这是因为你根本就没去注意它,并不是你记不住。

学习一些有效记忆的方式,能方便我们的生活。下面介绍几种提升记忆的方法。

(1)形象记忆法。所谓形象记忆法,就是将一切需要记忆的事物,特别是那些抽象难记的信息形象化,用直观形象去记忆的方法。形象记忆是非常有效的记忆方法。举个最简单的例子,我们要记下"124"这个数字,单纯记忆的话,可能没几天脑子里就没有这个印象了。但是如果我们这样来记:把"1"想象成"金箍棒",把"4"想成一面旗子,而"2"就看作一只天鹅,那么,连起来记忆就是左手拿着"金箍棒",右手拿着"小旗子"的"天鹅"。这样记起来是不是轻松多了呢?之后,我们可能会遗忘这个数字,但是,我们却能够记起这个独特的形象,从而再把数字的存在唤醒。

(2)谐音记忆法。谐音记忆法是利用事物之间的相同发音来帮助记忆的一种方法。像在记忆一些较容易记混的年代事件、数字的时候,这个方法就十分有效果。比如,马克思生于1818年逝世于1883年。那么可以这样记,"一爬一爬(就)爬(上)山(了)。"再如,甲午战争爆发于1894,用它的谐音"一把揪死",就非常容易记住。

(3)联想记忆法。联想记忆法是不将客观存在的事物视为独立,而是将其看作处在复杂的关系和联系之中,从而以此物联想至彼物来方便记忆的方法。所以,我们就要学会把握这种关系的链接。我们先要认真理解信息的内容和实质,让我们的头脑中浮现出清晰的表象,再发散性地思考不同信息之间的共性、个性、差异性。

让记忆保持新鲜感

我们都知道，遗忘和保持是矛盾的两个方面。记忆的内容不能保持或者提取时有困难就是遗忘，如识记过的事物，在一定条件下不能再认和回忆，或者再认和回忆时发生错误。

今年 31 岁的李欢在一服装公司做财务，她已经从事这一行 10 年了，但是，最近几个月却总有些精力不集中，导致工作上出现了差错。

之后，李欢到医院问诊，她告诉医生，快一年了，她明显的精力下降。做报表是一项精细活儿，所以，她时常需要加班，但是只要稍微集中精力一会儿就会觉得头昏脑涨。有些时候，有人叫自己名字也感觉不到。等自己有时突然回过神来，自己之前的工作做到哪儿又忘了，这种"短路"现象让她十分苦恼。

李欢的主治医生说，李欢是患了神经症。

这种病症近年来常见于白领人群，也被形象地称为"白领健忘症"。刚到嘴边的话又忽然忘了，明明记得对方却就是叫不上名字，昨天记的英语单词今天脑子里就没有存货了……这些情况我们都不会陌生，我们会有"回忆"，会有"记得"，当然，也会有遗忘。

遗忘有各种情况。

永久不能再认或回忆叫永久性遗忘。永久遗忘在生命里更是经常发生了。比如，小时候的一些事情，我们小的时候可能会记得，但长大以后也许记不得了，也没有心情去记了，便是永久的遗忘了。

不能再认也不能回忆叫完全遗忘。完全遗忘在患有失忆的人身上体现得最为明显。比如，对自己过去所有的事情都记不起来了，有时候，患有失忆的人连自己的亲人都不认得了。

一时不能再认或重现叫临时性遗忘。对于这一点，考试怯场最能说明问题，本来平时学习成绩很好，考试时却突然大脑一片空白，什么都想不起来了，结果考砸了，考完后可能又重新回忆起来了。

能再认但不能回忆叫不完全遗忘。在我们读书时经常有这种感觉，很多内容非常熟悉，但就是回忆不起来。我们读了大量的书，觉得底气很足，结果在考试的时候发觉见了熟悉，但让自己默写下来却有些困难。

德国著名的心理学家艾滨浩斯最早研究了遗忘的发展进程，他受费希纳的

《心理物理学纲要》的启发，采用自然科学的方法对记忆进行了实验研究。研究发现，遗忘是有规律的，并且呈现为一条曲线。艾滨浩斯遗忘曲线是艾滨浩斯在实验室中经过了大量测试后，产生不同的记忆数据从而生成的一种曲线，是一个具有共性的群体规律。此遗忘曲线并不考虑接受试验个人的个性特点，而是寻求一种处于平衡点的记忆规律。

这条曲线告诉人们，在学习事物的过程中的遗忘是有规律的，即"先快后慢"的原则。这个规律就是在记忆的最初阶段遗忘的速度最快，后来就逐渐减慢了，过了相当长的时间后，几乎就不再遗忘了。观察这条遗忘曲线，我们会发现，学到的知识在一天后，如不抓紧复习，能记住的就只剩下原来的 25％。随着时间的推移，遗忘的速度减慢，遗忘的数量也就减少。

记忆规律可以具体到我们每个人，因为我们的生理特点、生活经历不同，可能导致我们有不同的记忆习惯、记忆方式、记忆特点，所以，不同的人有不同的艾滨浩斯遗忘曲线。规律对于自然人改造世界的行为只能起一个催化的作用，如果与每个人的记忆特点相吻合，那么就如顺水扬帆，一日千里；如果与个人记忆特点相悖，记忆效果则会大打折扣。因此，我们要根据每个人的不同特点，寻找到自己的遗忘规律，在大量遗忘尚未出现时及时复习，以此保持记忆的新鲜感，就能收到巩固记忆的效果。

我们应该怎样利用艾宾浩斯遗忘理论来调整自己的记忆规律，同时加强我们的记忆力呢？

俄国伟大的教育家乌申斯基曾经说过："不要等墙倒塌了再来造墙。"这句话生动地描绘了遗忘曲线应用的精髓：及时复习。遗忘规律要求我们在接触信息之后要立即进行复习，加强记忆，并且以后还要再复习几次，但复习的时间间隔可以逐渐增加。比如记忆的第一天后进行第一次复习，3 天后再复习一次，下一次的复习则可安排在一周之后，以此类推。不管间隔时间多长，总之要在发生遗忘的时候及时复习。

艾滨浩斯认为，凡是理解了的知识，就能记得迅速、全面而牢固。不然，死记硬背是费力不讨好的。因此，我们在方便大脑整理记忆的时候，最好事先将信息进行一下"意义化"处理。比如，与其单纯地去记忆"1、4、3、5、8"的数字，不如利用联想法或者其他方法赋予其一个含义，这样记忆起来就会方便得多。

具体化让人记忆清晰

学做饭的人可能都经历过照着一个抽象的菜谱做饭的失败的情景，有些人认为自己天生不是做饭的料，看着菜谱做，还是会失败。其实这与是否具有做饭的天赋没有关系，而是菜谱描写过于抽象，比如"直到菜肴达到一个合适的程度"。我们不禁会问："合适？怎么才算是合适，为何不直接说搅拌多少分钟，或者配一幅图看看是什么样子？"

但是，当我们在做了几次这道菜后，"合适的稠度"这句话可能就开始有意义了，我们对这句话代表的意义有了一个感官印象。具体就是这样帮助我们理解的，它帮助我们在已有的知识和感觉的基础上建立更高更抽象的洞察力。抽象需要一些具体的基础，试图在没有具体基础的情况下教给别人一个抽象的原则，就像试图建一座空中楼阁一样困难。

具体化的创意更容易被人记住，以个别单词为例吧。有关人类记忆的实验表明人们更擅长记忆具体化、形象化的名词（"自行车"或者"鸭梨"），而不是抽象的名词（"正义"或者"人格"）。

大自然保护协会把橡树大平原命名为"汉密尔顿荒地"。名字源自它的最高峰，也就是当地一个气象台所在地。把这片区域定义为连贯的地形景观，并且给它命名放在地图上，就是为了引起当地组织和政策制定者的注意。

"以前，硅谷组织就想保护离他们家园很近的那些重要区域，但他们不知道从哪儿开始。如果你说，'在硅谷的东边有一块确实很重要的区域'，这并不让人兴奋，因为不明确。但是当你说'汉密尔顿荒地'时，他们的兴趣就被提起来了。"有关人士斯威尼说。

帕卡德基金会是由惠普公司创始人之一创立的一个机构，为保护汉密尔顿荒地提供了一大笔捐款。海岸区域的其他环保组织也开始发起保护这片区域的活动。斯威尼说："我们现在总在会心微笑，因为我们看见别人的文件，他们正在谈论汉密尔顿荒地。我们真想对他们说，'要知道这是我们发动起来的'。"

住在城里的人们往往会这样命名他们附近的区域："卡斯特罗""苏豪区""林肯公园"等。这些名字定义了一个区域及其特征，邻近区域都有它们自己的个性。大自然保护协会通过它的地形景观创造了相同的影响力。

第七章　大多数人实际上并不理性

人生苦短，匆匆几十年，在这个世界上，没有什么是我一定要拥有的，也没有什么是我无法忘记的。我尽可以放开那些在我们生命中无法长久存留的，不去钻进欲望的沼泽。

——林语堂
（曾任教于北京大学，著名语言学家）

源于好奇的潘多拉效应

无法知晓的事物，比能接触到的事物更有诱惑力，也更能强化人们渴望接近和了解的诉求，这是人们的好奇心和逆反心理在作怪。

古希腊神话中的普罗米修斯盗天火给人间后，主神宙斯为惩罚人类，想出了一个办法：他命令火神赫菲斯托斯制作了一个美丽的少女，让神使赫耳墨斯赠给她能够迷惑人心的语言技能，再让爱情女神赋予她无限的魅力。她被取名为潘多拉，在古希腊语中，"潘"是"一切"的意思，"多拉"是"礼物"的意思，她是一个被赐予一切礼物的女人。

幽欢佳会宙斯把潘多拉许配给普罗米修斯的弟弟耶比米修斯为妻，并给潘多拉一个密封的盒子，并叮嘱她绝对不能打开。

然后，潘多拉来到人间。起初她还能记着宙斯的告诫，不打开盒子，但过了一段时间之后，潘多拉越发地想要知道盒子里面究竟装的是什么？在强烈的好奇心驱使下，她终于忍不住打开了那个盒子。于是，藏在里面的一大群灾害立刻飞了出来。从此，各种疾病和灾难就悄然降临世间。

宙斯用潘多拉无法压抑的好奇心成功地借潘多拉之手惩罚了人类。这就是所谓的"潘多拉效应"，即指由于被禁止而激发起欲望，导致出现"小禁不为，愈禁愈为"的现象。通俗地说，就是对越是得不到的东西，就越想得到；越是不好接触的东西，就越觉得有诱惑力；越是不让知道的东西，就越想知道。

心理学家普遍认为，好奇心是求新求异的内部动因，它一方面来源于思维上的敏感，另一方面来源于对所从事事业的至爱和专注。而逆反心理是客观环境与主体需要不相符合时产生的一种心理活动。逆反心理具有强烈的情绪色彩。形成逆反心理的原因比较复杂，既有生理发展的内在因素，又有社会环境的外在因素。一般地说，产生逆反心理要具备强烈的好奇心、企图标新立异或有特异的生活经历等条件。

"潘多拉效应"在现实生活中是普遍存在的。例如，收音机里播放的评书节目，每次都在最扣人心弦的地方停下，留下悬念，以使听众在第二天继续收听。再如，电视连续剧往往在剧情的关键处突然插播广告，这种做法除了能提高广告的收视率，更能吊足观众的胃口。

知道了这点，我们就可以变得更"聪明"一些：如果有人故意吊我们的胃口，我们要保持冷静、不为所动，避免受"潘多拉效应"的影响。例如，捂紧钱包，不被商家的"饥饿营销法"蛊惑。但是，如果对方是善意的，故意卖关子是为了给你一个惊喜，那么，你就要积极"配合"，否则会很扫兴的。

其实，在日常生活和工作中，我们除了被动地受"潘多拉效应"的影响，还可以主动地运用"潘多拉效应"来达到自己的目的，或是避开"潘多拉效应"，以免出现事与愿违的结果。

日本小提琴教育家铃木曾经创造过一种名为"饥饿教育"的教学法。他禁止初次到自己这里学琴的儿童拉琴，只允许他们在旁边观看其他孩子演奏，把他们学琴的兴趣极力地调动起来后，铃木才允许他们拉一两次空弦。这种教学法使得孩子们学琴的热情高涨，努力程度大增，进步也就非常迅速。

"潘多拉效应"在我们的生活中普遍存在，了解其原理后，可以带给我们更多的启示。

源自内心的满足感

我们做任何事情都需要有一个动机，比如，吃饭可能是因为你有了饥饿感。我们真心想要做一件事情的时候，是不会没有任何理由的。

对于我们来说，购物行为是经常发生的。那么，我们是否有想过人们为什么会购买物品？通常来说，购物动机的类型一般有几种：

需要型。这是因需要产生的动机。人的需要有多个层次，可以从不同角度加以分类。

求实型。这类动机的特征是"实惠""实用"。在选购商品时，这类顾客会特别注重商品的质量、性能等实用价值，不过分强调商品的款式、造型、颜色等，几乎不考虑商品的品牌等非实用价值的因素。

社会型。这是由人们所处的社会条件、经济条件和文化条件等因素而产生的动机。顾客的民族、职业、文化程度、支付能力等，都会引起其不同的购买动机。

惠顾型。这是基于情感或经验产生的动机。顾客对特定的服装及服务产生特殊的信任和爱好，使他们重复地、习惯地消费。

求美型。这是以追求美感为出发点的购买动机。这类顾客在选购商品时，首先注重的是款式、造型、颜色和外观美。

求廉型。这是注重价格的购买动机。

求名型。这类动机的特征是以品牌为出发点。这样的顾客在购买时几乎不考虑商品的价格、质量和售后服务，只是想通过购买名牌商品来显示自己的身份、地位，从中获得一种心理上的满足。

人们做某件事情或采取某种行动的最基本的内在动机，归根结底就是满足其内心的某种满足感。如果他所从事的这件事情，或者他采取的这种行动，不能给行动主体带来一定的满足感、愉悦感，就会使其感到厌烦、无聊，甚至觉得受到束缚，或感到痛苦。试想，有谁面对自己从内心就感到讨厌的事情，依然会充满激情地去做呢？无法获得内心的满足，就无法激发自身的动机，不想去做，或者即使做也是在敷衍、应付，这样怎么可能做好？

有一个烟瘾很大的人一直都想戒烟，但是不管使用什么方法，都不能起到很好的效果。总是过一段时间以后，他就不能够控制，又开始吸。很多时候，当再想吸烟时，他就会给自己找出若干的理由，说服自己没有必要这么折磨自己。结果戒烟戒了一年多，却没有一点效果。他的亲戚朋友对他也是苦口婆心地劝说，但最终还是无可奈何。

最后在一位心理学家的帮助下，这个人居然把烟给戒了。这位心理学家到底使用了什么方法呢？其实方法很简单，心理学家只给他看了两张照片，一张是不吸烟的健康人的肺，一张是因为吸烟而患有肺癌的人的肺。看着被厚厚的焦油覆盖和损坏的肺，有严重烟瘾的人被震撼了，他什么也没有说就离开了。从此以后，他再也没有吸过烟。吸烟这种不健康的行为，让他发自内心地感到厌恶，于是产生了强烈的戒烟动机。

因此，我们可以通过改变某种行为本身的意义，达到改变人们行为方式的目的。从理论上说，这是行得通的。当某种原本令人厌恶的行为，会给人带来某种满意的体验时，人们就会接受它；当某种原本会给人带来快感的行为，会对人造成某种伤害时，人们就会摒弃它。这就是内心满足感对人们的行为动机的激发作用。

占便宜心理和无功不受禄心理

打折促销之所以具有巨大的杀伤力，就在于它满足了消费者的"占便宜"心理。推销人群中也流传着这样一句话：顾客要的不是便宜，而是要感到占了便宜。顾客有了占便宜的感觉，就容易接受你推销的产品。

消费者在购物过程中，对所需商品有不同的要求，会出现不同的心理活动。用尽可能少的经济付出求得尽可能多的回报，这种消费心理活动支配着大多数人的购买行为。而顾客占便宜的心理也给了商家可乘之机。

怎么做才能让顾客觉得占了便宜呢？你可以去看看商场中最畅销的产品，它们通常不是知名度最高的名牌，也不是价格最低的商品，而是那些促销"周周变、天天有"的商品。促销的本质就是让顾客有一种占便宜的感觉。一旦某种以前很贵的商品开始促销，人们就觉得买了实惠。虽然每个顾客都有占便宜的心理，但是又都有一种"无功不受禄"的心理，所以精明的销售人员总是能利用人们的这两种心理，在未做生意或者生意刚刚开始的时候拉拢一下顾客，如送顾客一些精致的礼物，以此来提高双方合作的可能性。

占便宜是人们常见的一种心理。例如，某某超市打折了，某某厂家促销了，某某商店甩卖了，人们只要一听到这样的消息，就会争先恐后地向这些地方聚集，以便买到便宜的东西。

物美价廉永远是大多数顾客追求的目标，很少听见有人说"我就是喜欢花多倍的钱买同样的东西"，人们总是希望用最少的钱买最好的东西。这就是人们占便宜心理的一种表现。

另外，销售人员在推销自己的产品的时候，可以利用顾客占便宜的心理，使用价格的悬殊对比来促进销售。其实在很多世界顶尖的销售人员的成功法则中，利用价格的悬殊对比来俘获顾客的心是常用的一种方法。你可以先在顾客的心里设置一个较高的价位，或者在对方心里设置一个价格悬念，然后再以一个比原来低得多的价格做比较，让顾客通过比较，感觉有便宜可占，于是做出购买决定。利用价格悬殊来诱导顾客购买产品时，要掌握好分寸，避免方式过激给顾客被骗的感觉。同时，优惠政策是你抓住顾客心理的一种有效推销方式。大多数顾客只看你给出的优惠是多少，然后和你的竞争对手做比较，如果你没有让顾客觉得得到优惠，顾客可能就会离你而去。所以你不仅要保证商品的质量，还要注意满足顾客这种想要优惠的心理需求。有些顾客在面对打折产品时，会因为产品对自己来说可有可无而犹豫不决，但顾客的贪便宜心理会告诉自己：机不可失，失不再来，过了期限、商品恢复原价后就买不到了。从心理学上讲，顾客会在这种外界压力下产生强烈的心理不平衡，同样的产品，我现在买就能省好多钱，以后再买多不值啊。于是在这种焦虑下，顾客就会积极行动，强迫自己在规定的时间内完成购买任务。所以说，商家所规定的优惠时限会给顾客制造一定的购买压力。

但是，优惠不过是一种手段，说到底是用一些小利益换来回报，不然商场里也不可能经常有"买就送""大酬宾"等活动。当然，在优惠的同时，你还要传达给顾客一种信息：优惠并不是天天有，你很走运。这样，顾客才会更满足，才会更愿意与你合作。

即使你推销的产品在某方面有些不足，你也可以通过某些优惠让他们满意而归。如果顾客对你的产品提出意见，你千万不要直接否定顾客，要正视产品的缺点，然后用产品的优点来弥补这个缺点，这样顾客就会觉得心理平衡，同时加快自己的购买速度。比如顾客说："你的产品质量不好。"作为销售人员的你可以这样告诉顾客："产品确实有点小问题，所以我们才优惠处理。不过虽然是有问题，但我们可以确保产品不会影响使用效果，而且以这个价格买这种产品很实惠。"这样一来，你的保证和产品的价格优势就会促使顾客产生购买欲望。

总之，利用人们占便宜的心理，从中可以获得许多商机。

为什么多数人都会随大流

在物质丰富的当今社会里，满足了温饱之后，各地依然会出现哄抢食盐、哄抢药材等现象。人们为什么要哄抢？哄抢中，人们的心理发生了怎样的变化？

哄抢者往往把自己的行为归结到社会和他人身上。当哄抢者在分析参与哄抢的原因时，总是喜欢说"随大流"和"法不责众"。这个过程在心理学上叫作"归因"，即归结行为的原因，"我为什么要做这件事情"。归因不仅是一个心理过程，也是人类的一种普遍需要。因而每一个人都可以被看成业余心理学家，每个人都有一套从其本身经验归纳出来的行为原因与其行为之间的联系的看法和观念。

从哄抢者个人角度来说，社会中的孤独的个人为了求生存的需要，自然而然地会形成一种依赖群体的心理，在这种心理的影响下，就会产生一种被称为"群集欲"愿望。当个人具有严重不安感和挫折感时，更容易受到不良信息的暗示。因此，个人不仅会以一种本能心态加入各种社会团体，而且很容易产生一种参加到聚集的群众中的意愿，与聚集的人群共同行动。

从众心理是人类的一个思维定式，是在群体压力下在认知、判断、信念与行为等方面与群体中多数人保持一致的现象。

从众行为有时虽然不是按照个体本意做出的，却是个体的自愿行为。内心具有安全感的个人一般不至于参加聚众而共同实施行为，只有那些具有严重不安感和挫折感的个人，才有这样的欲望，其目的就在于想在聚集的人群中寻求某种安全感和发泄心中的挫折感。

由于多数个人在聚众之中产生交互作用的关系，聚众后所体验的不安感与挫折感比单独的个人所体验的要大得多。在这种情况下，当有人向这种具有严重不安感和挫折感的个人提出某种指示时，他们最容易接受，并且把这种指示变成自身的目标，表现出带有激进色彩的情绪波动。

哄抢事件其实还反映出更深刻的社会心理原因。比如人们对生活的满意度与社会发展的现实并不一致，哄抢油的人并不缺油。整体说来，趋利避害是人类行为的基本原则，是人类普遍存在的心理。人们都本能地企图在交换中获取最大收益，减少代价，交换行为本身就变成了"得"与"失"的对照。如果收益与代价平衡，互动得以维持；相反，如二者不平衡则互动难以长期维持。

人们在衡量自身得与失之间的关系时，就形成了"满意度"。满意度的高低，跟现实中金钱名誉的得失并不一定是统一的，它更多的是一种自我体验。同样的处境，不同的人有不同的满意度。钱多的人不一定自我满意度高，穷人也有自己的幸福生活。也就是说，在日常生活中，人们并不是一直以物质作为交换的，也会顾及精神间的交换。

社会激烈变化和转型期间的特殊情况，对人们心理造成了巨大压力。当人们把所有问题的原因都归咎于社会和他人时，"趋利"心理就会让个体放大了不满意自我体验，感到自己获取利益少了，满意度开始下降。同时，个体在归因过程中，对有自我卷入的事情的解释，带有明显的自我价值保护倾向。"避害"心理让哄抢个体认为自己只是在捡洒落的人民币，对自己并不会有任何坏处。

因此，在明知一件事情是违法或犯罪的时候，一个人可能不会去做。但是如果一群人中有人已经做了，并且在当时只能看到获益而没有产生相应后果的时候，人们就会产生非理性思维，最终"捡拾个体"组成了"哄抢群体"，造成了社会的不和谐。

哄抢中，人群体现出来对物质的过度追求的嫉妒、敌对心理，体现出个体缺乏自身修养的程度正在上升，这个状况是非常令人担忧的；哄抢后，人们对"法不责众"的自我保护心理，如果处理不当，会给其他人产生不良的模仿、暗示和社会感染，具有消极的意义。有专业人士指出，人们心理卫生健康状况是构建和谐社会的关键，哄抢事件引发的深思表明，对大众心理卫生健康辅导迫在眉睫。

给人"留面子"的背后

心理学家认为，在提出自己真正的要求之前，先向对方提出一个大要求，遭到拒绝以后，再提出自己真正的要求，对方答应的可能性就会大大增加。这便是心理学上所说的"留面子效应"，又被称作"欲得寸先进尺"。

有两家卖粥的小店，每天的顾客相差不多。然而晚上结账的时候，左边的那家小店总比右边的那家多出两三百块钱，天天如此。细心的人发现，先进右边粥店时，服务小姐微笑着迎上前，盛了一碗粥，问道："加不加鸡蛋？"客人说"加"，于是小姐就给客人加了一个鸡蛋。每进来一个人，服务小姐都要问一句："加不加鸡蛋？"有说"加"的，也有说"不加"的，各占一半。走进左边粥店，服务小姐也是微笑着迎上前，盛上一碗粥，问道："加一个还是两个鸡蛋？"客人笑着说："加一个。"再进来一个顾客，服务小姐又问一句："加一个还是两个鸡蛋？"爱吃鸡蛋的说"加两个"，不爱吃的就说"加一个"，也有要求不加的，但是很少。一天下来，左边这个小店就总比右边那个卖出更多的鸡蛋。

心理学家认为，"留面子效应"的产生源于人们内心深处的内疚感。人们在拒绝别人的大要求时，感到自己没有能够帮助别人，辜负了别人对自己的期望，损害了自己富有同情心、乐于助人的形象，会感到非常内疚。这时，如果对方再次提出一个较小的要求，人们为了恢复在别人心目中的良好形象，也达到一种心理上的平衡，便会欣然接受。

美国心理学家查尔迪尼曾经进行过一项"导致顺从的互让过程"的研究实验。他将一批参加实验的大学生分为两个小组，首先，对第一个小组的实验者说，要他们花两年时间担任一个少年管教所的义务辅导员。这是一件劳神费力的工作，而且没有任何回报。结果，大学生们都以各种理由断然拒绝了。随后，他提出了另一个要求，让这些大学生带领少年们去动物园玩一次，需要耗时两个小时。结果有50％的大学生很爽快地答应下来。接下来，他向第二组大学生提出同样的要求时，却只有16.7％的人同意去动物园。

生活中，我们细心留意也能发现很多"留面子效应"的现象：你想要父母为你买数码相机，可以先提出要买一台电脑，父母以家中暂时紧张为由，拒绝了你，这时你再提出要买照相机，父母往往会考虑一番后答应你的要求；自己有一件棘手的事情需要朋友帮忙，先向对方提出了一个更大的要求，遭到拒绝后，再将真实的要求提出来，对方往往比较容易接受；上司需要将一项复杂的工作交给下属完成，可以假装让员工完成另一件更为艰巨的工作，当他面露难色的时候，再将这件工作交付给他，他便会愉快地接受任务。

在人际交往中，恰当地运用"留面子效应"，能及时地消除对方的不满情绪。"留面子效应"也经常被一些精明的商人运用，他们把物品标出很高的价格，然后来个"大甩卖"，很多消费者都兴高采烈地购买该商品。在商场，时常有这样的情形。其实，精明的商家无论最后给出了多大的折扣，都暗暗地运用了"留面子效应"，让顾客心甘情愿地消费。

同样，在一些服务性的行业中，采用巧妙的方法，能够化解顾客抱怨、不满的情绪。在一架即将着陆的客机上，乘客们忽然听到话务员的通知："由于机场拥挤不堪，飞机暂时无法降落，着陆时间将推迟一小时。"顿时，机舱里响起了乘客们的抱怨声。他们不得不做好心理准备，在空中备受煎熬地等待一个小时。几分钟之后，话务员甜美的声音再度响起："旅客朋友们，晚点时间将缩短到半个小时。"听到这个消息，乘客们都欢喜雀跃。又过几分钟，乘客们再次听到广播："再过三分钟，本机即可着陆。"乘客们个个拍手称快，喜出望外。虽然飞机晚点了十几分钟，乘客们却感到格外的庆幸和满意。

当然，"留面子效应"是否会发生作用，关键在于双方关系的亲密程度以及你需求的合理程度。如果既无责任，又无义务，双方素昧平生，却想别人答应一些有损对方利益的事情，这时候该效应是无法发挥作用的。

同样的钱为什么感觉不同

有一个人要去听一场音乐会，票价是 200 元，出发时发现丢了一张价值 200 元的电话卡，虽然很心疼，但并没有影响他去听音乐会。而如果这个人把提前购买的 200 元音乐会门票弄丢了，他则不愿意再次买票去听了，这是为什么呢？

丢了电话卡，损失了 200 元，丢了音乐会的门票，也损失了 200 元。同样是损失 200 元，从损失的金钱上看，并没有区别，但为什么丢了电话卡后那个人仍然选择去听音乐会，而丢了音乐会门票之后就选择不再去听了呢？原因是，在人们的脑海中，建立了多个账户，电话卡和音乐会门票被归到了不同的账户中。因此，丢失了电话卡，在音乐会的账户里，其支出仅仅是 200 元，并不会因为丢失了电话卡使音乐会所在账户的预算和支出发生变化，因此，人们仍然会选择去听音乐会。但丢的是音乐会门票，如果再买一张音乐会的门票的话，前后两张音乐会门票都被人们归入到了同一个账户，所以看上去，如果要听这场音乐会，就要花 400 元才行，这样人们当然觉得很不划算，因此放弃。

这种相同数额的钱在同一个消费者的心理上产生不同反应的现象，主要是因为他把不同来路的钱放到了不同的"心理账户"。同样地，辛勤劳动换来的 100 万和中彩票或者捡来的 100 万，在人们的大脑中根据不同的来路被归入了不同的账户，因此两者就不一样。

挣来的钱和意外之财，使用起来当然是不一样的。自己辛苦挣来的钱花起来肯定会很谨慎，不该花的不花，该花的能省则省；意外之财反正是白得的，没了就没了，不用白不用，花起来也很随便，因此人们可能就会毫无顾忌地请客吃饭，买各种高昂的奢侈品，很快就会被挥霍空。

美国行为科学家查德·赛勒曾经说过："钱并不具备完全的替代性，因为我们会分别为不同来路的钱建立不同的账户。"的确，每个人在心里都会根据各种理由建立若干个心理账户，管理着不同来路的钱，对其进行不同的预算和支出，并影响着自己的消费行为。

李女士最近去逛商场，看中了一款标价为 1999 元的化妆品，犹豫了好长时间，她还是不舍得买，觉得实在是太奢侈了。但是过生日的时候，当她的丈夫把这套化妆品作为生日礼物送给她的时候，她还是非常开心。

尽管李女士知道她买和她丈夫买，用的都是家里的钱，为什么一样的钱以不同的理由开支心理感觉会不同？心理学家认为，李女士如果自己花钱去购买 1999元的化妆品，则属于生活开支，有点奢侈；而丈夫作为生日礼物送给自己，则属于情感开支，情感是无价的。因此，人们为何欣然接受昂贵的礼品却未必购买昂贵的礼品，也就不足为奇了。

另外，对于普通人来讲，由于"心理账户"的存在，他们可能会在很短的时间内花完从其他途径得来的不是自己辛苦劳动所挣来的钱，比如说奖金、礼金或者中彩票得来的百万大奖；但是另一方面，他们又会非常在乎退休金、养老金、定期存款等，对这些也往往会采取相对保守的投资策略。

心理学家建议我们把所有的钱都根据用途分门别类地归入不同的账户。这些账户建立得越清晰，执行得越严格，我们就越不会没有节制地、不加计划地乱花钱，生活也会过得更加美好。

总买没用的东西

购买决策占据了我们日常生活决策的很大比重。通常，我们总认为自己在判断是否购买某件物品时衡量的是该物品对自己的效用，也就是说这样东西有没有用。可是仔细想一想，你买的东西都是真的有用的吗？你会买没用的东西吗？

冬天即将来临，李雷和爱人商量，打算买一套新羽绒被。他们打算买豪华双人被，这种款式的被子无论尺寸还是厚度对他们而言都是最合适的。进了商场后，他们惊喜地发现这里正在做活动，现在，原价分别是 450 元、550 元和 650元的普通羽绒被、豪华双人被、超级豪华双人被，这 3 种款式现价一律为 400 元。

在这样的情况下，一般人会觉得用同样的价钱，买下原价更高、貌似质量款式也更好的东西是很值得的。于是，本来是打算买豪华双人被的，不论是尺寸还是厚度，这种被子都是最合适他们两个人用的。但是，买超级豪华被让他们觉得得到了 250 元的折扣，这是多么合算啊！所以，他们买了超级豪华双人被。

但是，两人没有高兴几天，就发现超级豪华双人被很难打理，被子的边缘总是耷拉在床角；更糟的是，每天早上醒来，这超大的被子都会拖到地上，为此他们不得不经常换洗被套。过了几个月，他们已经后悔当初的选择了。

很多时候，我们的"合算的"交易是否也会如同这对夫妻一样呢？我们是不是也会因为一些因素的影响而改变了自己原本的初衷呢？

理性地说，我们在决定是否购买一样东西时，衡量的是该物品给我们带来的效用和它的价格哪个更高，也就是通常所说的性能价格比，然后看是不是值得购买。既然从实用性来讲，三种被子中，给我们带来满足程度最高的是豪华双人被，而且它们的价格也没有什么区别，我们当然应该购买豪华双人被。可是在我们作购买决策的时候，我们的"心理账户"里面还在盘算另外一项——交易带来的效用。所谓交易效用，就是商品的参考价格和商品的实际价格之间的差额的效用。通俗点说，就是合算交易偏见。这种合算交易偏见的存在使得我们经常做出欠理性的购买决策。

交易效用理论最早由芝加哥大学的萨勒教授提出。他设计了一个场景让人们来回答：如果你正在炎热夏季的沙滩上，此刻你极度需要一瓶冰啤酒。你想让好友在附近的杂货铺买一瓶，这时，你想一下杂货铺里的啤酒要多少钱你可以接受。然后实验者又把"沙滩附近的杂货铺"这个地点换了一下，改成了"附近一家高级度假酒店"。因为这瓶啤酒只是你自己请朋友帮忙带来的，而自己并没有真正地处于售卖啤酒的环境中。也就是说，啤酒仍旧是那瓶啤酒，无论是从舒适优雅的度假酒店还是简陋狭窄的杂货铺，这些环境都与你无关。那么，在这样的设定中，同样的一瓶冰啤酒，人们会因为地点的不同而做出不同的选择吗？

结果显示，人们对待高级场所的商品价格总是很宽容的，同样的商品，在这样的环境下，哪怕自己并不是真正地处于那样的环境，人们愿意花费更高价钱的。换句话说，如果最后朋友买回的啤酒，被告之从度假酒店里花了5元钱买回来，你一定会很高兴，因为你不仅享受到了美味的啤酒，还买到了"便宜货"，因为你可能一开始的心理定价是10元，你觉得这瓶啤酒实在是太值了！但是，如果朋友说是花了5元钱从杂货铺买来的，你会觉得吃亏了，因为你一开始的心理价位是3元钱，最后的花费比预想多用了2元，这样，虽然喝到了啤酒，心里却是不怎么高兴，因为此时你的交易效用是负的。可见，对于同样的啤酒，正是由于交易效用在作怪，而引起人们不同的消费感受。

合算交易偏见和不合算交易偏见使得我们做出欠理性的决策。理性的决策者应该不受表面合算交易或无关参考价的迷惑，而真正考虑物品实际的效用。将物品对我们的实际效用和我们要为该物品付出的成本进行比较权衡，以此作为是否购买该物品的决策标准。

如果我们想少几分正常多几分理性，我们应当只考虑商品能够给我们带来的真正效用和我们为此所付出的成本。

炫耀心理为哪般

为什么有的时候标价越高，购买的人越多？"成本一二十元的东西，进口后却要卖个三四百，这就是目前进口红酒的经济学。"在法国经商多年的陈元这样说。

有人透露，一瓶价值 20 元的洋红酒，各种费用加起来，到岸成本也才 30 元左右，之后的仓储和本地运输、人工费用合计也才 2 元人民币，售前成本大约 32 元。但是，到了经销商那里，则以 80～100 元的价格卖出去，经销商有 50% 的毛利。而到了超市或商场之后，就会再加价 10% 到 15% 销售，到消费者手中就成 100 元左右了。而一旦进入西餐厅，则按经销商供货价的 2～2.5 倍卖给消费者，进入酒店的红酒，身价更陡增 3～4 倍，售价可达 300 元左右。现在的葡萄酒市场上，由于消费者对葡萄酒定价缺少概念，一些商贩基本上都是随口定价，一般都往高了定，最奇怪的是，葡萄酒反而越贵越好卖。

当我们在购物时，看到同一类产品，我们一般会选择相对昂贵的，因为从内心来讲，我们比较认可昂贵事物的质量和价值，即多数情况下，我们会认为贵的就是好的。所以，同样的东西，反而是越贵越好卖。其实，按理来说，便宜的东西不才是更让人有物美价廉的满足感和成就感吗，为什么许多人又要反其道而行之呢？这让人百思不得其解的现象又应该怎么解释呢？

这一现象曾引起了美国著名经济学家凡勃伦的注意，他在其著作《有闲阶级论》中探讨研究了这个问题。因此这一现象——价格越高越好卖——被称为"凡勃伦效应"。

凡勃伦效应表明，商品价格定得越高，就越能受到消费者的青睐。这是一种很正常的经济现象，因为随着社会经济的发展，人们的消费会随着收入的增加，逐步由追求数量和质量过渡到追求所谓的品位和格调。

而凡勃伦把商品分为两类，一类是非炫耀性商品，一类是炫耀性商品。非炫耀性商品仅仅发挥了其物质效用，满足了人们的物质需求。而炫耀性商品不仅具有物质效用，而且能给消费者带来虚荣效用，使消费者通过拥有该商品而获得受人尊敬、让人羡慕的满足感。鉴于此，许多人都会毫不犹豫地购买那些能够引起别人尊敬和羡慕的昂贵商品。所以，许多经营者瞄准了我们的这个消费心态，不遗余力地推动高档消费品和奢侈品市场的发展，以使自己从中牟利。比如凭借媒体的宣传，将自己的形象转化为商品或服务上的声誉，使商品附带上一种高层次的形象，给人以"名贵"和"超凡脱俗"的印象，从而加强我们对商品的好感。

就是这个原因，造就了炫耀性消费——价格越贵，人们越疯狂购买；价格便宜，反倒销售不出去。比如，在服装店里，标价太低，可能会让人觉得没档次，从而让它在那里落满灰尘，但若在价签上的数字后面加个零，或许就会有人来问津。

那么，面对类似于这种商品谋取暴利的情况，我们又要怎样做呢？

首先，要打破"便宜没好货"的心理。我们在购买东西时，要学会关注产品本身的质量。如果我们能够分辨普通商品的好坏，那么就可以大致相信自己的判断。但是，如果是较为昂贵的高档产品，最好有专业人士陪同购买，千万不要抱持"贵才是真理"的心理，这样，可能就会被当成"肥羊"给"宰"了。

其次，我们要做个理性的消费者，最好要尽量克制自己的感性购买，不要一冲动就甩出去大把人民币，更不要被一些"花花广告"等宣传造势蒙蔽。

越禁止，越禁不止

日本著名作家渡边淳一在他的《男人这东西》中写道："男人的爱往往是相对的。眼下最爱这个女人，但是，不久第二位、第三位会相继出场。不论她多么出色，男人总免不了偶尔心有旁骛，希望更有新人。"

张爱玲在小说《红玫瑰与白玫瑰》里说：男人的心目中往往有两种女人，一种是红玫瑰，一种是白玫瑰。得到红玫瑰的，白玫瑰则成了"床前明月光"，可望而不可即，红玫瑰则成了墙上的"蚊子血"；而得到白玫瑰的，红玫瑰成为心中永远的"朱砂痣"，白玫瑰则成为"衣服上的饭粒"。

再比如，有些家长总是喜欢禁止孩子做这做那，比如不让读不健康的书，不让早恋，不允许玩游戏、网络聊天，等等。但是如果一味地严厉禁止，而不讲明利害，就容易让孩子产生逆反心理，激发孩子的好奇心，使他们在好奇心的驱使下甘冒风险去咽下那些苦果，这反倒使教育走向了反面。

其实，在生活中，这样的情况也很常见。比如，历代统治者经常把他们认为是"诲淫诲盗"的书列入禁书之列，如我国的《金瓶梅》和西方的萨德、王尔德、劳伦斯等人的作品。但是被禁不但没有使这些书销声匿迹，反而使它们名声大噪，使更多的人挖空心思要读到它们，反而扩大了它们的影响。

这样的现象，我们就将之称为"禁果效应"。越是被禁止的东西或事情，越会引来人们的兴趣和关注，使人们充满窥探和尝试的欲望，千方百计试图通过各种渠道获得或尝试它。禁果效应存在的心理学依据在于：无法知晓的神秘事物，比能接触到的事物对人们有更大的诱惑力，也更能促进和强化人们渴望接近和了解的需求。

《圣经》中亚当和夏娃偷吃禁果的故事尽人皆知：上帝在伊甸为亚当和夏娃建了一个乐园，让他俩住在园中，修葺并看管这个乐园。但是上帝吩咐他们："园内各种树上的果子你们都能吃，唯独善恶树上的果子不能吃，因为吃了它你们就会死。"亚当和夏娃谨记着上帝的教诲。

但是有一天，夏娃禁不住蛇的诱惑，摘下了善恶树上的果子，吃了下去；她又给了亚当，亚当也吃了。上帝得知后将他们赶出了伊甸园，惩罚了罪魁祸首——蛇，让它用肚子走路；责罚夏娃，增加她怀胎的痛苦；让亚当终身劳作才能从地里获得粮食。在现实生活中，禁果似乎分外香、格外甜，越是不让做的事，越是禁止做的事，人们越想做，因为它激起了人们的好奇心理和逆反心理。

《圣经》中这个关于人类远祖的故事，暗示了人类的本性中具有根深蒂固的禁果效应倾向。

我们常说的"吊胃口"、"卖关子"，就是因为对信息的完整传达有着一种期待心理，一旦关键信息在接受者心里形成了接受空白，这种空白就会对被遮蔽的信息产生强烈的召唤。这种"期待—召唤"结构就是禁果效应存在的心理基础。

所以，我们在为人处世中，可以双向地采用这种心理现象。如果我们不想让某人做某事，我们就不要直截了当地提出对方的"被禁令"，或者假装若无其事，或者有意无意地阐明某事的害处，或者根本就不发表意见从而见机行事……相反地，我们有时也可以用一些技巧让别人帮我们做事，我们只要稍微激将一下对方，再告诉他这件事他或许做不了、不能做，如果对方是颇有好胜心的人，就有可能反被说动而自行请令。

对未竟事容易念念不忘

很多电视剧的忠实"粉丝"对节目中插播的广告甚为反感，但是，又不得不硬着头皮看完，因为广告插进来时剧情正发展到紧要处，实在不舍得换台，生怕错过了关键部分，于是只能忍着，一条、两条……直到看完第 N 条后长叹一口气："还没完呀？"

不得不承认，这广告的插播时间选得着实精妙。其实说穿了，都是广告商摸透了观众的心理，才能让我们欲罢不能。很多事情就是这样，不完成似乎就心有不甘。我们大可以回忆一下，记忆中最深刻的感情，是不是没有结局的那一桩？印象中最漂亮的衣服，是不是没有买下的那一件？最近心头飘着的，是不是那些等我们完成的任务？

那么，究竟是一种怎样的心理，让我们被牵着鼻子走呢？

这就如同遇到这样的情况：我们经常会在备忘录上记下重要的事情，但是到最后还是忘记了。因为我们以为记下来了就万事大吉，紧张的神经松弛下来，最后连备忘录都忘了看。在打电话之前，我们能清楚地记得想要拨打的电话号码，打完之后却怎么也想不起来刚才拨过的号码。

其实，这都是一种被称为"蔡加尼克效应"的心理现象在起作用。

1927 年，心理学家蔡加尼克做了一系列有关记忆的实验：他给参加实验的每个人布置了 15～22 个难易程度不同的任务，比如写一首自己喜欢的诗词、将一些不同颜色和形状的珠子按一定模式用线串起来、完成拼板、演算数学题，等等。完成这些任务所需的时间是大致相等的。其中一半的任务能顺利地完成，而另一半任务在进行的中途会被打断，要求被试者停下来去做其他的事情。在实验结束的时候，要求他们每个人回忆所做过的事情。结果十分有趣，在被回忆起来的任务中，有 68％是被中止而未完成的任务，而已完成的任务只占 32％。这种对未完成工作的记忆优于对已完成工作的记忆的现象，被称为"蔡加尼克效应"。

由此可知，我们在做一件事情的时候，会在心里产生一个张力系统，这个系统往往使我们处于紧张的心理状态之中。当工作没有完成就被中断的时候，这种紧张状态仍然会维持一段时间，使得这个未完成的任务一直压在心头。而一旦这个任务完成了，那么这种紧张的状态就会得以松弛，原来做了的事情就容易被忘记。

蔡加尼克效应说明，当心理任务被迫中断时，人们就会对未完成的任务念念不忘，从而产生较高的渴求度。这就是人们常说的：越是得不到的东西，越觉得宝贵；而轻易就能得到的，就会弃之如敝屣。

这也为家长们提供了一条合理的建议，即不能让孩子的愿望过早地得到满足，因为他得到了可能就不会再珍惜了。所以，在进行教育的过程中，不能一股脑儿地将知识灌输给孩子，而应该分阶段地给孩子讲解，让他们有意犹未尽的感觉。家长在教育孩子的过程中，无论是教授知识还是讲述做人的道理，在讲到关键处不妨稍作停顿或者让孩子谈一下看法，这样孩子就会对知识或道理产生浓厚的兴趣，从而对这个关键点产生深刻的记忆。事实上，突出关键点的方法很多，可以重复强化，可以详细阐述等，而最有效的方法就是戛然而止不再讲解，这使孩子的求知欲受到阻碍，反而会让孩子产生迫不及待的求知心理，他的求知欲已经被激发，这时候的教育效果就会比较理想了。

不同阶段的时间感不同

在生活中，有一种人做事总是拖拖拉拉，一件事情不到最后绝不动手，到了不得不做的时候，往往因为时间来不及而匆匆完成，应付了事；另外一种人总是将工作与生活处理得井井有条，做事有条不紊，就算是遇到问题也能妥善处理。这两种人之所以如此大的差异，是与他们对时间的不同感觉而导致的。

我们的主观时间感是在我们的人生中不断变化发展的。让我们来了解一下这些发展阶段，并思考一下它们分别跟我们的拖延有着什么样的关系。也许我们现在的拖延习惯时间与我们早期某个发展阶段的时间概念密切相关。

对一个婴儿来说，生活完全处于当下这个时刻，时间完全是主观的。不管时钟上的时间是几点，他只知道"我现在饿了"。婴儿无法长时间地忍受痛苦，如果需要得不到及时的满足，他们就会号啕大哭。对一个婴儿来说，时间意味着从感觉到某种需要到满足这种需要之间的间隔。

如果在日后的生活中遭遇到恐惧和焦虑，一个以婴儿时间来反应的人就将这样的恐惧和焦虑视作无法忍受和无法穷尽的，而不是一般来得快也去得快的情绪。而拖延却可以帮助人们逃避当下无法承受的难受和痛苦情绪。虽然拖延会引起不良后果，但是在这样一些时刻，你根本不会去想象将会出现什么样的后果，就像一个视酒如命的人看到好酒后，根本不会想到酒精对自己身体的伤害，他想做的是马上品尝到面前的好酒。

在蹒跚学步阶段，孩子们逐渐学会了什么是过去、现在和将来。虽然他们现在非常饥饿，但是当父母告诉他们马上就有东西吃时，他们不再立即大哭，因为他们也开始逐渐适应父母亲的时间。

在亲子关系中，父母的时间观始终在发挥影响力，所以实际上不是时间本身创造了他们对时间的态度，而是亲子关系的好坏本身对孩子的时间态度有影响。

后来，当我们的拖延成了一场与时间抗争的战斗时，实际上我们抗争的不是时间，而是那些想要控制我们的人。与客观时间的抗争实际上可能反映了内心对父母时间的抵制。

当长到大约 7 岁的时候，孩子的时间观念开始与外界更多的规则和期待发生冲突。如，上课有课程表，作业有上交的最后期限，父母希望孩子在出去跟伙伴们玩耍之前整理好自己的房间并帮忙做一点家务。这一切对有些孩子来说，理解为时间可以是一个压迫者，或者也可以是一个解放者。

有些孩子，尤其是有多动症以及相关问题的孩子，在他们的思维里，不具有良好的生物上的时间感，当外界环境发生变化的时候，需要他们在主观时间和客观时间进行切换的时候，他们就会面临很大的障碍。在后期的生活中，他们或许会发现他们对时间的体验不是流动的、顺畅的，这就为日后的拖延奠定了基础。

青春期的孩子感受了时间流逝，他们感觉生命是无限的，敏感的身体和热情的理想占据了一切；未来在他们面前展现出一幕宏大的场景。然而，随着学业、工作以及人际关系上的选择日益逼近，所有这些截止日期以及必须做出的抉择又让未来在现实面前撞得粉碎。

在青少年长大成人的转变过程中，大多数人都会面临很多的内心冲突，他们也许会拒绝承认自己可能需要永远地放弃某些人生道路，而利用拖延作为他们拒绝长大的庇护。他们固执地坚守少年期对时间无限和可能性无限的感觉，迟迟不走入可以让他们长大成人的人生道路——完成学业，找一份工作，站稳自己的脚跟，建立起一个独立的人生。比如有些大学毕业生看到就业的压力，就不愿离开学校而步入社会工作，甚至是终日在学校附近浪荡，也不愿走进拥挤的人才市场。

当一个人长到二十几岁的时候，他们的人生步入正常轨道，感觉自己有着无限美好的梦想，而且有大把的年华去实现。这在感觉上非常充裕，而且变得更具有现实感了。他们会认识到人生不全是完美的，选择一件事的同时也意味着放弃另外一件事情。他们可能没有足够的时间去完成每一件事情，有些机会可能会错过。

在这个阶段，为了检验他们跟时间的关系，可以看一看拖延在他们生活中扮演的角色。拖延现在不再是朋友之间的一个笑话，也不再是以后你可以弥补的某件事情。它的后果表现得越来越严重：工作中的最后期限跟一个人的职业生涯与收入密切相关，当你单身的时候，你只要为自己一个人支付拖延的代价。一旦你有了一个伴侣，另一个人就会直接受到你拖延的影响，并容易引发双方的争吵。

随着岁月的流逝，过了 30 岁。这时，由于社会和家庭的关系，你被期待着在自己的潜能上有所表现。当你在事业或感情中表现拖沓的时候，这或许表示你的事业或感情出现了问题。拖延者难以接受人生的限制，当他们发现他们一直以为会在某一天实现的目标在人到中年时依然没有实现的时候，他们震惊了。

在理性的层面，我们都知道生命总会有一个终结，但是拖延者却同时生活在生命无限的幻想中——无限的时间，无限的可能性，无限的成就，总有更多的时间去弥补那些被延后的事情。认识到时间的有限性是中年人心理上面临的一个主要挑战：我用我的时间做成了一些什么？我还剩下多少时间？我想怎样度过这段时间？这时，我们还会突然面对人必有一死的事实。

从成年到老年的过程中，我们被越来越多的丧失与死亡所包围：某些身体功能的丧失；疾病越来越严重；挚爱的人离开了人世；剩下来可以活着的时间越来越有限。未来也不再像早年那样充满了希望和前景。钟表时间可能已经不再重要，而主观时间显得更为重要了。

对于一个跟生命的有限性做着抗争的拖延者而言，接受生命无可避免的终结是一项具有重要心理意义的挑战。在这个时刻，他不再否认自己一生拖延所产生的种种后果。

回顾以往的生活，有着各种的焦虑和需要解决的问题。一切都没有变化，他在那样的条件下，尽可能地做一些自己所能做的事情。坦然地接受过去或许会给自己带来内心的平静，而不接受只会带来绝望或自我谴责。他甚至感到一种释然和自由，因为他终于知道自己没有必要再去追求那已经无法达成的目标。这当然是一件好事。

如果我们不想在年老的时候为曾经的拖延埋单，不想终日生活在悔恨与遗憾之中，那么让我们从现在开始做一个珍惜时间的人。

第八章 我们的决策易受别人影响

没有知识上的门户开放，不可能有真正的心灵扩展，而没有真正的心灵扩展，也就不可能有进步。

——辜鸿铭
（曾任教北京大学，语言学家）

人类为什么需要集体

在生活中，我们经常看到很多人才，感慨怀才不遇，一生碌碌无为，却始终不得志。其实，人生成功机遇的多少与其交际能力和交际活动范围的大小几乎是成正比的。我们应充分发挥自己的交际能力，不断建立和扩大自己的交际范围，发现和抓住难得的发展机遇，进而拥抱成功！

斯坦斯研究中心的一份调查报告指出：一个人赚的钱，12.5％来自知识，87.5％来自关系。关系只是面对个别人的，而圈子却是关系的扩大化。从心理学的角度来看，人与人之间的交往是必不可少的，同时，人也更倾向于让自己成为某个群体中的一员，在这个群体里，多会有共同的思维、意识、行动。这也就是我们常说的"物以类聚，人以群分"。

上海威顺康乐体育咨询有限公司董事长兼总经理吴榸华直言自己有两三千个朋友，每年都会见三四次的有 1500 多个，而经常联系的就有三四百人。目前，吴榸华的个人资产已经超过 8 位数。吴榸华感言，自己的事业是因为得到圈内朋友的照顾才会如此顺利，"包括开公司、介绍推荐客户和业务等，各种朋友都会照顾我，有什么生意都会马上想到我。"

在朋友的推荐下，从 1999 年到 2000 年，吴榳华开始涉足房地产业。当时上海的房市非常热，很多楼盘都出现了排队买房的盛况，而且有时即使排队也不一定能买到房子。吴榳华通过朋友不仅买到了房子，而且还是打折的。

有些人急于融入某个群体中，也不管这个群体里的人是做什么工作的、大家有什么样的爱好，只要进去了，就很兴奋，但之后或许会发现这个群体不一定适合自己，对个人今后的目标没有多大的好处。因此，我们要根据自身的情况学会鉴别自己能够融入的群体。

首先，要了解自己的背景和能力。群体会带给我们一些共享的资源，同样我们要给这个群体带来一些资源，这时候我们的背景跟我们的这种能力，各种综合的情况，能不能给群体带来一些益处，也变得重要了。我们如果不够格，或者说没有资质，不满足要求的时候，可能会逐渐脱离这个群体。我们也有可能被并到另外一个群体里去，这也是由不得我们自己的事情。

其次，应该有一个自己发展的大致的方向，找到在这个方向上比较一致的、比较接近的一些圈子，或者说这种人脉关系，着重去发展。

再次，现代社会的群体五花八门，可以说是种类繁多，虽然群体的数量突飞猛进，但群体的质量严重下降。过去的群体崇尚"谈笑有鸿儒，往来无白丁"，但现在越来越多的功利色彩充斥其间，群体的功能就是提供获取利益的机会外加娱乐消遣。

最后，一个群体的利益取向决定于群体里的人和他所处的职位。所谓"量体裁衣"就是这个道理，比如有的 HR（从事人力资源工作的人）在公司任总监职位，那么他对群体的取向和给予会与一般 HR 经理不同，他所谈论和要求的会是高管一级关心的事情，而一般经理人更倾向于个人职业发展。

我们无论是选择还是建立适合自己的群体，都要遵循以下两个原则：

（1）邻近原则，指上班族的社交网络中多是跟自己待在一起时间最长的人，用共同活动原则来建立社会关系网络。强大的社会关系网络不是通过非常随意的交往建立起来的，我们必须借助一些有着较大利害关系的活动，才能把自己和其他不同类型的人联系起来。事实上，任何人都可以参加多种多样的共同活动并从中受益，包括运动队、社区服务团体、跨部门行动、志愿者协会、企业董事会、跨职能团队和慈善基金会等。

（2）类我原则。所谓类我原则，指的是在结交关系时倾向于选择那些在经历、教育背景、世界观等方面都跟自己比较相似的人。因为"类我"可以更加容易信任那些以同样的方式来看待世界的人，我们感觉到他们在形势不明朗的情况下会采取和我们一样的行动。更重要的是，和那些背景相似的人共事，通常工作效率会很高，因为双方对许多概念的理解都比较一致，这使得我们能更快地交换信息，而且不太会质疑对方的想法。

21 世纪的今天，不管是保险、传媒，还是金融、科技、证券，几乎所有领域，人脉竞争力都起着日益重要的作用。专业知识固然重要，但人脉更加重要。从某种意义上说，人际关系是一个人通往财富、荣誉、成功之路的门票，只有拥有了这张门票，我们的专业知识才能发挥作用。否则，我们很可能是英雄也无用武之地！为了实现成功梦想，我们需要建立自己的人脉，融入圈子。

三人成虎的成因

俗话说"无风不起浪"，我们很多人都坚信一个道理：当有人开始散布一些荒诞的事情，事情被传播开，渐渐地，这句话就成了真理。经过一番以讹传讹，最终一发不可收拾。甚至有人连最基本的常识都搞不清楚，也不去做任何的调查，直接开始恐慌，于是本来就是无中生有的事情，变得跟真的一样，最终连捏造了这些事情的人都被自己的谎言说服了。

促使三人成虎的发生是人们的从众心理，即人们改变自己的观念或行为，使之与群体的标准相一致的一种倾向性。

也许有人会质疑，我是个意志坚强的人，不会随便改变自己的观念。但是，当大家众口一词地反对你时，你还能坚持自己的意见？

社会心理学家所罗门·阿希做过一个比较线条长短的实验。在实验中，有 1 个真的来做实验的大学生，还有 6 个研究者参与实验（大学生并不知道这些人是研究者），大学生总是最后一个发表意见。

当线条呈现出来后，大家都做出了一致的反应。之后呈现第二组线条，6 个研究者给出了完全错误的答案（即故意把长的线条说成是短的）。这时，最后一个发言的大学生就十分迷惑，并且怀疑自己的眼睛或其他地方出了问题，虽然他的视力良好。他还是说出了明知是错误的答案。

实验现场形成了与大学生明显对立的意见，基于群体压力的影响，他说出了明知是错误的答案。人们做出从众的事情，一是为了做正确的事情，二是为了被喜欢、肯定。人类是群体性动物，正常情况下，我们都趋向融入群体，避免标新立异，很多时候，为了不被群体排斥，会做出非理性的行为。

在什么条件下人们会从众？

一是当群体的人数在一定范围内增多时，人越多人们越容易做出从众行为。"三人成虎"说的就是这种情况。不过当群体的人数超过 4 人时，从众行为就不会显著增加了。

二是群体一致性。当群体中的人们意见一致时，人们的从众行为最多。即使是有一个人的意见不一致时，也不会影响从众行为的发生。

三是群体成员的权威性。如果所在的群体里都是著名的教授，那么即使他们说出了明显错误的事情，自己也会好好思考一下；如果所在的群体里是普通人，当他们说出明显是错误的事情时，自己肯定会立刻反驳。

四是个人的自我卷入水平。没有预先表达表示自我卷入水平最低；事先在纸上写下自己的想法，之后再表达表示自我卷入水平中等；公开表达自己的想法表示自我卷入水平高。实验证明，个人的自我卷入水平越高，越拒绝从众。

简单说来，从众即是对少数服从多数的最好解释。

面对各种谣言、传闻，总会一定程度影响我们正常的思考和决策，我们又该如何规避这些因素呢？

要因时、因地、因人而异，先做好分析，回到事情的"原点"去思考，千万不能冲动行事。

要学会独立思考。在谣言中站稳脚跟，坚定自己的信念和决心，就需要有独立思考的能力，有自己的主见。因此，你应该对流言进行一番分析，看看其中是不是还有一点合理的东西。但是，如果完全被谣言所左右，就会把自己搞得晕头转向。

我们要对自己有信心，当前发生什么事情，以我们的能力可以做出判断的，就不要从众；如果超出自己的知识、能力范围，就要请教专业人士，不要人云亦云。这也要求我们平时对知识的积累、社会的关注。

谎言本身并不可怕，愚昧地传播谎言，甚至还深信不疑才让事件产生严重的后果，整件事就会变成一场闹剧。

为何有如此多的善变者

有没有发现身边有着这么一类人，他们大都喜欢新鲜，追求新事物，崇尚改变。无论是最新上市的手机、衣物，还是新上映的电影、电视剧等。反正只要是他们所喜欢的东西，他们都想第一时间拥有。他们的思维也不停地处于变化、跳跃中，让人捉摸不透。

回忆一下你身边的这类人，当有一款心爱的新手机上市时，他们是不是会幻想着要是哪天自己的手机不小心丢了，这样就可以名正言顺地拥有新手机了。就算他们的手机没丢，他们也可以找个借口，比如说，会告诉你，今天失恋了心情不好，需要换个心情才可以忘记那个人。又比如，会这么说，今天老板给我升职了，我要好好犒劳一下自己。在这样顺理成章的逻辑下，手机终于换了。

想一想有没有碰到过这么一些时常改变着自己想法的男男女女，让自己的计划不断地处于变动之中，使自己十分被动？

有一家公司准备在总部举办运动会，分公司的老板积极响应。这个老板是出了名的"善变"。他要求助理全力负责该分公司的运动员选拔、操练及相应会务工作。助理丝毫不敢怠慢，项目确定，人员报名、选拔，服装定做等，一切都好像有条不紊地进行着，到最后一项集体项目广播体操时，这个老板的"善变"终于被彻底激发了。

刚开始，老板要求选拔有服役经历的公司保安做教官。没过两天，他看到职业军人升国旗很帅气，又想把保安换成职业军人。换了教官后，老板异常兴奋，说要自己亲自带领他们训练广播体操。没想到，第三天他又改变主意了，说还是由学校的老师来训练比较专业。风平浪静了一段时间，等到排练进入尾声时，老板又根据自己在电脑上看到的运动会的相关情况，从队形、男女比例、口号等进行了"七十二变"。助理本想着终于结束了，哪知在比赛前的一天晚上，老板下达了一项最新任务：升国旗的几个帅哥之所以帅，是因为他们戴了白手套。结果一大群职工在8月的盛夏晚上满大街地找白手套。手套终于买到了，老板又赶紧通知大家第二天一早6点到体育场进行赛前排练。第二天一早，排练完毕，老板最后赶来发布了赛前的最后一道指令：所有队员在比赛前一律把白手套放在口袋中，直到列队进场前最后一秒钟才能戴上，这样才有新鲜感，大家不得有误。

这个老板是典型的"善变"者，制订了计划之后，一见到新的东西，受到冲击，便不停地改变自己的决定。助理按照之前吩咐所做的努力都有可能成为无用功。为什么这类人会如此善变呢？为何他们如此容易受到外界的影响而改变自己的想法呢？善变的首要根源是其本身喜欢变化，其思想容易受到影响。

按照"善变"者的思维逻辑，他们做事根本就不需要什么计划，也不喜欢被什么事情约束，抱着"西瓜皮滑到哪里就是哪里"的想法，随性地生活着。

这些人在成长的过程中养成这种"善变"的性格，或许是环境对其思考模式和处事风格产生影响。而日常的生活方式和交往方式也在不断地影响着个人性格的塑造。俗话说"性格决定成败"，意在说明"性格决定思考，思考决定成败"。性格上的善变会使人们的思维跳跃性太强而影响到人们正常的思考过程，也使得别人难以跟上这种人思想的变化脚步。这也是为什么这种类型的人无论在职场上还是生活中，总是让人又爱又恨。

但是，"善变"这种习惯一旦形成就很难改变。"善变"的人几乎每天的生活都处在变动之中。在这种"善变"情绪的左右下，思考会随着情绪的变化而变。当情绪非常低下或高昂时，思考总是表现出某种极端；当情绪保持稳定的状态时，思考就会变得非常的冷静和理智。情绪能够表达我们当前的思考状态，所以我们应该使我们的情绪保持稳定，这样才保持理性，才能保持自己决定的连贯性和持续性。

认识到情绪对思考的影响，就能够控制由于情绪所导致的思考冲动，也能通过控制情绪控制多变的思维，从而有效地控制多变的性格。

多数人会迷信权威

对于我们大多数人来说，服从权威与领导，似乎是一件简单又自然的事情。但是，很少会有人考虑权威话中真正的"权威性"。

米尔格拉姆做了这样一个实验：他声称实验是研究惩罚对学生学习的影响。实验时，两人一组，一人当学生，一人当教师。实际上，每组中只有"教师"是真被试，"学生"则都是被安排混入实验的助手。

实验的过程是，只要"学生"出错，"教师"就要给予电击的惩罚，同时，电击按钮也被安排有"弱电击""中等强度""强电击""特强电击""剧烈电击""极剧烈击""危险电击"，最后两个用××标记。

事实上这些电击也是假的，但为了使"教师"深信不疑，就先让其接受一次强度为45伏特的真电击，作为处罚学生的体验。虽然实验者说这种电击是很轻微的，但已使"教师"感到难以忍受。

在实验过程中，"学生"故意多次出错，"教师"在指出他的错误后，随即给予电击，"学生"发出阵阵呻吟。随着电压值的升高，"学生"叫喊怒骂，尔后哀求讨饶，踢打墙壁，当电击为 315 伏时，"学生"发出极度痛苦的悲鸣，已经不能回答问题；330 伏之后，学生就没有任何反应了，似乎已经昏厥过去了。

此时，"教师"不忍心再继续下去，问实验者怎么办。实验者严厉地督促"教师"继续进行实验，并说一切后果由实验者承担。在这种情况下，有多少人会服从实验者的命令，把电压升至 450 伏呢？

实验结果却令人震惊，在这种情况下，有 26 名被试者（占总人数的 65%）服从了实验者的命令，坚持到实验最后，但表现出不同程度的紧张和焦虑。另外 14 人（占总人数的 35%）作了种种反抗，拒绝执行命令。米尔格拉姆的实验虽然设计巧妙并富有创意，但也引发了不少争议。

抛开实验本身是否道德这个问题不谈，单是实验结果就足以发人深省。米尔格拉姆在实验结束之后，告诉了被试者真相，以消除他们内心的焦虑和不安。继米尔格拉姆之后，其他许多国家的研究者也证明了这种服从行为的普遍性。在澳大利亚服从比例是 68%，约旦为 63%，德国则高达 85%。

人们往往低估了权威者对人的影响。那么，人究竟在什么情况下会服从，什么情况下会拒绝服从呢？哪些因素会对服从行为产生影响呢？米尔格拉姆通过改变一些实验条件做了一系列类似的实验，发现下列因素与服从有关：

1. 服从者的人格特征

米尔格拉姆对参加实验的被试者进行人格测验，发现服从的被试者具有明显的权威主义人格特征。有这种权威人格特征或倾向的人，往往十分重视社会规范和社会价值，主张对于违反社会规范的行为进行严厉惩罚；他们往往追求权力和使用强硬手段，毫不怀疑地接受权威人物的命令，表现出个人迷信和盲目崇拜；同时他们会压抑个人内在的情绪体验，不敢流露出真实的情绪感受。

2. 服从者的道德水平

在涉及道德、政治等问题时，人们是否服从权威，并不单独取决于权威人物，而与他的世界观、价值观密切相关。米尔格拉姆采用科尔伯格的道德判断问卷测验了被试者，发现处于道德发展水平的第五、第六阶段上的被试者，有 75% 的人拒绝服从；处于道德发展第三和第四阶段的被试者，只有 12.5% 的人拒绝服从。可见，道德发展水平直接与人们的服从行为有关。

3. 命令者的权威

命令者的权威越大，越容易导致服从。职位较高、权力较大、知识丰富、年龄较大、能力突出等，都是构成权威影响的因素。

此外，情境压力对服从也有一定的影响。在米尔格拉姆的实验中，如果主试在场，并且离被试越近，服从的比例就越高。而受害者离被试越近，服从率就越低。所以，就有学者担心，如果有一天战争发展到只需要在室内按按电钮的阶段，那么人们就有可能更容易听从权威的命令，那样后果将是可怕的。

那么，我们应该如何破除权威效应的"迷信"呢？

这就要求我们看问题时，不要被问题吓倒，更不要惧怕、迷信权威。我们应该学会独立思考，以自信心作为突围那些权威名义下的种种"圈套"的利器。我们不要在接触到难题的时候就为自己设置无谓的障碍，不要在还没有尝试解决问题的时候就对自己的能力有所质疑。

同时，我们更要学会创新，用发散性思维、逆向思维来进行思考，当一条路走不通的时候，我们不要再试图以常规的方式来处理问题，更不要以权威的方案为唯一。

所以，在现实生活中，无论是做人还是做事，我们都要擦亮双眼，理智思考，不要让权威成为遮盖事实真相的心理面纱。

人多却不一定力量大

中国有句老话叫作"人多力量大"。但是现实生活中，有时并非如此。有时多人一起干活，效率反而更低，效果反而更差。为什么人多却不一定力量大呢？看完下面的实验你或许能有所启发。

德国科学家瑞格尔曼的拉绳实验：参与测试者被分成四组，每组人数分别为一人、二人、三人和八人。瑞格尔曼要求各组用尽全力拉绳，同时用灵敏的测力器分别测量拉力。测量的结果有些出乎人们的意料：二人组的拉力只为单独拉绳时二人拉力总和的95%；三人组的拉力只是单独拉绳时三人拉力总和的85%；而八人组的拉力则降到单独拉绳时八人拉力总和的49%。

现代社会把人们组织起来，就是要发挥团队的整体威力，使团队的力量大于各部分之和。而拉绳实验却告诉我们：1＋1＜2，即团队的力量小于各个部分的总和。这一结果向团队的组织者发出了挑战。

在一个团队中，只有每个成员都最大限度地发挥自己的潜力，并在共同目标的基础上协调一致，才能发挥团队的整体威力，产生整体大于各部分之和的协同效应。那么，到底是什么因素影响了团队的整体绩效呢？

在一个团队中，影响成员发挥其能力、潜力的因素非常多。一个团队要组织建设好，需要每一个成员、每一个环节都做得好，从而保证团队的力量；相反，如果团队建设中的任何一件小事、任何一个细节做不到位，都会影响团队成员的积极性，进而影响团队整体的战斗力。在影响团队绩效的诸多因素中，应该注意从以下三个方面来把握。

第一，绩效评估方法。绩效评价看重的是整个团队的绩效，这是不言而喻的。但是，团队绩效毕竟是每个成员协同努力的结果，必须重视团队成员个人的作用。所以，一个团队需要一套公平、透明的绩效评估体系，对成员的努力绩效做出评价。假如评估体系不够透明，或者不够科学的话，就会影响到团队成员的积极性，进而影响整个团队的绩效。因为不对团队成员的个人努力做出评估的话，团队中就会有人滥竽充数，不会为团队建设做出贡献，甚至会影响其他团队成员的积极性。

第二，人际关系。北大社会学的前辈费孝通先生，在谈到人际关系的时候，对我国的人际关系作了一个比较形象的比喻。他说：中国的人际关系就像一块石子扔到水里一样，溅起好多好多的波纹，一圈一圈的波纹向外扩散，由近及远，互相交错，利益关系复杂。比如，一个有着三个人的小单位，构成了一种简单的三种人际关系；如果增加一个人，就变成六种关系了。加入的人越多，那么形成的关系也就越复杂。因为每一个人都像投入水中的石块一样，以自己为中心，形成了一圈一圈的波纹似的由亲而疏的关系网，在相互交错中，形成了错综复杂的关系。复杂的人际关系，对团队绩效产生了很多负面的影响，因为人们把太多精力耗费在人际关系方面。而人的精力是有限的，你这方面花费得多，用在工作上的就少了，就必然会影响团队整体绩效。所以，团队一定要创造一种和谐的人际关系氛围，使团队成员可以在简单的人际关系中，轻松而又全力以赴地进行工作。

第三，公平因素。团队当中的每一个成员都有公平的要求。公平可分为程序上的公平和结果上的公平。一般说来，程序上的公平比结果上的公平更能对团队成员产生影响。比如，在百米赛跑中，在公平的比赛机制下，人们只会向自己而不会向第三人抱怨没有跑第一，但如果参赛者没有站在同一起跑线上，那么人们就会对结果是否公平提出异议，进而影响情绪，影响其积极性。程序上的公平是要给人以平等的机会，而结果的公平是要给人以平等的结果。

在满足程序公平的前提下，不同的结果则表明了个人的能力以及努力程度；如果程序上不公平，那么就会导致秩序混乱。所以，相对而言，程序上的公平比结果上的公平更重要。

以上这些问题解决得好，组织内的成员就会协调一致地行动，这样就有可能产生整体大于部分之和的协同效应。所以，人多不一定力量大，必须具有团队精神，才能发挥整体大于部分之和的协同效应。

团队精神可以使一个人成大事，可以使一个企业于激烈竞争中处于不败之地，可以使一个民族强大。

为什么会有"鸟笼效应"

鸟笼效应是一个著名的和有意思的心理现象，它起源于近代杰出的心理学家詹姆斯。

1907 年，詹姆斯从哈佛大学退休，同时退休的还有他的好友物理学家卡尔森。一天，他们两个人打赌。詹姆斯说："我有个办法，一定会让你不久就养上一只鸟的。"对于詹姆斯的话，卡尔森根本就不相信，他说："我不会养鸟的，因为我从来就没有想过要养一只鸟。"

没过几天，卡尔森过生日，詹姆斯送上了一份礼物，那是一只精致漂亮的鸟笼。卡尔森笑着说："即使你给我鸟笼，我还是不会养鸟，我只当它是一件漂亮的工艺品。你和我打赌，你会输的。"

可是，从此以后，卡尔森家里只要来客人，看见书桌旁那只空荡荡的鸟笼，大部分的客人就会问卡尔森："你养的鸟去哪里了，是飞走了吗？"卡尔森只好一次次地向客人解释："不是这样的，我从来就没养过鸟。鸟笼是朋友送的。"然而，每当卡尔森这样回答的时候，就会换来客人困惑而有些不信任的目光。无奈之下，卡尔森只好买了一只鸟。

詹姆斯的"鸟笼效应"成功了。即使卡尔森长期对着一个空置着的鸟笼丝毫不感到别扭，但每次来访的客人都询问空鸟笼是怎么回事的时候，或者将怪异的眼神投向鸟笼时，他就渐渐地懒于去解释，丢掉鸟笼或者购买一只鸟回来相对而言是一件更方便的事。丢掉鸟笼是不可能的，因为那是詹姆斯送的生日礼物，那就不如买一只鸟，省了之后解释麻烦。

从卡尔森主动去买来一只鸟与笼子相配的行为分析，不难看出他是迫于众人询问的压力或者迫于自身心理压力而不得不改变了初衷。这是一种巧妙运用压力促使人服从的方法。自身的想法如何？该怎么去做？该满足谁的需要？卡尔森在某种程度上被詹姆斯的"鸟笼"给操控了，使得自身的自我意识消失，陷入了被别人操纵的结果。事实证明，如果你陷入被操纵关系的时间越长，你就越看不清真正的自我。同样，别人也无法真正地了解到你真实的想法。被操纵者最后会追随着操纵者的需求而不断地改变自己的立场，不自觉地遵循操纵者的指示。

如果你不知道自己究竟是谁，不知道除了为别人服务之外自己究竟该处于什么样的立场上，除了听从别人的指示之外自己不知道该怎么表达自己的想法，那么，你正是"自我消失"的人群中的一员，在人与人之间的相处上似乎感觉到自己在一点点地"消失"。有些感受不到自我存在的人这样描绘他们对"自我消失"的体会：生活以他人为中心，缺少个性，因而无法被人深刻记住。他们就像空气一般，漂浮在人们的周围，却几乎忽视了自己的存在。最令人感到可怕的是，在睡梦里或在清醒的时候，你可能还会突然地感觉到自己似乎正在不断缩小，似乎就要与这个世界离别。

在感到"自我消失"后，你就会感到一种无法言喻的失落感，也会感到与他人之间的距离拉大了。你非但不能清楚地向他人展示自己，也无法根据自己的处世原则适时拒绝别人、表明自己的态度和立场。此时，别人便会根据他们的理解及意愿来划定你是哪类人。确切地说，他们会将自己的意愿强加在你的身上。

产生这种"自我消失"的感觉可以追溯到一个人童年时期的经历。童年时期的某些经历会在一定程度上造成这种自我意识和感知模糊，像童年时期遭遇的一些影响了自我意识的健康发展的事情。这样的事情可能归咎于父母不正确的教导，或在他们童年时期其他一些比较重要的人的影响。在这样的环境下，小孩子不断地被教育，并最终学会：自己的意见是无关紧要的，自己不聪明、不能干，以及大家希望他遵从有权有势者和权威的意愿。

心理学家在分析人格问题上有一个经典的测试，即罗夏墨迹测试。在这个测试里，将给出一系列卡片，每张卡片上都有一个墨迹。这个墨迹没有规则的形状，测试者被要求从每张卡片的墨迹上"看出"一张画。这一测试的理论基础是：测试者会将无任何确定意义的墨迹想象成他所被要求看到的图形。

如果你在生活中不能表现出一种确定的人格，那么，别人就会根据他们自己的需要和想法把你想象成另外一个样子。这就是"罗夏现象"。

自我意识不明确的人或丧失了自我意识的人往往容易在受到压力时便无法坚持自己的原则，甚至有时容易被他人操纵。因此，作为一个有独立思想的个体，应该尽量避免"鸟笼效应"对自己的影响。

有人会"一呼百应"

在观看演唱会时，当看到舞台上某个演员演唱出自己熟悉的音乐时，我们往往会不自觉地跟着哼唱，以至于越来越多的人跟随着大声唱出来，把整个现场推向高潮。人们为什么会出现这种不自觉的行为呢？因为当人把自己埋没于团体之中时，个人意识会变得淡薄。心理学将这种现象称为"去个性化"。它是指个人在群体压力或群体意识影响下，会导致自我导向功能的削弱或责任感的丧失，产生一些个人单独活动时不会出现的行为。

这个概念最早是由法国社会学家 G. 勒邦提出的，意指在某些情况下个体丧失其个体性而融合于群体当中，此时人们丧失其自控力，以非典型的、反规范的方式行动。人们在群体中通常会表现出个体单独时不会表现出来的行为。例如，处在团伙中的个体有时会跟团伙表现出一些暴力行为，而这种行为在他单独时不会表现出来。

当人把自己埋没于团体之中时，个人意识会变得非常淡薄。个人意识变淡薄之后，就不会注意到周围有人在看着自己，觉得"在这里我们可以做自己喜欢做的事情"。于是，本来性格内向、羞于在人前讲话的人，看演唱会时也会跟着大声唱歌，看体育比赛时也会高声为运动员呐喊助威。

但如果我们把握不当这种状态，就会存在一定的危险性。当人的自我意识过于淡薄时，就会开始感觉什么事都不是自己做的。比如狂热的足球迷，如果自我意识过于淡薄，就可能发展成危害社会的"足球流氓"。当然，"没个性化"并不会在所有情况下都能导致人丧失社会性。在保持着社会性的团体中，"没个性化"也很难使人做出反社会的行为。

心理学家金巴尔德曾以女大学生为对象进行了一项恐怖的实验。他让参加实验的女大学生对犯错的人进行惩罚。这些女大学生被分为两组，一组人胸前挂着自己的名字，而另一组人则被蒙住头，别人看不到她们的脸。由工作人员扮成犯错的人后，心理学家请参加实验的女大学生发出指示，让她们对犯错的人进行惩罚,惩罚的方法是电击。

实验结果表明,蒙着头的那一组人,电击犯错者的时间更长。由此可见,有时"没个性化"会让人变得更冷酷。

金巴尔德认为,没个性化产生的环境具备两个条件:匿名性和责任模糊。匿名性即个体意识到自己的所作所为是匿名的,没有人认识自己,所以个体毫无顾忌地违反社会规范与道德习俗,甚至法律,做出一些平时自己一个人绝不会做的行为。责任模糊是指当一个人成为某个集体的成员时,他就会发现,对于集体行动的责任是模糊的或分散的。参加者人人有份,任何一个个体都不必为集体行为而承担罪责,由于感到压力减少,觉得没有受惩罚的可能,没有内疚感,从而使行为更加粗野、放肆。如集体起哄、相互打闹追逐、成群结伙地故意破坏公物、打架斗殴等,都属于去个性化现象。

心理学家指出,在群体中的个人觉得他对于行为是不负责任的,因为他隐匿在群体中,而不易作为特定的个体而被辨认出来。这样,有的成员甚至觉得他们的行动是被允许的或在道德上是正确的,因为集体作为一个统一体参加了这一行动。

"去个性化心理"是群体中成员普遍具有的一种心理,既可能导致消极行为,也能够产生积极效应,为我所用。因此,我们要加强自我监督的管理和个人素质的提高。

设法改变他人的决定

在决策过程中,一些影响我们思想和行为的因素常常被我们忽视,因为它们十分隐蔽。有时候,可能只是简单的一个笑话、简短的一段音乐或者报纸上的新闻标题。事实上,要改变一个人的思维模式、感觉和行为方式并不需要大费周折,只需动一下小脑筋。

在一项研究中,法国餐厅的服务生被要求在给客人呈上账单的同时附上一张卡片。卡片的内容一半是当地一家夜总会的广告,另一半则是一则小笑话。

那些看到笑话的顾客都给逗乐了,更重要的是,他们在给付小费时也变得慷慨多了。

也许我们会认为小费的多少取决于餐厅所提供的食物、饮料和服务的质量,但在对全球范围内的酒吧和餐厅内进行的研究显示,真正能够决定小费多少的是一些隐性因素。心情好坏在其中起着重要的作用，如果用餐者的心情非常愉悦，通常给的小费也比较可观。

研究人员已经反复衡量过心情和小费之间的关系。当外面阳光明媚时，甚至当服务生告诉他们外面阳光明媚时，人们都会给较多的小费。如果服务生在账单底部画上一个笑脸或者写上一句"谢谢您"，或者面对顾客时露出明显的笑容，他们都会得到更多的小费。其他一些研究还发现，如果服务生以名字而非姓氏介绍自己或者称呼客人，小费的数额也会大幅攀升。

此外，触摸的力量也不容忽视。在一篇名为《点金术：轻微触摸对餐厅小费的影响》的文章中，艾普瑞尔·克拉斯克解释说，她对两名女服务员进行了培训，教她们在给客人呈上账单的时候触摸客人的手掌或肩膀1.5秒钟。结果显示，与没有任何身体接触的情况相比，这两种短暂的触摸都会让客人多付一些小费。相对而言，轻触手掌的效果要比轻拍肩膀更好一些。

20世纪90年代，得克萨斯科技大学的研究人员查尔斯·阿雷尼和大卫·基姆在市区的一家酒品专卖店有计划地改变所播放的音乐。半数的顾客听到的是古典音乐，比如莫扎特、门德尔松和肖邦的曲子；还有半数的顾客听到的是流行音乐。研究人员把自己乔装成了清点存货的店内助理，借此观察顾客的各种行为，比如他们从酒架上拿下了多少瓶酒、是否阅读酒品的标签，更重要的是，他们最终买了多少瓶酒。

观察的结果令人印象深刻。播放的音乐类型并不会影响人们在酒窖里停留的时间，也不会影响人们从酒架上所取下酒品的数量，甚至不会影响人们购买酒品的数量，但的确会影响顾客对酒品的价格的选择。当播放古典音乐时，人们所选酒品的价格平均要比播放流行音乐时高出三倍。研究人员相信，听到古典音乐会让人们下意识地感觉自己变得高尚起来，从而促使他们去选购更为昂贵的酒品。

这些研究无不证明一个道理：我们的决策总会受外部各种因素的影响。它们在我们尚未察觉时，改变着我们的思维习惯和行为方式。

"吊桥效应"引发心动错觉

我们往往用心动来判定一份感情的开始。但是，我们是否曾经想过，这份心动里到底几分真、几分假？有人做过这样一个实验，研究者让女助手分别在两座桥的桥头等待他人，一座是安全木桥，一座是颇具危险度的吊桥。她被要求去接近18～35岁的男士，时间则被限定在他们走过桥头的时候，她要同那些男士交谈，并请每位填写一张简短的调查表，同时对他们声称之后会告诉他们这项研究的相关事宜，并把自己的名字和号码写在小纸片上交给对方。

实验显示，几天后，走安全木桥的16位男士中只有两个给女助理打了电话，而走过吊桥的18位男士中几乎有一半主动与她联系了。当然，这些主动者不太可能是一夜之间就对心理研究产生了兴趣，更合理的解释则是——这位女助理的魅力。但是，为什么安全木桥和吊桥之间又产生了如此大的差距呢？为什么吊桥上的男士明显比安全木桥的男士对她更感兴趣呢？

研究的答案就是：两座桥的摇晃程度不同。

因为当人们经过吊桥的时候，会因为不稳定感和不安全感产生一些生理反应，比如，下意识屏住呼吸、心跳加快、冒出冷汗，异常紧张，而这些都是肾上腺素上升的反应，大部分男士就将这种反应和紧张感转化为一种浪漫情怀。同时，研究还表明，行走路径的选择也分类出了这些男士的性格特征，选择吊桥的人比选择安全木桥的人更具有冒险精神和主动意识，他们都是相对更勇敢的人。所以，心理学上将这种把生理上的紧张感转化为浪漫感的状态，称为"吊桥效应"。

正如这种心理现象所表达的，我们在与人交往的过程，往往会不由自主地受到许多外界环境的影响或干扰，但是，这种微妙的信息发送和接收，可能是我们本身很难察觉的。所以，很多时候，我们所说的心动到底是因为什么因素，或许我们自己都很难说清。但是，我们很难否认，自己会下意识地仅凭一种生理反应就判定对交往对象的好感度。

所以，对于爱情来说，心动的开始，或许有很多复杂的成分在其中，而我们的感情或许也没有自己想象中的那么单纯和理智。

爱情本身并不简单，它就好比一锅大杂烩，是百种滋味的纠结和融合。而想要让这锅大杂烩更美味，各种材料都入味三分，我们最好多一份心理准备和技巧。

所以，无论是在恋爱或是婚姻中，想要得到真挚的爱情，恋人之间要相互观察、了解乃至考核，这都是有必要的。只有经过多方面的观察、了解、考核，才能从里到外认识对方的本质，并由此做出判断：能否与他共度一生。无论在选择恋爱的时候还是在恋爱之中，我们的智商都不能降为零。不要不爱，也不要太爱，更不要因爱淹没了自己的人格和想法，要明白"过犹不及"的道理，要时刻谨记人的心里是需要一把"适度原则"的铁锁。无论有多么的狂热，一定的理性还是需要的。把这种理性化为一种力量和智慧，不要让自己轻易变成别人手中的玩物和傀儡，也不要抱着一种非君不可的牺牲精神去飞蛾扑火，而是要让自己坚强得如同一座堡垒，不会让爱成为自己的弱点和软肋。

同时，在处理人际关系时，我们也可以利用这种吊桥效应来制造好感。偶尔制造一些紧张感，然后再在适当的时间展示自己。

我们为什么轻信流言

生存于一个团体之中，无论你如何做人，也无法让每一个人都满意，更何况当有利益纷争的时候呢？出于种种原因，对我们不利的谣言就来了，有攻击我们能力的，也有诽谤我们的信誉和人格的。生活中的流言很多，常常令我们身陷被动的境地。

孔子的弟子曾参是一个有名的孝子，有一天，他说："我要到齐国去，望母亲在家里多保重身体，我一办完事就回来。"母亲说："我儿出去，各方面要多加小心，不要违反人家齐国的一切规章制度。"

曾参到齐国不久，有个和他同名同姓的齐国人因打架斗殴杀死了人，被官府抓住。曾参的一个同门师弟听到消息就慌忙跑去告诉曾参的母亲说："出事啦，曾参在齐国杀死人了。"曾母听了这个消息，不慌不忙地说："不可能，我儿子是不会干出这种事的。"

那位师弟走后，曾母仍旧安心织布，心里没有半点疑虑。

过了一会儿，又有一位邻居跑来说："曾参闯下大乱子了，他在齐国杀死人被抓起来啦。"曾母心里有点慌了，但故作镇静地说："不要听信谣言，我儿子不会杀人的，你放心吧。"

这个报信儿的人还没走，门外又来了一个人，还没进门就嚷道："曾参杀人了，你老人家快躲一躲吧！"

曾母沉不住气了。她想：三个人都这么说，恐怕城里的人都嚷嚷开这件事啦，要是人家都嚷嚷，那么，曾参一定是真的杀人了。她越想越怕，耳朵里好似已听到街上有人在说："官府来抓杀人犯的母亲啦。"她急忙扔下手中的梭子，离开织布机，在那两个人帮助下从后院逃跑了。

人们常说，谎言说了一千遍就成了真理。的确是这样的，曾参的母亲开始处于对流言的拒绝状态，坚信自己的儿子不会杀人，但是，当三个人都这样说，她就逐渐认同，甚至最后吓得逃跑了，这是因为心理积累暗示发生了作用。

心理学上有一个与心理积累暗示相关的名词，叫"戈培尔效应"。戈培尔是纳粹的铁杆党徒，1933年，希特勒上台后，他被任命为国民教育部长和宣传部长。戈培尔和他的宣传部牢牢掌控着舆论工具，颠倒黑白、混淆是非，给谎言穿上了真理的外衣，愚弄德国人民，贯彻纳粹思想。他还做了一个颇富哲理的总结："重复是一种力量，谎言重复一千次就会成为真理。"这就是"戈培尔效应"。

无论是流言还是谎言，重复得多了就会使人相信，这都是由心理积累暗示导致的。心理积累暗示有移山倒海的功效，可以改变人的信念，具有两面性，关键在于如何运用。

世上没有完全不受暗示影响的人，只是程度的深浅不一。他人对我们造谣的动机各种各样，但无论是出于嫉妒还是别的阴谋，我们越在不顺心的时候就越要保持冷静，绝不能被谣言的制造者打倒。

谣言产生并不是什么可怕的事，冷静思考是我们对待谣言的最好处理办法。对于身陷谣言漩涡中的人来说，最需要的是冷静的头脑，而非沮丧的心情和失望的愤怒。因此，我们要做一个不易受心理暗示影响的较为理智的人，让"流言止于智者"。

为什么总有一些掌声先响起来

心理学上认为，能够在某件事情、某个观点，或者某种行为上影响他人的人，一定是一个与对方在该事情、该观点、该行为上相关的同路者，否则对方会将其视为陌路，进而不受其影响。我们的"铁杆同盟"便能充当这样的人。

因此，欲影响他人，先要培养自己的"铁杆同盟"，通过自身的吸引力，对他人实施影响。提到此项方法的运用，不得不提大歌剧中的捧场现象。

1820年，大歌剧刚开始在国外盛行，索通和波歇虽然都是商人，但他们同样都是大歌剧忠实的观众。他们在观看大歌剧的过程中，从观众的掌声中，看到了商机。

　　于是，索通和波歇决定共同成立一个"喜剧成功保险公司"。而该公司经营的主要保险项目便是观众的掌声，他们的服务对象是歌剧演员以及剧院经理，因为他们希望得到观众认可和欣赏的掌声。他们的宗旨便是用自己人"虚假"的掌声，激发真正观众的真实掌声。

　　此项服务一经推出，在各大歌剧院引起了强烈的反响。只经过了短短十年，捧场现象遍及全球大大小小的晚会，人们已经不足为奇。

　　随着该项行为的逐步发展，后来的经营者将其服务的项目逐渐扩大。比如，我们现在最常见的现象，当某个演员演完一个节目之后，台下往往会有一个或几个观众大喊"再来一个"；也有的情况是，现场的几个观众带头不停地叫好声，等等。

　　尽管这种现象早已被人们所熟知，但是人们在现实生活中还是会受该项行为的影响。所以，当我们试图影响他人为自己做事情的时候，便可以借助看似与他人处在同一个位置，而实则是我们的铁杆同盟者的力量，为自己服务。

　　当这些人坐在台下呐喊、吆喝、鼓掌带头捧场的时候，真正的观众也会受其影响做出捧场的举动。因为这些演员以及剧场经理的"铁杆同盟"所处的境地和真实的观众是一样的，因为他们和观众一样坐在观众席上。尽管有时观众不觉得话剧演员演得有多好，但是受到周围观众的影响，他们还是会做出肯定的举动。

　　在推销中，这样的心理战术百试不爽。

　　当有些家长问她还有哪些比较好的复习资料时，史乐乐通常会拿出一本资料，介绍说："前几天，一个老顾客家的孩子，曾用过这本数学参考资料，用过后说对他孩子现在的学习有很大的帮助，并且比较权威，这不，他刚才回来又把剩余的科目都各拿去了一本。"

　　在史乐乐向这个人介绍资料时，旁边经常站着同样来买复习资料的人也会过来询问该资料的情况。他们中有的是用过的人，有的是没用过的。史乐乐通常会指着一个老顾客说："不信，你问问这位大姐，她家的孩子常用我的复习资料。"

　　在这种情况下，那位被迫发表观点的"熟人"往往会说"还可以"这种不带任何感情色彩的中性词。这时史乐乐便会附和道："是吧！这本书确实不错，这几天很多人都过来找这本复习资料呢！"

　　听了这话，那些原本就有购买欲望的人，常会毫不犹豫地做出购买此资料的决定。对于周围那些不知道买哪种资料的人，当他亲眼看到有人刚刚购买了该资料时，心里会习惯性地认为该资料应该不错，然后就购买了。

推销中将这种推销方式称为"恰当地使用证人"。心理学上认为，当人们不能准确地对自己所持的信息做出判断，或者对形势不是很有把握的估测，即心中不确定性因素占据主动位置时，人们往往更易受到他人的影响。从影响力的角度而言，看似与人们站在同一立场中的你的"铁杆同盟"便是干扰人们产生不确定性心理的主要功臣。

其实生活中的任何事情，都需要运用这种"证人"似的铁杆同盟。这样可以使人们自己也不知道什么时候会受到他人的影响，更不知道自己为什么会受到他人的影响。所以当有人询问人们是否会受到他人影响时，人们往往并不承认是受了他人的影响，但在做事情的时候，还是会在不知不觉中受到周围与自己相关或者相似立场的人的影响。

同样的道理，当他人试图通过这种方式影响我们时，让我们在不知不觉中听从他的指挥，受他的影响，我们一定要保持清醒的头脑，觉察出对方的意图，从而成功摆脱他人对自己不利的影响。只有这样，我们才能有效避免他人的不良企图，防止上当受骗。

少数服从多数的不合理性

长期以来，一个集体如果遇到一时无法决定的事情，便实行民主集中，投票决定。这种决策方式尊重了大家的意见，体现了大多数人的利益，并且，在大多数人的脑海中几乎形成了思维定式，已经成了一个真理。每个人在从小学、中学直到大学这十几年的教育当中，恐怕都经历过选班干部的经历。投票、唱票，最后得票最多者当选。这就是"少数服从多数"这一原则的体现。

然而，在企业管理中，有时却会遇到一些特殊的情况，会发现"投票决定"并不适用。比如，5 个年轻人合伙投资开了一家鲜花礼品店，各自的投资金额也大体相当。那么，他们对礼品店是如何管理的呢？

由于他们当中没有"大股东"，按照股份比例决定话语权是不可能的。那么，在做出某项决策时，实行"少数服从多数"的原则举手来表决，可不可以呢？表面看来，这种方法是可行的，因为不会出现支持方和反对方人数相等的局面，最多也就是三比二。然而，这几个股东的实际做法却并非如此，恰恰相反，他们采取的是："所有决策，只要有一人反对，便不能通过。"原来，在这时实行的是"多数服从少数"的原则——我们应该承认，他们的做法是一种智慧的体现。

那么为什么在企业管理中，"少数服从多数"原则有时会被搁置呢？企业运作，关键是每一个环节都能顺利完成，这样才能达到最终的目的。仍以上边的鲜花店为例。作为企业，管理者的决策将直接影响企业的发展，如果此时采用投票办法，少数服从多数，将很可能使企业陷入巨大的风险。

试想，假设在其中至少有一个投资人不同意的情况下执行决策，这个反对者就成了鲜花店最危险的环节。不难想象，一个认为决策不可能成功的人，一个投反对票的人，在执行时的干劲、结果将会怎样。

1972 年度诺贝尔经济学奖获得者、美国人肯尼思·阿罗提出了著名的"阿罗不可能性定理"，并应用到社会更广阔的范围。"少数服从多数""投票决定"的结果，并不能令所有人都满意（至少还有反对者存在），它的基本内容是：如果众多的社会成员有着不同的偏向，同时又要在多种方案之间做出选择，那么仅仅依靠民主制度，将不会得到让所有人都满意的结果。以下这个事例就形象地说明了这个问题。

在美国，政府规定，本国公民必须完成高中的义务教育，否则即视为违法。然而，美国的一个少数民族——阿密绪人却成了这一法规的反对者。原来，阿密绪人的宗教规定：本族人一旦过了 15 周岁，就不能受教育，只能务农劳动。由此，发生了大批警察强制阿密绪少年入学接受教育的暴力冲突事件。阿密绪人上告法院，要求维护自己的"不受教育权"。

在这种情况下，阿密绪人作为美国公民的"少数"，挑战的是这个国家的法律。如果依照"少数服从多数"的原则判断，他们绝无胜诉可能，因为法律体现的是"绝大多数美国人的意志"。然而，1972 年，在经历了长达 10 年的诉讼后，美国大法官做出了一个著名的判决：保护阿密绪人的"不受教育权"。判决认为，阿密绪人选择的教育方式并没有损害社会，所谓全体人民的利益是不存在的，不能压倒少数人的宗教自由。没有任何理由能够认定今天的多数就是正确的而有着与众不同的生活方式的阿密绪人就是错误的。

这场旷日持久的诉讼在最终选择了"多数服从少数"的方式，却充分体现出这样一种精神："尊重多数，同时保护少数，不要求少数绝对地服从多数。"这就鲜明地表现出一种多数与少数并重的现代民主原则。

　　然而，在企业决策中也会出现多数和少数都是智者的情况。这时该如何决断呢？首先，必须关注反对意见，对其进行充分的分析判断；其次，如果条件允许，要适当延迟决策，只要决策层中有人持反对意见，就暂缓实施，进一步论证。在许多时候，如果拿不出让所有决策者都满意的计划，就宁愿停止实施，等到时机成熟时再来决定方案，这也不失为一种智慧的选择。

　　历史多次证明，"真理有时只是掌握在少数人手中"。科学文明的开拓者从来都是少数，在科学上实行"多数决定少数"，只能使科学倒退。同样，如果艺术贯彻这一原则，就会丧失发展的余地。

　　具体到企业管理，企业中大多数人毕竟都是普通人，智者往往只占少数。在这种情况下，如果实行"少数服从多数"原则，就意味着智者需要服从常人，而我们不难想象，在日益激烈、复杂的市场竞争中，依靠常人去做出决策，必然是一件充满风险的事情。实际上，有着中国"犹太人"之称的温州人，以及频出商业巨子的潮汕人在管理过程中，"多数服从少数"哲学得到了非常普遍和坚决的执行。当然，这里的少数是指洞悉市场、有着远见卓识的少数。

第九章　有些人就是能征服别人

好些年来，我曾有过一个"良好"的愿望：我对每个人都好，也希望每个人都对我好。只望有誉，不能有毁。最近我恍然大悟，那是根本不可能的。

——季羡林

（北京大学终身教授，著名教育家）

多说"你"能促进交流

稍微留意一下周围人说话聊天时的习惯，不难发现，那些很喜欢用"我觉得""我认为"一类字眼的人容易给别人一种自大傲慢的印象。反而，在跟人说话时，每个句子前面尽可能地加上"你"字，会立刻抓住听众的心。

临床医学家发现，精神病院的病人说"我"的次数要比正常人多12倍。当病人的状况改善以后，他们说第一人称代词的次数也相应地减少。在心智健全的情况下，使用"我"的次数越少，你在人们的眼里就显得越理性。事实上，善于社交的人相互间谈话时使用"你"的时候总是要比"我"多。

站在别人的立场讲话，在句子中加上"你"可以赢得很多积极的反应，比如可以使对方产生自豪感，节省额外的思考。比如一个男生请女生吃饭，说："咱们学校外边新开了一家饭馆，你肯定喜欢！今天晚上咱们去那里吃点东西吧？"这时女生往往很容易接受男生的邀请。

此外，当你想获得人们积极的回应，尤其是你想获得他们的支持的时候，说话的时候一定要做到"你"字当先，这样会使对方感到自豪。

如果你想提前下班和女朋友约会，想跟上司请假。你猜用哪种说法他会比较容易同意你提前离开呢，"我能早点下班吗，头儿?"还是："头儿，我早点走的话你能应付得了吗?"

要是你使用第一种说法，上司会进一步把你的话翻译成："没有这个员工的话，我能应付得了吗?"需要进行额外的思考，做上司的没有不讨厌这种思考的。

如果使用第二种说法，你的话就先帮上司提出了这个问题，让上司感觉到一种在没有你的时候也能应付局面的自豪感。"当然了，"他在心里会对自己说，"没有你我一样玩得转。"

"你"字当先的技巧在职场以外也有用处。女士们有时候会夸男人的西装好帅，下面哪个说法使你感到更温馨呢，是"我很喜欢你这套西装"还是"你穿这套西装太帅了"? 前者只是表达了个人的看法，容易误认为是好感的表达;而后者则扩展到所有人对男人形象的评价，属于普通社交的赞美。因此，善用"你"，对方感觉到被赞美的力度也更大，也能避免不必要的误会。

在街上与陌生人谈话时，也要把"你"字放在自己前面。比如问路的时候，如果说"不好意思，我找不到××（地点）"或者"麻烦一下，请问××（地点）怎么走"的话，对方很可能不会搭理。但是如果"你"字当先，采用："打扰一下，你知道××（地点）怎么走吗?"然后进一步询问："你们能给我指下具体的方向吗?"这样的表达可以激发陌生人的自豪感，从而提供详尽的指导。

成功者更是善于使用这种"你"字当先的策略谋求最大的利益。

假设你在参加一个会议，一个与会者对你提出了一个问题，他肯定喜欢听到你说"这个问题提得很好"，不过，要是你跟他说"你这个问题提得很好"，他肯定会感到更高兴。

销售人员不要对你的顾客说："这个问题很重要……"而要通过这种说法来肯定对方："你说的这个问题很重要……"

说话时要随时注意听者的态度与反应。无聊的人是把拳头往自己嘴里塞的人，而站在对方角度，多说"你"可以避免许多冲突。总之，想要人们夸你说话有水平，想要赢得人们的尊重和爱戴，千万记得随时随地把"你"字挂在嘴上。

学会换位思考

学会换位思考，是人与人之间交往的基础——互相宽容、理解。换位思考是融洽人与人之间关系的最佳润滑剂。人们都有这样一个特点：总是站在自己的角度去思考问题，以自己的价值尺度去衡量他人，结果常常导致不愉快的事情发生。

多数人际冲突的产生，都是由于人们过分强调自己的立场，而不能从对方的角度来看问题。事实上，他的做法与你的看法不同，并不代表他一定是错的，而你一定是正确的。如果你处在他的位置上，在同样的状况下，你的做法可能与他并没有什么不同。假如能换一个角度，站在他人的立场上去思考问题，会得出怎样的结果呢？最终的结果就是多了一些理解和宽容，改善和拉近了人与人之间的关系。

所以，在人际交往的过程中，要达成良好的人际沟通，寻求他人的支持与合作，营造利人利己的双赢局面，就必须学会换位思考——凡事要从对方的立场去想想："如果我是他的话……"

上海有一位陈师傅开出租多年，从来没有被顾客投诉过，也没有与顾客发生过争执。他是如何做到的呢？

陈师傅说，主要是他能够站在顾客的角度来考虑问题。比如，顾客要到的地方不让停车，他会用一句话加一个小动作使顾客满意。他说："小姐，你看好价钱，25元。"然后，陈师傅将计价器抬起清零，接着说："这里不让停车，以下的路程算我送你的。"乘客听到这样的话，看到这样的动作，多数会说："没关系，师傅，你该怎么算还怎么算。"陈师傅听了心里也暖洋洋的。

如此站在顾客的角度周全考虑，怎么会得不到顾客的好感呢？怎么会得不到理解和赞同呢？怎么会遭到指责和投诉呢？

换位思考，不仅能够让我们得到别人的理解和支持，也有助于我们更好地了解别人。

换位思考是与人相处的一个十分重要的技巧，也就是将自己置身于对方的立场，去体验对方的内心感受，了解对方的确切需求，从而在彼此的心灵间架起一座畅通无阻的沟通桥梁。与此同时，当你站在对方立场上的时候，自然也会以对手的目光观察自己，从而对自己多一份了解。

战场上，知己知彼，可以百战百胜；社会交往中，需要换位思考，才能知己知彼，从而达到人际交往的高境界。美国汽车大王亨利·福特说过："如果说成功有秘诀的话，那就是站在对方立场来考虑问题。"所以不妨经常问一下自己："如果我是他，会怎么样呢？"如果我处在我儿子的地位，我是否为有我这样的父亲而骄傲？如果我处在我下属的地位，我是否为有我这样的上司而庆幸？当你进行这种角色转换的时候，就会惊奇地发现自己还有许多需要改进的地方。

尽量多让对方说"是"

电机推销员哈里去拜访一家公司，准备说服他们再购买几台新式电动机。不料，刚踏进公司的大门，哈里便挨了当头一棒："我们再也不会买你那些破烂玩意儿了！"总工程师斯宾斯恼怒地说。

原来，总工程师斯宾斯昨天到车间检查，用手摸了一下前不久哈里推销的电动机，感到很烫手，便断定电动机质量太差，因而拒绝哈里的推销。

哈里考虑了一下，觉得如果硬碰硬地与对方辩论电动机的质量肯定于事无补，于是采取了另外一种战术。他说："好吧，斯宾斯先生！我完全同意你的观点，假如电动机真的有问题，别说买新的，就是已经买了的也得退货，你说是吗？"

"是的。"

"当然，任何电动机工作时都会有一定程度的发热，只是发热不应超过全国电工协会所规定的标准，你说是吗？"

"是的。"

"按国家技术标准，电动机的温度可比室内温度高出42℃，是这样的吧？"

"是的。但是你们的电动机温度比这高出许多，喏，昨天差点把我的手都烫伤了！"

"请稍等一下。请问你们车间里的温度是多少？"

"大约24℃。"

"好极了！车间是24℃，加上应有的42℃的升温，共计66℃左右。请问，如果你把手放进66℃的水里会不会被烫伤呢？"

"那——是完全可能的。"

"那么，请你以后千万不要去摸电动机了。不过，我们的产品质量你可以完全放心，绝对没有问题。"结果，哈里又做成了一笔买卖。

哈里的成功，除了因为他推销的电动机质量的确不错以外，他还利用了人们心理上的微妙变化。

当一个人在说话时，如果一开始就说出一连串的"是"字来，就会使整个身心趋向肯定的一面。这时全身呈放松状态，容易造成和谐的谈话气氛，也容易放弃自己原来的偏见，转而同意对方的意见。

这就是获得肯定回答的艺术。我们得到他人愈多的"是"，我们就愈能为自己的意见争取主动权。当人说"是的"或心里这么想时，我们就已经接近他了，因为我们非常了解他的需求，还特别尊重他。因此，他也同样会关注我们，并表现出十分温和的态度。

但是，当对方说"不是"或者心里在拒绝之时，事情就不一样了，当我们的问话看似与他一点关系都没有时，就相当于我们并不关心他想要什么，他肯定会生气的。

如果别人以"不是"回复了我们的建议，这就说明他认为已经没有继续谈下去的必要了。他的立场和"自尊心"都源于此。因此，有时，如果我们与他人打交道时得不到对方一个"是"的回应，我们最好想方设法不让对方说出"不是"这个词。

让对方说"是"时，要注意以下两点：

第一，一定要创造出对方说"是"的气氛，要千方百计避免对方说"不"的气氛。因此，提出的问题应精心考虑，不可信口开河。

第二，要使对方回答"是"，提问题的方式是非常重要的。什么样的发问方式比较容易得到肯定的回答呢？最好的方式应是：暗示你所想要得到的答案。当你发问而对方还没有回答之前，自己也要先点头，你一边问一边点头，可诱使对方做出肯定回答。

如果你想与别人合作，争取在一开始就让对方说"是"，然后将这个良好的开端保持下去，你离成功也将不远了。

给人戴"高帽"有技巧

人都有一种天性：喜欢被人称赞，希望他人给自己戴"高帽"。而给人"戴高帽"就是把一个人的优点、专长、名誉、地位等美好的一面，用恰当的话语表达出来，并让对方乐于接受，从而起到鼓励、鞭策、警醒、劝告等作用。当一个人因失意、受挫、暴怒、悲伤而情绪低落的时候，迫切需要有人对其劝导和安慰，包括恰到好处地"戴高帽"，帮助其增强信心、走出低谷、恢复常态。"戴高帽"不同于阿谀奉承、讨好卖乖，它必须针对对方的实际，把好话说圆，给人以真诚感，令对方心悦诚服。因此，如果运用得当，对促进人际交往能起到意想不到的效果。但是人毕竟是有不同层次、不同个性的，如果这顶帽子不合适，太大或太小，不仅收不到预期的效果，还会让人感觉不舒服，甚至产生厌恶的心理。

如果有人对一位清洁工人进行这样的赞美："你真是一位成功人士呀！你具备非凡的气质，你是一位非常伟大的人！"对方一定会认为这人是神经病，因为这些话好像跟他没有任何关系。所以在给别人"戴高帽"的时候，一定要掌握好分寸，要"量身定做"。

袁萍是一家汽车经销商的服务经理。在她公司里，有一位员工的工作效率和业绩每况愈下。然而，袁萍并没有对他进行指责，而是把他叫到办公室，跟他进行了坦诚的交谈。

袁萍是这样说的："姜师傅，你是一位很棒的技工，在现在的这条生产线上工作也有好几年啦，你修理的车子顾客都很满意。事实上，有很多人都赞扬你。只是最近，姜师傅，你完成一件工作所需的时间好像变长了，而且质量也比不上你以前的水准。你以前真是一位杰出的技工，我想，你一定也知道，我对现在这种情况不太满意。也许，我们可以一起来想一个办法，改正这个问题。你认为呢？"

姜师傅说："我并不知道我没有尽好自己的职责，非常感谢您，我向您保证，我一定会胜任我接下来的所有工作的，我会想办法加快速度，同时，提高质量。"

那么，姜师傅做了吗？我们可以放一百个心，他非常尽力地去做了。大家想想，袁萍赞扬他曾经是一位优秀的技工，他心里也这么认为，那么，他肯定会在以前优秀的基础上求更大的进步。

其实，每个人的性格不同，心理不同，所需要赞美的地方也是不同的。会说话的人不会给两个人同样的赞美，而会为对方量身定做一个最合适的"高帽"。买衣服的时候，如果别人说："哎呀，你穿着可真合适，像专门为你量身定做的一样。"听了，我们心里自然是高兴的，也多半会欣然买下来。几个女人一同去美容院消费，如果美容师都给她们戴上同样的"真漂亮，真美"这样的高帽，那这些女人多半是不高兴的。但如果美容师能根据这些女人各自的特点，比如事业成功、气质独特、家庭和睦、涵养很高等方面进行赞美，相信美容师的业绩也会节节高升。每个人在生活中都扮演了多重角色，角色关系不同，说话方式就不同，赞美的方式也就不同。对朋友可以真心诚意地夸奖，对领导要含蓄适度地赞美，否则会认为是拍马屁，对爱人要甜言蜜语地称赞，对长辈要恭恭敬敬地讨好，对小孩可以和蔼地夸奖。

量身定做具有唯一性。赞美的时候，如果你对不同的人都用同样的语言去赞美，那么效果一定好不到哪里去。而为别人量身定做一顶"高帽"，效果自然不用说。所以赞美别人，不单单是花言巧语、甜言蜜语，更重要的根据对方的文化修养、心理需求、所处背景、性别年龄、个人经历等不同因素，恰如其分地恭维、赞美对方。把"高帽"戴得恰到好处，会使你的劝说立竿见影，会使你的交际锦上添花。

善于制造愉快的谈话氛围

为什么有些人说的话让人听着十分舒服，而有些人说起话来让人感觉如此刺耳呢？其实这就是说话技巧的问题了。掌握好说话技巧，既有利于建立良好的人际关系网，又有利于使你更加靠近成功。一个好的推销员不会直接跟顾客说"签合同"，而是会想办法让顾客"认可上面的内容"。

说话的技巧很重要，要注意以下几点：

公司或领导已经决定的事情就不要评价，不要给出自己的想法和建议，无论你认为这些建议和想法对公司有多大的好处都要坚持不说的原则。但是在公司未决定前一定要把自己的想法说出来，这是你的职责，但不要给出超越职权的建议和想法，否则受到伤害的是你自己。

已经发生的事情不要去追究。有些小事情，过分地追究可能会伤害别人，以后就不好与之合作了。

我们要善于制造愉快的谈话气氛，见什么人说什么话。这不是拍马屁而是一种说话的技巧。这方面大部分年轻人是做不到的，因为他们年轻气傲，易冲动。所以，没有经验的年轻人要更加注意这一点，好好训练自己。

无论在谈生意还是交际中，幽默永远都需要。幽默是一种亲和力，它会让我们的距离拉得更近，也会让我们的事业更进一步。

刚认识的顾客，礼貌是不可少的。与刚认识的朋友，最成功的做法就是做一个忠实的听众，把说话的权利让给别人。当然了，要因人而异，随机应变，见机行事。

坏事情，先说结果。这样就有了沟通的底线，剩下的时间就可以用来沟通怎样解决问题。

其实，很多时候说话不是要表明什么观点，而是要表明自己的态度，或者试探别人的态度。这样的说话技巧是"放话"。

自信是很重要的,我们要相信自己一定会成功。这是成功的前提。说话也一样,要相信我们每一个人都是优秀的演讲家。

语言能力是一个现代人才必备的素质之一,说话不仅仅是一门学问,还是你赢得事业成功的常变常新的资本。好口才会给你带来好的运气和财气,所以拥有好口才,就等于拥有了辉煌的前程。一个人,不管你多么聪颖、接受过多么高深的教育、穿着多么漂亮的衣服、拥有多么雄厚的资产,如果你无法流畅、恰当地表达自己的思想,你就无法真正实现自己的价值。

有经验的人都知道,针对不同的对象、不同的事情,在不同的时机,说话的方式应不一样。沟通技巧是实践经验的总结,需要一辈子去学习、体验、训练,在任何时候,心中要有主心骨:沟通中,沟是手段,通是目的。

用"权威"征服你的对手

在日常工作、生活中,人们常常会遇到这样一种情景:当你在与别人争论某个问题,分明自己的观点是正确的,但就是无法说服对方,有时甚至还会被对方"驳"得哑口无言。这时,你是否想过,如果在言辞中添加一些权威成分,则很容易就能让别人赞同自己的观点?

可能有个朋友告诉你某种蔬菜或水果营养价值很高、某种蔬菜或水果不宜食用,你会不以为然。而健康栏目播出的节目或者某个专家说,某种蔬菜或者水果含有对人体有利的元素,应该尽量多食用。在听到权威的话之后,人们肯定会马上行动,将这种有益的蔬果端上餐桌,并反复跟家人强调这种蔬果的好处。如果某位专家说,某种食物吃多了会影响身体机能,建议不宜多吃。那么许多人一定会把这类食物请下餐桌,并嘱咐身边的亲戚朋友要远离这种食品。可见,人们对权威者的话语存在着一种莫名的恐惧感。

心理学家认为,人的有些感情不完全真实,而且连自己都意识不到它不是真实的。比如说爱或者恨,当一个人以为爱着另一个人的时候,其实不一定真的爱对方。同理,当一个人认为自己恨一个人的时候,也不见得是真的恨。但是有一种感情绝对是真实的,那就是恐惧。当一个人意识到自己在恐惧的时候,就真的是在恐惧。在日常生活中,一个人开始感到恐惧时,思路就会变得紊乱,情绪就会变得紧张,而且会不自觉地变得冲动,无法做出正确的判断。

生活中经常会有这样的感受：黑夜里，我们看到黑影的时候就会感到恐惧。因为黑影让人们感到陌生，因此它被视为是内心害怕的彰显，所以令人感到惧怕。事实便是如此，恐惧是源于人们内心的情绪，它能影响人们正常的思考。所以，在自己的言谈中添加一些权威成分，可以有效地操纵别人增加对你的信任和支持。通过言谈使别人的思想进入你的权威之中，他们就会一点一点地相信你的观点，接受你的意见。而且一旦感觉自己偏离了你的观点，便会觉得恐惧、不安，会调整自己，继续相信你的权威。

适当的时候袒露自己的缺点

你是否觉得如果要使自己拥有一个强大的气场就得使自己成为一个几乎没有缺点的人，至少在别人看来是个完美的人呢？

如果答案是"是"的话，那么观察你周围那些在你看来几乎没有缺点的人，他们是不是都能易如反掌地影响他人？他们的气场是否足够强大？事实上，不完美的人才容易与他人亲近，从而扩大自己的气场影响力。

露宝是一名42岁有着4个孩子的家庭主妇，曾从事过文秘、档案管理和会计等工作。但这些工作她都做得不长，后来一直在家里操持家务。孩子长大后，她不得不出来工作，挣钱补贴家用。正好有一家公司招聘秘书，她投了简历。在填报工作履历时，她如实填写了如上情况。她的女友说她："你太傻了，这么写没人要你的！"她自己也没有抱多大的希望。但是她认为，做人要诚实，不能骗人。

傻人也有傻福。这家公司刚刚草创，百事待举，恰恰需要一名管家型秘书。董事长认为：只要她能胜任公司的各种杂务而不厌其烦就行。大龄的"缺点"，在董事长眼里竟然是优势。而她以一个成熟女性特有的缜密与周到，把工作做得妥妥帖帖，从而赢得大家的一致认可。

大多数的人总想尽可能地掩饰自己的缺点，并塑造出"精明能干"的形象，应聘者在应聘中更是如此。然而，形象过于完美的人，往往容易让人产生一种不真实感，有时甚至连自己真正的优势也会被别人怀疑。不介意袒露自己缺点的露宝不仅获得了该公司的秘书职位，还为自己营造了良好的人际环境，最重要的是她的气场、她的魅力征服了公司所有人。

过于完美的人容易让人产生距离感，难以亲近。试想一下，在与一个有距离的人相处时，你能发挥自己的气场吗？你自己的气场真有那么强大吗？事实并非如此。美国密西西比大学约翰·波格博士曾进行一次调查。调查结果显示，情侣不刻意互相掩饰，坦诚相对，这样反倒不容易分手。

如果在人际交往过程中先袒露自己的缺点，往往更容易得到别人的信任。生活中，大多数人总是想方设法地掩饰自己的缺点，宣扬自己的优点。试想一下，如果此时有人故意暴露自己的缺点，是否会让人觉得他很诚实，从而对他产生信任感呢？答案是肯定的。因此，如果你想获得别人的好感，首先就得赢得别人的信任。人们总是倾向于接受自己熟悉的人的意见和建议，如果你能让对方对你持有好感的话，你的气场便在无形中得到了增强，并不时地对外界发放威力，影响着你周边的人。

所以，要想使自己拥有良好的人际关系，最好是在事前向对方告知你的缺点。但值得注意的是，这个缺点是无伤大雅的小缺点，如果这个缺点会让对方将你拉入黑名单，那还是不说为妙。

告诉对方你的缺点的诀窍还在于先让对方有心理准备后，再努力采取补救措施，这样则能为自己加分。

比如说"我做事的速度比较慢，但我会比别人更注重细节""我堵车了，可能会迟点到"，但如果你做得既快又好抑或准时抵达现场，你说别人对你的印象是不是会更好呢？而且在告知缺点的同时也不忘提出自己的优点，不仅能够加深对方对你的正面印象，还能减少人际交往中容易带来的疏远感。

对于那些很轻易就能影响别人的人，人们总是会羡慕他们拥有这么强大的气场，似乎上天总是过分地眷顾他们。事实上，不是上帝特意眷顾他们，而是他们善于为自己营造一个良好的人际氛围，懂得与他人相处，使自己和谐地融于集体中。要知道，一个气场超强的人，是让人感觉不到他的强势的，而是在很平常很自然的氛围中，感染着周围的人。所以，要适当地暴露自己的缺点，营造出一个良好的人际关系之后再用合适的手段，让他人不经意地接受你的意见，征服他人。

改变他人的态度

在工作中，需要让他人认同我们的观点或同意某个方案时，如果对方与我们持不同的意见，我们就需要通过一系列的方式说服他人，以改变他人的态度，从而与我们站在同一立场上。

改变他人的态度完全是可能的。它取决于谁来改变、态度的强度、改变的幅度和你所选择的试图改变态度的技巧和方式。

通常情况下，要改变他人的态度需要从认知、爱心、唤醒、角色、行为 5 个方面着手。由于认知、爱心、唤醒、角色、行为的英文单词分别是：cognition、love、arouse、role、behavior，所以又称 DLARB 法则。

1. 认知

认知是改变他人态度的方式和路径。

一般来说，我们都会对所有碰到的事情自动地做出评价，不管这种事情与自己是否有关，甚至是多么的不重要。当人们在有了一个初步的体验，被要求对人物或事物的印象进行描述时，这种描述中就不可避免地包含了好或坏的评价。

心理学的理论告诉我们，一个人的态度是由这个人对该事物所持有的看法决定的。因此，人们的认知特点与态度之间有直接的联系。有时候，哪怕已经脱离了信念和真实的知识，我们也仍然能够形成有关某些事物的态度。

2. 爱心

社会所给予的奖励或惩罚对人们态度的形成与发展有影响作用，所以，爱心可以来调节他人的态度。

如果你是一位赛车推销员，你的客户决定买一辆车，但是不知道究竟是该买赛车还是买家用车，在比较的时候，他认为赛车是更有趣的，但是他又觉得赛车修理时花钱多。

在这个时候，如果你告诉他这个车有更长的保修期，而且超过保修期去指定维修地点也不会花太多的钱。这时一定能促使他决定买赛车。

这个案例就是利用了给对方一定好处的原理使生意做成。

爱心如果运用得当，就能促使对方态度的转变。

3. 唤醒

习惯上，天气的因素会加剧人们情绪的改变，就像在夏天炙热的太阳下，那些汽车里没有空调的司机更可能对堵住路口的车大按喇叭一样，炎热的感觉容易唤起人们的不满情绪，使人更暴躁，对一切缺乏宽容。

与之相反的，心理学家经过一些实验证明，唤起人们积极的情绪，就会更容易转变其态度。比如，你每天早晨一想到上班就害怕，原因大概是你与某个同事之间有矛盾，他不喜欢和你一起工作，但工作却不得不做。这时，你只有改变他对你的态度。想改变他对你的态度，你就更要用一种积极的方式与人交谈，真诚地去改善关系，你的真诚与主动示好，同事一旦觉察，自然会影响对你的态度，这是因为良好的情绪会使人产生更富有创造性、更宽容的想法和问题的解决方式。

4. 角色

角色指的是那些处于特定位置的人被期望表现出的行为。当我们去扮演一个角色的时候，刚开始可能觉得很别扭，但很快我们就会适应。这就是态度的转变，自然而然地发生变化。

为了证明角色对态度的影响，心理学家菲利普·津巴多设计了一个模拟的监狱实验：

他用抛硬币的方式，指派一些学生做狱卒，另外一些扮作犯人。前者分给他们制服、警棍、哨子等，后者穿上犯人的衣服，进入牢房。

在经过一天的扮演之后，他们都纷纷进入了角色。狱卒开始贬损犯人，犯人开始崩溃、造反、冷漠。最后，他们越来越分不清真实的身份和扮演的角色，这个监狱已经同化了他们，使他们变成了它的傀儡。

最后，菲利普·津巴多不得不放弃了这个本来计划为期两周的实验。

我们已经看到，通过角色树立改变态度是在无声无息中进行的，却具有强大的力量。

5. 行为

按照我们正常的理解，应该是我们的一切行动都是受态度的指派，事实上是由行为决定态度。

因为态度和行为之间的关系也可以相反的方向起作用：不仅如我们知道的那样态度影响行为，行为也可能反作用于态度。当我们做事时，我们往往会夸大事情的重要性，特别是当我们为该事负责任时。

如果我们掌握了 DLARB 法则的使用技巧，通过从以上几个方面来具体操作，改变他人对我们态度，你会发现这并不是一件很难的事情。

通过细节提高可信度

如果人们事先并不知道发生了某件事，一个人只是把这件事情的大概过程告诉人们，而另外一个人则把事情的起因、经过、详细结果一一描述给人们听。这时，人们更容易相信对事情详细描述的那个人所说的话。

这其中的原因就在于，鲜明的细节可以增加可信度。大部分情况下我们的信息得依赖它们本身来保证。当然，内部的可信度经常依赖于我们正在讨论的话题是什么：一个可信的数学公式看起来和一部可信的电影评论之间存在巨大差异。但是，令人惊讶的是我们有一些建立内部可信度的基本原则。

一个人的细节知识通常是他的专业知识的体现。如果历史专业的人去讲一个发生在第二次世界大战期间的一则逸闻趣事，将会促使听故事的人相信这个故事的真实性。因为他的专业让人们觉得在这个领域他是权威人士，并由此迅速地建立他的可信度。

但对于故事的具体的细节，并不会因为讲述人本身是权威人士就变得可信，细节的可信性完全是因为它本身具有的性质。比如通过制造一些清晰具体、带有大量有趣细节的二战期间的逸闻，在任何人讲述的时候都是可信的。因为鲜明的细节使得这些故事变得更真实，更让人相信。

1986 年，密歇根大学的研究员乔纳森·谢德勒和梅尔文·马尼斯做了一个模拟审讯的实验。志愿者被要求扮演陪审员的角色，并需要阅读一份虚拟的审理记录。陪审员要评估一位母亲——约翰逊太太的健康并决定她能否继续监护她 7 岁的儿子。

审理记录兼顾正反双方，各有 8 个理由支持和反对约翰逊太太保留对其子的监护权。所有陪审员都听到一样的理由，唯一不同的是各个理由的细致程度。其中一组实验者得到的支持约翰逊太太的理由都非常详，但是反对的理由中却没有任何细节。这使得对比苍白无力。

另一组实验者得到的却完全相反。其中一个例子是：一个支持约翰逊太太的理由是"约翰逊太太能够保证她的儿子睡觉前都会刷牙"。详细的理由会加上这样的细节："他用的是看起来像达斯·维达的星球大战牙刷。"

一个反对约翰逊太太的理由是："她的儿子手臂上带着一条严重擦伤的伤痕去上学，而约翰逊太太并没有帮他清理伤口或者根本没有注意到，学校的护士不得不帮他清理。"详细的理由就加上了："那个护士把红药水溅到自己身上，染红了她的护士服。"

"陪审员"很小心地检查这些详细及不详细的理由以确保它们都有同样的重要性——这些细节被设计得跟判断约翰逊太太的价值毫无关系。要紧的是约翰逊太太没有注意到擦伤的手臂，而护士弄脏了衣服跟事情一点关系也没有。

即使这些细节没有关系，但是它们却产生了一定影响。10个"陪审员"中有6个听了支持约翰逊太太的详细理由后，认为约翰逊太太适合继续照顾她的儿子；而听了详细的反对约翰逊太太理由的10个"陪审员"中，认为约翰逊太太适合的只有4个。这些细节造成了很大的影响。

在这个实验中，"陪审员"们是基于看起来没关系的细节做出了不同的判决。可见，细节具有一定说服力，提升了可信度。当"评审员"能在脑海里看到达斯·维达牙刷，就更能勾画出那个孩子在浴室里刷牙的画面，而这突出了约翰逊太太是个好妈妈的形象。

在生活中，当不被人相信时，我们可以通过描述某些具体的细节去为自己解释，从而让他人相信我们的无辜与真诚。

说服要打感情牌

在一起持刀劫持案中，持刀者刘某抢劫不成，情急之下劫持了超市女收银员。但是，最终他还是在谈判专家的说服下，放弃了挟持和自杀。以下就是谈判专家的部分说服过程。

一开始，两位谈判专家就找机会拉近与持刀者的心理距离："兄弟，咱都是东北人，你有啥难处给哥说说。"然后，摆出人质无辜牌，"小刘！让这个女孩子出去！万一要是吓出来什么病，到时候你咋收场?!"

而在刘某自觉人质的确无辜，放弃了对其的挟持后，谈判专家判定刘某产生了自杀倾向，同时，经过事先的了解，得知刘某是爷爷奶奶带大，故与他们有较深的感情，所以他打出长辈这张牌，说："我们的任务，不仅仅是保护人质的安全，还要保护你的安全。要是你发生点意外，我们怎么向你爷爷奶奶交代?!""你这孩子，比我儿子还小一岁，咋这么不听话！快把刀交给吴支队!"

此时，一直退到超市楼梯下的洗手间门口，刘某才止住脚步，但仍未交出水果刀。"来吧，走出这一步。"

谈判专家之一示意刘某交出刀子，同时另外一位谈判专家也趁热打铁："傻孩子，还不赶紧把刀给吴支队!"

我们可以发现，谈判专家在说服的过程中，多次打出的都是"感情牌"，以此缩短心理距离。如，介绍自己是老乡，搬出持刀者较亲近的人，与自己的儿子作对比再次拉近距离，最后那一声"傻孩子"也确实让人感受到其中叹息的感情。估计，这一步步的心理战术，已经走进了持刀者的心坎儿里去了。

心理学认为，当交流双方在沟通中，感受到了对方与自己之间没有心理隔阂或者障碍，那么就表示在某种程度上对交流对象有一定的认可，同时，对其话语中的信任度也就相应升高。那么，说服力度自然也就相应地加大。

所以，我们在进行说服的过程时，不要只一味地"纠正"别人的观点，我们可以先营造一种和谐并充满信任感的氛围，让对方对我们个人先产生一种信任，只要把这种信任感抓在了手中，之后的步骤就相对地好把握了。看来，缩短心理距离，以此获得信任感，是进行有效说服的第一步。

那么，我们在说服他人的过程中，要怎样才能做到缩短彼此的心理距离呢？

1. 寻找共同点，把握循序渐进原则

在说服中多寻求双方的共同点，以此加深共鸣性和感召力。另一方面，还要避免犯交浅言深的毛病。刚开始与对方交谈时，不可要求彼此有深入的沟通，而要逐步深入，否则，这种急功近利的态度或许会让被说服者感觉我们说话没有诚意。要诱导对方的想法和思维，一步一步接近设好的"陷阱"。

2. 多用赞美，让对方放松心理防卫

一定要明白一个道理，说服对方不代表就要反驳对方的一切，有的时候，我们也可以对对方发出一些赞美，强调对方的一些优势，对于这种正面的话语，大多数人都不会从心里排斥。

这种"认可"一旦产生，被说服者对我们之后要说的话就不会产生过于强烈的抵抗意识。所以，为了让赞美更有说服力，赞美时就要诚恳、热情；间接赞美要有分寸，注意赞美一定要自然，恰到好处。

3. 说服交谈时要留有余地，不演"独角戏"

很多人以为说服别人就是一味地表达自己的观点和想法，用言辞上的优势去打击对方，其实，这种方式表现出来的强制性很大，很容易让对方产生更大的情绪反感。

所以，在与说服对象交谈的时候，不要总是自己一个人侃侃而谈，要多留一些空缺让对方接口，使对方觉得与自己之间有一种无形的互动，让其感觉交谈是和谐的，这样也可以适当缩短距离。

4. 多称呼对方的名字

从心理学上来讲，人们对于自己的名字往往都有一种别样的亲切感，当别人以亲切的口吻称呼自己的名字时，我们会觉得非常温馨，会产生一种特别的亲近效果。而且被称呼的次数越多，越有可能对对方产生好感。由此可见，亲切地称呼对方的名字，也是打开戒备心理之门的有效钥匙。

5. 留心倾听

我们必须记住这一点，说服并不只是一个"说"的过程，它还有一个"听"的成分。因为只有认真地听了，才能搜集更多关于交谈对象的信息，也只有掌握了这些信息，我们才可以运用以上的各种技巧展开说服谈话。

6. 看准时机，适时切入

看准情势，不放过应当说话的机会，适时插入交谈，适时地自我表现，能让对方充分了解自己。这样可以让说服对象知道，我们不是一味在探讨他的"隐私"，这种适当的自我暴露，也会有效地缩短彼此之间的心理距离，让对方适当减小一些心理压力。

背后和推测性赞美最好

出于人们对他人肯定的强烈渴望，故而对方一旦有所成就，就要毫不保留地称赞对方。它的好处在于，一旦知道了什么地方做得很好，人们就会去努力把这一地方做得更好。

而在众多的称赞方式中，背后赞美和猜测性赞美更能调动人们的积极性。

1. 背后赞美

世上背后道人闲话的人不少，大家都很清楚，被说之人一旦知道便会火冒三丈，轻则与闲话者绝交，重则找闲话者当面算账。因此，要引以为戒，不要犯背后说他人闲话的忌讳。但是，背后说人优点却效果奇佳。

背后说别人的好话，远比当面恭维别人或说别人的好话效果要明显好得多。不用担心，我们在背后说他人的好话，是很容易就会传到对方耳朵里去的。

赞美一个人，当面说和背后说所起到的效果是很不一样的。如果我们当面说人家的好话，对方会以为我们可能是在奉承他、讨好他。当我们的好话是在背后说时，人家会认为我们是出于真诚的，是真心说他的好话，人家才会领情，并感激我们。

在日常生活中，背着他人赞美他往往比当面赞美更让人觉得可信。因为你对着一个不相干的人赞美他人，一传十，十传百，你的赞美迟早会传到被赞美者的耳朵里。这样，你赞美的目的也就达到了。

在日常生活中，如果我们想赞扬一个人，不便对他当面说出或没有机会向他说出时，可以在他的朋友或同事面前适时地赞扬一番。

据心理学家调查，背后赞美的作用绝不比当面赞扬差。此外，若直接赞扬的度不足会使对方感到不满足、不过瘾，甚至不服气，过了头又会变成恭维，而用背后赞扬的方法则可以缓和这些矛盾。因此，有时当面赞扬不如通过第三者间接赞扬的效果好。

当你面对媒体时，适当地赞美你的同行，是一种风度，也是一种艺术。

多在第三者面前去赞美一个人，是你与那个人关系融洽的最有效的方法。假如有一位陌生人对你说："某某朋友经常对我说，你是位很了不起的人！"相信你感动的心情会油然而生。那么，我们要想让对方感到愉悦，就更应该采取这种在背后说人好话、赞扬别人的策略。因为这种赞美更让人舒坦，更容易让人相信它的真实性。

2. 推测性赞美

借用推测法来赞美他人，虽然这种方式有一定的主观意愿性，未必是事实，但是能从善意的想象中推测出他人的美好东西，就能给人以美好的感受。

推测性赞美有两种，一种是祝愿式的推测，一种是预言式的推测。

祝愿式推测，主要强调一种美好的意愿，用一种友好的心情去推测对方，带有祝愿的特点。这种推测也未必很可行，但推测者是诚挚而善意的。

预言式推测，带有一些必然性、预见性，可以针对工作、生活中可能会取得的成绩进行预测。

当然，推测并不等于明确的结果，而是具有多种可能性，但前提是被赞美者本身有实力，有可能获得好结果。

预言式推测较适用于同事与同事之间，或父母对孩子的推测，总之，是对身边较熟悉的人所采用的方式，它能起到一定的激励作用。

扩大你的影响范围

如果你是一个善于观察自己的人，你会发现自己的内心深处常会有如下活动：无论做什么事情，只要有很多人支持你，你会有种安全感，进而大胆地去做；无论你说的观点正确与否，只要多数人同意你的观点，你便有胆量大声地说出来；无论你多么讨厌的人，如果周围的人都喜欢她，你也不会轻易地说出讨厌的想法。告诉你，这种心理活动不仅你有，周围的人也都有。

安阳在一个酒吧里做侍者。刚做侍者的时候，尽管他做得很用心，但是从没人给他小费。每次看到其他人获得小费时他都羡慕不已。他用尽自己的心思，想通过热情的问候、周到的服务赢得小费，但没成功。

几个月后，安阳发现了一个获得小费的秘密，即在每次酒吧正式开门营业之前，他先主动地在自己的托盘中放上几张钞票，这会让后面进来的顾客认为该钱是前面客人留给他的，还能使其认为，给小费是酒吧中应有的行为，这时每个他招待的顾客都会在结账时向盘子中放一些小费。

《影响力》一书中曾介绍过销售顾问卡福特·罗伯特说过的一句话："由于只有5％的人是原创者，而其他95％的人都是模仿者，所以其他人的行为比人们提供的证据更具说服力。"的确如此，安阳能够有效地影响顾客，使其给自己小费，正是巧妙地利用了人们这种的从众心理。因为在特定的条件下，当受众没有足够或者准确的信息时，他们常常会通过模仿他人的行为来选择策略。因为这种模仿似的从众行为可以有效地避免风险以及意外，因此人们宁愿随大流。

有句俗话："一人胆小如鼠，二人气壮如牛，三人胆大包天。"这句话形象地说明了人们的从众心理。生活中的任何事情都是这样，不论好坏，只要有人敢做，其他人便会蜂拥而至。因为很多时候，当众人都参与到其中的时候，便会被少数人理解为是合情合理的行为，进而引发更多的人参与其中。譬如随意跨栏，随意横穿马路，随意践踏草坪，等等。

心理学家指出，当人们看到一种行为有很多人进行时，心理总会自觉或者不自觉地以多数人的意见为准则，并做出判断，进而采取与其相符的同一种行为。因为在多数情况下，众人都去做的事情往往是正确的，人们参与到这样的行为中可以使其获得更好的评价以及利益，甚至少走弯路、少犯错误，所以人们习惯性地受周围人做法的影响，也便不足为怪了。

木秀于林，风必摧之；独雁南飞，险必随之。与众不同是要承受很大心理压力的，人们正是畏惧这样的心理压力，所以，多数情况下会从众。追随者越强大，越容易对他人施加影响。当人们看到别人尤其是那些强大者，在某种场合做某件事情的时候，便会断定这样做是有道理的，进而跟随效仿，产生从众效应。

因此，你可以利用他人"随大流"的心理，为自己造声势，让其心甘情愿地为你服务。

第十章　人会经常陷入执着和疯狂

我在教书的过程中深有感触，现在的青年对实际利益看得过重，空想太少，不够浪漫、理想。

——任继愈

（北京大学教授，著名哲学家）

沉迷于低概率事件的背后

无论是心存侥幸还是报着娱乐的态度，相信很多人都有过买彩票的经历。尽管我们自己很明白，只在梦里才有中 500 万的希望！但是这并不妨碍我们对中奖的美好幻想。因为我们并不是绝对没有中奖的希望。

正是这种"感觉这次能中"的想法，让人们无法抗拒地一次又一次购买彩票，想赌一把运气。可每次开奖却都是事与愿违。那么人们为什么这样沉迷于如此低概率的事件呢？或许下面的实验能给你答案。

斯金纳曾设计了这样一组实验：

在箱内放进一只白鼠，并设一杠杆或键，箱子的构造尽可能排除一切外部刺激。白鼠在箱内可自由活动，当它压杠杆或啄键时，就会有一团食物掉进箱子下方的盘中，白鼠就能吃到食物。箱外有一装置记录动物的动作。

实验一：每按三十次按钮就喂食一次；实验二：与按钮次数无关，随机喂食，观察白鼠在哪一种情况下的总按钮次数最多。

结果显示：实验一中，白鼠得到食物后，会休息片刻，必要时再做出反应，在实验二中，因为无从得知食物何时滚下，所以只能持续按钮，不能休息。特别是在实验二中，一次滚出来的食物量越多，白鼠在不再滚出食物的情况下，仍然继续按钮，这种行为不易消失。实验二的白鼠不放弃滚出食物的期望，按了一百次，按了一千次，不停地按了按钮。

斯金纳通过实验发现，动物的学习行为是随着一个起强化作用的刺激而发生的。斯金纳把动物的学习行为推而广之到人类的学习行为上，他认为虽然人类学习行为的性质比动物复杂得多，但也要通过操作性条件反射。

操作性条件反射的特点是强化刺激既不与反应同时发生，也不先于反应，而是随着反应发生。有机体必须先做出所希望的反应，然后得到"报酬"，即强化刺激，使这种反应得到强化。学习的本质不是刺激的替代，而是反应的改变。斯金纳认为，人的一切行为几乎都是操作性强化的结果，包括购买彩票。

事实上，实验二的白鼠正是被操作性条件反射操控了，这种心理和赌徒的心理很相似。明明知道成功的概率极低，人们却仍高估成功的概率，不能从痴迷状态中摆脱出来，专注于某种行为。正如赌徒哪怕一时尝到甜头，就难以抗拒赌博的诱惑。

赌徒有自己的一套理论——赌徒谬论，其特点在于始终相信自己的预期目标会到来。就像在押轮盘赌时，每局出现红或黑的概率都是50％，可是赌徒却认为，假如他押红，黑色若连续出现几次，下回红色出现的概率就会增加，如果这次还不是，那么下次更加肯定，实际上每次的机会永远都是50％。

彩票是一种小概率中奖事件，没有深入研究，没有进行有效选择，仅仅靠资金和运气在彩票上持续做大投入是不明智的。人们之所以无法抗拒地不断买彩票，往往以为自己就是那个幸运的人，尤其是当中了一次5元的小奖时，人们就以为能中小奖就有可能中大奖，甚至坚信大奖就在下一次。

著名经济学家张五常说过："正常的投机，本质上是对市场机会的预期，就人的逐利本性来说，无可厚非。投资为赚钱，投机也为赚钱，两者无道德高下评判之分。"而彩票这种投机太讲运气了，投机机会和风险共存。

如果我们购买彩票时，抱着不中头奖誓不罢休、"不到黄河心不死"的态度，最终可能会落一个倾家荡产的结果。因此，请大家不要沉迷于此，做到小赌怡情，懂得适时收手。

"说曹操，曹操到"的巧合

生活中充满各种神奇的场景，各种让人匪夷所思的巧合：

有时候我们哼着一首歌，旁边的朋友忽然惊呼："啊！我刚才也在心里哼着这歌!"

有时候我们要给一个人打电话,手机忽然响起来,竟是你要找的那个人打过来的!

有时候我们正谈到一个人,结果那个人就出现了,我们惊呼:"说曹操,曹操到!"

……

人们惊奇于这种种的巧合,许多人认为人与人之间是存在心灵感应的。在科学领域里有相关的解释:心灵感应能力能将某些讯息透过普通感官之外的途径传到另一人的大脑或心中。

在心理学中,我们该如何看待这种现象呢?

首先,源于我们对外界的感知是有选择的。有一句俗语叫"受伤的手指经常被人碰"。为什么一个人总有"受伤的手指经常被人碰"的想法呢?道理很简单,是因为我们对受伤的手指格外注意罢了,也就是说,我们对外界的感知是有选择的。由此我们也可以明白为什么会"说曹操,曹操到"了:因为事情就是这样,恰好符合这一经验的被我们记住了,而更多的不符合这一经验的却被我们忽略或忘记了,并非我们的预言多么准,只是由于我们所做的选择更有利于证实这句话罢了。

类似的例子很多。有的人会相信预言性的梦,他也确实可以给别人举出一两个例子,但是他忘记了预言性的梦大多都没有实现这个事实;有时还会听到一些人议论:某某人算卦算得可准了,其实这也基本上属于此类情况,即偶尔算准的轻易地留在了人们心中,而大量未算准的却被这些人忽略了。

事实上,准的预言是极少的。只不过人们往往会轻易地忘掉一百次失败的预言,却津津乐道偶然的一次成功罢了。应该说,相当数量的巧合事件都可由此得到解释。

其次,许多无法解释的神奇之事,是因为我们对事情发生的背景知识了解得不够多。我们来看弗洛伊德本人的一个例子:

在得到教授头衔后的一天,弗洛伊德走在一条大街上。忽然,他心里冒出一个念头:几个月前,我曾治疗过一对夫妇的小女儿,但那对夫妇对我的治疗不满意,转而求助于另一个权威了。我想,这个权威是不可能治好他们女儿的病的,最终他们还要回头来找我,并会对我表示出十二分的信任,我会对他们说:"现在我是教授了,你们便信任我。既然我是讲师时你们不信任我,那我当了教授对你们也没有什么用处。"正在这时,弗洛伊德的思绪被一声"你好,教授"打断。

弗洛伊德抬头看时，正是他刚才想到的那对夫妇。

这算是一个极度巧合的例子。但弗洛伊德给出的解释很简单。他写道："那条街既笔直又宽阔，行人稀少，随便一瞥便可见到二十步远。其实，我老早就看到他们两人正迎面走来。"

由此我们亦可推知，许多似乎无法用常理解释的所谓神奇之事，可能就是因为我们对事情发生之前、之时或之后的背景知识了解得不够多，而且可惜的是，大多数情况下这种背景知识常常被我们忽略。或许，当我们对相应的背景知识有足够的了解时，我们就不用投向神秘论的怀抱了。

另外，所谓的心灵感应多出现在亲密关系的人身上。比如双胞胎、亲密的恋人或朝夕相处的同事。这其实源于生活圈的部分重合导致。人们由于长期相处，彼此之间会形成一种默契，或是有相同的喜好，或是同处于某种特定环境而产生一致想法，所以亲密的人之间更容易出现"心灵感应"。

最后，人们似乎都更愿意相信：存在着超出于因果关系之外的奇特事物。不管科学的争论如何，即使我们没有特别的心灵感应能力，大多数的人仍然愿意相信它。美国麻省理工学院教授菲力浦·莫里森认为，这是我们自己的需要！在《怪异与科学》一书里，他写道："影响人们准确领悟的是人们过于重视巧合，并把巧合与事实混为一谈的倾向。巧合常使人们感到富有戏剧性、奇怪和迷惑。没有什么事情真正需要解释，需要解释的仅仅是观察者主观的要求。"

未知的大自然，浩渺的宇宙，有限的生命，都让我们内心深处有恐惧感。心理学家认为："人们期盼奇迹，甚至希望拥有这样的能力，以消除这种恐惧。"而对于奇特事情的发生，我们如果找不到可以解释的理由，就会焦虑，为此我们就会说服自己，编一些理由来使事件变得合理化。心灵感应就是其中的一种方法。它能使我们跳出各种现实条条框框的束缚，享受一种精神上的自由。

正是因为这样，感性的人们总是对"心灵感应"无限推崇。而对于理性的人来说，"心灵感应"只是茶余饭后的谈资。

为何更多的人看到超自然现象

谁知道深山中的大脚印从何而来？谁知道尼斯湖水怪到底是真实存在还是人为虚构？谁能解释百慕大的失踪之谜？……世界上总有许多解不开的谜。

1947年，美国爱达荷州商人肯尼思·阿诺德驾驶私人飞机穿越华盛顿州的卡斯克德山脉时，看见9个不明飞行物，称其为像从水面飞过的盘子，飞碟由此得名。几天之后，美国新墨西哥州的罗斯威尔发现坠毁的外星飞船，当事者发现了神秘的金属残片。这就是进入工业革命后第一次全面的UFO报告。

UFO（Unidentified Flying Object）全称为不明飞行物，也称飞碟，是指不明来历、不明空间、不明结构、不明性质，但又漂浮、飞行在空中的物体。

2003年5月2日晚，山东省微山县欢城镇界牌口村发现不明飞行物，不明飞行物在该村上空飞行逗留2小时之久。对于此事，《济南时报》分别以《微山县出现不明飞行物》和《不明飞行物现微山》为题，先后两次进行报道。

2005年2月23日，泰安市西北方向上空出现了不明飞行物。摄影爱好者蔡志亭在市政广场中心花园拍摄元宵节烟花时，拍下了这个类似草帽形状的UFO。事件报道后，引起多方媒体的关注，包括中央电视台新闻频道在内的多家媒体先后报道了此次事件。

自20世纪40年代末起，UFO就引起了科学界的争论。天文学家、气象学家、生物学家、物理学家和其他科学家都相继对其提出自己的解释。那么，从心理学来看，为什么会有人认为自己看到了UFO呢？

有人认为UFO产生于个人或一群人的大脑，这种现象常常同人们的精神心理经历交错在一起。就好像有人声称自己曾经被外星人"诱拐"过，然后还被做了手术之类的改造。但是，事实上他可能是在潜意识地隐藏自己童年时代被虐待的事实。

同时，还有一些天文现象或者物理现象等也被误以为是"UFO"，比如，球状闪电、极光、幻日、幻月、海市蜃楼等，或者有一些根本就是自己人眼中的残留影像或者对海洋湖泊中飞机倒影的错觉等。但是为什么还是有很多人坚信自己见到的就是UFO呢？

首先，这种现象源于人们的好奇心。人们对于未知事物总是充满着好奇心，宇宙的浩瀚带给人们无限的想象空间，地球只是宇宙中的一个星球，在这星球之外是否存在其他生物？他们是否也拥有高端的科技不断探索宇宙的奥秘？有些人坚信地外文明的存在，从而产生"幻觉"或"错觉"。

其次，这种现象也受从众心理影响——当一个人声称某种现象是UFO的时候，其身边的人或许也会受其引导而确信看见的就是不明飞行物。

再次这是人类的另一种天性的体现——我们宁愿相信一个无法确定的自然现象一定有科学的解释。而当我们实在无能为力时，与其坦然承认自己的无知，不如把它认为是UFO。

沉迷于网络的心理原因

网吧在我国几乎随处可见。无论是在城市还是在农村，找间网吧比找家书店容易得多。许多孩子沉迷于网络不能自拔，甚至出现了心理问题。

小阳是某初中的初三学生，在上网成瘾之后服毒自杀。学校一片哗然：该学生成绩曾一直都很好，曾经拿过市级的"三好学生"。这样的好学生为什么也会自杀呢？

小阳在留下的遗书里详细说明了自己成绩滑坡的原因，也解剖了自己陷入网络后欲罢不能的矛盾心理："上网成瘾后，意志衰退了，学业也丢了。我对不起父母，对不起学校，对不起自己曾经树立的理想。我恨自己，也想过重新振作，但就是无法从网络中解脱出来，我现在唯有一死，才能得到彻底解脱。"

有媒体爆料：我国20％的青少年患有网络中毒症。它已成为青少年身体、身心健康的一大杀手。不健康网络游戏的泛滥成灾，使挽救"毒瘾"发作的孩子们已成了家长、学校、社会重大而紧迫的课题。

我们在痛惜的同时，也在思考：孩子们为何会沉溺于此？

一方面，孩子天性好奇、好玩，对周围的事物都想尝试一下。而目前我们的社会提供给他们的环境，日渐堪忧。加上现在的孩子多是独生子女，无人陪同玩耍。孩子无处可去，要么就是游戏厅，要么就是网吧。

另一方面，父母忙于工作，有的父母干脆让孩子留在学校不让回家，出钱请老师长期代管；有的则因生存状况差而忙于生计，孩子学习之余干了什么，根本顾不上。于是孩子整天沉浸在网络中，直至上网成瘾，难以自拔。

那么，我们应该怎样去教育和帮助孩子，让他们有节制地上网呢？下面专家的一些建议，可以给我们一些启示。

首先，对于刚开始"触网"的孩子，我们家长要做好以下防范措施：

一是要为孩子建立有效的"防火墙"，加密锁掉不良网站。

二是要与孩子共同制定"游戏规则"，控制上网时间、内容，保持与孩子的正常沟通。

三是父母也应以积极的心态学习互联网知识，只有自己"升级"，才能有效地监管和合理地引导孩子，使孩子在充分享受互联网带来的好处时，最大限度地降低它对孩子身心健康的不利影响。

其次，对于已经痴迷于网络的孩子，我们家长要注意教育和开导的方法方式。

面对众多已有网络中毒症的孩子，简单粗暴地强迫孩子远离互联网是行不通的，切不可采取极端的做法。孩子在 15～17 岁时属于道德伦理、法律意识、自控力等各个方面还很不完善的阶段，这个阶段孩子最大的特点就是叛逆。家长任何过激的言行都可能导致孩子离家出走，甚至被逼上绝路。孩子越是疯狂上网，家长越是要关爱孩子。一旦发现孩子出现异常，情况不可逆转，一定要求助于心理医生。

网络的可怕不在于网络本身，而在于我们对孩子的疏于管理，只要多和孩子沟通、给他们足够的关爱、及时开导他们，让他们适当地使用网络，那么网络也可以给孩子带来快乐，帮助他们成长。

婚外恋中谁付出更多

有人说，当男人陷入婚外恋时，大多是"家里红旗不倒，家外彩旗飘飘"；而女人就不一样了，她们大多会将所有感情投入到所爱的男人身上。所以有人说，女人一旦对自己的婚姻失望，开始寻找婚姻外的恋情时，会表现得比男人还要决绝。

一般来说，女性的婚外恋历程是"厌旧喜新""弃旧图新"，而很少"喜新不厌旧"，她们在追求婚外幸福时往往比男子更勇敢、执着，不少人敢于蔑视主流文化，顶住种种社会压力，甚至放弃子女抚养和财产利益，而与丈夫毅然决裂，却迟迟不见情人迈出实质性的一步，以致自己人财两空、进退两难。即使这样，女性还是容易在移情别恋时为爱不顾一切。出现这种现象的原因有以下几点：

首先，女性大多把爱情当作人生的主旋律，她们也只有在对情人"动心"的前提下才会冒险去尝试婚外恋，并在热恋中轻信心上人的承诺，从而痴迷地、忘情地投入其中。现在的女人思想更为开放，也越来越重视自己的感觉，对不满意的婚姻，她们会反抗。

其次，妻子与婚外异性过从甚密，常会受到丈夫的当众羞辱、粗暴殴打或性虐待。即使一些女性有悔过意向，丈夫也往往因强烈的占有欲和嫉恨心而难以再对其建立起信任感，有的还对妻子的时间安排、人际交往、兴趣爱好等做了苛刻限制，使妻子的自尊心严重受损，妻子终因无法忍受丈夫的猜忌、疏离和报复行为而寻求婚外恋。

再次，女性往往很难将性和情分离。与男人更加偏重于性不同，女人希望获得性与情的完美结合，所以女人千方百计想去独占这个男人，企求这份爱能够永恒。

显而易见，对婚外恋更执着、专一，也更投入的女性，在这美丽的陷阱中往往跌落得更深，也受到更多的伤害。她们的美好向往常与严酷的现实相脱节，她们的付出总得不到预期回报，她们在短暂的甜蜜和幸福之后，常伴随着沮丧和酸涩，因此，反思和彻悟对于她们尤为必要。倘若她们对婚外恋的心理差异有所了解，并对自己"想要什么"和"能得到什么"是否吻合做出理性判断的话，或许在临近婚外恋地雷区时会更小心谨慎。只要双方在家庭中互敬互爱，经常进行沟通，保持家庭的稳定和谐，婚外恋自然会失去存在的土壤。毕竟，对爱情较为执着专一的女性会更加注重保卫婚姻的完整。

病理性赌徒的心理

年底，当克里斯汀和两个刚刚蹒跚学步的孩子乘坐的飞机在美国拉斯维加斯机场降落时，她并没有看到调到这里的自己丈夫的身影。最终他还是乘出租车来到机场迎接他们母子，但已身无分文，对家人的到来毫无准备，他甚至没有钱租房子，钱包里没有信用卡。

这一切令克里斯汀感到意外："他每年收入超过 100 万美元，但我们却总是没钱花。"最后，克里斯汀终于知道整件事情的来龙去脉了。她的丈夫艾伦经常沉迷于赌博，所以钱都送给了拉斯维加斯的赌场了。艾伦的赌瘾仿佛是个无底洞，克里斯汀无法忍受了，所以，他们的婚姻亮起了红灯。由于过于沉迷赌博，艾伦的事业也出现了危机，他的老板不愿意再雇用他了。

艾伦很痛苦，他想戒掉赌瘾，克里斯汀在网上看到加利福尼亚州的彭德莱顿兵营可以治疗赌瘾，于是把他送到那里接受治疗。

同 90% 有了赌瘾的人一样，艾伦接受首次治疗后复发，他驾车从医院去了拉斯维加斯，又赌掉了 18 万美元。而此时克里斯汀已经绝望，打算和他离婚。于是，艾伦又赶快飞回家，可是，没过多长时间，他又背着妻子偷偷去了赌场。事后，他对妻子忏悔说："过去的 9 天，我都睡在大街上，我不知道该怎么办。"

艾伦是个典型的病理性赌博障碍患者。病理性赌博是指在个人生活中占据统治地位的、频繁发作的赌博行为，且行为对社会、职业、财产及家庭价值观念与义务都造成损害。现代的医学研究表明，赌瘾的形成不仅和心理有很大关系，而且，也带动着大脑生理上的改变。因此，赌瘾是仅次于毒瘾的心理疾病。

在心理学家们看来，好赌的根源在大脑。赌博能够刺激人的大脑产生一种名为多巴胺的神经介质。多巴胺会带给人快乐感受，很多人都会多次重复那种与兴奋快感相联系的行为。赌博恰恰触到了大脑中释放多巴胺的那根筋。

为了寻找赌博和神经介质释放之间关系的直接证据，瑞士科学家用猴子实验来模拟人类赌博行为。

科学家给猴子大脑装上电极。这些电极可以随时记录猴子大脑内特定神经细胞放电的情况。哪些神经细胞放电就说明这些细胞正在释放神经介质。在这项实验中，如果释放多巴胺的神经细胞放电猛增，就说明猴子已经找到了感觉。实验时，猴子面前设置的计算机屏幕上可以显示5种不同的图案。每当某种特定图案出现时，猴子就有机会得到奖励——一口果汁。

记录发现，如果一种图案让猴子根本猜不出下一步的图案是什么，以及能否得到果汁奖励时，它们分泌多巴胺的神经细胞放电活动最频繁，猴子也因此目不转睛地盯着计算机屏幕。相反，如果某一特定图案表示下面肯定有奖或肯定无奖时，它们的神经细胞就不会产生太强的兴奋。说明期待和猜测渴望得到的结果最能激发神经细胞兴奋，使多巴胺释放。

这项研究提示人们，赌徒之所以不断回头，主要缘于对下注之后、结果未卜的刺激追求。赌博具有难以自制的成瘾性，使人为了一时的快乐丧失理智，甚至不惜倾家荡产，从这一点上，赌博和吸毒非常相似。

婚前有房的心理成因

一部电视剧《蜗居》红遍了大江南北，同时，也产生了一个热门词"蜗居"。的确，现实生活中，在一个城市里生存的关键就是房子。可是，在房价节节攀升的今天，许多市民都会"望房兴叹"。按照中国人的传统习惯，有房才有家，有家才有归属感，房子也成了婚姻的必备品。但其中亦不乏有些人无力购买房子，从而导致男女双方分道扬镳。时下，"嫁人还是嫁房子"便成了人们热议的话题。

"没地儿住还结什么婚？"大学毕业已两年的北京籍的刘茜茜和贾晓宇面对婚

姻的前提条件相当一致，尽管俩人相恋五年，感情也相当好，但是没有房子谁也不会先勇敢地提出结婚。

刘茜茜和贾晓宇每家在北京都只有一套房，俩人要是结婚就都得从家出来重新找地方，租房俩人谁也不乐意，结婚得有房的观念深入人心。

刘茜茜不愿意是因为没房就结婚会让父母遭受邻居或亲戚的耻笑，而贾晓宇更是认为要先给心爱的女朋友一个保障才行。

就这样，眼看周围的同学一个个都走入婚姻殿堂，俩人却还在不断纠结，虽然好事多磨但更怕夜长梦多。就怕当有了房子，身边已经不是从前的那个人。

这样的例子在日常生活中比比皆是，房子成了横在婚姻面前的一座大山，成为一个强有力的"爱情杀手"。大家在反驳甚至是痛斥"现实"的女性的同时，也该客观冷静地正视这个问题。

首先，从本质上来说，房子是什么？为什么需要房子？了解了这样的问题，才可能更加贴近事实的真相。从现实的角度来看，房子就是家，是一个安身立命的场所，有房子就有一种安定的感觉。没有房子就没有归属感，无法保证基本的生活质量。

其次，来自家长的压力。天下大部分的家长都希望自己的儿女"安家立业"，房子当然是首要条件，没有一个温暖的爱巢，固定的居所，如何组建一个幸福的家庭？家长怎能安心放手？

另外，我国目前的租房体系并不完善，不像一些发达国家，公民租房成为常态：一方面发达国家有着很高的公共福利水平，租房居住完全可以达到满意的生活质量；另一方面人的流动性强，租房比买房更方便。反观我国现状，公共福利水平和租房生存所必需的配套建设非常不完善，租房只能是权宜之计。没有房产证，孩子上学就要交借读费；没有房产证，就无法获得户籍，就不能享受城市所有的社会福利……现行的很多社会制度都依托"房屋产权"而设定和存在，房子怎么能不重要？

在如此严峻的现实面前，"望房兴叹"的适婚男女难免左右为难，一边是难以割舍的爱情，一边是现实的无奈。俗话说："做得好不如嫁得好。"一个婚前不能给自己提供一个象征"保障"的房子的男人，能否成为托付终身的对象，许多女性在心中打出了问号。

女人相对于男人更缺乏安全感。所以，女人选择"物质婚姻"情有可原，这是一种正常现象。的确，婚姻和爱情有很大的不同，爱情可以只是精神上的，而婚姻则必须要有物质作为保证；爱情可以天天都风花雪月，而婚姻则不得不担心柴米油盐；爱情可以我行我素，而婚姻却需要缔结一种新的社会秩序；爱情可以穿越社会等级和人际关系的束缚，而婚姻却总是遭遇各种各样的精神枷锁。因此，女人为了自己的将来考虑，总要为自己的婚姻寻得最基本的保障。

经济基础决定上层建筑。是的，婚姻和物质有着千丝万缕的关系，问题是，婚姻幸福和房子是否可以画上等号？这样的要求是否合理？很多人认为，有房才会使婚后的生活更加稳定，幸福才会更加长久。也许这种观点有一定的道理，但是现实生活中那些没房没车的婚姻生活是否就一定是不幸福的呢？答案当然是否定的。所以，"结婚最好有房子"无关对错，但如果成为"一票否决"的条件，就要出问题。

两个相爱的人结婚，拥有属于自己的房子自是一件锦上添花的美事。但没有感情，再华丽的豪宅也难以容下一段和谐安定的婚姻。片面地、执着地追求"结婚必先有房"最终可能导致失去爱情，失去原本属于你的美满婚姻。对多数女人而言，一个好的男人才能真正给她安全感，这才是核心所在。

不要因为眼前的房子蒙蔽了你的双眼，物质可以通过不懈的努力来获得，而爱情则是可遇不可求的。

年轻人义气的盲目性

在更多的情况之下，"哥们儿义气"是一种小团体意识。只要我们是朋友，或者你是我朋友的朋友，就有求必应，不分青红皂白，不计一切后果，为了某个人的利益，为了一个小圈子的利益，有时甚至为了一件微不足道的小事，就大动干戈，互不相让，结果害人害己。

某中学初中三年级的李东，在学校表现良好，成绩名列前五名，品行良好，多次被学校评为"三好学生"。2005年1月13日，14岁的李东放学后照例与玩得要好的同学在一起玩。其间，两个好朋友说要去抢劫，并打赌说他不敢去。"如果我不去，觉得有点不好。"李东说。于是，按照与朋友的约定，他找来一把砍刀赴约。

翌日凌晨1时许，李东与两个朋友来到离学校和家都比较远的一个烟酒店下手。当时，店面已经关门，一个朋友假装买东西将22岁的店主从床上叫起来，然后三人同时冲进去，将店主按住，开始抢钱和烟。店主见是三个小毛孩，便拼力反抗，两个朋友叫李东用刀砍。他为了兑现三人的约定和承诺，用刀朝店主一顿乱砍。店主送医院后经抢救无效死亡。

据了解，那次他们共抢得现金近300元，中档烟20余条。一个星期后，李东被捉获。李东的犯罪让老师、同学、亲戚和父母惊讶。

李东的遭遇令人惋惜，也让人觉得不可思议：究竟是什么令这位曾经是"三好学生"的少年失去理性，误入歧途？答案显而易见——不分青红皂白地执着于"哥们儿义气"。

心理学研究表明，处于青春期的青少年，随着年龄的增长、视野的开阔，他们对外界事物所持的态度的情感体验也不断丰富起来。这时的青少年十分单纯，喜欢交往，注重友情。在同学的交往中，这种感情是最真挚的。但由于一些同学缺乏正确的道德观念，分不清什么是真正的友谊，甚至把"江湖义气"当成交友的条件，而使自己误入歧途。

那么，真正的友谊与"哥们儿义气"之间的区别在哪里呢？

简单来说，友谊是人与人之间一种真挚且高尚的情感，它建立在志同道合、相互扶持的基础之上，这不仅表现在对方遭遇失败，经受挫折时为其排忧解难，也体现在对方犯错误时及时的指正。而"哥们儿义气"则不同，从心理学上讲，"义气"作为一种狭隘的封建时代观念，是情感的产物。情感是人对事物所持的态度化体验。之所以说"哥们儿义气"或"江湖义气"狭隘，是因为它判断是非的标准仅仅局限于几个人或某个小集团的圈子内，以小集团的利益为准绳，带有片面性、主观性，带有强烈的小集团的情感色彩。

既然"哥们儿义气"是一种盲目的执着的情感，那么，青少年该如何远离"哥们儿义气"的漩涡呢？

首先，要从思想根源着手，问问自己为什么会对"江湖义气"产生兴趣，它是何时左右你的？"哥们儿义气"和我们所提倡的精神文明到底有什么差别？危害在哪里？找到了症结所在，我们才能对症下药，勇敢地向"哥们儿义气"告别。

其次，要积极培养高级情感，取代狭隘的"哥们儿义气"。高级情感如道德感、友谊感、集体感、荣誉感等，这些健康的、向上的情感一旦在你的头脑中占主导地位，那种狭隘的"哥们儿义气"就没有立足之地了。

再次，用理智驾驭自己的情感，做情感的主人。这一点是很重要的。我们之所以会深陷"哥们儿义气"的漩涡，一个重要原因是不理智。做事全凭感情冲动，不管对错，结果往往铸成大错。正确的方法是，遇事应当三思而后行，分清是非黑白，冷静分析自己的行为是否符合道德规范以及法律规范。做事前多想一想，这样，我们才不会因为一时的冲动而被所谓的"哥们儿义气"冲昏头脑，做出疯狂的举动了。

年轻人应时刻保持清醒的头脑，分清"哥们儿义气"与友谊的本质区别，认识到"哥们儿义气"的危害所在，并不断提升自我，学会理智地分析是非对错，不盲目地执着于"哥们儿义气"，还友谊一片纯净的天空。

为何那么多人争当明星

关注选秀节目，我们不难发现，参选队伍最庞大的还要数青年人，在这个群体中，更多的人是抱着一夜成名的心理参与选秀节目的。

青年时期是人生多梦的季节，在这个阶段，青年人的自我意识开始觉醒，展现自我的欲望与日俱增，对成功表现出特别的渴望。他们会努力地追逐梦想，心理学上把这个成长阶段称作"暴风骤雨的时代"，明显特点是：容易冲动、容易被新奇的事物所吸引。因此，各种各样的选秀活动恰好满足了他们的心理需求，很容易引起他们强烈的呼应。

另外，媒介的力量是十分强大的，我们在不停地接收信息的过程中自然而然会开始了解，开始关注。而娱乐界的明星是备受关注的群体之一，他们在荧屏上、在演出中、在各种社交场合的闪亮登场及出色表现，逐渐赢得了大众的认同，成为人们的偶像。偶像对许多人来说是一种榜样和楷模，寄托了他们的理想和渴望，对接近这样的偶像甚至成为其中的一分子是他们强烈的心理渴求。青少年有着较强的成就动机，娱乐界明星所取得的成就在当下的社会里更易被关注，因而他们争相去模仿和追求——选秀就成了他们实现这种成就动机最明确、最简捷的途径。

狂热地参与选秀，除了特定年龄阶段的心理原因，也有其历史原因。中国人一直觉得内敛才是为人处世的正道。但是，过于内敛会使自己很压抑，长此以往就有可能导致更为强烈的张扬和释放。人的性格其实是一个很复杂的系统，往往并非只有单一的一面。随着社会的开放，展现自我、实现梦想的途径越来越多，于是人们追求成功、张扬自我的欲望变得十分强烈，因此能一夜成名、光辉耀眼的选秀活动就成了最有吸引力的途径。

正是因为上述原因，选秀风潮才能在中国风风火火地走过了几个年头。我们暂且不论众多选秀节目的利与弊，单从参选心理来看，渴望展现自我、渴望受到关注、渴望得到肯定、渴望获得成功是一种正常且积极向上的心理，应给予肯定与鼓励。但我们也必须清楚地认识到：几乎所有取得成功的明星背后都付出了常人难以想象的努力与代价，明星华丽光鲜的背后是一部心酸的奋斗史。因此，不付出努力，盲目且不切实际地执着于选秀，最终只会成为秀场上的炮灰。

情感偏见的普遍性

我们已经看到了，人们处理信息会受其情感和偏见的影响。人们会在买了新车之后搜寻更多关于此车型的信息。很明显，人们并不是想要了解更多他们已经买的车，而是想要寻求证据以确认自己确实做出了正确的选择。

偏颇吸收部分源于我们降低认知不和谐的欲望。我们搜索并相信我们乐于看到的信息，我们避免并排斥令我们心烦的信息。一些谣言很有趣，令人兴奋。也许只是因为一点点兴奋与激动，人们就愿意相信这些谣言。即便谣言令人愤怒，人们也可能因为愤怒而相信它们。当人们普遍愤怒时，情况就变得比较轻松甚至好玩。因为在某种程度上，这种普遍的愤怒一定有特定的背景和根据。另一些谣言是令人心烦的，甚至带有少许恐怖意味，人们倾向于认为这种谣言是虚假的。

有关死刑和同性关系的研究很好地说明了这一点。当人们显示出偏颇吸收时，动机因素通常在起作用。如果人们有动机相信那些与他们的观点相符的谣言，不相信那些与他们的观点相左的谣言，那么这样的研究结果不足为奇。社会科学家曾提出"反证偏向"的信念，即人们会尽力反证与自己最初观点相冲突的论断。如此就很容易理解当我们背后有动机驱使时，为何均衡信息只能强化我们最初的观点了。

但是故事还没有结束。为了看清缺位的内容，让我们假设这个社会由理智的和不理智的两类人组成。这两类人都坚信既有观点。假设理智的人坚信某些观点，如真的发生过大屠杀。假设这些理智的人读到了有关这个问题的均衡信息。

对于理智者来说，那些支持他们最初观点的材料不仅看起来更加可信，那些资料也会为他们提供一些细节，从而强化他们之前的想法。相比之下，那些和他们最初观点相左的材料则显得难以置信、不知所云、居心叵测，甚至有些疯狂。结果是这些理智者的最初观点被进一步强化。借助均衡信息，他们获得了对自己既有观点的新的支持，而全然无视那些颠覆自己最初观点的材料。

当然，在不理智的人身上，我们会看到相反的情况。这些人的最初观点是大屠杀没有发生过。为了了解不理智者为何会这样认为，我们不需要讨论他们的动机，只需要分析均衡信息对他们最初观点的影响。即使理智者和不理智者都没有情绪化地坚持他们的观点，而只是读了有关他们既有观点的均衡信息，他们也会偏颇地处理这些信息。

这种解释有助于我们理解偏颇吸收发生的时间和原因。前提有两个：坚定的既有观点和带偏见的信任。当人们自己的观点不强烈并且两面都信任的时候，他们就会受所读所闻的影响。假如你对纳米科技没有特别的认识，并且你听说这种技术会带来严重危害。假如接下来有人向你提供了均衡信息，证明这种说法是错的。如果你之前没有持任何特别的观点，那么在听到均衡信息之后，你之前相信这种说法的意愿就会被弱化。如果你对支持和反驳这种说法的正反两方面信息都相信，你将不会断定其中一方误导或带有偏见而抵制这些说法。对于大多数谣言来说，大多数人都不会有强烈的既有观点，而且不会只信任一方而不信任另一方。在这种情况下，不同观点最终会趋向真理。人们会听取不同意见并根据听到的意见决定自己的立场。

相反，理智者和不理智者会有选择地相信一些人，而不相信另一些人。当他们读到有关正反两方面信息的资料时，一点也不奇怪他们会接受支持他们自己观点的那部分材料，而忽视反对自己观点的那部分材料。

以下这点很重要。如果你想改变人们的既有观点，最好的做法不是给他们看对手和敌人的信念，而是给他们看那些与他们的立场相近的人的观点。假设作为共和党人的你听到了一则有关民主党官员的令人震惊的谣言。如果民主党否定这则谣言，你可能不为所动；但如果共和党出来辟谣，你也许会重新考虑。一个压制谣言的好方法就是去证明那些本该相信谣言的人实际上并不相信那些谣言。

假设不理智的人认为没有发生过大屠杀。在读了纠正这种说法的相关文章后，这些人可能会有些质疑。第一，这些纠正可能把他们激怒并令他们为自己辩护。果真如此，就会产生出认知不和谐，从而使这些人坚信自己本来的看法。第二，对于那些不理智的人来说，这种纠正的存在本身就会令他们坚信自己的最初观点。假如没有必要，为何自找麻烦去纠正？也许那些支持纠正说法的人太刻意这么做了，以至于他们的纠正反而证实他们否认的事确实存在。第三，这种纠正也许会让人们的注意力集中在有争议的问题上，而这种集中本身也会强化这些人最初的立场和观点。

很多研究都证明，越是提供给人们一些信息告诉他们不用担心他们认为有危险的事情，他们越会害怕。应该这样解释这个有趣的发现：当注意力集中在风险上时，人们的恐惧程度就会增强，就算他们看到的信息是提醒他们风险会很小的也一样。即便危险不太可能发生，人们也很怕去思考危险。谁也不愿意听到自己未来 5 年有 1% 的可能性会死于心脏病，或者自己的孩子有 1‰ 的概率会得白血病。所以，也许给人们看纠正虚假说法的报告反而会引起人们对虚假报告的注意，强化人们认为"虚假报告也可能确有其事"的观点。

我们过于迷信数字

当我们在做数字题时，如果使用不同的方法两次计算的结果不一样时，人们总是毫不犹豫会认为自己的计算出错了。因为我们偏颇地确信计算结果应该是一致的，数字本身不可能自相矛盾。

为什么我们应该相信数学而不是自己呢？我们一起来分析其中的原因：众所周知，数学法则肯定是具有一致性的，因为它们在逻辑上都是真实存在的，在逻辑上真实存在的论断不会相互矛盾。

当然，我们要相信数字法则的一致性，首先必须相信数学法则在逻辑上是真实存在的，同时还必须相信数学法则是实实在在的。一列数字只会有一个和，这个论点是真的，仅仅是因为数学法则是真实存在的具体事物。这就很容易让我们的认知偏向于数学所呈现的数字。

既然自然数存在，那么数学法则也是真实存在的。与之相比，其他证明办法都基于那些不太能够达到不证自明境界的原理。如果你跟 99.8% 的数学研究者一样，跟 99.8% 的用过计算器的人一样，就会相信数学法则的一致性，这几乎肯定是因为我们发自内心地相信自然数从某种重要意义上来说是真实存在的。

诚然，"真实"这个词用在这里有些含糊。如果我们想理解得更深刻一点，让我们给它下一个定义："自然数是真实存在的"就意味着数学法则是具有一致性的。

尽管我们相信自然数是真实存在的，却无法找到任何有力的证据来证明这一信念。亚历山大·叶塞林·沃尔平是一位偏执的数学家，他曾提出了"叶塞林·沃尔平理论"：因为我们没有大量的经验，所以我们无法判断它们是否表现得具有一致性，甚至我们无法判断它们是否真实存在。

根据"叶塞林·沃尔平理论"，我们应该只去关注那些"小到足够让人思考的地步"的数字。这种理论被视为"极端有限主义",而且几乎没有数学家会去认真对待它,当然更别提去认同了。亚历山大·叶塞林·沃尔平的对"真实"的偏颇吸收,引来了广泛的争论。

为了反驳这种"极端有限主义",主流数学家提出这样的问题:"我们究竟如何来判断那些数字属于'小到足够让人思考的地步'的范畴呢?或许一两位的数字肯定算,而 30 位的数字就不算。那么,界限到底应该是多少位?"

著名数学家斯坦福大学教授哈维·弗彼得曼曾试图批驳"叶塞林·沃尔平理论",他说:"我从 2 开始,询问他这个数字是否'真实'或者能让人感到'真实'的效果。他几乎立即表示同意。然后我询问 4,他仍然同意,但略有停顿。接下来是 8,他还是同意,但更加犹疑。反复这样做,直到他处理这种讨论的方式已经很明显了。当然,他已经准备好回答'是'了,尽管他在面对 2 的 100 次方时要比面对 2 时犹疑得多。(2 的 100 次方就是一个 30 位的数字。)除此之外,我也没办法这么快就得到这个结果。"

几乎每个数学家在面对大数字的真实性时都与弗彼得曼持有相同立场,几乎没有人和叶塞林·沃尔平站到一边去当"极端有限主义者"。最后,弗彼得曼和叶塞林·沃尔平达成了共识。我们不但相信数学法则,也相信代数、几何和数学的其他部分是真实可信的。但我们几乎没有丝毫逻辑理念和证据来支持这种信念。

经过深思,我们还是可以了解这种没有逻辑和证据支持的信念,这似乎并不奇怪。毕竟,蜘蛛知道如何织网,并不需要去寻找"第一定理"来推断出织网技术或者认真观察其他蜘蛛的工作过程以便推断出来。从原则上来讲,我们找不到反对人们硬生生地理解数学的理由。

也许可以辩解说蜘蛛的本能反应是下意识的。

那么,我们的信念必须满足一些其他的基础,然后才被划分为信仰、直觉、本能、启示或者"超感官知觉"等。其实,这一切或许正是因为人类的大脑是由很多相连的部分组成的,这样说只是人们的错觉但也可能是真理。

质疑这些的一个重要原因是,他们之间存在着太多分歧,以至于无法在细节上达成一致。数学真相容易被那些直觉敏锐的人理解,这一点已经由不同时代、不同地点的不同的人以不同的方式证实过了。

1888 年,伟大的德国数学家大卫·希尔伯特证明了自己的"基础命题",这个命题标志着现代代数的创立。他通过"将无限集合当成具体的对象"这一前所未有的创举做出了证明,他的学术对手保罗·戈尔丹对此嘲笑说:"这好像不是数学，而是神学了。"然而，这一技巧创新几年后就带来了丰硕的研究成果，甚至戈尔丹也不得不承认"神学也有用处"。

在数学领域存在着正确的命题。"正确"并不意味着"可以被证明"，而仅仅意味着通常意义上的正确，更多的甚至可以说是固执偏向。但是这些命题必须跟自然数体系有关才能是真实的。此外，这些命题都是正确的。因此，自然数在人们发现它们之前也是存在的，而且无论人们是否发现它们，自然数都是真实存在的。这样的数学命题深奥，但我们不得不承认，它来源于某个人的偏颇"研究"。

警惕"浮躁"影响选择

人往往容易变得浮躁，浮躁是普遍存在于现代人内心的一种心理，会与烦闷、压抑、暴怒等情绪联系在一起，从而深刻地影响我们的判断，把人拐入死胡同。

李强大学毕业后到美国留学，身处异乡，他满怀憧憬，希望自己能在这里打拼出一条成功之路。他拿着自己名牌大学的毕业证书和博士学位的证书到处求职，跑了很多大公司，却没有一家公司愿意聘请他担任重要的职位。

困惑和浮躁随之而来，他想：自己的博士学位可不是骗来的，怎么就找不到一份像样的工作呢？但几天以后李强又冷静了下来，想：或许我真的有不适合高层的地方，既然是这样，那么我就安心地先找一个简单的工作来干吧！于是李强收起了他的所有学位证书，到一家跨国公司申请做一个"程序录入员"，这次，他自然马上被录用。

当某人听到了不顺心的话，或碰到了不如意的事的时候，心情就会变坏，人也会因之而变得浮躁。每个人都难免会遇到一些指责、批评甚至是毁谤、陷害，但每个人面对它们的态度是不一样的。我们应该养成以平和的心态去面对事物的良好习惯和心境。在逆境中只要不浮躁、不急躁、不愤怒、不冲动，通常都能渡过难关。这时候保持一种平和的心态就很重要了。平和的心态不但能化解人的浮躁与暴躁，还能让人十分冷静地处理问题，让自己的境遇不断地变得更好。

对于拥有博士学位的李强来说，这份简单的工作根本就是小菜一碟，但他仍然一丝不苟，十分投入地做自己的工作。慢慢地，主管发现他能发现程序中的错误，并加以改正，非常不简单，一般的程序录入员肯定做不到这一点，于是就找到李强。在主管的询问之下，李强亮出了自己的学士学位证书，主管看后马上汇报给老板，老板感觉一个拥有学士学位的人只做一个程序录入员太可惜了，马上将李强调到了一个更好一点的位置。

李强在新的岗位上依然干得兢兢业业，而且这个时候，他已经有更多的机会和老板接触。慢慢地，老板发现李强不同于一般的大学生，因为李强提出的建议常常显得与众不同，很有采纳价值。于是老板找他单独谈话，李强又在谈话的时候拿出了自己的硕士学位证书。老板再次高兴地提升了李强。

又过了一段时间，老板发现李强在新的岗位上依然表现得非常出色，而且他似乎很适合在高层工作，就又找他谈话。这一次，李强才拿出了自己的博士学位证书。老板笑着问他，为什么当初不直接拿出博士学位证书呢？李强回答说："我虽然学位很高，但缺乏工作经验和社会经验，在从程序录入员开始一直到现在的日子里才真正学到了东西，现在的我才有能力和资格担任公司里的高层职务！"就这样，老板对他的能力已经完全了解了，因此毫不犹豫地对他委以重任。而李强也就从此拥有了施展才华的空间和机会。

我们现在对李强从开始的失败到后来的成功做个分析。李强开始的时候找工作屡屡失败，是因为他的浮躁。而后来他的一步步升迁，却是因为他的不浮躁。老板不是因为他的证书才任命他为高层，而是对他的人品和能力的双重肯定才给了他一个广阔的发展空间的！李强并没有自视才高，陷入浮躁与自负的泥潭，而是冷静地分析了自己的处境和外部环境，并找到了适合自己的路。

事实证明，有资本的人更应该避免浮躁。无论是有资金、有才华，还是有人脉，这些都不是让自己变得浮躁的理由。现在很多有文凭的高学历青年都很浮躁，他们认为自己手上的证书应该是自己一步登天的通行证，而事实未必如此，大多数人往往在现实中感到失望。相反，越是有基础、有资本，就越是应该冷静、谦逊、平和和认真地面对自己的每一个工作和每一个阶段的处境。这样的人是睿智的，因为他们知道自己的价值该如何体现，也知道自己的未来该如何创造。他们避开了浮躁不安、骄傲自大的泥潭，将自己引领到了成功的彼岸。

每个人都难免会受到一些指责、批评甚至是毁谤、陷害，但每个人面对它们的态度却是不一样的。可是只有能够调控自己脾气的人，才能主宰自己的人生。

我们应该让自己在平时养成以平和的心态去面对事物的良好习惯和心境。在逆境中，我们只要不浮躁、不急躁、不愤怒、不冲动，耐下性子来，通常都能渡过难关。

第十一章 是什么让你感到恐惧

一个人经历了比较大的灾难，他会有很多生理性和心理性的变化，如果长期处于类似压力很大的情况下就很难恢复过来，如果把他放在比较积极向上的平和的环境下，慢慢地身体就可以自身调节，这是没有问题的。

——毛利华

（北京大学心理学系副教授）

什么环境让你感到恐惧

你想知道如何化恐惧为力量，帮助你全面发掘个人潜能，取得预想不到的效果吗？

前世界重量级拳击冠军乔·伯格纳曾两次与拳王阿里较量。在这两次比赛中，他都坚持到了最后。阿里曾为伯格纳指点迷津，伯格纳一直都记着这位伟大拳王的话："任何走上拳击场的人，如果丝毫不感到恐惧，那他一定是个傻子。道理很简单：他们对这项运动根本毫不了解。因为没有恐惧，就没有对抗力，也就没有准确的判断力、敏捷的反应和凌厉的战术来避险制胜。"

首先必须了解：我们都会感到恐惧。只有懂得如何利用恐惧的人，才能把恐惧化为己用，变成有用的武器。

恐惧专家指专门从事与恐惧紧密相关的工作，在工作中常常需要暴露在可怕的环境中，但是他们不但承认自己会感到恐惧，而且表示自己会敞开胸怀欢迎恐惧。他们并不把感到恐惧当作一种软弱的行为，而是把恐惧当作一笔财富，利用恐惧来锻炼自己的勇气，从平庸者中脱颖而出，最后获得成功。

恐惧专家们深知，唯一能做的就是学会与恐惧共存。在某些情况或者某些领域，你也许可以控制恐惧，一个人害怕的东西，另一个人并不一定就会害怕。但是，在其他情况或其他领域，恐惧可能以其他的形式出现。很多人会以为所有情况都一样，误以为我们靠自己的力量绝不可能控制恐惧。

恐惧在社交、家庭生活、工作中深深影响着我们。要么学着与恐惧成为朋友，要么沦落为恐惧的奴隶。大多时候，我们并不是被恐惧打败，而是被自己打败，因为我们并没有深入了解恐惧。可悲的是，大多数人从没想过要如何改善自己感到恐惧的状况，只想彻底消除恐惧。但是对恐惧的厌恶之情只会使你变成恐惧的奴隶，并受其控制。当你被恐惧控制了，你就几乎不可能扭转受控的局面，只能任其摆布了。

恐惧专家已经学会如何把他们的恐惧看成是专为他们而设的对其有利的动力，学会把恐惧当成一笔财富。把恐惧当作一种力量，最重要的是要记住，你可以选择如何看待恐惧。在你遇到强大的挑战时，恐惧就会产生，它能增强你的力量，提高你的警惕意识，从而保护你。

我们往往认为，恐惧是可怕的，把恐惧看作是软弱的标志，而不是强大的保护者。我们要拥抱恐惧，学会驾驭恐惧的力量，用勇气去战胜它，如此我们就会变得强大。

如何应对恐惧症

每个人都有过恐惧的经历。就好像如果一个人面对歹徒的匕首，双腿打战，甚至屁滚尿流，这是合理的恐惧；但如果他走在大街上，因害怕旁边的高楼突然坍塌将他压死而吓得寸步难行，这就有点不正常了。

护士小芸今年27岁，平日工作积极，领导、同事对她的评价都很不错，但最近她都有些不敢出门了。究其原因，竟然是因为她害怕看见花圈。她说只要一见到花圈就觉得头晕目眩，接着便全身冒汗、心跳加快、肌肉紧张，发展到后来甚至听到哀乐或别人提到"花圈"二字都会胆战心惊。

这是为什么呢？小芸到底发生过什么事让她对花圈如此恐惧呢？

原来，在3年前的某个晚上，她从梦中惊醒，因为她在梦中似乎看见墙上挂有凭吊死人的大花圈，她心惊地大叫。小芸的丈夫忙开灯，可墙上什么也没有。

一关灯，花圈又出现了。后来，丈夫发现她所说的花圈原来是窗外树枝在墙壁上的投影。虽然她也相信是树枝的投影，但从此对花圈产生了莫名其妙的恐惧，见到花圈便紧张不安。

我们每个人都有自己喜欢的东西，相反的，我们每个人也都有自己害怕的东西。或者是人，或者是动物，或者是某种环境，就好像有人怕猫，有人怕火，有人怕尖锐的东西，这些都可以理解。但是，当一个护士开始惧怕花圈的时候，那么，在她身上到底发生了什么事情呢？

这种症状，心理学上称之为恐惧症。通常是对特定的事物或所处情境的一种无理性的、不适当的恐惧感。其实所害怕的物体或处境当时并无真正危险，但患者仍然极力回避所害怕的物体或处境。根据精神分析学派的观点，恐惧症是由于当事者压制的潜意识里的本能冲动导致的，而"转移作用"和"回避作用"就是两种压制冲动的方法。

其实，这样的恐惧并不是单纯的，或许从中我们还可以发现有更深一层的心理因素。就像是护士小芸的故事，其实还有一个前奏。

这源于噩梦之前她对一个病人的特护工作。病人患的是晚期肝癌，常年病卧让他极度烦躁，经常呵斥护士，因而护士们在背后便颇有微词，甚至当面暗讽那位病人。可是，小芸却因为怕惹事选择沉默地忍耐了下来。后来病人因为抢救无效而去世。事后，死者家属以死者所在单位的名义向医院反映了护士的有关情况。医院领导在大会上严厉批评了特护的几位护士，却突出地表扬了她，号召大家向她学习。忽然，她觉得自己一下子被置于与大家对立的地位，因而十分紧张。但她一直克制着自己内心的紧张和焦虑，坚持正常上班，在别人眼里，她并没有什么异常。这种状态持续了一段时间，就出现了上面那个梦。

小芸就是如此，在护理那位癌症患者的过程中，她产生了厌烦的情绪，但一直没有表露出来。在患者死后，她觉得终于解脱了，但内心又隐约为自己曾经的厌烦而感到内疚。同时，院领导的表扬又让她觉得自己被同事疏远，让她非常不安，不过她依然保持镇定。在持续的压抑之下，因为患者之死这件事所带来的复杂情绪：厌烦、内疚、焦虑不安……终于转化为对花圈——情绪具象化——的恐惧。很显然，花圈代表整件事情，在这里，整体恐惧被缩小为局部恐惧，小芸只是在潜意识里选择了花圈这一替代物。

恐惧症的心理治疗应该先由医生向有此症状者系统讲解该病的医学知识，使我们对该病有充分了解，从而能分析自己起病的原因，并寻求对策，消除疑病心理等。要适时地减轻焦虑和烦恼，打破恐惧的恶性循环。同时要主动配合医生的药物或者心理治疗。行为疗法可以选用暴露疗法，也可以酌情选用或冲击疗法。而从心理治疗来说通常可以使用集体心理治疗、小组心理治疗、个别心理治疗、森田疗法。

有效克服乘车恐惧

在生活中，有些人害怕乘坐某种交通工具，如飞机、汽车或轮船等。他们不是简单的害怕晕车、呕吐，而是有一种更深层次的恐惧心理，这就是"乘车恐惧"。

乘车恐惧是指对乘坐汽车或乘车经过某一特定区域时所产生的一种紧张、恐惧、焦虑情绪，以致害怕乘车的现象。关于乘车恐怖的病因，至今尚不太清楚。但诸多看法认为，乘车恐怖与患者过去的某一特定经历有关，对这一特定经历的条件反射可能是诱发乘车恐怖的病理机制。条件反射学说认为，当患者遭遇到与其发病有关的某一事件，这一事件即成为恐怖性刺激，而当时情景中另一些并非恐怖的刺激（无关刺激）也同时作用于患者的大脑皮质，两者作为一种混合刺激物形成条件反射，故而今后凡遇到这种情景，即便是只有无关刺激，也能引起强烈的恐怖情绪。如患者经历了一次车祸，车祸才是导致恐怖的条件刺激，而类似的汽车则是无关刺激，由于这一恐怖情景的泛化，类似的汽车也成了恐惧源。

时间久了会引起严重的病理反应。正如一次出车祸，十年怕坐车那样，美国心理学家华生曾做过一个实验，他采取一些手段使一个四岁的孩子对兔子害怕，结果很快这个孩子害怕起一切有毛的东西，例如狗、长毛绒玩具，甚至长着胡子的人等。

小欣是北京某高中的一名高一学生，她家离学校不太远，每天只需乘半小时的公共汽车。近半年从家到学校，又从学校到家，她早已习惯。有一天，她放学回家，像往常那样登上回家的公共汽车，汽车突然遇到红灯紧急刹车。乘客们在惯性的作用下被晃得东倒西歪。小欣也在惯性的作用下向前猛冲，正好撞到前面的一个衣着脏破、满身酸汗气的醉汉身上。当时小欣被吓了一大跳，并有一种恶心的感觉。从那之后，她只要一上公共汽车心里就紧张，感到恶心、心跳加速。几次发作后，她开始害怕乘车。无奈之下，只好步行，但又不堪长时间以这种方式去上学。

父母眼见女儿这样，十分心疼，父亲曾多次陪着她乘车去学校。奇怪的是，只要父亲陪着，她乘车就没有什么异常的感受，但一旦她独自乘车，恶心、心跳加速等症状就会发作。父母感到不可思议，陪女儿来到心理诊所寻求帮助。

心理医师详细询问了发病经过后认为，小欣起病于刹车时的冲撞，病情发展于心理对此的严重性想象，再加上自己有意回避，恐惧感就会越来越重，还会伴有严重的心理焦虑。

对乘车恐惧的治疗一般采用行为疗法，据专家介绍，使用该疗法治疗各种恐惧症的治愈率在90％以上。在进行治疗时，应先弄清患者产生恐惧的病因，尤其是发病的情景，并详细了解其个性特点、精神刺激因素，然后用适当的治疗方法，如系统脱敏疗法、满灌疗法。如对上例的治疗，因患者起病于车祸的影响，病情发展于心理对事件严重性的想象，再加之其有意回避，恐惧感越来越重，故可采用满灌疗法。

下面我们以上例中对小欣的治疗为例展开讨论。

首先，心理医师围绕"乘车与回避乘车"的利与弊对小欣进行心理疏导。心理医师对小欣说："当你回避乘车的想法变成现实以后，这在心理上是一个大倒退。如果今后想再去乘车，怕的感觉会更加严重。也许你以为自己的害怕与乘车有关，其实不然，这是心理问题，是自己在吓自己。相反，如果在事情发生后，你能及时认识到这只是一次偶然的事件，并迅速壮起胆量，坚持继续乘车，即使一开始有些紧张不安、心里不好受，扛过去就会习惯，那么以后乘车就容易多了。"

接着，在小欣的认识初步提高后，心理医师即决定让她实地乘车进行练习。为了使练习取得较好的效果，心理医师反复做工作，要她克服不适感。说明只要忍耐些把第一次练习坚持下来，以后的练习就好办了。

第二天早晨，心理医师带领小欣来到公共汽车站。为了使首次练习取得成功，心理医师同意和小欣一同乘车。两人上车后，医师让小欣坐在车的另一边座位上，并讲明彼此不要说话。公共汽车开动后，小欣一下子开始紧张起来，只见她双手微微颤抖，呼吸急促，头上渐渐冒出虚汗，想要站起来坐到医师旁边，但双脚发软，无法动弹；她又想叫司机停车让自己下去，但又不好意思开口；她两眼直盯着心理医师，可心理医师却没有理会她，只是用手势示意让她继续坚持，不要因害怕和不适而放弃努力。就这样，他们总算坐到了站。

下车后，小欣气喘吁吁、头上大汗淋漓。心理医师则趁机鼓励她说："今天你的第一次练习完成得不错，总算能够坚持下来了，现在你还觉得乘车有危险吗？"为了打消小欣的恐惧感，心理医师继续向她解释："刚才在公共汽车上，我看出你确实在乘车时十分难受。实践证明，你在紧张时忍耐住不舒服的感觉，焦虑、恐惧症状实际上就迅速减轻了。但是，如果你在半路上真的逃出公共汽车，那样的话以后你就更不敢乘车了。"

两天以后，心理医师又带着小欣进行第二次练习。这次，心理医师没有同她一起乘车，让小欣独自从起点站乘到终点，并开导她说："有人陪你容易使你产生依赖心理，你现在开始要锻炼独自乘车的胆量，如果能闯过这一关，你害怕乘车的心理就会消除，以后就又能独立乘车上学了，希望你今天要坚持完成这一练习。"

在医师的鼓励下，小欣独自上了驶往学校方向的公共汽车，在汽车行驶的过程中，她虽然又出现了紧张害怕的心理感受，但她也发现不适感比第一次有所减轻。她不停地鼓励自己："坚持，再坚持！车上有这么多人，其实乘车并没有什么危险，我已经不是一个小孩子了，不应该害怕！"就这样，一个小时后，公共汽车到达终点站。小欣下车后，做了几次深呼吸，感觉良好，就又乘上了返程公共汽车……

心理医师对小欣的成功进行了赞扬，并告诫她以后每天要继续坚持练习，不可因懈怠而半途而废。小欣牢记心理医师的话，每天坚持乘车上学。半个月后她再也不为害怕乘车而烦恼了。

当然，为了更快速有效地治疗乘车恐惧，还可以采用疏导疗法、松弛疗法、药物疗法等。

保留自己的私人空间

乘电梯的时候，人们的眼睛是往哪里看的呢？估计大部分人的眼睛都会习惯性地盯着电梯显示屏上跳动的数字，心里跟着默念："1、2、3……"为什么在电梯里大家都习惯性仰着头看着显示的楼层数？难道显示的楼层数有什么神奇的魔力吗？还是有什么不可思议的心理效应在背后起作用呢？

首先人们最容易联想到的理由就是，抬头盯着数字看，是在观察自己所要到的楼层是否已经到了。而实际上，这种行为与我们的"私人空间"有着很大的关系。所谓私人空间，是指在我们身体周围一定的空间，一旦有人闯入我们的私人空间，我们就会感觉不舒服、不自在。私人空间的大小因人而异，但大体上是前后 0.6～1.5 米。据调查数据显示，女性的私人空间比男性的大，具有攻击性格的人的私人空间更大。在拥挤的电车中我们会感觉不自在，就是因为有人进入了自己的私人空间。不过，人的私人空间会根据对象的不同而发生改变。假设一个人前方的私人空间为 1 米，如果对方是亲近的人，私人空间也许会缩小到 0.5 米，但如果是不喜欢的人，也许会扩大到 2.5 米。而对于憎恶的人，则会敬而远之。人需要私人空间，他人侵入这一空间时，则会做出各种反应，在电梯里抬头看就是反应的一种。

电梯是一个非常狭小的空间。在电梯中，人与人的私人空间出现了交集，即互相感觉到对方进入了自己的私人空间，所以会感到不舒服，都想尽早离开电梯这个狭窄的空间。向上看正是想尽快"逃离"这个狭小空间的心理表现。

此外，盯着显示楼层的数字看，不只是为了确认是否到了自己要去的楼层。当我们急于离开这个狭小空间时，不停变换的数字能让我们感到电梯在移动，是在提示人们就快要离开封闭的空间走向开放的空间。

和在电梯中一样，乘地铁时当很多人涌入一节空车厢之后，长座椅的两端先有人坐，而座椅的中央后有人坐。因为人们认为坐靠边的座椅，不容易受到别人的影响。万一不小心睡着了，还可以减少倒在别人身上的概率，用手机发短信时也不用担心别人会偷看了。总之，周围的人越少，人们就越自在。

不过，也不是所有靠边的地方都会让人感到舒服自在，比如公共厕所中靠近入口一端的就经常受到"冷遇"。快餐店、咖啡馆等高靠背座椅靠近外侧的一端也不太受欢迎。这是因为高靠背座椅本身就可以确保一定的私人空间，而靠外侧的一端反而容易将人暴露。

因此，在公共设施的建设上，要注意充分考虑人们对于"私人空间"的心理需要。而人际交往中，也要注意尊重和理解对方的"私人空间"，给别人一点理解，也是对自己的尊重。

不要陷入信心的陷阱

人们往往对自己的能力有超乎正常水平的估算。身陷信心陷阱的管理者们的一个典型情况是，他们非常想要获得成功，惧怕失败，以至于干脆放弃尝试。

在描述 ESPN 电视网的发展过程时，迈克·弗雷曼提到了他的搭档基思·奥尔伯曼是如何成为同事的噩梦的。奥尔伯曼常常对同事大呼小叫、厉声呵斥，甚至不止一次让同事掉下眼泪。后来了解到，奥尔伯曼对失败有一种长期的恐惧。这种恐惧时时刻刻地伴随着他，因为他总是觉得自己应该为很多事情负责，尽管有些事情根本不是由他控制的。为了抵消和掩饰对自己能力不足的感觉，他将自己扮演成一个超人。不管什么事情，只要一有出差错的危险，他就插手进行干预。不幸的是，这种事事插手的做法使奥尔伯曼身受其害，使他产生了一种"担心由于事情出差错而被谴责的恐惧"。弗雷曼的书出版后，奥尔伯曼意识到自己的错误，并向曾经的同事道歉。在道歉信中，他将自己的行为归因于一种内心深处的不安全感。他说："我一直认为，我周围的每一个人都比我更有能力，而我却是个能力不足的人，同时我总感觉我的能力欠缺早晚会被人们发现。"无疑，在大多数人的眼中，奥尔伯曼是很成功的一个人，但是他却生活在恐惧和自我厌恶中。这种恐惧最终迫使他离开了工作岗位。

对失败的恐惧往往来源于早期不良的家庭教育，有严重的失败恐惧症的人在小的时候往往因为失败受到惩罚，而对于成功却反应平淡。孩子对父母的情感依附往往很不牢靠，他们总有一种不被接受或者不被认同的恐惧，对达不到期望的恐惧是造成惧怕失败的一个重要原因，同时也会掉入信心陷阱。这种负面思维会严重地影响管理者的人际关系，他们往往不切实际地担心，一旦事情不顺利就会失去人们的尊敬和赞许。

用功过度的人对自己处理各种关系的能力没有信心，在内心深处不相信自己，也不相信自己有能力对下属进行管理。严重的时候，则会产生管理者用功过度，而下属们则相应地用功不足。20 世纪 60 年代，英国教育家和心理分析学家唐纳德·温尼考特将"真实的自己"和"虚假的自己"引入了心理分析学中，将"真实的自己"定义为与生俱来的那个健全、自信的自己；而"虚假的自己"则是在生命的早期作为取悦父母的方式而出现的一种构造物。孩子们会遵守符合父母的价值观念，但随着孩子逐渐长大成人，他们往往会开始挑战和质疑他们从父母那里接受的那些规则和价值观念，而这正是十多岁的孩子会出现反叛情绪的原因。等他们跨过这个门槛，在接受了"真实的自己"后，从父母那里获得的一些观念与自己独自形成的认识之间达成一种平衡。但这并不是说"虚假的自己"就此消失。在工作中，呈现出一个"虚假的自己"、一个快乐地接受组织规范和文化的自己，这往往是一个合乎情理甚至心照不宣的要求。我们也许不会认同公司的一切，或者不赞赏管理者的经营方式，但通常对此保持沉默，以便能在公司里和他人正常相处或者使工作能够完成。然而有些人觉得他们必须要将这种"虚假的自己"发挥到极限。

"虚假的自己"是一个信心陷阱，它阻碍我们认识自己的真正潜力，于是压抑"真实的自己"，并戴上一种更能被人接受的面具。对"真实的自己"不满导致自我抛弃，并不断地消耗着自信。道理很明显，如果我们为"真实的自己"感到羞愧，又怎么可能对自己成功的潜力持有信心呢？

不要太敏感

我们是不是有过这样的错觉，周末刚换了个新发型，周一坐地铁去上班，突然感觉整个车厢的人都盯着自己，事实上，大家坐在座位上各做各的事；早上起晚了，匆忙跑去上课，你趁老师转身的间隙悄悄找个座位坐下，整节课你都不敢抬头，好像老师一直盯着你看，其实老师在专心讲课，根本就没有觉察到你的到来。

有这种想法的人，通常在性格上比较敏感和神经质。他们对自己缺乏自信心，内心充满着自卑感。而这种自卑感会引发焦虑和对完美主义的追求，使人习惯于不断给自己施加压力，希望自己做得更好，而结果往往是适得其反。

刘莉大学毕业做了一名文字编辑，在一家著名的杂志社工作。这是份看似还不错的工作，但刘莉没做完试用期就不得不辞职离开了。事情是这样的：

刘莉到新单位报到的第一天，杂志社主编对她说："从面试的时候就看得出来，你是一个有才华的姑娘，我们杂志社就是需要你这样人才。在以后的工作或者生活中，我会关注你的……"

刘莉听了主编的一番话后想，主编竟然说会特别关照我，那就是说他会很看重我这个人。从此，刘莉努力想把工作做好，因为她觉得自己的一举一动都被主编看在眼里，自己不能辜负主编的殷切希望。

因此，刘莉只要一走进办公室，总觉得主编在背后盯着自己，总是处于紧张的工作状态之中。越是紧张越容易出错，一次，她在校对一部稿件时有几处很明显的错误没有发现。稿子到了主编那里，失误被发现了。

主编找到她谈了一次话，询问她最近工作是不是很紧张，但不要影响工作，这次的失误没有造成太大的影响就算了，但以后不可再犯。

刘莉本就是一个对自己要求严格的人，犯了这种错误，她无法原谅自己，而现在主编又知道了，她想主编一定认为她工作不专心，责任心不强。于是，她开始在内心里谴责自己，觉得对不起主编的关注。

由于刘莉的心思太重，总想着这些事情，工作越做越糟，越错越没有信心，工作中频繁出现错误，没等过完试用期，她就主动辞职离开了。

刘莉的情况，心理学认为是由于内心过于敏感而造成的。事实上，我们完全没有必要胡乱猜测，给自己盲目施加压力。要为自己树立一个正确的认知，不要总活在别人的眼光里。

生活中，总是觉得别人在注意着自己、观察着自己，只要和别人的眼神交汇，就会以为是对方一直在盯着自己看，有时候甚至会想到脸红脖子粗，真是越想越觉得压力大，越想越觉得恐怖啊！

每当出现这种症状时，一定要在内心高喊"停止"！要不断地给自己积极的心理暗示：他不是在看我，不是在看我，不是在看我……其实想一想，一个人偶然的眼光里存在几万种可能：他真的不一定是在看你；即使他看你，也可能是无心的，也可能是欣赏你。

心理学家认为，这种通过积极的疏导和自我暗示，可以成功地克服这种敏感的心理带来的负面影响。

1. 以积极的心态"脱敏"

以积极的心态帮助心理"脱敏"，就是要让自己及时忘掉因为自卑感带来的不舒服的心理体验。别人看，那就让他看好了；别人说，那就让他继续说去。"谁人背后不说人，谁人身后无人说"，树立自信、积极的心态，是决定成功与否的第一步。

2. 加强情绪锻炼，增强情绪健康

健康，是一个综合概念。一个人只有躯体健康、心理健康、有良好的社会适应能力、道德健康和生殖健康等五方面都具备才称得上是健康。对健康概念理解的变化，引导着现代医学从以前只关心病人的身体疾病的生物医学模式转向生物—心理—社会医学模式，不但关注躯体疾病，更关注心理疾病以及造成身心疾病的社会环境。

最好的减压方法不仅仅包括针对身体健康进行的体育锻炼，还包括针对情绪健康进行的情绪锻炼。注意情绪锻炼，要求我们在生活面前保持冷静的思考和稳定的情绪，遇事冷静、客观地做出分析和判断。要多方面培养自己的兴趣与爱好，如书法、绘画、集邮、养花、下棋、听音乐、跳舞、养宠物……不管做什么，有所爱好都强于无所事事。

3. 学会疏导情绪

心理压力太大、情绪不好时，不妨尝试着疏导、发泄的方法。比如，找个没人的地方痛哭一场，哪怕是号啕大哭也未尝不可。据说这种"哭泣治疗法"在表面精明强干、无所畏惧的白领中很流行，放声大哭一场可以把体内造成情绪压力的有害物质统统排除掉！

当然，如果你实在哭不出来，那就笑吧。不管是哈哈大笑还是微微一笑，只要是发自内心的，都可以在笑声中释放自己的情绪，从而改变阴郁的心情，让自己变得阳光、开朗起来。

克服对黑暗的恐惧

生活中，我们常常看到一部分婴儿在夜晚时因害怕而啼哭，只有当灯开着的时候，他们才会甜甜地睡去。其实这种害怕黑暗的情形不仅仅是发生在婴儿身上，许多成人也有同样的问题，他们在夜间将房间弄得灯火通明，然后才安心地睡去。这种不良习惯在心理学上被称之为"开灯睡觉癖"。

开灯睡觉癖是指在夜晚睡觉时必须开灯，且在睡眠状态下也不能熄灯，从而造成对灯光的依赖。

开灯睡觉癖是一种不良习惯，其病理实质是对黑暗的恐惧。这种对黑暗的恐惧大半是从幼年期开始的。因为在此期间，儿童们好奇心很强，喜欢听有关鬼、神的故事。而这类故事的背景、内容及人物的出现又常常是在晚间或平常人所看不到的黑暗中，以显示生动性和神秘性。久而久之，他们便将对妖魔鬼怪的恐惧与黑暗连在一起，形成了对灯光的依赖，导致不敢关灯睡觉。这是开灯睡眠的一个主要原因。其次，在某一黑暗的情境中意外遭遇到可怕的事情，或在黑夜做了一个噩梦，这些令人恐怖的经历未能及时排遣，也可能造成对黑暗的恐惧。

有位21岁的男大学生，夜间无论何时都不敢走进地下室。白天他无所谓，但一到晚上就控制不住，他自己也承认毫无道理，后来发展到不敢关灯睡觉，即使跟别人同住一室也要开灯。而一关灯，他就吓得哇哇大叫，闹得室友莫名其妙。

一次，父亲强迫他去地下室，他竟昏倒在石阶上。后来，看过心理医生才知道，原来在幼年时，他有一次在邻家听小朋友讲了一个有关鬼怪的故事，描写一位巨人，专吃10岁以下男孩的心、喝他们的血、挖他们的眼。听完故事后他满怀恐惧地蹒跚归家。当时天色已黑，只有些许星光，虽然离家很近，但是有一条荒僻山道，正在这时，他突然发现一个巨人向他走来，他顿时两腿发软，昏倒在地。

实际上，他所遇见的是一个农民，由城内归来，背着箩筐在黑暗中显得特别巨大。加上这位农民喝了几杯酒，步履跟跄，看起来更像一个张牙舞爪的巨人。自己的昏倒并未惊动这位农民，所以他在地上昏睡了足足半个小时后，才被家人发现抱回家。从此以后，他就对黑暗产生了极大的恐惧，导致了自己以后夜晚不敢关灯睡觉。

后来，他又听说某家住宅的地下室，一对男女曾做了丑事，被人发现，结果女的羞愤自杀。不道德的行为和罪恶的感觉以及黑暗、地下室连在一起，使他产生了对黑暗的更大的恐惧。

其实，这样的习惯和黑暗本身没有太大的关系，而是和黑暗里隐藏和蕴含的意义有关系，黑暗中给自己带来的消极感受和不良刺激才是导致不敢关灯睡觉这种行为的根本原因。那么，我们应该如何矫治这种严重的心理问题呢？

一方面可采用认知领悟疗法。对有此嗜好者进行辩证唯物主义和无神论的教育，说明鬼怪并不存在，对鬼怪的惧怕而产生的对黑暗的恐惧是一种幼年时期的幼稚情绪反映，使其从认识上减轻对黑暗的恐惧。如上例，应向那个大学生说明那天晚上他所碰到的并非巨人，而是活生生的某位农民，并在说明教育之后重演那天晚上的一幕，从认知上、潜意识里消除恐惧。

另一方面可采用系统脱敏疗法。根据其对黑暗的恐惧程度，建立一个恐怖等级表，然后按照从轻到重的顺序，依次进行系统脱敏训练，不断强化，直到能关灯睡眠为止。例如，对案例中的大学生，先由数人一起关灯谈话，到数人一起关灯静坐，再到两人一起关灯睡眠，再到一人关灯静坐，最后一人关灯睡眠，从而根治这种心理障碍。

人为什么惧怕蛇

如果把装满子弹的真枪放在小孩子面前，他们或许会认为那是自己的玩具。但是，让人觉得奇怪的是，如果我们把枪换成一条玩具蛇，孩子们则有可能被吓到，甚至哭出来。而且，给任何一个年龄段的人看一条蛇，或者仅仅是一幅画，都会引起他们的强烈反应，如出一身冷汗或者心跳加速。不管是美国人、英国人、日本人、澳大利亚人还是阿根廷人，反应都一个样儿，甚至当地根本就没有蛇的爱尔兰人都如此。

为什么会出现这种奇怪的现象呢？这种对蛇的恐惧又是由何而来的呢？

在 1998 年，遭枪杀的美国人有 3 万多，遭雷击而死亡的人数是 240 人左右，而被蛇咬死的人数还不到 30 人。按理说，我们对枪杀和雷击的恐惧应该大于蛇才对，但是，事实却正好相反。人们在面对蛇时的反应程度要比面对真枪或者闪雷更加剧烈。

其实，对蛇充满恐惧心的这个谜团来源于从祖先那儿流传下来的基因。也就是说，对蛇的恐惧是已经刻在骨子里的。因为当我们人类在还是以捕猎采集为生的时候，就有许多人被蛇咬死了，而使用枪或者用枪杀人则是比较"近期"的事情。也就是说，与蛇的对抗和恐惧来源已久，那是我们人类共同的远古的敌人。而在天长日久的进化中，蛇也常伴我们的左右，相对于枪这种近期产物，蛇拥有更为古老的杀人历史，虽然随着时间的流逝和人类的进化，因此而亡的人逐渐减少；而对于闪雷这种不可抗力的自然现象（天气情况可以预知，但是雷电杀人则是不可预知的），人类更多的是无可奈何和不现实感。

但是，更奇怪的事是如果我们在新几内亚高地拿蛇做实验的话，就很难发现人们会抱有同样的对蛇的惊恐。把蛇或蛇的图片拿出来，会惹得成年的新几内亚人发笑。蛇根本吓不倒他们，这似乎有点奇怪。因为在以前，几乎每一个被测验的对象都会有害怕的反应，为什么在此会不同呢？新几内亚不像纽约城，这儿的蛇非常多，而且还咬死了很多人。甚至还有这么一个记录，在附近的岛上，一条巨蟒咬死了一个 14 岁的男孩并把他完全吞噬了。按照常理说，如果有人怕蛇的话，那应该是新几内亚人，因为他们还会被蛇咬死。然而他们对其他人对蛇幼稚的、普遍的恐惧感到好笑。

既然说对蛇的恐惧已经刻在了人类的骨子里，那么为什么新几内亚人会成为这样的例外呢？

原来，新几内亚人从小时候起就经常遇到蛇，知道其中只有三分之一的蛇有毒。在这个过程中，他们学会了分辨有危险的和没有危险的蛇，并经常抓无毒的蛇来吃。新几内亚人了解了如何改变我们对蛇的本能恐惧，以及增强我们的大脑修改程序的能力，因此对蛇毫不恐惧。

所以，再恐惧的东西，只要我们掌握了一定的技巧和经验，我们也是可以逐渐淡化本能中的忧虑和惧怕的。

对空旷场地的恐惧

每个人都有自己害怕的东西，有时候，根据心理或者经历的不同，便会有不同的呈现。

A先生是一个斯文的中年男子，他不管到哪里都需要太太做伴，甚至连上厕所也不例外，夫妻两人真的到了"出双入对，形影不离"的地步。但与其说这表示他们恩爱异常，不如说是痛苦异常，要了解这种痛苦，必须从头说起。

据A先生说，他在25岁时，有一次单独走过市中心广场，在空旷的广场上，他突然产生一种莫名的惊惶，呼吸持续加快，觉得自己好像就要窒息了，心脏也跟着猛烈跳动，而腿则软瘫无力。眼前的广场似乎无尽延伸着，让他既难以前进，又无法后退。他费了九牛二虎之力，才好不容易"跋涉"到广场的另一头。

他不知道自己为什么突然会有那种反应，但从那一天起，他即对广场敬而远之，下定决心以后绝不再自己一个人穿越它。

不久之后，他在单独走过离家不远的桥时，竟又产生同样惊惶的感觉。随后，在经过一条狭长而陡峭的街道时，也莫名其妙地心跳加快、全身冒汗、两腿发软。

到最后，每当他要经过一个空旷的地方时，就会无法控制地产生严重的焦虑症状，以至于他不敢再单独接近任何广场。

有一次，一个女孩子到他家拜访，出于礼貌与道义，他必须护送那位女孩回家。途中原本一切正常，但在抵达女孩子的家门后，他自己一个人却回不了家了。

天色已晚，而且还下着雨，他太太在家里等了5个小时还不见他的踪影，于是焦急地出去寻找他。最后在广场边上，看到他全身湿透地在那里哆嗦打战，因为他无法穿越那个空旷的广场。

在这次不愉快的经历后，他太太不准他单独出门，而这似乎正是他所期待的。但即使在太太的陪伴下，每当他来到一个广场边时，仍然会不由自主地呼吸加快、全身颤抖，嘴里喃喃自语："我快要死了！"此时，他太太必须赶快抓紧他,他才能安静下来,而不致发生意外。到最后,不管他走到哪里,太太都必须跟着,就有了本故事开头的一幕。

"广场恐惧症"又叫"惧旷症",本来专指对空旷场所的畏惧,但精神医学界目前已扩大其适用范围,而泛指当事者对足以让他产生无助与惶恐之任何情境的畏惧,除了空旷的场所外,其他如人群拥挤的商店、戏院、大众运输工具、电梯、高塔等,也都可能是让他们觉得无处逃而畏惧的情境。

惧旷症的一大特征是,他们的惊惶反应通常是在单独面对该情境时才会产生,如果有人做伴就能获得缓解,甚至变得正常,而且能让他免除这种畏惧的伴侣通常是特定的某一两个人。

精神分析学家因此认为,惧旷症可能是来自潜意识的需求,他们极度依赖某人,对他有婴儿般的缠附需求;但在意识层面,他无法承认此一幼稚的渴望,所以就借惧旷症的惊惶反应,使对方有义务必须时时和他做伴。本案例中的这位 A 先生,他的惧旷症从精神分析的观点来说,就是他在潜意识里对太太有婴儿般的依赖需求。

对于这种恐惧心理,患者要及时调整,可经常主动找出自己所惧怕的对象,在实践中去了解它、认识它、适应它,就会逐渐消除对它的恐惧。只有多实践、多观察、多锻炼、多接触,才会增长见识,消除不正常的恐惧感,避免它对学习、工作、事业和前途的影响。

与人交往产生的恐惧

有些人在实际生活中与别人打交道时却充满了恐惧,这就是社交恐惧症。社交恐惧症通常起病于青少年期,男女都可能出现。青少年渴望友谊,希望广交朋友,但有些青少年一到具体交往时,如找人交谈,或者别人与自己打交道,就出现了恐惧反应。表现为不敢见人,遇生人面红耳赤,神经处于一种非常紧张的状态。它往往会泛化,严重者拒绝与任何人发生社交关系,把自己孤立起来,对日常工作学习造成极大妨碍。

社交恐惧症的特点是强迫性的恐怖情绪,患者会想象出恐怖对象自己吓唬自己。例如,某大学有一女生性格内向,自尊心强。她总以为别人时刻在注意她,担心自己会出什么差错,让人瞧不起。后来,她暗暗爱上某男生,但又不敢表露,还怕别人知道这个秘密。一次,有同学开玩笑说:"我知道你爱上他了，你别藏在心里!"她一听就心里发慌，担心别人对她评头论足。此后，她见人就躲闪，有人与她聊天，她就面红耳赤、心慌意乱，最后以至于见人就害怕。这是社交恐惧症的一个典型例子。

社交恐惧症是后天形成的条件（制约）反应，是经过学习过程而建立起来的。分为两种情况：一是"直接经验"。有道是："一朝被蛇咬，十年怕井绳。"青少年在交往过程中屡遭挫折、失败，就会形成一种心理上的打击或"威胁"，在情绪上产生种种不愉快的甚至痛苦的体验，久而久之，就会不自觉地形成一种紧张、不安、焦急、忧虑、恐惧等情绪状态。这种状态定型下来，形成固定心理结构，于是在以后遇到新的类似刺激情境时，便会旧病发作，心生恐惧感。二是"间接经验"，即"社会学习"。如看到别人或听到别人在某种交往情境中遭受挫折，陷入窘境，或受到难堪的讥笑、拒绝，自己就会感到痛苦、羞耻、害怕。甚至通过电影、电视、小说、广播、报刊等途径也可以学到这种经验。他们会不自觉地依据间接经验，来预测自己会在特定社交场合遭受令人难堪的对待，于是紧张不安，焦虑恐惧。这种情绪状态的泛化，导致了社交恐惧症。

社交恐惧症是一种因心理因素造成的心因性疾病，只要积极治疗，是可以治愈的。

1. 改善自己的性格

害怕社交的人多半比较内向，应注意锻炼自己的性格，多参加体育、文艺等集体活动，尝试主动与同伴和陌生人交往，在交往的实际过程中，逐渐去掉羞怯、恐惧感，使自己成为开朗、乐观、豁达的人。

2. 消除自卑，树立自信

对自己应有正确的认识，过于自尊和盲目自卑都没有必要，事事处处得体，求全责备也是没有必要的。可以暗示自己：我只不过是集体中的一分子，谁也不会专门盯住我，注意我一个人的，摆脱那种过多考虑别人评价的思维方式。要记住：我并不比别人差，别人也不过如此，以此来增强自信。

3. 转移刺激

转移刺激即暂时转移引起社交恐惧症的外界刺激。由于外界刺激在一段时间内消失，其条件反射在头脑中的痕迹就会逐渐淡漠，有时还可消除。

4. 掌握知识

尽管都懂得开展社交的主要意义，但是有关社交的知识、技巧和艺术，以及相关的社会学、心理学和传播学知识却掌握得不够。所以应全面地掌握有关知识，真正明白道理，这对消除心病是大有裨益的。

5. 系统脱敏疗法

其一般做法是：先用轻微的较弱的刺激，然后逐渐增强刺激的强度，使行为失常的患者没有焦虑不安反应、逐渐适应，最后达到矫正失常行为的目的。引导患者先与家人接触，再与亲朋好友接触，然后再与一般熟人接触，最后与陌生人接触，一步步地引导脱敏，并通过奖励、表扬使其巩固。

第十二章　让自己倾听心灵的声音

这些年来，我的座右铭一直是：纵浪大风中，不喜亦不惧，应尽便须尽，无复独多虑。处之泰然，随遇而安，则是唯一正确的态度。

——季羡林

（北京大学终身教授，著名教育家）

保持身心健康的统一

"祝您身体健康！"这是人们最常用的祝福语，可见健康对我们来说是十分重要的。健康是人类生存和发展的最基本条件，也是人生的第一财富。可是我们怎么才能知道自己是否健康呢？也许很多人会说："无病无灾、身体强壮就是健康。"其实，现代社会所说的健康，早已超出了人们的传统认识，它不仅指生理上的健康，还包括心理和社会适应等方面的完好状态，即包括身、心两个方面，并且心理健康已成为现代健康概念中一个不可缺少的部分。

世界卫生组织（WHO）对健康的界定是："健康乃是一种在身体上、心理上和社会适应方面的完好状态，而不仅仅是没有疾病和虚弱的状态。"就是说健康这一概念的基本内涵应包括生理健康、心理健康和社会适应良好这三个方面，表现为个体生理和心理上的一种良好的机能状态，亦即生理和心理上没有缺陷和疾病，能充分发挥心理对机体和环境因素的调节功能，能保持与环境相适应的、良好的效能状态和动态的相对平衡状态。

健康的含义：

身体各部位发育正常，功能健康，没有疾病。

体质坚强，对疾病有高度的抵抗力，并能吃苦耐劳、担负各种艰巨繁重的任务、经受各种自然环境的考验。

精力充沛，能经常保持清醒的头脑，精神贯注，思想集中，对工作、学习都能保持较高的效率。

意志坚定，情绪正常，精神愉快（这虽和思想修养有关，但身体是不是健康对它也有很大的影响）。

衡量身体健康的"五快"标准：

1. 快食

三餐吃起来津津有味，能快速吃完一餐而不挑食，食欲与进餐时间基本相同。快食并不是狼吞虎咽、不辨滋味，而是吃饭时不挑食、不偏食、吃得痛快、没有过饱或不饱的不满足感。如出现持续的无食欲状态，则意味着胃肠或肝脏可能出了毛病。

2. 快睡

快睡就是睡得舒畅，一觉睡到天亮。醒后头脑清醒、精力旺盛。睡觉重要的是质量，如睡的时间过多，且睡后仍感乏力疲劳，则是心理和生理的病态表现。快睡说明神经系统的兴奋、抑制功能协调，且内脏无病理信息干扰。

3. 快便

便意来时，能迅速排泄大小便，且感觉轻松自如，在精神上有一种良好的感觉。便后没有疲劳感，说明胃肠功能好。

4. 快语

说话流利，语言表达准确、有中心，头脑清楚，思维敏捷，中气充足，表明心肺功能正常。说话不觉吃力，没有有话说而又不想说的疲倦感，没有头脑迟钝、词不达意现象。

5. 快行

行动自如、协调，迈步轻松、有力，转体敏捷，反应迅速，证明躯体和四肢状况良好、精力充沛旺盛。

衡量身体健康的"三良"标准：

1. 良好的个性

性格温柔和顺，言行举止得到众人认可，能够很快地适应不同环境，没有经常性的压抑感和冲动感。目标明确，意志坚定，感情丰富，热爱生活和人生，乐观豁达，胸襟坦荡。

2. 良好的处世能力

看问题、办事情都能以现实和自我为基础，与人交往能被大多数人所接受。不管人际关系如何变化，都能保持恒久、稳定的适应性。

3. 良好的人际关系

与他人交往的愿望强烈，能有选择地与朋友交往，珍视友情，有爱心，尊重他人人格，待人接物能宽大为怀。既能善待自己、自爱自信，又能助人为乐、与人为善。

心理因素影响人体健康

我们知道，人的心理状态是和人的全面心身状态紧密相连的，而且与人的健康状况也是密切相关的。

人的心理活动会影响神经系统（主要是脑），而神经调节是人体最重要的调节，因此，心理因素能够对生理产生作用。但是，一般性的心理活动不会给人的健康带来明显的影响，能让人察觉的影响人的身体健康的心理活动通常是强烈的、快速的或持久的。

美国生理学家坎农在 20 世纪初做过大量的实验研究，他发现人在焦虑忧郁的时候，会抑制肠胃的蠕动，抑制消化腺体的分泌，引起食欲减退；在发怒或突然受惊的时候，则会呼吸短促、加快，心跳激烈，血压升高，血糖增加，血液含氧量增加；突然惊恐时甚至会出现暂时性的呼吸中断，心电图会发生波形明显改变。

为了研究心理活动对人的生理的影响，美国医生加里·赖特还专门研究了巫术治病的问题，并写了《巫术的见证人》一书。经过长期观察研究，赖特认为，巫师不管年龄大小、种族或性别，都是一个精明的心理学家，而且是个政治家、演员。他正确地指出，巫师的主要威力不是在于使用特殊的药物，而是善于使用心理分析和心理疗法，巫师所使用的巫术的本质是心理学和心理疗法的基本原则。巫师最常使用的两种基本心理疗法的机制是暗示和自白。巫师能使病人消除恐慌，能动员病人自身的生理潜能，使病人处于生理和心理亢奋状态，增强其信心，而这是一种完全符合心理分析和心理疗法的原则。

苏联心理疗法专家 B. 莱维在为《巫术的见证人》苏联译本加的出版前言中叙述了著名的暗示死亡的案例：有个被判死刑的杀人犯被告知用切断静脉法处决。行刑者在刑场向他出示了刑具——解剖刀，并明确暗示他静脉切开后过一段时间他就将死去。于是有人蒙上了他的双眼，接着有人用刀背在他的手臂静脉处划了一刀，但没划破皮肤，再用一股细细的温水朝他裸露的手臂上流去，让放在地上的面盆不断发出"血"滴落的声音。过了几分钟，犯人开始垂死挣扎，接着就断了气。通过解剖发现，犯人的死亡是由心脏停搏所引起的。

这个实验可靠地证明了暗示死亡的可能性，同时也证明了暗示的巨大力量。临刑前的暗示和模仿迫害使犯人相信死亡即将来临，死亡的"模式"完全控制了犯人的大脑，最后导致了犯人的死亡。由此可见，既然暗示可以"杀"死一个人，那么，暗示也可以让一个人活下去。而巫术正是暗示人们活下去的一种精神疗法，它是通过病人的心理活动而产生的治疗效果。

在生活中，你可能碰到过这样的事例：某个人能正常地过家庭生活和社会生活，正常地工作、学习和娱乐。但在偶感不适后去看病，却被发现得了癌症。在治疗过程中，这个人的身体迅速垮掉了，以后则很快衰竭，不久就死去了。可以想见，这与病人的心理恐惧、过度忧郁和他人对癌症过分夸大其辞的宣传对人的心理的不良影响等心理因素有必然的联系。说的明确一点，就是病人心理上的自绝使其全身的生理发生了紊乱，从而降低了其对疾病的抵抗力，加速了病情的恶化。

在日常生活中，我们经常会遇到生病、失业、失恋等各种应激事件。面对应激事件，不同的人会有不同的表现。一般来说，应激事件会导致人精神紧张、焦虑不安。虽然应激状态能使人在特殊的环境中产生奇迹般的表现，但它同时也增加了心脏的负担，导致了人体生理系统的紊乱，并极有可能影响人体健康。

"装"出来的快乐也能真快乐

人的一生就像一趟旅行，沿途中有数不尽的坎坷泥泞，但也有看不完的春花秋月。如果我们的一颗心总是被灰暗的风尘所覆盖，失去了生机、丧失了斗志，我们的人生就会变得暗淡。而如果我们能保持一种健康向上的心态，即使我们身处逆境，也一定会有"山重水复疑无路，柳暗花明又一村"的那一天。

但就现实情形而言，人生不如意十有八九，面对悲观失望我们不能一味地呻吟与哀号，虽然那样能得到短暂的同情与怜悯，但改变不了什么。因此，我们要积极调整自己的心态，努力开拓，赢得鲜花与掌声。

在日常的生活和工作之中，我们要善于消除一些消极的心理暗示，多对自己进行积极的心理暗示，让自己转忧为喜，化苦为甜。心理学家认为，有效调整心态的途径就是，我们可以先假装自己很快乐，持续一段时间，我们就会感觉内心充满了真正的快乐。

一天早上，正值上班的高峰，北京某路公交车拥挤不堪，整个车厢里挤得水泄不通。这时，司机一个急刹车，站在门口的一个老先生一个趔趄差点倒在旁边一个小伙子身上。

老先生急忙寻找扶手以求支撑，没想到一把就抓住了扶手上一个年轻姑娘的手。还没等老先生开口道歉，这位穿着时尚的姑娘就骂着："你个老不死的，怎么回事，不行待在家里别出来。"

听到这句难听的话，车上的乘客开始为老先生打抱不平，纷纷谴责这位姑娘不礼貌。这位老先生却笑呵呵地劝大家说："别说人家姑娘了，我确实不小心碰到了她。其实我应该向她说'谢谢'，谢谢！"

那位姑娘顿时无话可说了。但老先生的这一反应把车上的人都闹糊涂了：别人骂他，他不但不生气，反而笑着感谢，有病吧？

这时，有一个人实在忍不住好奇，就问老先生："她刚才骂你，你怎么还谢她？"

老先生说："我确实老嘛，姑娘说了实话，'老不死'，再老都不死，姑娘这不是在祝我长寿嘛，所以，我要感谢她啊。"

听到这番解释，车上的人都笑了。那位姑娘却红着脸低下了头。

这位老先生明明知道那位姑娘在骂他，可他却故意把姑娘的话做出对自己有利的解释，假装别人在夸自己长寿。这样一来，不仅用幽默化解了被骂的尴尬，还调节了自己被骂后不快的心情。

心理学家认为假装快乐就会真的快乐。即使处于不利的环境中，如果我们能对自己进行积极的心理暗示，情绪和行为就会产生良性反应；相反，如果习惯使用消极的暗示，往往会把事情弄糟。

当然这种假装不是虚伪，其实是对情绪的积极调整。如果一个人总是沉浸在一种消极的阴郁的心理状态之中，就会使自己的情绪恶化，而善于积极主动地去改变这种消极的氛围，加一些积极的阳光的情绪在里面，就能使自己乐观起来。

当不顺利的时候，有些人就会说些消极的话，对自己进行否定，甚至进行全面否定。例如，"反正我认为不行"，使得本来可以做好的事也做不好了。

可见，消极的语言是一种消极暗示，说多了会导致自卑，使人意志消沉、信心减弱。所以，积极地赞美自己，发现自身的优点，对自己说一些赞美和鼓励的话，有利于发挥积极的心理暗示作用，化解不良的情绪。

每个人都有优点，有些人总是盯着自己的缺点看，从而产生自卑的心理。要克服自卑心理，就要学会发现自己的优点，并设法扩大。无论是多么微小的优点，都可以通过反复强调进行自我暗示，使自己获得自信。

心理学家认为积极健康的自我暗示，能把人带入天堂；消极有害的自我暗示，能把人带入地狱。我们要想形成一种积极、主动的做事习惯，就要进行自我正面暗示。这种正面的暗示可以调整情绪，增强自信。

在日常生活中，有的人与上司发生了一次口角，就对工作失去了信心；或是跟同事闹了别扭，就觉得上班没劲。其实这大可不必。当心情不愉快的时候，你不妨对着镜子练习笑，对自己说"我的心情很愉快，我要努力地工作"，可能你的不悦情绪就会渐渐消除。这样的话，无论客观的环境多么不如人意，我们只要善于进行积极的心理暗示，就会创造出快乐的心境。虽然每个人的人生际遇不尽相同，但只有自己才是自己命运的主人，只有你才能把握自己的心态，而心态塑造着自己的未来。当我们不快乐时，先不要说生活怎样对待你，而是应该问一问，你怎样对待生活。

不要暗示"无聊死了"

生活中，我们常常听周围的人这样说"生活太无聊了""真没劲""真是无聊死了"。每当人们在感觉生活空虚时，总会发出诸如此类的抱怨。这类人多是生活没有目标，缺少动力，常常有无聊之感。

心理学家认为无聊真的会导致人死亡。对此，相关人员曾经做过跟踪调查。伦敦大学学院流行病学和公共卫生系研究人员调阅 1985 年至 1988 年 35 至 55 岁接受"无聊感"调查的 7524 名公务员信息，并追踪他们二十多年后的健康情况。截至 2009 年 4 月，一些调查对象已经离世。

当年调查结果显示，每 10 名公务员中有 1 人曾在过去一个月内感觉无聊；感觉无聊的女公务员人数是男性的 2 倍多；年轻公务员和从事琐碎工作的公务员比其他人更易感觉无聊。研究人员发现，当年感觉"格外无聊"者的死亡可能性比感觉充实者高 37%。

研究人员通过多方调查还表明，无聊感强烈者与感觉充实者相比，因心脏病或中风致死的可能性高出 2.5 倍。因此，那些对生活不满、感觉无聊的人很有可能养成吸烟酗酒等恶习，而这些因素会"折寿"。那么这些感觉无聊的人如何才能摆脱这种消极而又影响健康的感觉呢？专业人士认为要想走出"无聊"，步入"充实"，最关键的是"改变"。可以从以下方面做出改变：

做有意义的事。人们之所以感觉无聊主要是生活得太盲目，太散漫。不妨找一些有意义的事情去做，从中发现工作的价值，比如你可以到某个医院或学校做志愿者，从服务他人中寻找快乐。

做好职业规划。如果我们的工作处于停滞状态，无法从中获得快乐，就必须及时调整职业规划，拓展发展空间，从中重新发现工作的价值。

走出"舒适区"。如果生活太安逸了，没有新鲜感，久而久之，人们就会因生活平淡而整天抱怨。这时，我们就应该立即走出"舒适区"，可以去学习一项新的技能或者新知识。

打破常规。当我们感觉生活过于平淡时，应打破常规，做些平常不做的事情，比如到一个特别向往但又没去过的地方旅行；给多年未联系的老友打电话；到一个离家较远的特色小店去淘物品。

也许我们无法避免无聊的感觉，但我们可以利用运动来摆脱这种状态。因此，感觉无聊时不要坐着发呆，而应该主动去找事做。因为一旦运动起来，无聊感会减轻，充实感随之而来。

喝水也能调节心情

我们都知道，水之于身体，就好像氧气般重要。给身体喝水，是延年益寿的不二法门；给身体喝水，是亮丽皮肤的基本原则。所以，人们喝水多是为了健康，为了美。事实上，喝水还有利于调节人的心情。

专家通过多年的研究发现，当人长期处于同一种状态就很容易产生负面情绪，适当地变化一下自己的状态，心情会朝着积极的方向转化。我们都有过这样的经历：当我们遇到某些让我们紧张或者激动难耐的事情时，有时候喝上一杯水会让我们的情绪平复很多。这是因为，喝水这个动作阻断了情绪的连续性，给人提供了一个喘息休憩的空间，以此完成人体防御机能的自我调整。

专家认为，大脑制造出来的内啡肽被称为"快活激素"，而肾上腺素通常被称为喝水"痛苦激素"。当一个人痛苦烦躁时，肾上腺素就会飙升，但它可以排出体外，方法之一就是多喝水。如果辅助体力劳动，肾上腺素会同汗水一起排出，或者大哭一场，它也会随着泪水排出。

英国东伦敦大学的研究发现，学生在考试前喝杯水，可以提高认知能力，使他们在考试中的表现更出色。而对于上班族，在压力过大或需要做决定之前喝杯水，可以帮助头脑变得清晰。

我们知道，在夏季时，炎热的天气易导致紧张和烦躁情绪的出现，这时如果多喝水，不仅可以补充身体流失的水分，还可以及时调整心情。

一个炎热的午后，丛菲和几位朋友约好了一起喝茶聊天。3点一过，只见一个朋友从屋外风风火火地进来了，嘴里不停地念叨着："这天气热死了，整个人都很烦，今天出去办了点事情，差点就和别人吵起来了。我都不知道自己到底是怎么了？"

丛菲这段时间可是经常听到身边的人如此抱怨。近来天气闷热，丛菲的心情开始变得烦躁。直到有一天，她发现多喝水能调节自己的心情，就开始每天定量喝水。

想到这里，她对朋友说："我开始也像你一样心情总是很烦躁，但由于天气热老出汗，我就刻意地比平日多喝几杯水，以补充体内流失的水分。可没想到我的情绪也开始发生了变化，不再那么焦躁不安。你不妨也试试看。"

在炎热的天气中，人很容易出汗，体力消耗较快，我们要注意及时补充水分、多喝开水。喝水不仅有利于健康且可消除疲劳。

生活中，有些人总以为不渴就不必喝水，这是一种错误的认识。其实，当人们觉得口渴时，身体已经流失了至少1%的水分。香港卫生署曾做过一项调查，有1/3成年人每天喝水少于6杯。上班族工作忙碌，常常半天也顾不上喝一口水。因此，上班族应该形成良好的喝水和排尿习惯，每1小时喝一次水，每2～3小时排尿一次。

在日常生活中，你可能为吃一顿饭绞尽脑汁，却不会为喝一杯水煞费心思。大多数人觉得，喝水是件再简单不过的事，拿起杯子"咕嘟咕嘟"一杯水下肚不就完了吗？

其实，喝水的学问远不止这些，喝水的方式及喝水的时间和时机都会对健康产生重要影响。这里总结出以下几点注意事项：

睡前抿两口。当人熟睡时，由于体内水分丢失，造成血液中的水分减少，血液黏稠度会变高。因此，临睡前适当喝点水，可以减少血液黏稠度，从而降低脑血栓风险。

此外，在干燥的秋冬季节，水还可以滋润呼吸道，帮助人更好地入睡。但要注意，睡前喝水不能过多，如果因喝水而造成睡眠不好，反而得不偿失。

运动后小口喝水。运动过后，不宜一次性大量饮水。因为这时胃肠血管处于收缩状态，需要一个恢复过程。如果立即大量饮水，水分积聚在胃肠道里，会导致肚子发胀，影响消化。最好过几分钟，等心脏跳动稍微平稳后，再接着小口小口地喝些温开水。喝水时，尽量保持速度平缓，喝水的频率最好与心跳频率接近，再间歇式地分多次喝。这样，才能使心脏有规律、平稳地吸收进入体内的水分。

洗澡后喝水要慢。很多人洗完澡觉得渴，会端起杯子一饮而尽。专业医师认为洗完热水澡后，身体受热血管扩张，血流量增加，心脏跳动会比平时快些，喝水应特别小心。最好小口慢速喝下一杯温水，否则容易增加心脏负担。

便秘大口喝水。中医认为便秘的原因之一，是人体缺少津液，大口喝水能起到迅速补充津液的作用，从而刺激肠蠕动，促进排便。大口大口地喝水，吞咽动作快一些，这样水就能尽快到达肠道，刺激肠蠕动，促进排便。

感冒时多喝水。多喝水不仅有利于出汗和排尿，而且有利于调节体温，促使体内病菌迅速排出。感冒时多喝些水或纯果汁，对于疾病康复很有帮助，因为有助于冲走呼吸道上的黏液，让人感觉呼吸舒畅。此外，如果发烧了，人体出于自我保护机能的反应要自身降温，这时就会有出汗、呼吸急促、皮肤蒸发的水分增多等代谢加快的表现，需要补充大量水分。

轻声细语能让你快乐

如果我们认真观察周围的家庭，就会发生这样一个现象：那些脾气温和、对孩子说话柔声细语的家长们，通常给孩子营造一种和睦、幸福、快乐的家庭氛围；而习惯对孩子大声呵斥的家人们，通常给孩子带来的是温情不多、对人冷漠的家庭氛围。

心理学家认为，生活中的许多摩擦与冲突皆源于说话的语调。我们的说话方式事关周围每个人的幸福，其中自身的幸福也牵涉其中。比如，我们扔块骨头给狗，它会去抢骨头。但它只会夹着尾巴，叼起骨头走开，没有半点的感激之情。但若以一种轻缓的语调去呼叫它，让其从我们的手中拿走骨头，它就会表现出感激之情。

讽刺、尖刻、怨恨与不满的语调不仅是导致家庭不和睦的原因，因为人们说话的语调中透露出对别人的情感与态度。尖刻的语调，发出的尽是恼怒与不真诚的心理态度，这无疑是让人反感的。有时，当你觉得自己血管贲张、愤怒之火在心中燃烧时，只需人为地压低说话的语调，就可以缓解头脑发热的紧绷情绪。

容易动怒或是稍有抵触即怒气冲天的人，很少会意识到，若是任由愤怒的火焰肆无忌惮地蔓延，神经细胞将会被烧得短路，这将损害脑部敏感的机制。不久，他们就会难以自控，就像一个火药桶，随时都有爆炸的可能。要知道，没有比在愤怒时表现出的粗暴的品行更让人觉得羞耻的了。

若是所有家庭的成员在说话之时，绝不提高嗓门，那么，家庭中多少不和的场景都是可以避免的！若是母亲有吹毛求疵与惯于批评的喜好，那么就在你求知若渴的孩子面前，用最富亲和力的语调与充满爱意的言辞大声地朗读奇幻书籍上的内容吧。

有一位总是保持严肃、冷峻、威严表情的老妇人，邻居的孩子都害怕她这副表情，每次遇到她总是远远地避开。一天，她前去照相，在相机面前，她的表情还是依旧冰冷。当摄影师看到她这副表情时，从相机后面探出头，突然说："太太，请给你的眼神一点光。"她努力着按摄影师说的做。

"脸上更加舒展点。"摄影师轻松地说，带着自信与命令的语气。

"年轻人，你这么对一个沉闷的老人发号施令，让人无法笑出来。"

"喔，不，不是这样的。这必须要从你的内心做起。再试一次，好吧。"摄影师以平缓的语调回答。

摄影师的语调与行为充满了自信的气息。她再次尝试了一次，这次比上次进步了许多。

"好！不错！你看上去年轻了 20 岁。"摄影师再一次用亲切而真诚的声音赞叹道。

老妇人带着一种奇异的心情回家。这是她丈夫离去之后，别人对她的首次赞美，这种感觉还真不错。第二天照片就冲洗出来了，照片中的她仿佛获得了第二次青春，脸上泛起了年轻时期久违的热情。她久久地注视着照片，然后用一种坚定的语气说："如果我能做到一次，那么也可以再做一次啊。"

她走到梳妆台的小镜子前，平静地说："凯瑟琳，笑一下。"苍老的脸上再次闪现出一道荣光。

"笑得灿烂点！"她用最温柔的语气对自己说道，脸上也随之闪现出一副淡定而富有魅力的笑容。

邻居很快就注意到其中的变化。他们都私下问她说："凯瑟琳小姐，您怎么一下子就变得好像年轻了好几岁呀，您是如何做到的？"

老妇人温和地说："这一切都要从说话做起，轻声细语可以让人内心更愉悦。"

老妇人从摄影师那里发现了重获新生的秘密，就是微笑着面对生活，轻声细语地对他人和自己说话。因为轻声细语时，人的心思一般会很谨慎，有利于营造一种恭敬、谨慎的氛围，对自己和他人都好。相反，大声地用命令的口吻说话，会给人一种不友好的感觉，不利于谈话的进行。

另外，科学家发现，如果人们在日常生活中，一直习惯用响亮声音说话，很可能会影响体内免疫系统的运作。

因此，我们在生活中要学会轻松生活，温和表达自己的想法和观点，不与人发生争执。因为大声说话会导致心跳加速，并导致一系列潜在疾病的发作。

尝试多笑一笑

当看到有趣的事物或者觉得开心时，我们就会笑。人生来就会笑，但很少有人知道，笑也是一种很好的健身运动。如果在搜索引擎输入关键字"笑"，将会出现各种各样的与之相关的词语。

笑的种类的确很多种，科学家们对此众说纷纭。弗洛伊德、康德、柏格森等学者都对"笑"进行了较为深入的研究。每笑一声，从面部到腹部约有 80 块肌肉参与运动。笑 100 次，对心脏的血液循环和肺功能的锻炼，相当于划 10 分钟船的运动效果。可惜，成年人每天平均只笑 15 次，比孩童时代少很多。

心理学家们发现，笑是人类与他人交流的最古老的方式之一。最近有研究结果表明，经常笑可以提高人的免疫力。因此，笑受到了很大的关注。可是，我们到底为什么会笑呢？据科学家说，地球上的生物中，只有人类和一部分猴子会笑。的确，我们从没见过鸡或鸭子笑，如果有会笑的青蛙，那也怪吓人的。

人的笑来源于主管情绪的右脑额叶。每笑一次，它就能刺激大脑分泌一种能让人欢快的激素——内啡呔。它能使人心旷神怡，对缓解抑郁症和各种疼痛十分有益。

吴波正走在下班的路上，在一个街角处准备拐弯回家。突然，有一个身穿黑衣、凶神恶煞的大汉站在到他的面前，吴波心头马上涌起一种不祥的预感，心想，这个人到底想干什么？抢钱还是打架？于是，他马上提高了警惕，心跳加速，变得紧张起来。

就在吴波准备拿出手机报警时，没想到那人忽然面带微笑说："我想去交通路的蒂湖花园小区，你能告诉我应该坐哪路公交车吗？"吴波听到这句话后，变得不再紧张了。于是，吴波耐心地告诉他，过前面的路口坐 19 路车。

那人离开时，还很礼貌地向他道谢。这时，吴波忍不住笑了。

由此可见，人在感到危险时会紧张，但当发现危险并不存在时，就会自然而然地笑出来。在心理学中，对这种状况的解释是：笑是缓和某种紧张状态的方法，人通过笑可以达到心理上的平衡。"讨好地笑"和"谄媚地笑"也是缓和紧张状态的方法。

如果我们对着镜子认真观察，就会发现只要发笑，嘴角和颧骨部位的肌肉便会跟着运动。笑其实是一种保持青春的美容操，可以释放紧张的情绪，缓解压抑的心情，有利于人的身心健康。

笑可以缓解压力。笑是一种健康的情感表达方式，可以使肌肉放松，减轻各种精神压力，驱散愁闷。对于内向的人来说，对人微笑有助于克服羞怯情绪，可以促进人与人之间的交际。

笑能缓解疼痛。长期伏案工作者，由于颈、背、腰肌长期处在固定位置，过分的紧张和收缩容易引起头痛和腰背部酸痛。有这种职业性肌肉劳损的人只要笑口常开，无疑会从这种特殊的运动中大大获益。因为笑可使一些部位的肌肉收缩，使另一些部位的肌肉放松，是一种缓解痉挛性疼痛的妙法。

大笑有助呼吸。笑作为一种有效的深呼吸运动，已被越来越多的人所认识。开怀大笑时，随着呼吸肌群的运动，使胸腔和支气管先后扩张，不仅增强了换气量及血氧饱和度，有助于心脏供氧，而且对哮喘和肺气肿病人也有一定的治疗作用。

此外，笑伴随着腹部肌群的起伏，是一种极好的腹肌运动。腹肌在大笑中强烈地收缩和震荡，不仅有助于把血液挤入胸腔静脉，改善心肌供血，对胃、肠、肝、脾、胰等也是一种极好的按摩。

笑有助于美容。因为笑的时候，脸部肌肉收缩，会使脸部更有弹性。俗话说得好："笑一笑，十年少。"当你笑的时候，大脑神经会放松一会儿，从而使大脑有更多的休息时间。

学会赞美自己

当你站在镜子前发现自己沮丧的一张脸的时候，有没有想过跟自己说一声："我很棒！""我能行！"有没有想过试着赞美自己，让自己沮丧的心情变好呢？或许有人会发出这样的疑问，哪有可能那么容易赶走坏心情？事实却并非如此，赞美往往能发挥意想不到的效用！

在上班的路上，晓昕看见一个年轻的妈妈带着自己年幼的儿子在家门口学习走路。当小孩扶着妈妈的手时，敢大胆地迈步往前走。一旦妈妈把手拿开，他便站在那儿不敢往前迈步。孩子的妈妈并没有着急着过去扶他，而是蹲在前面不远处，鼓励着他："宝宝真厉害，宝宝一定能走过来。"

晓昕心想孩子那么小，哪懂得这些鼓励的话啊，这招肯定不管用。谁知过了一会儿，小孩居然真的在妈妈的鼓励下向前迈出了一小步，晃悠悠地往前走，最后一下子扑到母亲怀里。

"宝宝真棒！"年轻的母亲又不住地赞美着自己的儿子，孩子"咯咯"地在母亲的怀里笑着。

那一刻，晓昕觉得很不可思议：怎么年轻妈妈的几句赞美的话竟能起到这么大的作用，使一个还没学会走路的小孩鼓起勇气往前走？

小孩子如此，大人又何尝不是呢？可见，赞美的力量多么惊人。

马克•吐温曾说过这样一句："只凭一句赞美的话，我可以多活三个月。"人人都渴望得到别人的赞美，赞美是一种肯定，一种褒奖。工作中听到领导的表扬，我们干活便特别带劲；生活中听到朋友的赞美，心情就能舒畅好几天。因此，适时地给自己一句赞美，面对困难、面对不快的时候就更有勇气面对。可是，赞美自己也是有技巧的。

赞美就像照在人们心灵上的阳光，能给人以力量。没有阳光，我们就无法正常发育和成长。赞美能给人以信心。没有信心，人生之船便无法驶向更远的港湾。在快节奏的大城市生活，大多数人就会患上一些情绪综合征，烦恼时常跟随。为什么会有这种情况呢？原因大致有三：过于追求完美度、过度自卑、过度关心自己。

过度追求完美的人，往往要求自己做的每一件事、说的每一句话都必须十全十美。一旦有一点小错就会责备自己，情绪变得低落。让自己试着放轻松，暗暗地告诉自己，"我已经尽力了！"再试着给自己一个宽慰的微笑，这样你的心情就会变好很多。

过分自卑的人，会特别害怕出现在社交场合。因为他们总是担心自己做不好，担心自己会给别人留下不好的印象，担心自己会让别人感到尴尬。这和一个人过分在意自己的容貌、口才、自我表现力等有关，因为对自己不自信，所以会对自己做一些消极的评价。那么试着发现自己身上的闪光点，没有一个人是毫无特色的。所以，找出自己最优秀的部分，告诉自己，虽然我在某方面不足，但在这方面却能做得很好。要记住一句话，没有一个人能让全世界的人都喜欢他。做好自己，做自己该做的事就好了。

有些过度关心自己的人往往很容易产生忧虑和烦恼。这种情形跟追求完美主义倾向有共通之处，那就是非常在意自己身体的完全健康与舒适感。当一个人发现自己有任何的身体不适症状时会非常紧张，并马上去医院检查。那么，试着告诉自己，我虽然感觉到不适，但我的身体抵抗能力很好，不用担心，小病很快就会痊愈的。

其实，归根到底，人之所以会焦虑、会担心、会害怕，是因为在潜意识中我们都渴望过一种自由自在、无忧无虑的生活。我们在面对可能发生的消极的事件或克服此事件产生的后果时缺乏信心，潜在的不自信使我们的思想、行为、情绪变得紊乱。因此，只要先弄清自己焦虑、不安的原因，再分析自己为什么会这样，之后针对自己不安的原因，用含有鼓励意味的词语安慰自己。如果自己还是觉得很害怕，那不妨试着这么告诉自己：纵然我所怕的事情真的发生了，或是最坏的结果发生了，是否真的是那么可怕？他人不是也有过这样类似的遭遇？他们不是照样过得好好的吗？如果真的发生了，我以后真的就无法活下去了吗？如果再不行的话就问问自己，害怕死亡吗？如果不怕的话，那就告诉自己，我连死都不怕，还有什么好怕的！

所以，要赞美自己，就学着先把自己看破了，把事情看破了，那你还担心自己不快乐吗？

心理健康一样很重要

在中国传统文化中，人们总是把身体健康放在第一位，对自己的身体呵护备至，却忽略了自己的心理健康，或者把心理健康问题当作身体疾病来对待。特别是现如今，诸如食疗药疗、气功坐禅、减肥健身、瑜伽等各种养生之道层出不穷，这充分说明了人们对身体健康的热切关注。重视身体的健康无可非议，但有识之士的冷静思考和触目惊心的事实不能不让我们发出这样的呐喊：人的心理健康与身体健康是密切相关的，我们不能忽视人的心理健康！

心理健康与身体健康是同等重要的。心理健康是身体健康的精神支柱，身体健康是心理健康的物质基础。身体是生命的物质载体，没有身体，生命就无法存在；心理则是生命的精神载体，没有良好的心理素质，其他一切也将失去存在的意义。一个人身体与心理都健康才称得上是真正的健康。身体健康与心理健康是互相依存、互相促进、相互制约的，就犹如一枚硬币的两面，二者缺少哪一个都是不完整的。

　　身与心是无法分开的：身体疾病可以导致心理问题，而长期累积的心理问题形成心理障碍，无疑又会对身体健康造成负面的影响。"笑一笑，十年少；愁一愁，白了头。"这句话形象地说明了心理与身体健康的关系。我国古代的医学经典《内经》认为，人的情绪、情感、思维等心理活动会影响身体健康，指出："怒则气上，喜则气缓，悲则气消，恐则气下，惊则气乱，思则气结；大怒伤肝，暴喜伤心，思虑伤脾，悲忧伤肺，惊恐伤肾。"即七情过度百病增。《内经》还特别强调："心者，五脏六腑之主也，故悲哀忧愁则心动，心动则五脏六腑皆摇。"现代医学更进一步证明了心理健康对身体健康的重要影响，如高血压、心脏病、癌症、溃疡症、结核病、支气管炎等疾病都与心理健康有关。有的学者指出："情绪可能是癌症细胞的促活剂。"有研究表明，具有什么性格的人容易得什么样的病，是有规可循的。更有专家指出，人体 70% 左右的疾病是由心理因素引起的。

　　关于心身健康的关系，有位心理学家曾做了个有趣的实验：他把同一窝出生的两只健壮的羊羔安排在相同的条件下生活，唯一不同的是，在一只羊羔的旁边拴了一只狼，而另一只羊羔旁边没有。前者在可怕的威胁下，本能地处于极其恐惧紧张的状态，很少吃东西，于是逐渐瘦弱下去，不久就死了。而另一只羊羔则由于没有狼的威胁，没有这种恐惧的心理状态，一直生活得很好。

　　现代有关医学和心理学的研究都表明，人们的身体健康与他们的心理健康状况密切相关。20 世纪 70 年代，医学研究人员有两项重大的发现：首先，大脑中的同一化学物质不仅调节身体的免疫系统，同时还影响人们的思维和情感。这意味着人们的心理状况和生理状况有着非常紧密的联系。其次，这种化学物质不仅存在于人的大脑中，而且在身体的各个系统中循环传递，包括免疫系统。这意味着人们的生理状况和心理健康状况之间可以互相影响。

　　心身疾病是对这一关系的一种证明。心身疾病是指那些发病、发展、转归与治疗都与心理因素密切相关的疾病。负面的心理活动如消极的情绪、长期的焦虑、巨大的精神压力等会导致不良的生理反应，这种生理反应如果持续过久，就会导致躯体的损害，甚至造成身体器质性病变。常见的心身疾病有溃疡、炎症、高血压、心脏病、疼痛等。而另一方面，乐观、积极的心理状态又可以预防疾病，在患病的康复治疗中有时可以起到药物甚至手术都无法达到的作用。

　　由此可见，身体健康和心理健康是密切相关的。因此，我们不仅要关心身体健康，也要像关心身体健康那样关心心理健康。

第十三章　**不断提升自己的幸福指数**

　　享受悠闲生活当然比享受奢侈生活便宜得多。要享受悠闲的生活只要一种艺术家的性情，在一种全然悠闲的情绪中，去消遣一个闲暇无事的下午。只有快乐的哲学，才是真正深湛的哲学。

——林语堂

（曾任教于北京大学，著名语言学家）

钱和幸福不能画上等号

　　我们快乐的时候，就会觉得天地间都是美好的，哪怕是那些负面的事物在我们眼中也会显得相对不那么排斥。有句名言说，真正的快乐是内在的，它只有在人类的心灵里才能发现。那么，我们要怎样探究快乐，以及快乐于我们的重要性呢？

　　加利福尼亚曾经有一项实验研究，有 20 多万人参加。在实验中，研究人员采取了多种方法来愉悦被实验者，比如让被实验者接触美丽芬芳的鲜花，阅读一些积极的肯定式的话语（比如"我是一个非常优秀的人才"），让被实验者吃些甜食或者进行一些娱乐活动，来达到高兴的效果。甚至，研究人员还采取了一些具有欺骗色彩的方法，比如告诉被实验者，说他们在被证实在 IQ 测试中获得了很优异的成绩，或者制造他们在街上捡到意外之财的巧合。通过这些测试，研究人员仔细观察了快乐对被实验者产生了哪些作用，结果很明显，快乐的人很容易成功。所以，研究人员认为：快乐并不是来自于成功，而是快乐能导致成功。

　　通过对数百个实验数据的对比和研究，研究人员发现，快乐能带来令人印象深刻的几大好处，比如，快乐使人们更愿意与人为善并乐于奉献；快乐让人们更加喜爱自己和他人，从而减少了人际关系中的不稳定因素，也增强了人们的免疫系统；长期保持快乐的心情将使人们的婚姻更美满，更能在工作中找到充实的感觉并实现自我，快乐的人寿命也更长一些。

当一系列的举动开始在被试验者身上产生情绪反应，同时，这种情绪反应也开始影响人们的举动时，实验者开始仔细观察快乐对被实验者产生了哪些效果——抛开实验所用的手段不提，整个实验的结果非常明确，那就是：快乐并不来自于成功，与此相反，是快乐导致了成功。

既然快乐对我们如此重要，那么，我们要怎样得到它呢？

如果我们向大部分人提出这个问题，恐怕得到的回答将是：更多的钱。在许多个关于快乐的访问调查中，更加鼓胀的钱包一直在人们开列的"快乐必备"清单中名列榜首。

不过，钱和快乐真的能画上等号吗？对金钱过度的渴望会不会引来不好的结果呢？

有专家做了一个调查，想看一下那些靠辛勤工作来换取财富的人，看看他们的收入与快乐之间存在着什么样的关系。

这一研究涉及规模很大，是一个国际调查，也就是请许多个国家的人为自己目前的快乐程度打分，统计方式是让被测试者用十分制，快乐程度从"非常不快乐"到"非常快乐"不等，然后统计出每个国家的人的平均快乐程度，并与该国的国民生产总值（GNP）做对比。

结果显示，不是很富裕国家的人与富裕国家的人相比，快乐程度要低一些，但是只要其GNP上升到一个适度的水平，这种差别就会消失。

对工资收入和快乐之间的关系进行的研究也表明了类似的结果。伊利诺伊大学的艾德·戴纳及其同事在一个研究中发现，富人并不比普通人快乐多少，也就是说巨大的财富并非是他们快乐的源泉，因为即使是在《福布斯》杂志上排名前100的富豪也只比一般的美国人快乐一点点。所有这些研究都得出一个结论：当人们已经能够支付生活必需品的时候，收入的增加并不会明显地带来快乐的增加。

由于中彩票是获取金钱安全感的一种很不寻常的方式，所以，心理学家们将此作为个例进行了研究。

1970年，美国西北大学的菲利浦·布利克曼及其同事所做的一个研究对此提供了部分答案。布利克曼希望发现：当发财梦实现之后，人们会做些什么。一大笔意外之财究竟是会让人们一直乐得合不拢嘴，还是会很快变得稀松平常，而人们对金钱的原始欲望也会很快随之消退？布利克曼接触、访问了一群人，他们都中了伊利诺伊州的彩票，其中有几个的中奖额还达到了上百万美元。布利克曼又从伊利诺伊州的电话簿里随机挑选了一些人，组成一个对照组。布利克曼请每个组的人给自己目前的快乐程度打分，并说出他们希望自己在将来有多快乐。此外，每个人还要说出他们的快乐有多少是来自于每天的日常生活，比如和朋友聊天、听到一个有趣的笑话或者受到别人的赞美，等等。

从这两个实验中，我们可以看到物质可以给人们带来快乐，也可以说物质是支持精神快乐的一个方面，但是金钱无法彻底地与快乐画上等号。

虽然金钱能为心灵的满足提供多种手段和工具，但并不是唯一能够满足心灵的东西，在现实生活中，我们不能只顾享受金钱而不去享受生活。享受金钱只能让自己早日堕落，而享受生活却能够使自己不断品味幸福。享受金钱会使自己被金钱的恶魔无情地缠绕，于是自己的生活主题只有"金钱"两字，整天为金钱所困惑，为金钱而难受，为金钱而痛苦，生活便会沦为围绕一张钞票而上演的闹剧。享受生活的人更在意心灵的宁静与快意，会感觉人生是无限美好的，于是越活越有味道。

对待金钱必须要拿得起放得下。赚钱是为了活着，但活着绝不是为了赚钱。如果人活着只把追逐金钱作为人生唯一的目标和宗旨的话，那么人将是一种可怜的动物，人将会被自己所制造出来的这种工具捆绑起来，被生活所遗弃。

有些人谈到富有，单纯指的就是拥有钱财。实际上，金钱本身并不代表幸福，因为，金钱只是幸福的间接承载品。心理学认为，幸福感并不是从物质中直接获得的，物质只是媒介，是人内心需求获得满足的中间品，我们的幸福，就是需求满足后的愉悦感。

所以，我们要工作，我们要为自己创造物质财富，但是，我们必须明白创造物质财富的前提是为了给自己幸福感，为了让自己和别人都快乐。是为了在人生的各个领域中生活得更有意义，并充分发挥自己的潜能，使我们自己的人生更为美好。

同时，我们必须领悟：财富是无所不在的。金钱、土地、股票、债券是财富，但是水、空气、太阳、山、海、树木、花草、爱与帮助也是财富。凡是大自然所赋予人类的一切均为财富，若能充分享受这些恩惠，才能算得上是一个内心充盈的人、一个最富有的人。

"比较"让人幸福

我们很多人会比较，比较公司好坏和福利多少，我们能够看到了别人的"五险一金"，却看不到另一些人的底薪工作；我们能够看到别人的年假双休，却看不到另一些人的起早贪黑；我们能够看到别人的 8 小时工作日，却看不到另一些人的日夜不休……

2010 年有一个名为 "2010 年中国城市居民幸福感调查" 的抽样调查，涉及了发展水平不等的 24 个城市的 4800 名居民。调查结果显示，30 岁以下的青年人倾向于回答 "不幸福" 的比例最高，而 70 岁以上的被调查者中无人认为自己 "不幸福"。调查报告撰写人、中国社科院社会学研究所副研究员王俊秀分析："虽然未有权威统计数据加以佐证，但其原因很可能与现在就业前景不明朗、房价水平相对较高有关。"

其实，30 岁以下的年轻人面对的又何止是这些问题，还有养老、教育、医疗等重担压在肩上。这部分人群多为 80 后、90 后，他们身在改革开放的和平新时代，享受着现代化的物质生活，吃穿住行都比父辈要便捷，这部分人群的大多数不用挨饿受冻。但是，他们却并未比父辈更幸福。这是为什么呢？

主流心理学倡导 "真实比较"，比较的对象是真实存在的事实。而现实中的人们比较善于 "虚拟比较"，它是指在比较中绕开所进行比较的实质性问题和要素，而转向其他方面的比较。现实中的人之所以要进行 "虚拟比较"，与人的主观幸福感有关。换言之，进行 "虚拟比较" 的直接心理后果是获得了一种主观上的幸福的感觉。

美国社会心理学家费斯廷格被誉为 "社会比较之父"，他发现人们生活中总是善于比较，而且为了使这种比较更为准确、真实和稳定，人们一般都喜欢同那些社会上与自己地位、职业、年龄、背景相同的人进行比较。人们之间的相似程度越高，社会比较的驱动力就越强。因为相似的他人可以为自己提供更多真实、有效的信息，所以与相同的人进行比较才更有意义。

简而言之，主观幸福感主要由情感成分和认知成分这两大部分构成。情感成分，是指当事人的情绪体验，包括积极情绪和消极情绪。一般当一个人所体验到的积极情感多于消极情感时，就会感到幸福，反之，就不幸福。认知成分，即生活满意度，包括职业满意度、婚姻满意度和事业满意度。

生活满意度是人们对生活的综合判断，作为认知因素，它独立于积极情感和消极情感，是衡量主观幸福感更有效的指标。尽管健康、金钱、地位等外在客观条件对幸福感会产生影响，但它们并不是幸福感必不可少的内在部分。生活的满足感最主要体现在心理感受上。

"惜衣惜食，非为惜财缘惜福；爱人爱物，到了方知爱自己。" 以惜福的心态度过生命中的每一天，怎能不生知足、安详、欢愉、幸福之感呢？

所以，我们要做一个心智成熟的人，因为只有这样，才能控制自己的情绪与行为，不会像野马那样为一点小事抓狂。当我们在镜子前仔细审视自己时，我们会发现自己是自己的最好朋友和最大敌人。特别是我们要控制别人之前，一定要先控制自己。如果我们不能征服自己，就可能错失幸福。

另外，我们也要学会简简单单地生活，简简单单地去发觉点滴间存在的小小幸福。幸福就像山坡上静吐芬芳的野花，没有围墙，它只需要有一颗清净的心和一双未被遮住的眼睛做"门票"，就能轻松走进幸福的乐园。

我们还要时刻警醒自己：幸福没有统一的答案，也没有固定的模式，但是它需要一种捕获的心境。我们要把幸福的内涵无限丰富，同时善于用心灵去发现、去捕捉，哪怕是一条温暖的短信问候、一句关爱的叮咛、一缕初夏的凉风、一幕日常生活的琐碎片段……我们都能从中感受到幸福，这样，我们才能培养一颗懂得享受幸福的心。

幸福感是递减的

无论是幸福还是痛苦，我们都不要过分地沉溺在其中，世界上没有永恒的东西，而我们真正的快乐则是永葆"不以物喜，不以己悲"的情怀。事实上，幸福之所以打了折扣，并不是幸福真的减少了，而是由于我们内心起了变化。从心理学的角度来说，这就是幸福递减定律，指人们从获得的物品中所得到的满足和幸福感，会随着所获得的物品的增多而减少。

我们在生活中还常遇到这样的情况：人在很穷的时候总觉得有钱才是幸福；但真到成了富翁的时候，再被问及什么是幸福，他往往会说平平淡淡才是真，而不再是金钱。

正如幸福递减定律所阐释的，人在处于较差的状态下，为一点微不足道的事情都可能兴奋不已；而当所处的环境渐渐变得优越时，人的要求、欲望等就会随之提升。所以，当我们感觉不到幸福的时候，可能幸福依然在我们的周围，只是我们自己的内心失去了对它的敏感。

一位国王带领军队去打仗，结果全军覆没。他为了躲避追兵而与人走散，在山沟里藏了两天两夜，其间粒米未食、滴水未进。后来，他遇到一位砍柴的老人，老人见他可怜，就送给他一个用玉米和干白菜做的菜团子。饥寒交迫的他狼吞虎咽地就把菜团子吃光了，当时他觉得这是全天下最好吃的东西。于是，他问老人如此美味的食物叫什么，老人说叫"饥饿"。

后来，国王回到王宫，下令膳食房按他的描述做"饥饿"，可是怎么做也没有原来的味道。为此，他派人千方百计找来了那个会做"饥饿"的老人。孰料，当老人给他带来一篮子"饥饿"时，他却怎么也找不到当初的那种美味了。不难看出，国王在成天大嚼山珍海味的情况下，再也体验不到"饥饿"时候，食物带来的幸福感了。

可见，幸福不过是人们的一种感觉，这种感觉是灵活多变的，同一个人对同一种事物，在不同的时间、不同的地点、不同的环境会有完全不同的感觉。

所以，幸福随着追求而来，随着希望而来，随着需要而来；而痛苦会随着挫折而来，随着失望而来，随着欲望而来，但它们都会随着客观条件的变化，像过客一样匆匆而逝，不会永远停留在某时、某处。既然如此，那不断追求幸福和可能沉溺痛苦的我们，又该怎么办呢？

幸福和痛苦都是相对的，当我们意识到幸福会逐渐消失的时候，我们就要懂得去创造更多的幸福；当我们意识到痛苦也会逐渐退潮的时候，我们就可以尽量平息自己内心的波涛，让自己尽快走出心理误区。

感觉适应让人麻痹

我们都知道这样一句话，"如入鲍鱼之肆，久而不闻其臭"，意思是说在臭不可闻的地方待久了，会逐渐地感受不到它的臭味。而在现实生活中，这种现象也的确存在，那么，我们应该怎样解释呢？

现在我们假设有这样一个情景：有两个人，同时住在一个房间，房间里面充满了让人难以接受的臭味，如果我们让这两个人分别在房间里待上 5 秒钟和 1 分钟，哪个比较难受呢？

答案就是，只待 5 秒钟的人会比待上 1 分钟的人更加难以接受那种味道，或许他们还会诅咒那种恶臭的让人心生不快的经历。按理说，闻到臭味越久的人应该越难受、越无法忍耐，而受到消极嗅觉刺激时间越短的人应该越暗自庆幸。可是，为什么会出现这种与我们的常理相悖的现象呢？

这是因为我们人体的"感觉适应"，它是指刺激物持续作用于感受器而使其感受性发生变化的现象。如从暗处走到明处，受到阳光刺激，起初几秒钟什么也看不清，但很快就改变了。嗅觉、肤觉、视觉、听觉、味觉都会在适应后感受性降低，但是痛觉适应较难。

不过，如果我们改变测试方式，让人先待上 5 秒然后走出房间一会儿再进去 5 秒……如此反复一分钟话，那对对方而言，就真的是"无与伦比"的痛苦了。

这又是为什么呢？因为一旦中断了适应的过程，造成适应感的消失，那么就会很快恢复到本身的厌恶感，而这种中断如果反复发生的话，厌恶感就会有所加强。这也就可以解释，为什么我们在完成自己讨厌的工作内容时，如果中途停下来去听歌或者放松休闲，之后想再提起干劲就是十分困难的事情了。这样的休息其实很大程度上减弱了我们的适应能力，如果要我们重新开始，那么我们就会觉得问题更严重了。

所以，从这个道理我们可以知道，无论是多么困难的事情，特别是在挑战一些高难度的任务时，只要我们全情投入了，"我们就会开始进入状态"——这是我们在认真做事时常用的一句话。

那么，没有选择的时候或现状无法改变时，至少还有一点是可以选择改变的：选择积极适应现况的态度。培养我们的热情，把我们要面对的事情当成等待热爱点燃的煤山，我们就能释放出巨大的能量。同时，我们还可以给自己不断树立新的目标，挖掘新鲜感；或者把曾经的梦想捡起来，找机会实现它；审视自己的现况，看看有哪些事情一直拖着没有处理，然后把它做完……

快乐并不难，难在我们要去适应一种状况，然后将自己投入到其中。如果我们能做到这点，那么痛苦将不再是痛苦，快乐却又会不断地被我们所发现！快乐，其实就是这样一个道理！适应磨难，那么磨难不再，同时，悲戚的时刻——中断了我们幸福的那几秒空白——又会让我们的快乐不断地轮回和重生！

第一次是最具幸福感的

在很多种情况下，人们都认为自己得到的东西越多就会越高兴。因此，对于一些有用的物品，我们总期待"多多益善"。事实上，这种美好的期待并不能代表我们内心的真实感受。也就是说，我们并不是自己想象的那么贪心。

其实，我们对物品的价值的认识不是来源于物品本身，而是通过使自己的需求、欲望等得到满足来主观地体验的。消费或享用同样的东西给我们带来的满足感是在递减的。这就是经济学中常说的边际效应递减原理。

边际效应，在经济学中叫"边际效益递减率"，在社会学中叫"剥夺与满足命题"，是由霍曼斯提出来的。它是指："某人在近期内重复获得相同报酬的次数越多，那么，这一报酬的追加部分对他的价值就越小。"

心理学家曾做过这样一个实验：

一个一贫如洗的乞丐，穷得连双鞋子都没有。但冬天就要到了。突然有一天，他意外地得到一双鞋，心理学家让乞丐对这双鞋子进行评分，乞丐立刻给这双雪中送炭的鞋子打了高分。接下来惊喜不断，又有一些人陆续给他送来了鞋子，而此时，心理学家再让他给后来的鞋子评分时，却发现他给的分数越来越低了。

鞋子带给乞丐的满足感逐渐减低，其实这就是边际效应递减原理的一个表现。这个效应提示我们，向往某事物时，情绪投入越多，第一次接触到此事物时情感体验也越为强烈，但是，第二次接触时，会淡一些，第三次，会更淡……以此发展，我们接触该事物的次数越多，我们的情感体验也越为淡漠，一步步趋向乏味。

在现实生活中，我们明明知道水是生命之源，但是它的价值却远远比不上"钻石"。相比而言，水作为生命的必需品，对我们来说更为重要，不过水每天都会出现在我们的视野里，重复次数多了，对它的价值也就熟视无睹了。而钻石却不是随随便便就能得到的，获得一枚小小的钻石所带给我们的惊喜要远远大于一杯水。因为，钻石要比水贵。当然，这也不是绝对的。当人们身处沙漠中时，一杯水的边际效应会重新引起人们的注意。

边际效应递减原理在生活中的应用随处可见。比如谈对象，当谈第一个对象的时候，印象往往是最深刻的，谈第二个对象对印象就没有第一个那么深刻了，以此类推。

在这里，感情的效应值随着你所谈朋友数量的增加而在减少，这就是人们为什么对初恋那么难忘的原因。尽管第一次谈的对象，不一定是最合适也不一定是最完美的，但却是最难忘的。因为第一次，感情难忘值是最高的。

我们常说的"熟悉的地方没有风景"也是边际效应递减原理所导致的。例如，你听说有一个地方的风景很美，特别想去。如果你第一次去，就觉得很新鲜新奇，玩得很痛快，觉得收获也不小。但如果去的次数多了，就不觉得新奇好玩了。

因此，我们要善于利用这种效应，让其对人们的行为产生一些积极的影响。

宠物让我们更快乐

每天清晨，起床后，杨亮先洗脸，然后给自己的小狗果果洗脸，果果已经养成习惯了，一大早就会在浴室那儿等着。洗脸时它很乖，但是擦脸时就不乖了，咬着毛巾不放，还摇头晃脑地拽扯着。每次杨亮假意呵斥它的时候，它就睁着圆溜溜的眼睛瞅着杨亮，显得既安静又无辜。这个时候，杨亮拿它最没有办法了。杨亮挠着它的头，呵呵地笑起来，果果也摇着尾巴，显得很开心。

现在果果大一点了，就变得很淘气，老是跑来跑去，还总是咬着杨亮的裤角不放。有时杨亮会轻轻地踢开它，但是它最后还是会扑上前来。每当果果高兴起来时，就乐不颠地跑到杨亮面前，摇着尾巴，拿头蹭着杨亮的腿。它最喜欢杨亮带着它去散步，周末时候，杨亮就会带着果果去公园玩飞盘的。最后，杨亮累得坐在一旁休息，果果却总是意犹未尽。这时，杨亮就抱着它，轻轻地抚摸它毛茸茸的大脑袋。

这样的日子让杨亮很满足，他觉得有果果在身边，自己就会变得很开朗。同时，也因为要包容小家伙总是犯些抓坏东西之类的错，杨亮感觉自己待人都宽容了许多。

还记得那部催人泪下的《忠犬八公的故事》吗？虽然剧情仍旧是经典但俗套的"人狗情未了"，却又着实让人"润物细无声"地"浪费"了一盒抽纸。那只在火车站等待着死去的主人归来的秋田犬，似乎就这样降落在我们心中的某个柔软角落里。我们常看见影视作品里有很多人狗情深的情节，又或是一只狗狗怎样让一个自闭的人变得开朗起来。那么，真的有这么神奇的事情吗？

科学研究发现，常与狗相伴的人身体素质都会有所不同。比如，养狗的心脏病患者在病发后的存活率几乎是没有养狗的人的 9 倍，而养狗的人能更好地应对日常生活中的压力和抑郁感。

那么，为什么养狗会让人身心有益呢？

从人际交往的角度来看，狗狗似乎更能引起陌生人的注意而成为话题。如果有两个彼此陌生的爱狗人士在公园相遇，那么两人想要熟络起来的话，只要有一个可以谈论彼此爱犬的契机，那么两人的关系就会迅速升温。许多研究显示，与人一起共度美好时光是可以让我们获得幸福感并且促进身心健康，而狗狗恰巧又在不经意间成为一个可以促成人们共度时光的话题和机会。

从身体上来讲，带狗狗散步，其实也是对自身的一种锻炼，与爱犬之间的互动游戏同时也加强自己的运动。而从心理上来讲，我们对自己爱犬的抚摸、抓挠、拍头等动作看似是对狗狗的安抚，实则对自身也起到了一个镇定作用。同时，狗也是一个十分称职的"听众"，我们的烦恼和心事都可以向它倾诉，而不用担心自己的秘密会泄露。看来，狗狗可是最有奉献精神的心理医生了，只要包一天三餐，就可以免费倾诉。

所以，在都市中，如果我们有人的内心已经开始变得淡漠和冷清，那么，我们可以养一只小狗，开始培养那份温暖的心。当我们心情不好时，那就把内心的烦恼和苦闷倾泻给自己的狗狗，从而来化解心中的郁结。我们也可以带着自己的爱犬慢慢地行走在某个静谧的公园，谁知道在拐弯处，又有一份怎样温暖的友情在等着我们呢？或许也有另一个安静地和爱犬一起散步的人呢？

正确定位是幸福的开始

富兰克林曾经说过："宝贝放错了地方便是废物。人生的诀窍就是找准人生定位，定位准确能发挥你的特长。经营自己的长处能使你的人生增值，而经营自己的短处会使你的人生贬值。"

如果你到现在还没有给自己准确定位的话，那么你就应该抓紧时间，坐下来分析一下自己，根据自己的特点，寻找真正适合自己的位置。只有坐在适合自己的位置上，你才能得心应手，在人生的舞台上游刃有余。

1929 年，乔·吉拉德出生在美国一个贫民家庭。他从懂事起就开始擦皮鞋、做报童，然后又做过洗碗工、送货员、电炉装配工和住宅建筑承包商，等等。35岁以前，他只能算是一个失败者，朋友都弃他而去，他还欠了一身的外债，连妻子、孩子的生活都成了问题，同时他还患有严重的语言缺陷——口吃，换了 40多份工作仍然一事无成。为了养家糊口，他开始卖汽车，步入推销员行列。

刚刚接触推销时，他反复对自己说："你认为自己行，就一定行。"他相信自己一定能做得到，以极大的专注和热情投入推销工作中，只要一碰到人，他就把名片递过去，不管是在街上还是在商店里。他抓住一切机会推销他的产品，同时也推销他自己。3 年以后，他成为全世界最伟大的销售员。谁能想到，这样一个不被人看好而且还背了一身债务、几乎走投无路的人，竟然能够在短短的 3 年内被《吉尼斯世界纪录》称为"世界上最伟大的推销员"。他至今还保持着销售昂贵产品的空前纪录——平均每天卖 6 辆汽车！他一直被欧美商界称为"能向任何人推销出任何商品"的传奇人物。乔·吉拉德做过很多种工作，屡遭失败。最后，他把自己定位在做一名销售员上，他认为自己更适合、更胜任这项工作。

可以说，我们给自己定位成什么，我们就是什么，定位能改变人生。另外，定位的高低将决定我们人生的格局。所以，幸福与否不是上天的馈赠，更不是别人的礼遇，而是我们给自己定位下的自我认知和未来蓝图。

一个乞丐站在一条繁华的大街上一边乞讨一边兜售钥匙链，一名商人路过，向乞丐面前的杯子里投入几枚硬币，匆匆离去。

过了一会儿，商人回来取钥匙链，对乞丐说："对不起，我忘了拿钥匙链，你我毕竟都是商人。"

一晃几年过去了，一天这位商人参加一个高级酒会，遇见了一位衣冠楚楚的老板向他敬酒致谢，说："我就是当初卖钥匙链的那个乞丐。"这位老板告诉商人，自己生活的改变得益于商人的那句话。

在商人把乞丐看成商人那一天，乞丐猛然意识到，自己不只是一个乞丐，更重要的是，还是一个商人。于是，他的生活目标发生了很大转变，他开始倒卖一些在市场上受欢迎的小商品，在积累了一些资金后，他买下一家杂货店。由于他善于经营，现在已经是一家超级市场的老板，并且开始考虑开几家连锁店。

这个故事告诉我们：你定位于乞丐，你就是乞丐；你定位于商人，你就是商人，不同的定位成就不同的人生。

可以这么说，如果定位不正确，我们的人生就会像失去指南针一样迷茫，有时甚至会发生南辕北辙的事；而准确的人生定位，不但能帮助我们找到合适的道路，更能缩短我们与成功的距离；而一个高的定位，就像一股强烈的助推力，能帮助我们节节攀升，开创更大的人生格局，所以给自己定位高一点，才能更大限度地激发自己的潜能，这也是人生的一种幸福。

信任让我们更快乐轻松

生活中，我们常会碰到一些猜疑心很重的人。他们整天疑心重重，认为人人都不可信、不可交。猜疑是人性的弱点之一。一个人一旦掉进猜疑的陷阱，必定处处神经过敏，事事捕风捉影，对他人失去信任，这不仅会损害正常的人际关系，也会影响个人的身心健康。

也许大胆地相信他人不是一件容易的事情，信任感的建立有时需要许多年的时间，有些人甚至终其一生也没有真正信任过任何人。但是，只有懂得信任他人的人才会拥有朋友和良好的人际关系，也是其走向成功的不可缺少的因素。

信任是一种感觉，一种情感，更是连接人与人的纽带，甚至能决定一个人的生死。

一艘货轮在浩瀚的大海上行驶。突然，一个在船尾搞勤杂工作的黑人小孩不慎掉进了波涛滚滚的海中。孩子大喊救命，无奈风大浪急，船上的人谁也没有听见，他眼睁睁地看着货轮拖着浪花越走越远。

船越走越远，船身越来越小，到后来，什么都看不见了，只剩下一望无际的大海。求生的本能使孩子在冰冷的海水里拼命地游，他用尽全身的力气挥动着瘦小的双臂，努力使头伸出水面，睁大眼睛盯着轮船远去的方向。

过了不久，孩子筋疲力尽，实在游不动了。他对自己说，放弃吧。突然，他想起老船长那张慈祥的脸和友善的眼神。"如果船长知道我掉进海里后，一定会来救我的！"想到这里，他又使劲向前游去。

后来，船长发现黑人孩子失踪了，下令返航回去找。这时，有人劝说："这么长时间了，肯定已经死了。"船长犹豫了一下，还是决定回去找。

终于，在那孩子就要沉下去的最后一刻，船长赶到了。当孩子苏醒时，他向船长表示了感谢。船长好奇地问孩子："孩子，你怎么能坚持这么长时间？"

孩子说："我知道您会来救我的，一定会的！"

"你怎么知道我一定会来救你的？"

"因为我知道您是那样的人！"

听到这里，老船长羞惭地说："孩子，不是我救了你，而是你救了我啊！"

可以说，能够完全被一个人信任是一种幸福，能够毫无保留地信任一个人也是一种幸福。然而，信任是人际关系中最重要同时也是最脆弱的因素，容易受到各种因素的影响。我们需要在脆弱的缺乏信任的世界中学会信任，用信任温暖朋友，获得友谊，用信任为自己的事业、为自己的人生保驾护航。

结婚后的幸福指数不升反降

大部分结了婚的人会发出这样的感慨，我们彼此相爱，这样的结合应该就像童话故事里说的那样，"从此王子和公主过着幸福美满的日子"。但是现实生活中往往不是这样。人们常常发现，结了婚之后，幸福指数反而降低了。难道真的如同世人常说的那样，婚姻是埋葬爱情的坟墓，焚毁幸福的火炉？如果不是，为什么结婚之后的幸福指数不升反降呢？

试着回忆一下，结婚前恋人之间有没有就婚姻这个问题进行探讨呢？例如，彼此理想中的婚姻；彼此理想婚姻存在的差距；彼此之间愿不愿意为这个差距而进行改变；等等。大多数人都会说没有。因为大多数人都害怕失望，害怕如果对这个问题进行探讨后彼此出现矛盾无法调解的话，那么这段感情就会失败。人们舍不得以这样的形式为自己的爱情画上句号。人们更愿意相信，结了婚，生活就能走上正轨，而且一下就走到我们的理想婚姻轨道上去。我们宁愿相信对方会愿意为了迁就自己而改变，从而不愿事先交流一下。结果，结了婚之后，才发现那些相左的意见根本无法调和，争吵、冷战甚至暴力，爱情为这些不幸福的情绪让了道。那么，如何提高婚后生活的幸福指数呢？婚前对婚姻态度的交流是很有必要的。只有了解了对方的需要，我们为对方所做的事才能真正地令对方满意。

小桃是个很喜欢旅游的人，婚前她曾暗示她男朋友，说自己希望婚后每年都出去旅游几天。男朋友满口答应了，而且基本上小桃说的所有关于婚后的事情，他都答应了。如果问他的想法，他就说："都听你的。"

然而婚后小桃一次也没出去旅行。不是钱不够，是他不想去。他告诉她："我没心思""我工作很累""我很忙，周末我要加班"。他们为了这件事吵过很多次，等到最后，他终于把最真实的想法说出来了："我父母在家那么苦，我还好意思出去玩？"

小桃表示，那就带着父母一起出去玩。他却说不如直接给钱。钱没少给双方父母，但5年过去了，小桃唯一的愿望还是没能实现，她不止一次想过离婚。后来，她渐渐也明白了她丈夫的理想婚姻：最好就是妻子听从他所有的安排。额外的花费能少则少，把省下来的钱都交给父母。可是，这绝对不是小桃想要的生活。她理想中的婚姻不是"赚钱——省钱——省下来交给父母"这个模式那么简单。她想要的生活是，尽量让自己过得精彩，没有遗憾。

婚前，小桃的丈夫对于小桃所提出的所有婚后的问题都表示无条件答应，一切听从小桃的安排。看上去似乎很甜蜜，很美好，但事实上呢？事实上，这是一种敷衍，是一种现实还没到来之前，不做任何考虑和承诺的敷衍。他没考虑旅游需要钱，需要时间，还需要心情。他认为只要先让她高兴高兴，之后就不用面对这些烦人的问题了。

很多男人觉得，女人都是情绪化的动物，怕一着不慎就惹怒了女朋友，因此话能少则少，能顺着女朋友的意就坚决不提反对意见。看上去他没有想法，但事实上，他有很多想法，现在不说，但婚后他一定会这么想这么做，因为那些观念在他的心里已经根深蒂固。

小桃和她丈夫在婚前缺乏沟通，结了婚之后才发现彼此的理想不仅相差太远，甚至可以说是无法兼容。人们总以为先把眼前的事哄过就行了，却不知道今后得花上十倍的工夫才能弥补之前不愿面对而遗留下来的矛盾。

人们会说，理想这东西在现实面前随时都会破灭。时间久了，彼此习惯了，彼此的理想就能够相融了。真的是这样吗？自己一直梦寐以求的生活一天没实现，你会舍得丢弃它而不觉得失望、落寞，这不可能。只要一天理想的生活没实现，人们就会觉得自己离幸福总是差那么一截。幸福指数也就无法提高。

人们也许会问，那要怎样做才能建立自己理想的婚姻，提升婚后的幸福指数呢？最重要的就是沟通。弄明白彼此理想的生活是什么样的，彼此之间的差距到底有多大。再想方设法地拉近彼此的距离，填补之间会引起矛盾的坑坑洼洼，化解彼此心中的不满。了解了对方的所需所求，感受对方所付出的爱，并毫不吝啬地回报给对方。在婚后相处时，要知道，不是一定要让对方接受自己的观点，而是让自己和对方的观点并存，彼此迁就不同的态度和观念。适当地控制自己的情绪，给彼此的生活留点空间。通过沟通、体谅，促进婚后双方关系的和谐，何愁幸福指数无法提高呢？

太精明的人难感受幸福

在我们的印象中，聪明的人往往和成功、幸福、快乐等词联系在一起，似乎越聪明的人越容易感受到幸福。可事实上，他们并没有我们想的那么幸福。这是为什么呢？

在上学时，海东是同学公认的"才子"，他长得英俊潇洒，又聪明机灵，还十分开朗。对于自己的未来，海东总是信心满怀，他相信在大学毕业之后，肯定能干出一番轰轰烈烈的事业。

但事与愿违，大学毕业三年，他却连一份像样的工作也没有找到。他着急了，人也变得让大家捉摸不透了，和之前上学时，简直判若两人。在这三年里，有时他的话很多，只要见着人就想与其说话，然后海阔天空漫无边际地说个没完没了。晚上只要睡三四个小时，第二天起来依然精神抖擞。他又变得异常自负，非常爱吹嘘，常常在他人面前夸耀自己有多优秀，说自己有很多女孩子追，说自己满腹经纶、才高八斗，整天兴奋无比。在外人看来，他就好像生活在人间天堂里，好不令人羡慕。

有时他又变成一个情绪波动非常大的人，易暴易怒、易喜易忧，甚至常常会因为一点鸡毛蒜皮的小事和他人僵持起来，完全不顾形象。

有时他又似乎变成了另外一个人，情绪异常低落，整天闷闷不乐、郁郁寡欢。而且话也少了，不爱外出运动，把自己关在房间里，无论家人怎么劝说也无济于事，完全没有了之前的自负和活力，他觉得自己的生活一片黑暗，凄风冷雨，犹如地狱一般。

在毕业后的三年时间里，海东就这样时而野心勃勃、光彩照人，时而暴怒无常、喜忧不定，时而灰心丧气、悲观失望，一直穿梭在天堂和地狱之间。

为什么海东这样一个聪明的人却没有像人们想象中的那样，获得幸福快乐的生活呢？他生活的幸福指数不仅没有常人高，甚至还远远低于常人的平均水平。为什么会这样呢？

太聪明的人对自己的要求往往会比常人的更高，他们希望自己能完美地把事做好，希望自己无论在什么方面都能得到他人羡慕的眼光。常人的生活模式太过于简单，是他们难以接受也不愿意接受的，他们想过的就是一种超乎常人模式的快乐生活，希望可以高高地俯视那些普通人的生活，可这种生活在现实中往往是不存在的。现实生活满足不了自己的追求，他们又怎么会感觉到快乐呢？

太聪明的人又往往很容易就猜中别人在想什么。他看透别人的喜、乐、欢、悲，不屑追求常人眼中的幸福。而人们都不喜欢被人看透，喜欢给自己保留点神秘感。但在太聪明的人眼中，常人就好像是毫无秘密地裸露在他面前一样。他从心底里看不起这些人，常人也讨厌与太聪明的人来往。所以，太聪明的人往往是孤单寂寞的，因为他们的人际关系都不尽如人意。一个缺乏良好的社交圈的人是很难在社会上取得成功的，这又从另一方面使得他的追求得不到满足，使他更难体会到幸福。

太聪明的人做事之前总喜欢对所有的事情都一一进行分析对比，如果稍微感觉到可能会失败或者可能得不到理想中的效果，他们宁愿选择放弃也不肯开始。他们无法接受开始之后失败的感受，所以，没有开始就没有所谓的失败。无论是事业还是情感，他们都采取近乎相同的模式进行处理。结果，他们往往找不到事业的突破口，也失去了可能让他感受到幸福的甜蜜爱情。

太聪明的人考虑得太多，他们以为这样能事先把所有的障碍规避掉，之后的路就能平坦无阻地度过。然而他们的多虑或许能在某些程度为他们规避掉一些障碍，却也产生了更多他们意料之外的障碍。因是意料之外，面对的时候，他们往往容易措手不及，因缺少应急处理思维而导致失败。此时他们的追求又落空了，他们的幸福感又降低了。

太聪明的人不妨试着让自己糊涂一回，找到真正的快乐，获得真正的幸福。

幸福是计较得少

所有的人都渴望幸福，并追求幸福，但人们往往在追求幸福的过程中忽略了幸福。人们总以为，幸福就是拥有很多的财富，拥有成功，拥有美满的家庭，拥有懂事的儿女，拥有健康的身体，等等。但事实上，并不是我们拥有越多就越能感受到幸福。问一问身边那些觉得自己幸福的人，为什么他们那么容易感受到幸福？他们往往会说出这么一个答案——幸福不是拥有得多，而是计较得少。也就是说，不是你拥有的东西越多越幸福，而是你计较的东西越来越少，心宽了，接受幸福的空间也就大了，你就觉得幸福了。

笑笑比他小 20 岁，嫁给他的时候，家乡的人都以为她傍上了大款。只有她知道，他到底是个什么样的男人。

他很普通，又黑又丑，不富有。媒人那时候只是说，他是个靠手艺吃饭、会过日子的男人。由于急着离开那个老是打骂她的家庭，她没问清楚就选择嫁给了他。嫁过去后才发现，他只不过是个修鞋匠。回去，已经不可能了，她只好将就着和那个男人生活下去。

男人很宠她，隔三岔五地给她买些小玩意儿：一支口红、几串荔枝……她活到 30 岁，从来没有用过口红，更不用说吃荔枝了。吃荔枝的时候，男人不吃，只是傻傻地看着她吃。她让他吃。他说他不爱吃，只要看着她吃就很高兴。后来，她偶然上街，随口问了一下，吓了一跳，1 斤竟然要 20 元。她的眼睛一亮，他怎么可能不爱吃荔枝？他是舍不得吃呀！

她更加疼他，每天早早起来给他做饭，晚上做好热乎乎的饭菜等他回来；冬天的时候，男人在街上修鞋，一天下来，冻得全身冰冷，女人就把男人的脚放到自己怀里暖着。男人也很知足，说是上辈子修来的福气才娶到她，说得女人心花怒放。

　　笑笑见他每天那么累很心疼，要和男人一起上街修鞋。男人拗不过她，便同意了。于是街上总能看到一对老夫少妻在修鞋，两人紧挨着，鞋修的时候就一起忙，空闲的时候就有说有笑地聊着。有一天，男人对她说，自己总有一天会走在她前面，他为她种下了 500 棵树，这样就算以后她老了，这些树也能养活她。笑笑哭了，她觉得这辈子值了，她很知足，身边的这个男人不仅宠了她前半辈子，连她的后半辈子都想得十分周到。

　　虽然，笑笑和她的男人过得很艰苦，他们没有足够多的财富，也不算成功，甚至他们的工作还会被一些人看不起。可是，幸福并没有因为他们拥有得少而远离他们。他们依然过得开心，时刻感受到幸福。

　　他们拥有得不多，但他们计较得少。就像笑笑不在乎他的年龄、他的外貌、他的身家，她只在乎他对她的那颗真心。她不计较他给不了她富足的生活，不计较他给不了她高贵的社会地位，她只计较两个人的心是否能紧紧地依偎在一起。计较得少，她就容易知足，容易感受到幸福，体验生活中的真快乐。

　　从人类欲望这个角度来说，当我们对自己有更多的要求或者更高的挑战时，我们的野心或者说"不满足感"就会一直拉着我们往前走，直到我们最终实现了自己原有的要求。而那个时候，我们又再次产生不满足感，再次渴望有更高的追求。于是，我们就陷入了这样无限循环的怪圈之中。

　　其实，人之所以快乐不是因为得到的多，而是因为计较得少。曾经有位知名物流行业的老总这么说过，作为领导，她最希望看到的是她的员工每一天开开心心地来上班，然后开开心心地下班回家。物流属于服务行业，很多身处服务行业的人常常觉得要保持开心的心态很难，更别提幸福了。其实，无论在哪个行业，想要保持开心，感受到幸福是很简单的事——不要去计较。她这么对公司的员工说，要学会把自己当成自己，把别人当成自己，把自己当成别人，把别人当成别人。这一句里包含着许多的期望和寄托，同时也是一种交流合作的技巧。计较少了，心就放宽了，不舒心的小事就不会累积在心里了。于是人就变得开心了，生活的幸福感也就增强了。所以说，一个人的快乐不是因为他拥有得多，而是因为他计较得少。多是负担，是另一种失去；少非不足，是另一种有余；舍弃也不一定是失去，而是另一种更宽阔的拥有。

　　美好的生活应该是时时拥有一颗轻松自在、不计得失的心，不管外在世界如何变化，自己都能保持心中那片清静的天地。清静不在热闹繁杂中，更不在一颗索求太多的心中，摒弃贪念、开阔心胸，心里自然清静无忧。若能做到不计得失的话，选择简单的生活，计较少点，幸福就能多点。

社会就是一个大舞台，在工作和生活中我们都在扮演着不同的角色，一个属于自己的角色。人与人之间，难免会有一些摩擦，而微笑着不去计较就能体验到真正的快乐，幸福也将随之而来。

越简单反而越快乐

在现代社会中，越来越多的人拼命工作，只是为了职务的升迁，似乎只有权威才能带给他们快乐。也有些人原本不喜欢自己现在的工作，但为了追逐物质的丰裕不得不做着自己并不想做的事情。可结果是名利都有了，却发现自己并不快乐，这到底是为什么？

事实上，快乐来源于"简单生活"。物质财富只是外在的光环，无法救赎内心的空虚。真正的快乐来自于发现内心真实的自我，保持心灵的宁静。快乐和收入其实并没有直接的关系，除非我们无法满足自己的温饱时。

虽然多数人都希望自己的生活能够达到"简单并快乐着"的状态，但事实上并没有多少人能够真正做到。他们住着大房子，开着名车，做着高收入的工作，过着高消费的生活，内心却被越来越多的欲望折磨得疲惫不堪。

在一些人看来，简单生活意味着辞去待遇优厚的工作，靠微薄的存款过日子，定会过得非常清苦。心理学家认为，这是对简单生活的误解，简单意味着悠闲，仅此而已。如果你愿意，你可以做自己喜欢的工作，拥有丰厚的存款，重要的是不要让金钱给你带来焦虑。

无论是富有的人还是收入微薄的工薪阶层，都可以生活得尽量悠闲，在"简单生活"中追求快乐。不妨试试下面这些好方法。

1. 做自己最喜欢的工作

往往最简单的事物带来的是最本能的快乐。如果现在的你承担了太多的工作或职务，让你无暇去享受生活，那么不妨按自己的兴趣和重要性将工作进行排序，选出你最喜欢的，你就能得到简单的快乐！

2. 多做运动

研究发现，人在运动时情绪会变得更好，而且思维的敏捷性也更高。如果在心情不好的时候运动，还能够转移注意力，缓解不良的情绪，放松心情。

一些不爱运动的人往往性格更为内向和孤僻，不愿意与人打交道。因此，要想保持快乐的心情，一定要经常运动，比如每天散步半个小时、骑车去上班，这些简单的运动都会使人感到快乐。

3. 拥有一项长久的兴趣

心理学家研究发现，当人们对某件事情感兴趣时，往往会不自主地花更多的时间、更大的精力在这件事情上。而这个过程中产生的往往是欣喜、快乐和满意等积极的情绪，即使废寝忘食也心甘情愿。

4. 专心做事

当你投入做某件事情的时候，感觉时间飞快；而如果我们做事拖沓，就会觉得这项工作很无聊，也就体会不到快乐了。

助人为乐者更快乐

我们常常认为，拥有便是快乐：拥有金钱和权力，可以满足自己的欲望，所以快乐；拥有漂亮的衣服，可以在众人面前炫耀，所以快乐；拥有许多的爱情，可以让众人羡慕，所以快乐。其实，当我们真正拥有这些时，我们真的感到快乐了吗？

一项对金钱与快乐之间的关系进行的心理学调查，发现了一个有趣的现象，即金钱与快乐之间并不完全成正比，而是呈一个倒"U"字的曲线。也就是说，越有钱的人其快乐指数往往是下降的，更多的金钱并不能给他们带来更多的快乐。所以说，拥有并不一定能带来快乐。那么，什么样的人最快乐呢？

心理学家告诉人们，助人为乐者最快乐。我们来看佛经中的一个故事：

一天，有三个人凑在一起，他们都在抱怨自己的生活不快乐，其中一个人提议去请教一位有名的禅师。三人找到禅师说明了来意："怎样才能让自己过得快乐？"

禅师说："你们先说说自己是为了什么而活在世上。"

甲说，他活在世上是因为他一家老小要靠他养活，所以他不得不活着。

乙说，等到有一天他老了，就会看到满堂的儿孙，那时他就会觉得自己过得很快乐，所以他要活着。

丙说，因为他害怕死，所以要活下去。

禅师听完他们三个人活着的理由，笑道："如此的生活理由，自然不会快乐。"三个人不明白，于是问道："那如何才能活得快乐呢？"

禅师没有回答，又问道："那你们想得到什么才觉得自己就快乐了呢？"

甲说，我要是有了无数的金钱，就会觉得快乐。

乙说，我要是有了至高的地位，就会觉得快乐。

丙说，我要是有了完美的爱情，就会觉得快乐。

禅师又笑了："许多人虽然拥有这些，但活得并不快乐。相反，正是这些带给他们无尽的烦恼和忧虑。让我告诉你们快乐的秘诀：金钱要布施而不是占有才会快乐，荣誉要服务他人而非唯我独尊才会快乐，爱情要奉献而不是索取才会快乐。"

三个人听了之后，此后的生活过得快乐而幸福。

帮助别人是快乐的，因为这能满足他人的需要，也能得到他人的尊重。例如，看到一个步履蹒跚的盲人过马路时，我们适时地给予帮助，对方礼貌地向我们表达感谢，此时的我们也因此变得更快乐。

美国一家心理学杂志进行了一项大型调查，发现那些经常帮助别人的人比不乐于助人的人有更多的快乐感受，他们的生活指数和生活满意度比后者要高出24％。此外，这些人患各种心理疾病的概率也远远低于后者。由此可见，帮助别人不仅能给别人带来帮助，还能让自己远离疾病的困扰，这是一件互惠互利的事情。

除此之外，心理学家们还认为帮助别人是一种自我肯定的需要，当你这种需要得到满足的时候，你就会有一种自豪、快乐的感觉。反之，则会产生自卑和消沉的情绪。心理学上有一个很著名的实验，叫作"镜像自我"实验。

在孩子的鼻头上点上红点，然后让他们照镜子，如果孩子们知道镜子中的人是自己，那么他就会去摸自己的鼻子；反之，他会去摸镜子中的那个影子。这个实验就是"镜像自我"——通过照镜子来认识自己的存在。后来，"镜像自我"的意思被引申为，通过别人对自己的评价来认识自己，别人就像是一面镜子，可以帮助我们更好地了解自己，他们的肯定就是对自我的一种表扬。

其实我们每一个人都或多或少有一些成就动机，作为一个生活在社会中的人，最基本的成就动机就是自我的价值被肯定，也就是我们常说的自我价值感。自我价值感不仅仅通过各种成绩和名次来体现，还常常由于他人的尊重和肯定而得到升华。这种心理上的认同，会让我们更好地认识自己的价值所在。

如果你的生活中总是洋溢着这种对于自我的肯定和欣赏，那么你每天都会拥有阳光般的快乐。反之，抑郁、困惑可能就会不时地光顾你了。所以，让我们在能够帮助别人的时候尽量伸出援助之手，这样我们会拥有越来越多的快乐！

幸福＝效用/欲望

那么，幸福到底是什么？怎样追求最大化，才能让人生拥有最大化的幸福？

萨缪尔森给出的幸福方程式是：幸福＝效用/欲望。效用是人的主观感觉，取决于偏好，每个人的偏好不同，即追求的目标函数不同，同时为了得到一定的效用还要付出成本。因此，我们从目标函数、成本—收益分析和欲望三个方面来分析各位武林高手的最大化行为是不是理性的。这里，我们通过以上三个方面来分析两个人——金庸《笑傲江湖》中的岳不群和古龙《楚留香传奇》中的楚留香。

无论有多高超的武功或高低不同的人品，武林好汉的行为目标也都在自觉或不自觉地追求个人利益最大化。但是，同样是武林高手，一样在追求利益最大化，岳不群和楚留香有着完全不同的人生，两人对幸福的体验也必然不同。

岳不群和楚留香是两个完全不同类型的人，他们都在追求最大化，谁的最大化更加理性呢？我们用构成幸福的要素来分析他们的最大化行为。

从目标函数来看，岳不群追求一元化目标——当武林盟主，成为第一高手，其他能使人幸福的因素——亲情、正义、美色、物质享受，等等，都不在他的目标函数之中。相比之下，楚留香的目标函数要多元化得多。作为一名大侠，他有劫富济贫、为朋友赴汤蹈火、主持武林正义等目标。这些给他带来侠义的好名声，在江湖上受到尊重，这是一种极大的精神满足。同时他也重视物质享受，住在精巧的三桅船上，美酒佳肴，享尽物质满足，还有美女李红袖、宋甜儿、苏蓉蓉相伴。他生活得舒适高雅，又未失去武侠的豪气。

仅从目标函数来看，楚留香当然比岳不群理性。根据效用理论，当从既定目标出发去追求效用的实现时，追求多元化目标，各种效用不会递减，总效用最大化；而追求一元化目标，一种效用在递减，最大化的总效用当然要低。

再从成本—收益来看。世界上没有免费午餐，追求什么目标都有成本与收益的比较问题。

岳不群为了当武林盟主而不惜一切代价。这代价有：众叛亲离，爱徒令狐冲、爱妻和爱女都离他而去（机会成本）；为练神功"挥刀自宫"（直接成本）；

玩尽诡计和阴谋，不仅劳神费力，还失去武林人士的尊重，被称为"伪君子剑"，这种名声的损失也是成本；至于追求武林盟主过程中的种种所作所为，都成本颇高。但到手的武林盟主却由于各派争杀而无人真正当回事。说成本远远大于收益也不为过。

楚留香则不同，他追求从多元化目标中得到效用时，当然有成本。比如，要有金钱与精力支出（直接成本），为朋友帮忙就要放弃船上的温柔世界和享受（机会成本），去为武林主持正义还有种种意想不到的危险（风险）。所幸的是，他武功超人、机智灵活，总能化险为夷，最终毫发未伤。重要的是，他获得了尊重和自我理想实现，这样看来收益还是大于成本。

由这两点来看，楚留香的效用远远大于岳不群。那么欲望呢？

楚留香所做的一切事都是出于正义感或朋友义气。他只想把眼前的每一件事做好，并没有什么宏伟的志向，尽管是名噪一时的大侠，但看不出有什么武林称雄的野心。

岳不群却是野心很大的人，有一种永不满足的欲望——且别说武林盟主已是极大的欲望，即使当了武林盟主也不会满足，恐怕下一步要一统江湖正邪两派。野心家的欲望总是无止境。

楚留香的欲望小于岳不群，而效用又大于岳不群。根据"幸福＝效用/欲望"的方程式，楚留香的幸福感自然大于岳不群。他们都在追求最大化，但显然楚留香是理性的，岳不群是非理性的，他追求到的幸福甚至是负值的。所以，读过这两本书的人都对楚留香仰慕不已，而对岳不群极其鄙视。

武侠小说不同于真实生活，但也一定程度上反映了人生。其实在现实中也有不少人类似岳不群：人生目标一元化（为钱或为名），野心太大（总想成巨富或名人），为实现效用不顾一切代价（为钱而忘家，为名而失去人格）。这样的人生，最后很可能像岳不群一样，错过很多幸福的体验。

经济学提醒我们在追求价值最大化时应该更理性，用人生的智慧去支配我们心中的欲望，才能让我们所追求的实现最大的效用，享有真正幸福的人生。

幸福可以经营

有没有想过该怎么样经营自己的幸福，提升自己的幸福指数？有些人听到这个话题，难免会说，幸福又不是生意，为什么需要经营，顺其自然，该是自己的幸福就是自己的，不是自己的幸福再怎么经营也得不到。"命里有时终须有，命里无时莫强求。"真的是这样么？幸福不需要经营么？事实上并不是这样。

子欣是女强人，工作能力特别强，曾临危受命，使得一个亏损严重、濒临倒闭的企业起死回生。然而就是这么一个力挽狂澜的女人，却一度在婚姻危机面前束手无策。

子欣结婚后的十几年都一心扑在工作上，家里大小事情几乎全由丈夫承担。而且，她在家里也是领导作风，说一不二，丈夫和儿子都惧她几分。没想到，丈夫逐渐厌倦了这种生活，最终向她提出了离婚。这件事令她十分苦闷，她甚至觉得工作、生活都失去了意义。一个朋友看出了她心事重重，一语点醒梦中人："你把企业经营得这么好，怎么就不懂得经营婚姻呢？"于是她下决心改变。

不久后的一天，她到了家门口才发现自己没带钥匙。当时已经是晚上10点多了，她知道丈夫、儿子一定在家，于是敲门、打丈夫手机、家里座机。但是都没有人出来帮她开门，她又气又急。要是在往常，她早就开始骂人了，但转念想到要"经营婚姻"，她便强压住火气，开始想办法。

还好她家住在一楼，平常总有一个窗户关不严。于是她不再敲门，而是绕到窗户下，推开窗户爬了进去。当她梳洗完毕，准备上床睡觉的时候，丈夫醒来了，问她怎么回事。按照以前的风格，她势必会大骂丈夫一顿，但这次她没有，只是淡淡地说："你玩笑开得也太大了！"然后便若无其事地睡了。

第二天早上起来的时候，她意外地发现丈夫已经把早餐做好了，并坐在餐桌边等她。这种场景已经很久没有出现了，她一下子感动得掉下泪来，感慨道："家中有一个男人在关怀着你，这是多么幸福！"

很幸运，由于子欣的及时改进，亮起红灯的婚姻终于化险为夷，她和丈夫重修旧好。

人们在拥有的幸福面前总会觉得是理所当然，不珍惜，也不经营，甚至还抱怨自己过得不幸福，等到失去了便追悔莫及。殊不知，当幸福还在时不用心经营，等到幸福溜走时，花上十倍的工夫也不见得能把幸福留住。

所以，我们常说的"经营"幸福并不是一句空话。据心理学家称，幸福在更多的时候，和我们从外界感受到的刺激关系不大，而是取决于我们自己的观念和内心感受。当我们觉得此刻应该"幸福"时，哪怕是一件十分微小的事情，也会让我们感受到莫大的愉悦感。

那么，幸福该怎么经营呢？

第一，常怀赞美之心。人类生来就是群居动物，人性最基本、最深切的渴望之一就是得到群体的欣赏。无论是小孩还是成年人，都希望自己能得到别人的肯定和赞美。但在生活中，人们往往习惯于挑剔他人。大部分人对陌生人的赞美从不吝啬，但对身边越亲近人的赞美就越少。所以，得不到身边最亲近的人赞美的人总是觉得还不够满足，觉得离幸福总差那么一点。常怀赞美之心，对所有的人都从赞美的眼光看待，会发现，他们都很好，其实自己过得很幸福。

第二，少抱怨，少争执。幸福总是在我们抱怨着生活的不如意时悄悄离去。当人们的眼光集中在争执的时候，就会忽视了幸福的存在。幸福的经营，要学会看到自己的缺点，发现别人的优点。曾经有人说过这么一句话，如果你发现身边的人缺点越来越多，实则是自己的缺点越来越多；如果看到别人的优点越来越多，则是自己的性格越来越趋向于完美。

第三，幸福最大化，摩擦最小化。现实社会中，往往很多人习惯了用放大镜来挑剔对方的毛病，所以总觉得怎么和他人的相处会存在那么大的摩擦。可如果反过来，把幸福放到显微镜下，就会突然发现，原来自己拥有这么多的幸福。任何人都希望得到别人的认可，要满足别人的这个愿望并不难，只要乐于寻找总能找到。用一颗感激的心去赞扬、去欣赏，就能使得幸福最大化，而把摩擦降到最低。

第四，做好"期望管理"。生活中，人们总会面对失败和痛苦，如果人们一直提高自我的期望，就会使得自己越难感受到幸福。如果人们不断降低自我期望呢？事实上，人们还是不会觉得快乐。因为，太低的自我期望不能使人们得到满足。所以，我们要做好自己的"期望管理"。

在生活中，我们会对他人有许多期待。当期待得到满足时，我们会感到快乐、幸福；但当期待落空时，我们会失望、不幸福，甚至会对他人产生不满。因为不满时人们就会产生负面的情绪，这情绪或累积或扩散，都会影响到彼此之间的关系，进而影响到对幸福的体验。

我们通过合理地设置期望，同时，我们面对现实，知道实现期望需要我们很努力地去做，知道失败和痛苦是幸福的组成部分，这样我们就能不断地提高我们的幸福指数。

幸福是需要用心经营的。这样才能用力最小化，收益最大化。若想提高生活的幸福指数，不如好好研究一下，幸福生活该如何经营吧！

第十四章　懂得宣泄压力的人更健康

这是一个焦虑的时代，几乎所有的行业都说自己压力很大，需要找心理学家帮忙减压，其实心理学家压力也很大。我们这个时代充满了机遇和诱惑，可能一夕之间就得到自己想要的东西，也可能经不住诱惑。而这一切都使得我们更容易焦虑。

——徐凯
（北京大学临床心理学博士）

压力带来负面影响

生活中，遭遇压力是不可避免的，人们在压力下通常会有一些生理反应和表现，通常人们的表现有：心跳开始加快；呼吸开始急促；肌肉紧张并准备行动；视觉变得敏锐起来；胃里打鼓；开始出汗……其实压力也不一定带来负面影响，压力可以是正面的，可以是有益处的，更可成为原动力，促使我们达到追求理想的生活目标。

若完全没有压力，人们可能停滞不前，没有进步。能否化压力为动力，取决于一个人的反应和处理方法，如果能适应转变、疏解压力，则压力反可激励斗志，开发人的才能和潜能，提高效率。

每一个人都经历过不同程度的紧张，如面临升学考试、第一次应聘、第一次在工作会议上发表个人意见、演讲或赴重要的约会途中遇上大塞车，等等。

无论导致紧张的原因是什么，当人处于紧张状态时，便会分泌受压激素，例如肾上腺素，并有以下的类似反应：呼吸急促，透气困难；心跳加速，口渴；肌肉紧张，尤其是额头、后颈、肩膀等部位的肌肉；小便频繁；不自觉的反应，胃酸分泌增加、血压升高、血液中化学物质的转变，如血糖和胆固醇的浓度提高、受压激素的分泌。这些身体征兆，像红灯一样，提示我们自己的身体已经进入紧张状态之中。

这些反应跟我们在洞穴居住的祖先一样，即做出"作战或逃避"的反应，在预备面对紧急事件时，做出快速的反应。例如，当人在森林中遇上正觅食的老虎，他做出的反应，可能是拔腿飞奔，或是留下与老虎搏斗，无论是哪一个反应，"作战或逃避"的生理反应能使你的身体有能力、快速和有效地做出反应。你可能也经历过赶工或赶功课，事后惊讶自己的高效率，这其实是受压时的生理反应在帮助你。

不过，受压时的生理反应是针对身体上的危机，而不是心理上的危机，更不是心理上的挑战或压力。在当今社会，我们所遇到的压力，大部分是心理或精神压力；当我们受压时，身体不一定能"作战"或"逃避"，尤其我们都是"有文化"的人，讲话和行事都要有文化、有教养。例如，当我们在工作中感受到压力，不能一走了之，更不能用拳头解决问题。

当我们感受到压力的时候，身体会本能地做出反应，但这些反应，却没有引起人们的足够重视，让人们忽略了，时间长了，渐渐累积在身体里，影响身体健康。长期性的压力，如果处理不当，就会导致身体上的不适，甚至是病痛（身心疲惫），又会使工作能力降低，影响人际关系。

很多临床实践和研究显示，长期处于紧张状态之中的人，患上身心病的机会比较高。除了长期性的压力，压力的程度与身心健康的关系也非常密切。胃溃疡、高血压、心脏病、腰颈背痛、紧张性头痛、哮喘都是身心病的例子。有报告显示：压力引起内分泌和免疫系统失调，身体的免疫能力下降，是类风湿性关节炎、癌症等疾病的诱因。

压力对身体的影响，主要是由于人的紧张所带来的生理反应，没有充分被认识到，而做出积极的反应，使身体不断停留在一个亢奋的状态，就算压力消失，也不能回复松弛状态。

冠心病、瘫痪性中风、高血压等循环系统毛病与压力的关系并不难理解。由于紧张导致血管壁收缩，血压升高，血液中的胆固醇提高，长期如此便使循环系统发生毛病。精神紧张导致胃酸过度分泌，刺激甚至侵蚀胃壁，最终会演变成胃痛、胃溃疡。紧张性头痛、背痛及颈硬背痛都是由于长期肌肉收缩所导致的。免疫力的降低会引起哮喘和敏感。

当然，生活压力是这些病痛的其中一个成因，要预防身心病，其他方面的配合是非常重要的，如均衡饮食、多运动等，都有助于降低患上身心病概率，最重要的，是我们要学会为自己减压，不要让自己成为压力的奴隶。

正视负面的情绪

我们的情绪包括了许多方面：高兴、紧张、恼怒、胆怯、报复心……当然，也包括愤怒。

与好的情绪相比，我们要想让自己心平气和，更要正视自己的负面情绪。

很多人总是否定自己的负面情绪，可事实上，这些负面情绪并不会因为我们的否认而消失，只会在潜意识中隐匿起来，悄悄影响我们对自己的认同感。越是负面情绪越值得我们去承认，因为只有承认它们，我们才能战胜它们。

如果我们故意忽视负面情绪的存在，它们就会尽量唤起我们的注意，当我们的注意力稍微松懈的时候，它们就立即从潜意识里重新浮现出来。为了压抑它们，我们需要付出更大的精力，而这种付出完全没有意义。

诗人罗伯特·布莱把负面情绪形容为"每个人背上负着的隐形包裹"。布莱认为，在生命的前几十年里，我们总是努力想把包裹填满，而在生命的后几十年里，又会努力把包裹清空，减轻肩上的负担。

大多数人都对自己的负面情绪感到恐惧，不愿正面以对。殊不知，只有正视这些负面情绪，我们才能找回完整的自我，才能获得真正充实幸福的生活。

在生活中，总有人对我们说，不要心存报复，不要生气，不要紧张……越是这样，我们越觉得自己一定是个缺点满满的人。于是，我们努力地压抑这些负面的东西，但在压抑负面的同时，我们也压抑了与它们对立的那些积极因素。就像我们感觉不到自己的美，因为我们花了太多的精力掩饰自己的丑。

因为我们花了太多的精力来掩饰这些负面情绪，所以对于那些不小心把缺点暴露出来的人，总是十分鄙夷。我们变得越来越愤世嫉俗。甚至在我们的眼里，世界上根本没有一个人能够让我们顺心，整个世界对我们而言就是一个糟糕的地方。

带着这种愤懑，很多人越来越觉得上天不公。因为生在了错误的家庭，遇见了错误的朋友，生活在错误的地方，去了错误的学校念书……

就这样，我们掉进了"如果"的陷阱——"如果……我就可以……"可是，即便是假设再多，也丝毫不能解决问题。

现代社会经常会给人一种假象，似乎只有完美的人才能得到幸福。许多人在追求完美的过程中损失惨重，却总是难以如愿。为了装出一副完美的样子，他们的身体、精神和心灵都承担着重压。

一位医生曾这样描述自己的病人：我遇到过许多被病痛、失眠、抑郁症和人际关系问题所困扰的人，这些人从表面上看来都很完美——从不对别人发脾气，甚至祈祷也是为了别人。其中的一些人患上了癌症，却不知道为什么，他们只是一个劲儿地抱怨上天不公。

其实，这些人并不是没有愤怒，只是这些东西受到的压抑太严重，在他们的潜意识里隐藏得太深，以至于他们自己和别人都无法意识到其存在。他们从小接受的教育要求他们先人后己、无私奉献，因为"这才是好人应该做的"。结果，在努力做好人的同时，他们逐渐丧失了完整的自我。对于这些人来说，最重要的是从这种状况中解脱出来，重新认清自己。他们需要学会原谅自己，允许自己在适当的时候表现出愤怒，因为只有这样，他们才能建立起真正的自尊和自爱。

我们之所以要正视这些负面情绪，为的是找回完整的自我，结束生活中的痛苦，让自己不必再欺骗自己，也不必再欺骗整个世界，让自己变得平静。

另类快感的来源

2002 年 10 月，某大学发生了一件奇怪的盗窃案。仅两个月时间，一新生女寝室频繁被盗，被盗次数达 20 余次之多。奇怪的是，被盗钱物每次价值均在百元以下，被盗物品仅仅是日常生活所需的牛奶、水果、零钱等，而放在寝室的大额现金及银行卡、手提电脑等贵重物品却没有被盗。

经过一番调查，疑点开始集中到一名叫芸的女生身上。当名单报上去时，学校却惊呆了：芸在学校各科成绩都非常好，学习也特别刻苦，是什么原因让这个尖子生走上这条路呢？是贫穷，还是其他？

起初，芸不承认。后来辅导员反复地做思想工作，她才开始认错。当问到偷盗的目的时，她的回答令在场的每一个人吃惊。她说，她从不缺吃少穿，她偷东西仅仅是为了报复周围的人，从中找到快感。

为什么学习上一向表现优秀的芸会有这种大家所不齿的行为呢？主要是因为芸总是对身边的人无法产生信任感，甚至充满敌意。在偷窃中她觉得自己实现了对他人的报复，于是充满了胜利的喜悦。

那么又是什么原因，让芸形成这种孤僻的性格、在人际交往中始终对人充满敌意呢？在调查访谈中，我们了解到，芸这种对他人的敌意，是从小时候耳闻目睹了别人对母亲的不公后开始的。

芸的母亲能干善良，对邻居特别友善，但是她却一直生活在别人的嘲笑与轻视里。大一点她才知道，别人看不起母亲，仅仅是因为母亲生得特别矮小，五官看上去有一些不协调。

从初中开始，芸一直发奋读书，期望考上好的学校后以自己的能力向别人证明自己，也为母亲讨回面子。但是尽管成绩再好，因家庭环境的影响，同学仍然看不起她。

在学校，她常常一个人独来独往，给同学的印象是性情冷僻、不好相处的那种。所以，在学校里几乎没有人愿意和她做朋友。有时，她甚至觉得周围的同学都在私底下取笑自己、取笑母亲。

在这种环境下，她常常感到自卑和绝望，似乎无论自己如何努力，也摆脱不了别人轻蔑的眼光。在压抑与愤怒之中，她便想到了报复。

不管是邻居，还是同学，谁看不起她，她就偷谁的心爱之物。她发现，每偷盗成功一次，她就能从中获得到一种极大的快感。

有专家指出，发生在这名女生身上的这种偷窃属于心理不卫生行为。很多时候，事发后，有这样畸形偷窃心理的人，无一例外地受到学校的严厉处分。若他们的心理得不到及时疏导，很容易发展成为严重的抑郁症。

正确的做法应该是给他们更多心理上的关爱，找到他们心理问题的根源，对症下药，及时给予心理的疏导和指引，让他们回到正确的人格轨道上来。作为父母，在事发之后，应避免打骂或羞辱孩子，而应站在孩子一边，给孩子更多理解和帮助。而作为学校，应建立有效的心理疏导机制，让孩子在遭遇精神苦闷时能找到倾诉对象，大胆讲述自己的精神障碍，促进孩子健康人格的及早形成。

很多孩子犯错并不仅仅是他们自身的错，而是我们教育的一种失误，在重视对孩子的智力教育的同时，孩子的健康人格教育应引起家长、学校、社会的关注。

冥想可以控制忧虑

生活中，有些人会有异常多的忧虑，他们被称为心胸狭窄或者好做消极思考的人。这类人经常会因尚未发生的事情而战战兢兢，往往无法接受不久的将来有可能在自己身上发生的一些不好的事情。

那么，如何摆脱这些忧虑呢？

美国知名经济类杂志《商业周刊》上说："通过冥想教育，许多经营者都不约而同地察觉到，公司员工的决断力和共通能力都大有提高。"

因此，为了能够有效地消除员工的烦恼，提高工作效率，美国企业在其经营当中积极运用冥想教育。

冥想的一大优点就是不受时间和地点的限制。有研究结果显示，冥想对于身体和心理都有着积极的影响。多虑的人主要将自己的能量消耗在担心某些事情上，因此，他们经常会感到头痛或浑身乏力。而且这些心里充满了忧虑的人，也很难全身心投入到所从事的工作当中。

冥想，主要分为集中冥想和智慧冥想。集中冥想是指集中精神、维持平稳心态的方法；智慧冥想则是指通过感觉身体和心灵上的变化，最终达到一种无常和无我的超然境地。

冥想时，穿着要舒适，需要安静的环境。然后，双目闭合，双腿盘绕，伸直脊椎，放稳心态，开始感受自己的呼吸。

冥想时，最好将自己的意识置于鼻尖，或者胸部。

撒娇也能释放压力

人只要生活在这个世界中，就不可避免地需要和自己、和他人建立亲密、和谐的关系。但快节奏的生活往往会使人承担着来自学业、职场、家庭等很多或重或轻的压力。这时，适当向自己撒撒娇，可释放压力，肯定自己，增强信心；向他人撒撒娇，弱化自己的气场，可强化人际关系，舒缓他人给你带来的压力。

很多人都认为撒娇只是心智不够成熟的人喜欢做的事，甚至有些成年人觉得现在再向父母、恋（爱）人、朋友等撒娇是件很伤面子、很令人难堪的事。所以，一些难以说出口的压力就一直在内心积淀着，难以找到发泄的突破口。

可是，你知道撒娇也是一种舒缓压力、释放压力的好方法吗？很多难以言说的话语，通过撒娇巧妙地发泄，能达到意想不到的效果。

很多人也觉得撒娇只是女生的专利，一个大男生如果对着家人、朋友、上司撒娇是件很"娘"的事，特没面子。然而在情侣相处时，男生撒撒娇也不是件丢脸的事。徐志摩就说过这么一句经典的撒娇的话："别拧我，疼。"别小看这类肉麻的撒娇方式，这是恋人相处的润滑剂。一句"我的心还在痛""为你弄伤的手还在痛"等，让人听了就不免会生出怜悯之心。痛的表面信息是静态的受伤，背后却暗示"我是个弱者"的主动柔攻，暗藏的指令是："你可要宠我。"

如果两个人刚好处于情感的低潮期，或者刚好吵架冷战，一句"我病了，我痛"能够勾起对方的关怀，起到挽回破裂关系的妙用。因此，只要无伤大雅，男女朋友之间私密的撒娇话，通常是最有效的降温药。男生若能巧用撒娇这招，挽回女生的心也绝不是件难事。

在感情关系上，如果能把这种撒娇哲学运用得当的话，缓解情侣间相处的压力不是件难事。其中，最有效的当属"痛症"的活用，这是男女互相修补关系最常用的撒娇绝招。

有些人会说，对着恋人撒娇那是无可厚非的事，但你能对着老板、同事撒娇吗？不行吧，所以职场压力还是没解决啊！是谁说职场上就一定得以强碰强呢？我们应该学会以柔克刚。

大部分职场中人觉得压力最大的莫过于人际关系。想要有良好的人际关系，就要学会沟通，而偶尔适当地撒个娇对沟通有益无害。

撒娇之术的高明之处在于能够缓解相处过程中带来的压力，还能给足彼此面子。撒娇术练到高明至极的人是最懂维护面子沟通心理学的。给个面子，万事好商量。客户高兴，老板有面，一切矛盾、冲突和个人问题都在言谈之中悄然化解，变得容易协调。职场上撒聪明的娇能制造双赢局面，一方面既克制自己，又降低了攻击性；另一方面则容易赢取对方的信任。

在职场上，如果事事追求完美，不仅会在无形中使自己备感压力，而且会使自己与同事的关系难以融洽相处。人对于过分追求完美的人总是心存距离，这样就容易被同事排挤，如果事情无法达到自己想要的要求的话，则会打击自己的信心。无形之中压力就会越积越多。

怎样才能改变这种局面呢？适当地调整自己的心理，以无伤自尊又不失大雅的方式撒个娇，把荣誉让给同事、领导。能维护他人的面子和权威，工作气氛良好，才能有力地缓解自己周围环境所带来的压力，才有助于自己掌握提升的机会。给足他人面子，才能获得更多的发展空间。

说到底，改善心理的最高境界是自疗，也是最彻底最有效的治疗态度。人活得最自在的状态是自我认同、自我满足。要做到这点，向自己撒个娇是一种有效的办法。

我们每天想得太多乐得太少，压力就像空气般环绕在周围，这时，和恋人撒个娇，以舒缓压抑和不安情绪。

如果还是做不到向他人撒娇的话，试着跟自己撒个娇，例如说"今天好累呀，你就让我休息一晚，明天再奋斗吧""今天我才不要让自己煮菜做饭呢"……把自己不想做的事、不想说的话、不想见的人暂时放下，跟自己撒个娇，不硬逼着自己承受一切。你会发现，其实生活中并没那么大的压力。

有时要"看小"一下自己

如今，越来越多的人倾向于追求一种完美的生活，无论是自己的外表、工作能力还是人际关系，都希望自己达到完美状态。但一个人若刻意追求"面面俱到"，欲使自己在人前人后占尽风光，其结果只能是徒耗精力，使自己备受压力。

人真的没有必要妄自尊大，适当地"看小"自己，能使自己免于承担更多本来不必要承担的责任。要知道，完美只是一种理想境界。人可以接近完美，但不可能达到完美。美国前总统富兰克林·罗斯福曾这么对民众坦承——如果他的决策能够达到75％的正确率，那就达到了他预期的最高标准了。

罗斯福尚且如此，我们又何必对自己一味地苛求呢？当我们每完成一项工作以后，可以反思，也应该总结，但千万不要因一点小小的缺憾而自责。试想，当你因过分追求完美而陷入自责的怪圈，到时懊悔、伤心、失望，种种负面情绪堆积成的压力都快把你压得透不过气，你还有闲心思去改进工作吗？

所以，适当地把自己"看小"，把自己放低，不刻意地追求完美，甚至学会放弃，这对于压力的缓解是有益无害的。"塞翁失马，焉知非福。"我们要学会放弃，为得到而放弃。生活中，大部分人心里都在想如何更多地"拥有"，如面子、金钱、地位、权力、信任、知识、经验、能力、学历、人际关系，一样都不能少，通吃最好。结果是拥有得越多，心理包袱就越大、越重。

事实上，拥有其中的某些对自己来说是最重要、最必要的，已经足以让大部分人感受到幸福了。所以，放弃一些对于自己来说是不那么重要、不那么必要的，人也就会轻松得多。

当人们放眼这个世界的时候，如果以自我为中心，就会觉得自己很了不起。可一旦人们以坦诚的心去内观自己，就会发现其实自己是多么的渺小。我们什么时候看清自己不如人的地方，那就是对生命真正有信心的时候。

大部分人都明白，生活不是为了工作，而工作是为了生活。如果本末倒置，仅为工作而生活，就徒然让自己陷入压力怪圈。适当地"看小"自己，该负责的工作认真完成，不属于自己工作的范畴，如果有兴趣便试着学习，如果没兴趣就不用强迫自己去接受。

如果人总在追求完美，死不认输，最后因无法承担过大的压力而使自己输掉整个人生，那岂不是得不偿失。所以，要正确剖析自己，敢于承认自己技不如人，敢于"看小"自己，走出面子围城，这不是软弱，而是一种人生智慧。

要找到宣泄压力的途径

心理压力大，从而感到浮躁不安、焦虑压抑，这些是现代人的普遍心理状态。虽然大家或多或少地都分享了现代化的好处，可是很多人也同时"享受"着现代化带来的悲剧：常用电器，辐射加大；乘坐各种交通工具，运动量减小；追求高收入，职业压力加大；我们总是在忧虑自己可能即将逝去的利益，却又不得不在生活的各个层面去面临这种威胁；我们不怕孤独，但是现代的"水泥隔离"似乎又使我们失却了"小院乘凉，各家畅谈"的乐趣；物质丰富，精神受挫，许多人的价值观开始倾向单一和窄化。

既然我们处于压力巨大的环境之下，仅仅用一句口头的"神马都是浮云"就可以解决问题了吗？当然不行！如果压力能这么简单就化解，那世界上就没有那么多自残、自杀等消极事件发生了。

那么，我们应该怎样把这种"神马都是浮云"的人生态度发散到我们生活的每一个角落和细节呢？

首先，心理学家认为，大哭能缓解压力。一个对比试验可以证明这个结论：心理学家曾给一些成年人测血压，然后按正常血压和高血压编成两组，分别询问他们是否偶尔哭泣。结果 87% 血压正常的人都说他们偶尔会哭泣，而那些高血压患者却大多回答从不流泪。由此看来，人类把情感抒发出来显然要比深深埋在心里有益得多。

其次，通过积极的场景暗示，我们也可以暂时缓解内心的急躁不安，如告诉自己"这些都不算什么，我可以轻松解决"；或者训练思维"游逛"，如想象"蓝天白云下，我坐在平坦幽绿的草地上""我舒适地泡在浴缸里，听着优美的轻音乐"。这些积极的场景暗示都能在短时间内让我们平复心情，获得轻松之感。

再次，当我们觉得自己的心理压力过大，已经快超出承受范围的时候，可以适当地向亲戚、朋友、心理医生求助，我们可以向其倾诉，因为倾诉可以缓解我们的精神紧张。其实，承认自己在一定时期软弱，然后通过外部有益的支持降低紧张、减弱不良的情绪反应是明智之举。

最后，我们可以仔细思考自己到底有哪些压力，它是来自工作、生活、交际，还是其他哪些方面，然后我们就可以把让自己感到困难的事情仔细写出来。然后为这些事情排一个序，哪些是我们必须要马上解决的，哪些是可以稍微放缓一下的，从重点开始逐个击破。

另外，我们也可以为自己的压力找一个适当的宣泄借口。比如说当我们在繁重的工作中与同事产生纠纷，这个时候我们不妨想一想对方的处境，他可能最近面临着什么困境，所以情绪不稳定，因而在与我们的合作中产生了摩擦。这样一想，我们就会觉得心里平和多了。

在这样一个时代中，"神马都是浮云"却用一种难得的淡定情怀和清高心态慰藉了现代人这颗急躁的心。许多人就开始用这样一种"无视于万物"的态度进行自我慰藉。这其实也表现出了人类对影响自身的消极情绪或者事物的抵制和自我防御，以"我无所谓"的态度来淡化自己心中所感知的利益损失，用自以为超脱的价值观来化解自己心中的压力。

压力是客观存在的，我们不可能即刻减掉所有的压力，但是我们可以像使用沙漏一样应对这种压力：它一点一点地囤积，我们就让它一点一点地漏下。这样，我们的生活就能找到平衡，心情也能归于平静，"神马"也就真的成了"浮云"。

胃口与心情息息相关

我们遇到工作难题或生活挫折时，心情往往会变得很差，情绪低落。如果这件事情一直得不到解决，就会整日烦恼重重、闷闷不乐，吃饭也没有一点胃口。这时，如果事情突然有了转机，在自己的努力或别人的帮助下顺利解决了难题。

我们的情绪和心情都好了，吃饭也觉得香。

人们常说"吃不香，睡不安"的状况，与胃口和人的心情息息相关。人类每天都能感受到情绪在胃部内体现的运动，可以说，胃部的活动就是情绪的晴雨表。

在所有的能体现情绪变化的器官中，胃部无疑是最敏感、最容易受到影响的器官之一。当周围的一切事情都进展顺利时，我们的胃部也会受到感染，胃口会出奇的好；相反，当周围一团糟，做什么事情都不顺利时，你会发现自己没有一点胃口，吃什么都吃不下去。

就医学来说，胃溃疡就是胃部肌肉疼痛，这主要是由情绪上的变化引起的。

张静经营着一个杂货铺，平时忙进忙出的，身体倒也健康。但最近却得了情绪诱发症，胃疼得很厉害。

最近，张静的杂货铺附近开了一家便利店，便利店的物品齐全、价格优惠，还经常有促销活动，这给张静的店铺带来不利的影响。为此，她心里有很大压力和苦恼，因此产生情绪紧张引起胃疼。

另外，令张静苦恼的还不仅是店铺生意的惨淡，她还有一个生性顽劣的儿子，儿子经常给她惹麻烦，今天与人打架，明天离家出走，这都不是小麻烦，这简直就是给张静火上浇油。

店铺生意和儿子对张静来说都很重要。她说，要是家里的情况没有好转，不仅自己会得情绪病，她丈夫的心情也会受到影响。就这样，一想起外面的困扰外加上家里的一桩桩杂事，她就会胃疼不止。

张静和朋友说起自己的症状，朋友们一致认为她得了胃溃疡，慢慢地，她也相信自己得了胃溃疡。到医院就医，医生却一致认为她的胃没有任何毛病。几个月过去了，她的情绪没有得到任何好转，她还是会经常感到胃疼。

后来，为了改变店铺的状况，张静改变了经营思路，由以前的"杂"到现在的"专"，也就是说，她的店铺现在只经营家用小电器之类的商品，这样一来，生意逐渐好起来。她的儿子在反复的教育下似乎也变得懂事了。

让她感到奇怪的是，一种从未有过的安宁包围在她身边——胃疼也不药而愈。张静的胃疼不过是自己的情绪给闹的，面对店铺生意惨淡的状况，儿子又到处惹麻烦，她的心就一刻也安静不下来，想的都是些乱七八糟的事情，胃疼就经常造访；相反，当这些问题都得到解决时，她的胃疼就不治而愈了。

这下我们可以知道，胃是多么忠实地跟着情绪啊！无论成年人或儿童，不可能总是快乐无忧，当一个人情绪不好的时候，往往出现食不香、寝难安的情况。

拥有良好情绪、健康心态的人，在生活和工作中更容易获得幸福和成功。一切胃的疾患皆由人的情绪引发。虽然我们不能控制身体上的疾患，但我们可以调节自己的情绪：

1. 说出你的感觉

在日常生活中，遇到不高兴的事，要尽可能用语言表达出来，这样有利于缓解情绪产生的负面影响。当人们说出自己生气的原因时，不仅有助于情绪宣泄，也能获得他人的理解和安慰。

2. 换个想法海阔天空

如果你陷入某种负面情绪里，通常是因为想不开，此时，你可以有意识地想些好事情，或换个角度思考，发现原来事情没有这么糟。用不同角度思考问题，可以进一步地发现解决问题的办法，从而走出困境。

3. 克服负面情绪

负面情绪的源头可以是负面经验，同样也可以说是负面的惯性，勾起你负面经验的事端只是借来的催化剂而已。若情绪超越了自己能控制的范围，最好的方法不是释放或是压抑，而是学习先定心。比如，用某些哲理或某些名言安慰自己，鼓励自己同痛苦、逆境做斗争。自娱自乐，会使你的情绪好转。

学会给自己减压

不良压力危害人的生理和心理健康，威胁人生幸福，学会给自己减压是一堂人生必修课。减压可以有很多方法，下面的几种你不妨试试。

1. 让瑜伽帮你的忙

瑜伽遐思冥想功能帮助我们放松自己，减慢呼吸，降低心率，减少耗氧量，缓解肌肉紧张，改善脑电波，从而让我们从容应对压力。如果借助香水和音乐，效果则更佳。

2. 香水冥想法

给自己喷上香水，采取莲花坐姿，然后闭上双眼，集中精神呼吸，进入较深的意识状态，幻想自己在一个百花齐放的花园里，微风吹来，飘来各种各样的花香，花园里有一条蜿蜒的小溪，小溪里飘散着各种各样的美丽花瓣。注意不是用鼻子而是打开你的全身毛细孔，吮吸每一朵花香，感觉这股花香像一股气流，又细又长，慢慢地沉入你的丹田。想象着这些花香作用于你的身体细胞后，你便产生了更多活力及生命力。

3. 音乐冥想法

放乐曲，然后坐下或躺下，全身放松，闭上眼睛静静地聆听。用整个身心去聆听，幻想音乐像潺潺的流水一样流遍你的全身，你会感觉到不只是耳朵在欣赏音乐，音乐已经进入了你的灵魂。

来自嗅觉和听觉的刺激会直接作用于我们的大脑，让我们的大脑暂时脱离于这个喧嚣的世界，安静片刻，让我们逃脱压力的包围，真正地和自己在一起。

减缓压力，必须坚持几项原则：

（1）建立自己的"支持网络"。任何时候，家人和朋友都是帮你缓解压力的最坚强的后盾和最牢靠的庇护伞。朋友们发自内心的关心和问候会让你觉得在这个世界上，不管发生了什么事，你都不孤独。所以平时建立一个自己的"支持网络"系统很重要，当你面临压力的时候，你就不会独自烦恼了。

（2）运动。运动可以让你忘却烦恼，增强你的抗压能力。所以不管你有多忙碌，也不管你的压力有多大，锻炼必不可少。

（3）多吃抗压食物。含较多维生素 B 的食物可以帮助你亢奋精神，如糙米、燕麦、全麦、瘦猪肉、牛奶、蔬菜等。含硒较多的食物可以增强你的抗压能力，如大蒜、洋葱、海鲜类、全谷类食物等。

（4）每天补充一粒维生素 C。维生素 C 能够有效消除压力，现代人绝不可忽视这个减压的好方法。

有意识的动作舒缓情绪

在心理学上有个专业术语，叫"假喜真干"，意思就是让自己假装喜欢，并且付出实际的行动，那么，慢慢地，你就会真喜欢上这项活动或者是一件东西。

有一天，弗雷德遭遇到了让他感觉十分生气的事。在通常情况下，弗雷德应付烦闷情绪的办法就是避不见人，直到自己的坏心情消散为止。但是这天他要和自己的上司举行一个很重要的会议，所以他决定装出一副快乐的表情。他在会议上谈笑风生，笑容可掬。令他惊奇的是，在会议开始不久，他就发现自己不再像以前那样气愤了。

弗雷德觉得神奇极了，他并不知道，自己无意中采用了心理学研究方面的一项重要原理：当一个人装作有某种心情时，往往真的能获得这种感受。

美国著名教育家戴尔·卡耐基有一个观点："假如你假装对自己的工作感兴趣，这态度往往就会使你的兴趣变成真。这种态度能减少一个人的消极情绪。"

有一位行政人员，经常要处理许多烦琐的文件、书信，还要打字和抄写，工作十分枯燥无味，经常累得精疲力竭。后来她想："这是我的工作，单位对我不错，我应该把这项工作做得好一些。"于是她决定让自己假装喜欢这项工作（其实当时她很讨厌这工作）。此后，她发现一个重要奇妙的事情：开始是假装喜欢自己的工作，慢慢地，她真的就有点喜欢它了。而且，她还发现，因为喜欢起自己的工作，她比以前做得更有效率了。由于工作越来越好，她被提升了。她说现在自己总是能高高兴兴地超额完成任务。这种心态的改变所产生的力量，让她觉得神妙无比。

很多年以来，心理学家都认为：除非人们能改变自己的情绪，否则通常不会改变行为。我们常常逗眼泪汪汪的孩子说"笑一笑"，结果孩子勉强地笑一笑之后，跟着孩子就会真的开心起来了。

情绪改变导致行为改变，著名的心理学家艾克曼的最新实验证明，一个人老是想象自己进入到某一种情境，感受到某一种情绪，结果这种情绪十之八九会真的到来。比方说，一个人故意装作愤怒，由于"角色"的改变和影响，他的心搏率和体温就会慢慢上升，最后，他的情绪会真的变得非常糟糕。心理研究的这一个重要的新发现：心临美景可以帮助我们极大地摆脱坏心情。

打个比方来说，当一个人生气的时候，他可以尽可能多地回忆愉快的场景；也可以说一些让自己冷静的话；也可以用微笑来激励自己。当然，要真笑，要尽可能多地想那些快乐的事情。高声朗读也很有帮助，只是在读书的时候要有表情，并且要选择能振奋精神而不是充满忧郁情调的作品。

有一项心理研究显示：心情烦躁的人带着表情高声朗读后，他们的情绪会有极大改善。利用有意识的动作来改变我们的心情，利用心情来改变我们的行为，这是一种帮助我们对待困难和挫折的有效方法。英国小说家艾略特曾说过："行为可以改变人生，正如人生应该决定行为一样。"

的确，行为改变人生，但是情绪改变行为。保持积极的情绪，在遭遇困难或者是受挫的时候，让自己也"装"好情绪，那么，我们的行为也会随着改变，而我们的人生也会在好情绪的左右下变得明朗起来。

化压力为动力

现代社会，压力成为生活中很平常的一部分，我们每个人无时无刻不在感受压力。忽略它，它可能会使你痛苦不堪；接受它，并且积极地解决它，那么压力将会成为动力。那么如何才能化压力为动力呢？

（1）要意识到一定的压力是益处的。它能提供行为的动机。例如，如果没有来自支付生活费用的压力，某些人是不会工作的。

（2）应当认识到压力拖久了，将是很麻烦的、棘手的问题。

有篇报道说：一座可载重 10 吨的桥，它为社会很好地服务了 15 个年头，在这个过程中它承载了数百万吨的重量，但是有一天，一位运载木材的卡车司机，轻视了限载 10 吨的标准，结果桥坍塌了。

这个报道说明，一旦压力大到超过人所能承受的限度，人将不堪重负，甚至有可能被击垮。

汤姆斯·荷马斯研究指出，造成压力的最大的原因是生活中的许多"改变"同时发生，他将生活中不同的改变进行量化分析，并列出一个衡量标准，例如，配偶死亡的指数为 100，分居或离婚为 65，亲人死亡为 63，结婚为 50，失业为 47……将这些改变指数逐一相加，如果生活改变指数在 150～199 之间，表示承受的压力较小；若在 200～299 之间，表示承受的压力较大；若超过 300，则意味着压力已"超载"。

（3）越早辨明征兆越好。弗瑞德·史丹伯瑞在《生活》杂志上说："压力将引发许多疾病，诸如癌症、关节炎、心脏和呼吸器官的疾病、偏头痛、敏感症，以及其他心理和生理上的官能障碍。"

其他的压力症状被列为：肌肉痉挛，肩、背、颈酸痛，失眠，疲劳，厌倦，沮丧，情绪低落，反应迟钝，缺乏喜好，饮酒过多，摄食过多或过少，腹泻，经痛，便秘，心悸，恐惧，烦躁等。

（4）辨明症结所在。正如前面所提到的"改变"是造成压力的主要原因。生活中每天的烦恼的积累可以造成的"高压"，远甚于一个单纯的外伤。像一句谚语所说的："一些琐事干扰我们，并且把我们送上拷问台，你可以坐在山上，却不能坐在针尖上。"不管是什么导致了压力，找到它才可以针对它做些什么。

（5）寻找可行的治疗途径。①变压力为动力的根本出发点是减轻你的"负载"。80％的治疗可以通过写下你所看重的和你所背负的责任来进行，然后设置轻重缓急的级别，放下那些不重要的。②请记住：超人只存在于虚构的小说和影片中。每个人都有自己的局限，应认识、接受你自己的"有限"，并且在达到你的限度之前停下来。③伴随着压力而来的有一种被压抑的感觉，此时，找你所信赖的朋友或者心理辅导来诉说你的感受，直接减轻你压抑的感觉，这有益于你客观、冷静地思考和计划。④放弃改变你不能改变的环境。正像一个爸爸告诉他那急躁的年少的儿子："除非你意识到并且接受生活的残酷，问题才会变得简单。"学会适应和在斗争之上生活，才会使我们成长并成熟。⑤尽量避免重大的人生转变发生在你的单身时期。⑥如果你对某人怀有怨恨，应及时解决造成问题的分歧，"生气不可到日落"。⑦把一些时间用来休息和娱乐。⑧注意你的饮食习惯。当我们在压力之下时，我们常趋向于摄入过量饮食，尤其是一些只会使压力增加、无利于营养的食物。均衡地摄取蛋白质、维生素、植物纤维，有利于排除白糖、咖啡因、多余的脂肪、酒精，这是减轻压力和其他的影响所必需的。⑨参加一些体育锻炼，这能使你更健康，并且有利于消耗掉多余的肾上腺素，它能引发压力和伴随而来的焦虑。⑩变压力为动力的关键是信念，并且使它与你每天生活的旨意相一致。应当无所牵挂，只要凡事借着追求与信仰，将你们所要的一切寄托于它，并且别忘了为它所应允的而献上感谢，这样你将经历永远的平安。

第十五章　环境怎样影响你的心理

一个人要想发展，要想发挥自己的潜力，要想对社会做出一点有价值的事情，必须有一个良好的人际环境，这个良好的人际环境就是能够跟周围的人有一种和谐的人际关系。

——王登峰
（北京大学教授，心理学家）

自然灾害后的心理创伤

自然灾害由自然力引起，不受人类控制。自然灾害包括极端的天气，即冷、热、龙卷风、暴风雪、冰雹、暴风、季风等。地震和火山喷发、泥石流以及雪崩也都是自然灾害。灾难包括了很多因素，它们会引起受伤和死亡、巨大的财产损失以及相当程度的混乱。一次灾难事件持续时间越长，受害者受到的威胁就越大，事件的影响也就越大。灾难会带给人们不同程度的心理影响，通常包括实质性的创伤和精神障碍。对于一般轻度的灾害，绝大多数的痛苦在灾后一两年内便消失，人们能够自我调整。部分重大灾难，往往能引起慢性精神障碍。而绝大多数灾难，都会扰乱组织、家庭以及个体生活。

人们在不幸经历灾难之后，其心理变化可分为三个时期。第一是麻痹期，灾害发生后数小时至数日间，应激反应强烈，处于麻痹状态。第二是人道期：发生数日后到数周之后，由于救援者众多，对受灾生活有一定的适应能力。在这一时期，有重建生活的积极姿态，助人行为显著，如帮助积极营救废墟下的幸存者等，所以这一时期是心理救援的最佳时期。第三是幻灭期：灾害发生数月后至一年余，新闻媒体关注度减弱，救援者及救援物资减少，灾民开始感受孤独、无奈、幻灭，心中的阴影难以抹去。

　　一般来说，遭遇灾害而又能幸存下来的人们，往往会遭受不同程度的精神创伤，而精神创伤可以分为两种，一种是暂时性的，是一次性的冲击体验，症状几天至几周内可减轻或消失，康复的可能性大，称之为"应激障碍"；另一种则是慢性的，症状持续一个月甚至更长，称之为"精神创伤后综合征"，也就是地震等重大灾害发生之后，幸存下来的人们容易转化成抑郁症、焦虑症、妄想反应等心理疾患。重大灾难发生之后，约有 25％的灾民会从暂时性应激状态转向精神创伤后综合征，人们会产生负面情绪，直接影响日常生活、工作，更甚者出现自残、自杀等极端行为。

　　因此，灾后对于灾民的心理辅导和救助成为至关重要的环节，这种措施要在灾后及时进行，并需要长期维持。灾后是进行心理救助的合适阶段，此时受害者已经脱离危险，但心理上受到了灾难的强烈冲击。灾难对人们心理的影响是普遍的，但程度因人而异，有的人通过自身的调整，很快恢复到健康的状态，而有的人却可能从此生活在过去的阴影下，需要得到心理上的救助。

　　采取积极的心理干预能有效辅助灾民的心理问题，如：开通专门的心理咨询热线电话，在报刊上开辟心理咨询专栏，请有关专家做客网站在线解答网民提出的问题等。另外，应充分重视社会力量在心理干预中日益重要的作用，号召民间团体与普通市民在自然灾害的救助过程中发挥自救互助的作用。在非典时期，很多政府部门成员、志愿者乃至普通民众同精神卫生工作者、心理卫生工作者一起纷纷参与危机干预的培训工作。事实表明，充分调动社会资源给予危机者关心和帮助，能大大地减轻危机反应的强度，帮助灾害受难者较顺利地渡过难关，战胜危机。

　　从另一个角度看来，灾后的重建，尤其是对于灾民的心理干预辅助能为他们带来正面的影响，也能为社会带来积极的影响，增加社会凝聚力。例如汶川大地震发生后，国内群众及海外同胞不约而同自发组织各种捐助、赈灾活动，社会各界得到极好的互动与凝聚，这种不分彼此、为灾区人民献爱心的精神，在当时得到了很好的传播，并且加强了国内外的社会团结氛围。

　　灾害是人们无法控制和干预的，我们只能通过有限的技术来预防或者预测灾害的发生，当灾害发生以后，应该采取及时、积极、长期的心理干预辅助，才能有效缓解灾害带给灾民的心理影响，并且这将会是一个漫长的过程。

陌生环境容易引起不安

我们很容易发现，幼儿园的小朋友总是哭闹不停，这种情况更多地出现在刚进园的小班孩子身上。他们第一次离开最熟悉的父母，来到一个完全陌生的环境，周围都是陌生的脸孔，这一切引起孩子们内心巨大的不安和抗拒。

我们总是很容易理解孩子对陌生环境的害怕，当我们长大后，对陌生环境的接受能力比孩童时代强很多，哪怕心底里还是会对陌生环境产生一定的排斥，但这种不安的情绪总是会被我们理性地掩饰和抑制，我们都希望能尽快融入新的环境，以便更好地表现自己。虽然主观意识促使我们要适应新环境，但对于新环境的负面情绪却一直隐藏在我们内心。每次处于一个完全陌生的环境，虽然我们尽力表现得淡然自若，却很容易感到无所适从。很多人身处陌生的工作环境中，他们就会习惯性地板起一张面孔，或者表现得紧张、焦虑，无法正常处理问题。当然，要排除久经社会磨炼的各类人士，他们阅历丰富，见多识广，即使在陌生环境，也能很快调整心态，驾轻就熟应对陌生的一切。

问题已经出来了，为什么我们对于陌生的环境、陌生的人总是产生一种抗拒和不安？即使我们已经年长了，这种心理暗示仍然挥之不去。

其实，这是一种自我保护。我们都希望能待在一个熟悉舒适的地方，碍于学习、工作的需要，我们不得不去适应新环境，每一次身处一个全新的地方，先把自己"防御"起来，保护自己脆弱的尊严，小心翼翼对待身边的一切，以免受到来自外界的侵犯和伤害。通常我们刚到一个新地方，总不能很好地表现自己，正是这种"防御"心理在作怪。

当我们以新人姿态加入新的环境，努力调整自己适应新地方的人时，对于在这个环境中的旧人来说，也同样需要调整心态，以适应新人的"侵入"。一个非常典型的例子就是职场新人的加入。

对老员工来说，新员工是"陌生人"。尽管没有任何人规定不要和新员工说话，但很多老员工的行为准则却抱着"不要和陌生人说话"的态度。吃饭的时候，老员工在一起，不叫上新员工一起吃。开会的时候，老员工坐在一起，不和新员工一起讨论。工作的时候，有事情找自己熟悉的老同事，尽管老同事并不能提供多少帮助。

久而久之，企业里就形成了根据入职时间而形成的人际圈子和两类人：一类是同质的老员工，一类是和他们很不一样的新员工。老员工之间的关系越来越好，新员工的融入越来越难。老员工之间很抱团，但他们几乎不和新员工交流，新员工以及他们可能引入的新思路也因此无法在企业里扎根。新员工来了一批批，又走了一批批。几年下来，尽管外部环境起了非常大的变化，企业的人和做法却基本没有改变。尽管外部环境给了企业非常大的发展机会，企业却因为自己的一成不变而错失良机。

根本原因是新员工无法融入企业，为企业带来新的活力。老员工把新员工的加入心理暗示成"侵入"，老员工对新员工的"防御"造成新员工无法很好融入企业。每个人都不喜欢离开自己的舒适区，不愿意花费力气去认识一个新人。和老同事一起吃饭，一起开会，一起工作很省力，因为大家过去磨合了很久，已经形成了默契。而和新同事无论公事或是私事都需要花时间磨合。新同事必须做这件事，因为自己是新人。而老同事已经有自己的圈子，不必做这件事，自然而然就会给新同事造成老同事不愿意和他们说话，自己无法融入的印象。如果新同事再缺少些主动性，新老同事的融合就几乎是不可能的事情了。

针对这种现象，很多企业都会组织各式各样的"迎新"活动，以便最大程度减少消极情况的出现，也许只是出外就餐，也许只是外送下午茶，总会让新人有一种受欢迎的感觉。类似的"迎新"活动，在学校更为普遍。新同学来到学校，学校总会动员全部师生为新来的同学举行"迎接新生"活动，这在大学体现得尤其明显，盛大且隆重的迎新晚会往往是必不可少的，新人还会为能参加这样的"迎新晚会"感到荣幸。"迎新"成为我们学习、工作中最为常见的人际关系活动，对于来到陌生环境的新人来说，这是给他们最好的支持和鼓励，让他们感受到环境带来的亲切与舒适，从而尽快适应新环境，调整心态，恢复正常的工作、生活；而对于旧人来说，这种活动也是给他们一种心理暗示，熟悉的环境中来了新人，我们要尽快接纳对方，并且包容对方。

对于现代人来说，环境的改变比过往来得都要猛烈和迅速，我们很多人已经习惯并且能做出及时的调整。要融入一个新环境，就要调整好自己的心态，这样才能更好地发挥自己的才能。

所坐的位置能影响心绪

刘女士久经职场，当她拜访顾客时，除非主人指定，否则她一定会坐最靠近大门的位子。选择这个位子，显示她不会赖着不走，不会给主人压力。而她跟别人谈生意时，一定会坐在对方的对面，这样可以看到彼此的脸，便于察言观色。生意谈成，要签字的时候，她又会换一个座位，尽量靠近对方。

有一个评论型电视节目制作人请教一位心理学家，怎样才能把节目办得更好。据他介绍，节目中找来的评论者都是很有社会影响力的。可惜的是，每次评论者之间的辩论都不能引起现场观众的强烈反应，互动效果不佳。心理学家听后，给他建议："改变座位的配置方式。"也就是说，改变一下每个评论者的坐向，由以往的横排而坐，改成两人相对而坐。自从接受这个建议后，每次节目的现场气氛都相当热烈，收视率也不断攀升。

为什么会这样呢？与人相对而坐，会产生一种自然的压迫感，不自由感。这是由正面直视的视觉"感受"而造成的。即使不是有意凝视对方，由于彼此正面相对，视线强烈，具有一种直视对方心理的攻击性。这也难怪我们平时在与人争辩时，总是不知不觉地采取正面相对的姿势。这种面对面的坐向，容易造成紧张、对立的关系。也就是说，只要彼此横向而坐或斜线而坐，让彼此的视线斜向交错，减弱视线的对立性，那么就可以避免尖锐的对立状态，反之，就可以造成对立关系。

并排而坐，如果要争辩就必然要扭转头部，使人的头部紧张发酸，时间一长，人的斗志就大大减落了。

办公环境对人的影响

许多在办公室工作过的人都知道，办公室的主角是工作人员。对工作人员来讲，办公室最大的特点是相对的空间固定、人员固定。无论与你为伍的人性别如何、性格怎样、素质高低，都令你无法选择和逃避。

说办公室里简单，是因为它不过是一种大家都能接受的表面化、公式化的办公模式。说它复杂，它也确实不那么容易：首先你要保证工作不出错或少出差错，为了能取得更大的成就，平日里还要付出很多努力；其次，你还要搞好与同事的关系，等等。而拥有一个和谐愉快的办公环境，是办公室一族为之向往的，更是需要大家共同努力才能实现的。要想在工作上做出成绩，达到自己理想的目标，办公室的人际关系就是不容忽视的大问题。

从理解和认识人的角度讲，人都是社会的人，每个人除了办公室的同事，还有其他的交往范围。同事之间虽属同样的工作性质，但每个人对工作的理解、把握和重视程度各不相同，加上受教育程度的不同，所以接触他人时，应该对其复杂性有足够的心理准备，这种预期的心理准备可以让我们在与同事交往时，为自己营造出一种能伸展自如的心理空间。与同事交往时不仅应该在工作中相互帮助，平常还应该遵循平等、互利的原则。只有在平等、互利的基础上，相互之间才会少一些矛盾。减少不必要的矛盾，可使人际交往获得双赢的效果。

谁都需要良好的办公环境。当你由于不慎，无意中伤害了他人，破坏了环境的时候，首先，你无须过分自责，而要将心态放平和，然后再努力用真诚、真心去调整。当别人体会到你的诚意时，你也就达到了补偿的目的。同样，你也应当用此心态去理解和宽容别人，这就是所谓的"心理换位"、将心比心。其实，平时大家都可以用"心理换位"来维护办公室的人际关系。如果你的同事中确有个别大家公认的"问题人"，首先，应该避免与他个人私下发生冲突；其次，在必要的时候，应该对他的一些长处适当地进行赞美。一般来讲，人际交往问题多的人，大部分是心理及情感上存在某些障碍的人，这样做也是为了缩短与他们的心理及情感上的距离，使其得到心理平衡和精神安慰，更重要的是有助于他们建立对别人的信任。赞美本身不仅能给人带来精神愉悦，还有利于协调人际关系。

随着现代办公环境的改善和人员素质的不断提高，办公室的文明氛围也在进一步增强。但办公环境的现代化并不代表人际关系的理想化，某些社交规则、人员素质还需要不断补充和完善，直到大家都成为真正的现代、文明的办公族。

搞好办公室环境的必要性

今天，人们面临的压力越来越大，办公室人的心理卫生也成了一个不可忽视的问题。当你每天走进办公室时，不知你是否发现有很多因素在影响着每一个人的情绪，进而影响到工作的质量。我们将影响一个人情绪的诸多因素称为"心理污染"。在办公室有不少的现象，诸如：

如果人们走进办公区时的情绪是积极的、稳定的，就会很快进入工作角色，不仅工作效率高，而且质量好；反之，如果情绪低落，则工作效率低，质量差。在办公区内，如果工作人员善于调节与控制自己的情绪，就会生机盎然、充满活力，工作也会卓有成效。

在日常工作中，人际关系是否融洽非常重要。互相之间以微笑的表情体现友好、热情、温暖，以健康的思维方式考虑问题，就能和谐相处。工作人员在言谈举止、衣着打扮、表情动作中，均可体现出健康的心理素质。

在办公室里接听电话，也能表现出工作人员的心理素质与水平。微笑着平心静气地接打电话，会令对方感到温暖亲切，尤其是使用敬语、谦语收到的效果更往往是意想不到的。不要认为对方看不到自己的表情，其实，从打电话的语调中已经传递出你是否友好、礼貌、尊重他人等信息了。

办公室的干净整洁、物品井井有条也会直接影响到员工的情绪。

办公室内如果存在"心理污染"，某种意义上比大气、水质、噪声等污染更为严重，它会涣散人们工作的积极性，乃至影响工作效率和工作质量。

病毒的传染有药可治，并不可怕。但是，情绪的传染打击的则不仅是躯体，还有精神。它会使人丧失自信，失去前进的动力。在生活中，人们总会遇到令人烦恼、悲伤甚至愤恨的事情，因此很容易产生不良情绪，最终导致心身疾病的发生。此时应该学会控制和调节自己的情绪，保持心身健康。下面的方法你不妨一试。

（1）意识调节。人的意识能够控制情绪的发生和强度。一般来说，思想修养水平较高的人，能更有效地调节自己的情绪，因为他们在遇到问题时善于明理和宽容。

（2）语言调节。语言是影响人情绪体验与表现的强有力工具，通过语言可以引起或抑制情绪反应。林则徐在墙上挂着写有"制怒"二字的条幅，就是用语言来控制和调节情绪的例证。

（3）注意力转移。把注意力从自己的消极情绪转移到其他方面。俄国文豪屠格涅夫劝告那些刚愎自用、喜欢争吵的人：在发言之前，应把舌头在嘴里转 10 个圈。这个劝导对于缓和情绪非常有益。

（4）行动转移。这种方法是把愤怒的情绪转化为行动的力量，以从事科学、文化、体育等工作来缓解不良情绪的影响。

（5）释放法。愤怒者把有自己意见的、感觉不公平和义愤的事情坦率地说出来，或者对着沙包、橡皮人猛击几拳，可以达到松弛神经的目的。

（6）自我控制。即按照一套特定的程序，以机体的一些随意反应来改善机体的另一些非随意反应，用心理过程来影响心理过程，从而达到松弛入静的效果，以解除紧张和焦虑等不良情绪。

引入新人改变环境

挪威人爱吃沙丁鱼，不少渔民都以捕捞沙丁鱼为生。由于沙丁鱼只有活的才鲜嫩可口，所以渔民出海捕捞到的沙丁鱼如果抵港时还活着，卖价要比死鱼高出好多倍。但是沙丁鱼总是还没到达岸边就已经口吐白沫了，渔民们想了无数的办法，想让沙丁鱼活着上岸，但都失败了。

然而，有一条渔船总能带着活鱼上岸，他们带来的活鱼自然比死鱼的价格贵好几倍。

这是为什么呢？这条船又有什么秘密呢？

原来，他们在沙丁鱼槽里放进了鲶鱼。鲶鱼是沙丁鱼的天敌，当鱼槽里同时放有沙丁鱼和鲶鱼时，鲶鱼出于天性会不断地追逐沙丁鱼。在鲶鱼的追逐下，沙丁鱼拼命游动，激发了其内部的活力，从而活了下来。

这就是"鲶鱼效应"的由来。"鲶鱼效应"的道理非常简单，无非就是人们通过引入外界的竞争者来激活内部的活力。

如果一个组织内部缺乏活力，效率低下，那么不妨引入一些"鲶鱼"来，让它搅乱平静的水面，让"沙丁鱼"们都动起来。"鲶鱼效应"在组织人力资源管理上的有效运用，会带来出乎意料的效果。

本田汽车公司的总裁本田宗一郎曾面临这样一个问题：公司里东游西荡的员工太多，人浮于事，严重拖了企业的后腿。可是把他们全开除也不妥当，一方面这样做会受到工会方面的压力，另一方面企业也会蒙受损失，所以他大伤脑筋。他的得力助手、副总裁宫泽知道后，给他讲了沙丁鱼的故事。

本田听完了宫泽的故事，豁然开朗，连声称赞："这是个好办法！"宫泽最后补充说："其实人也一样。一个公司如果人员长期固定不变，就会缺乏新鲜感和活力，容易养成惰性，缺乏竞争力；只有外有压力、内有竞争，员工才会有紧迫感，才能激发进取心，企业才有活力。"本田深表赞同，他决定去找一些外来的"鲶鱼"加入公司的员工队伍，以制造一种紧张气氛，发挥出"鲶鱼效应"。

说到做到，本田马上着手进行人事方面的改革。特别是销售部经理的观念离公司的精神相距太远，而且他的守旧思想已经严重影响了他的下属，因此，必须找一条"鲶鱼"来，尽早打破销售部只会维持现状的沉闷气氛，否则公司的发展将会受到严重影响。经周密的计划和努力，本田终于把松和公司的销售部副经理、年仅35岁的武太郎挖了过来。武太郎接任本田公司销售部经理后，首先制定了本田公司的营销法则，对原有市场进行分类研究，制订了开拓新市场的详细计划和明确的奖惩办法，并把销售部的组织结构进行了调整，使其符合现代市场的要求。武太郎上任一段时间后，凭着自己丰富的市场营销经验和过人的学识，以及惊人的毅力和工作热情，受到了销售部全体员工的好评，员工的工作热情被极大地调动起来，活力大为增强。公司的销售出现了转机，月销售额直线上升，公司在欧美及亚洲市场的知名度不断提高。

本田深为自己有效地利用"鲶鱼效应"而得意。从此，本田公司每年都重点从外部"中途聘用"一些精干利索、思维敏捷的30岁左右的生力军，有时甚至聘请常务董事一级的"大鲶鱼"，这样一来，公司上下的"沙丁鱼"都有了触电式的感觉。

当压力存在时，为了更好地生存发展下去，承受压力的人必然会比其他人更用功，而越用功，跑得就越快。适当的竞争犹如催化剂，可以最大限度地激发人们体内的潜力。

由于缺乏工作经验，大部分企业纷纷对应届毕业生说"不"，只有少数企业对应届毕业生敞开了大门。但就是这少数的几家企业成了掌握秘密的"渔夫"，因为应届毕业生给这些企业带来了"鲶鱼效应"，增强了整个团队的竞争意识和危机意识，促进了企业的竞争力不断提升。

要想调动现有员工的积极性，提高企业的管理和技术水平，最好的办法就是招聘好动的"鲶鱼"。

人才的引进一方面可以调动机构人员的积极性，另一方面可以带来先进的管理经验和专业技术。

所以，有意识地引入一些"鲶鱼"，通过他们挑战性的工作来打破昔日的平静，不仅可以激活整个团体，还能有效地解决原有员工知识不足的缺陷。因此，现代意义的人力资源管理成了"鲶鱼效应"的最大受益者。

啦啦队的神奇作用

社会心理学家研究发现，如果是完成同样的任务，单独完成赶不上在别人面前完成的效果，心理学家将这一现象称为"社会助长现象"。与此相反的现象，则称之为"社会干扰现象"，即有人在场或许多人在一起干，反而会抑制个人的活动强度，出现减量减质的现象。

社会助长现象是心理学家特里普利特于 1897 年进行的一项实验研究中得出的结论。

他让被试者在三种情况下骑自行车完成 25 英里路程：第一种是单独骑自行车，第二种是有人跑步陪同，第三种是与其他骑车人同时骑行。结果表明，单独进行的情境下，被试者的平均时速是 24 英里；有人跑步陪同时，被试者的平均时速为 31 英里；而与其他骑车人同时骑行时，平均时速为 32.5 英里。后来，特里普利特在实验条件下让被试者完成计数和跳跃等活动，也发现了同样的社会助长现象。

为什么会出现这种现象呢？这是因为当做容易的、熟练的工作时，人们的反应正确率较高，他人在场，就会无意中产生竞争意识，兴奋水平就会提高，这样人们就会更加努力地工作以获得好评。此外，多人在一起工作也减少了单调的感觉和由于孤独造成的心理疲劳，这样工作效率也会提高。

但有些场合则会出现社会干扰现象。有实验证明，有时他人在场，工作效率反而会降低。1967 年，卡特莱尔等人做了一项试验，他让被试者在独自一人和群体一起两种情景下学习单词配对表。配对单词有两类：一类由同义词组成，学习起来非常容易；一类由无关单词组成，学习起来非常困难。结果表明，被试者在学习比较简单的材料时，有他人在场比单独学习效果更好。但是学习比较复杂的材料时，效果则相反，单独学习的成绩反而优于他人在场的成绩。此时，社会助长变成了社会干扰。

社会干扰现象出现的原因很可能是因为在做复杂的、生疏的工作时，人们的反应正确率较低，他人在场时，因为害怕其他人评价，就会紧张和焦虑，使工作效率降低。

社会助长和社会干扰不仅存在于实验之中，日常生活中也广泛存在并被人加以应用。比如比赛时有啦啦队在场，则会大大鼓励队员，有助于他们发挥更好的水平；与此相反，一旦队员表现不好，场下的观众喝倒彩，就会影响场上队员的发挥。还有，考试时若有人站在旁边，则往往影响考生的正常发挥。

在一个群体中，为什么有时会产生社会助长现象，有时又会产生社会干扰现象呢？这主要与下列因素有关：

　　与活动的性质有关。活动的性质如果是简单易做的、不需要紧张思维的，那么就易产生社会助长现象。反之，如果是复杂的、需要高度集中注意力并要深入思考的工作，那么就容易产生社会干扰现象。这已由上述的实验所证实。

　　与活动的情境有关。活动中如有重要人物、熟悉人物在场，就可能产生社会助长或干扰现象。其一，为了保护自尊心，希望有良好的表现给他们看。其二，激发了活动的动机。如果过高，则产生社会干扰现象；如果适中，就会产生社会助长效应。

　　与活动结果的评价有关。一项活动如果事后要进行评价并与奖惩等紧密结合，那么就十分容易产生社会助长或干扰。这也是竞赛的目的之一。当然，竞赛过强往往易于产生干扰，竞赛适中往往易于产生助长。这主要是因为社会助长效应的实质是别人在场反而使个人感到轻松，有利于个人的活动；而社会干扰的实质是由于别人在场使个人感到拘束，从而使活动受到抑制和干扰。可见，一个人对活动结果评价的意识会直接影响到社会助长或干扰的产生。

　　与一个人的个人特质有关。有的人喜好安静，在人多时就显得紧张局促，易出现社会干扰；有的人不怕生，"人来疯"，在人多时反而更善于表现自己，就会出现社会助长。

　　在管理中，也会出现社会助长或干扰现象。因此，管理者在使用社会助长与防止社会干扰时要注意以下几方面：

　　管理者要意识到共同行事既会产生助长也会产生干扰效应。因此，在组合领导小组等群体时，就要考虑能否产生助长现象，如"男女搭配，干活不累""志同道合干大事"等，使团队产生最佳效应。

　　管理者要有意识地开展一些竞赛活动和评价活动，使团队产生增量增质现象。如经常举行辩论赛，能增强团队的凝聚力，激活大家的思维能力等。

住在高层影响人们心理

　　现代社会科技、经济日益发达，高层建筑一栋栋拔地而起，在一些城市的经济核心区域，超高层建筑更是星罗棋布。对于寸金尺土的一线城市来说，要展示自己的财富、地位和身份，往往要在建筑物上与别人"竞比高"，除了奢华、时尚、高端的外立面，高度也能体现一栋建筑的价值。所以，每座城市实力的角逐，便成为建筑物高度的比拼，没有最高，只有更高。

一栋栋超高层建筑背后，是设计师、建筑工人历经艰辛的成果，尤其是建筑工人，他们克服恐高的心理，从地面不断往上爬，当中需要多大的勇气和恒心，我们无法想象。因此，高空作业被视为一项艰巨且危险的工作。人们常认为高空作业的职业危害主要是从高处坠落造成伤残、死亡，然而高空作业还会造成精神压力，由此带来的危害也不能忽视。

这是因为，人离地面愈高，愈易产生害怕坠落摔伤、摔死的紧张心理，尤其是当从高处向下看时，心情更加紧张甚至产生恐惧心理，此时更容易发生失误行为。

其次，人们处于紧张状态时，神经系统会发出信号，促使肾上腺素分泌量增加，使心跳加快、血管收缩、暂时性血压增高。当从高处回到地面后，紧张心情得到缓解，脉搏、血压才会逐渐恢复到原有水平。但如长期从事高空作业，尤其是二级以上的高空作业，所引起的精神紧张长期得不到缓解和消除，由紧张引起的血压升高也得不到恢复，因此这种行业的人群中，高血压发病率随工龄增长而明显增高。此外，长期精神紧张还会引起消化不良和身体免疫功能下降，患病毒性上呼吸道感染的机会增多，为对照人群的 35 倍。

长期居住在高层住宅的人们，会对他们造成一定的心理影响，进而影响到居住环境的整体质量。

一位心理医生指出，住在高层的宝宝更少到户外活动。如果孩子童年常隔着窗子在远处看着事情发生，久而久之就会建立一种强烈的非真实感——世界是遥远而不可接触的，导致他们长大后更愿旁观而不愿参与。他们更习惯以理性冷静的心态思考，但不擅长沟通和动手操作，甚至不愿承担责任，社会交往能力会比那些在低层生活、更多在户外活动的孩子要差。而住低层的孩子一旦发现外面发生什么新鲜事，会尽快跑出去，容易养成活泼好动、好参与的性格。

由于高层住宅的特性，不能很好地满足我们对于居住的心理渴求："住得更亲近自然，同时能方便地与人交往。"尤其对于成长中的孩子来说，高层住宅确实存在一定的局限。现代社会，居住性的高层建筑已经成为社会发展的必然产物。恰恰就是城市发展和人们居住需求的影响，许多城市居民，往往只能选择高层住宅，城市孩子们也只能在高层住宅中成长。居住在高层住宅的人们，往往更为理智和独立，很多时候遇到问题他们首先要自己独立解决，久而久之，邻里之间容易产生距离和疏远，更甚者会出现孤独感。但我们也不必因此感到悲观，楼层高低并非决定孩子性格的唯一因素，也不一定导致我们成为孤僻的人，关键是给居住在高层的人们更多的户外活动机会去亲近自然和社会。例如经常参加各种户外活动，这对孩子的健康成长很有帮助。住在高层的孩子和家长最好能经常一同到户外活动，多接触大自然，这样不但可以促进邻里间的交往，也能够促进孩子间的交往。

就居住环境而言，人们希望能达到基本的目标：住得更舒适、更宽敞、更亲近自然、更有私密性、更自由，同时又能方便地与人交往。然而，改善居住条件的期望面临着来自社会大环境的制约，不可再生自然资源的日渐枯竭和大自然脆弱的平衡，使得解决居住问题特别是大城市的居住问题显得困难而复杂。由于日益增长的大城市人口和不可再生的土地资源短缺的矛盾，高层住宅得以应运而生，虽然在与大自然亲近、与邻里更好的交往方面存在一定缺憾，但在保持城市布局紧凑、城市发展需要上，却是理所当然的发展结果。许多一线大城市形成居住区人口高密度、建筑低密度，高层低密度的居住形态，例如香港和新加坡，而这些高层建筑居住区，极好地满足了现代人对于居住的需求，同时缓解了城市土地资源日益减少的问题。

生活在现代社会的我们，对于"高"的接受程度已经比过去要更为广阔，只是我们的心理是否也同样发展到可以适应这些高度？当我们工作、居住在高处的时候，请不要忘记接触大自然，不要忘记多与邻居交往，不要独自居高，否则就会"高处不胜寒"。

阳光对生活的积极作用

阳光，更确切地说就是光线，可以抑制我们身体内部使人情绪低落的褪黑素的分泌，这让人们感到精神愉悦，更加富有激情，更愿意去表达自己的情感。对一个普通人来说，白天工作，晚上就寝，褪黑素就会在晚上分泌，大约清晨三四点钟时会出现一个高峰。当我们的眼睛处于光线充足的环境中时，便可以停止褪黑素产生约 30 分钟，从而精神饱满地展开一天的生活。

褪黑素有一个特别的作用，它调节着我们身体的生物钟。实验表明，每个人的身体机能事实上都是每 25 小时一循环的，褪黑素的分泌能帮助我们按一天 24

小时的时间长度，重新调整身体的节奏。这样的调整对我们身心都起着非常重要的作用，尤其是在恼怒、劳累、忧郁等情绪不安的情况下，或者长途旅行之后。

最近研究表明，对膝盖后部进行强烈的照射也可以改变我们身体机能的生物钟节奏。之所以选择这个部位，是因为这个部位很容易受到刺激，而同时被测试的人还不易察觉光线强度的变化。因此光线的作用是通过血液系统，而不是视觉系统发生的，它能够让身体机能发生变化，然后把新的信息传递给大脑。因此，哪怕是很简单的动作，仅仅是躺在沙滩上晒日光浴，光线也会对人身体的生物节奏产生重大的影响，同时影响人的精神状态。

就目前的研究来看，我们还不能解释为什么有些人会对光线的变化更为敏感。但我们已经知道的是有些人会因为冬季光线的减弱而罹患季节性抑郁症。当然这种情况下光线对精神状态的影响比对身体机能的影响还大。现在有些科学家已经开始做褪黑素与忧郁症的关系这类研究课题。一般情况，抑郁症患者体内褪黑素的分泌量要比正常人群少。所以有科学家设想，褪黑素可能会有抗抑郁症的效果。虽然目前学术界还没有就此得出最终结论，但如果褪黑素不能起到调节生物钟的功能，那生物钟节奏紊乱的状态必然会导致抑郁症。

另外，光线的强度也是非常重要的。强度越大，光线对身体机能的刺激效果就越明显。只有大强度的光线才能让我们身体内部的节奏更和谐，各个部位的运作更有效，比如在赤道地区。而在两极地区，我们会发现与之相关的精神状态问题则比较突出。

为什么人们不喜欢拥挤

对于生活在一线城市的上班族来说，最头痛也最抗拒的事情可能就上下班挤公车。这是一个锻炼人意志与毅力的绝好机会，也许我们当中绝大多数人都有过这样的经历，一早起来，精神抖擞出门，却被车站几十个同路人吓怕，当那辆熟悉的公交车缓缓驶向车站时，却绝望了，车上的人比在车站等候的还要多。

另一个我们经常遇到的拥挤场景就是密集的人流街市。对于商户来说，密集的人流确实利于销售，但对于消费者来说，过度拥挤的环境，只会减弱我们的消费欲，甚至连逛街的兴趣都没有，巴不得赶紧离开这个拥挤的环境。

对于拥挤的抗拒，我们易于理解，因为拥挤而产生的碰撞，导致我们情绪的爆发，这也是经常发生的事情。在拥挤的环境中，我们很容易发生小吵小闹，更甚者发生动手事件。如果我们撤换场景，当在一个舒适、宽敞的购物商城里，被陌生人不小心碰撞了一下，你会感到生气吗？除非当时心情不好，相信不会有谁会因此大动干戈。

这一切从"拥挤"说起，我们就会找到答案。当人口密度达到某种标准，个人空间的需要遭到相当长一段时间的阻碍时，就出现了拥挤感。影响我们是否产生拥挤感的因素包括个体的人格因素、人际关系、各种情境因素以及个人过去的经验和容忍性，其中最主要影响因素是密度，也就是单位空间里存在的人的多少。高密度对人造成的影响可分为直接效应和累积效应，即短期影响和长期影响。直接效应指由于高密度带来的即时负性情感体验，如焦虑；累积效应指高密度对健康的损害。

曾经有这么一个让人匪夷所思的故事：

在车水马龙的旧金山，一天下班时间路上出现大堵车，堵的时间很长，突然有个人跳下车来，拿出手枪一路打过去，打死了12个无辜的司机。警方迅速抓获疑犯，事后经过调查发现，这个人从前没有任何暴力行为的记录。

这个人过去的行为良好，究竟是什么导致他犯下不可弥补的错？其实他只是工作压力过大，而拥挤的道路不仅使他无法压制内心的烦躁，反而加剧了这种烦躁，最终酿成惨剧。在高密度条件下的人血压偏高，肾上腺分泌也提高，皮肤的导电系数也明显增加，从而致使个体行为的偏激。这个恰好能说明为什么在拥挤的环境中，我们更容易与别人产生矛盾，甚至上升至言语对骂或者肢体碰撞。

不同性别所导致的情况也有所不同。在高密度空间，男性体验到的消极情感比女性更强。女性在社会交往中有更高的合群动机，所以在近距离内有更大的亲和力，男性的竞争动机更强，因而和他人距离过近会产生威胁感。不难发现，发生对骂的往往是比较强壮的男子，他们传递出更多的攻击性，而女子，特别是长得娇小可人的，我们通常会比较容易安息内心的负面情绪，避免矛盾的发生。

导致男女有别的另一个原因，就是在高密度条件下人际吸引会降低，男性的反应比女性强烈。由于社会习俗和规范允许女性更接近他人，用以缓解心理压力，导致了高密度下女性较高的人际吸引和合作性；而男性如果这样，则被视为不合理，男性对高密度的负面评价较多。

无论是男性还是女性，我们都可以采取一些积极的心理暗示和行为避免由于拥挤而产生的负面情绪。例如，对于挤公车，提前给自己拥挤提示或警告，这样可以减少应激和其他不利影响。当身处动弹不得的环境中，我们要学会"分隔拥挤"，利用各种屏障或隔断减少人们相互接触和环境信息的输入，减少拥挤感。例如，此外，在拥挤环境中，可以提供一个注意焦点，如视野开阔的窗户、壁画等，转移我们的视线，尽力减少与周围人眼睛的相互接触。值得庆幸的是，我们很容易在公车或者地铁车厢里发现电子屏幕带来滚动播放的画面，哪怕这是我们平常不会关注的广告或无聊的节目，但在拥挤的车厢里，还是能为我们减轻拥挤引起的不安和焦虑。当然，我们也可以自己准备电子工具，听音乐、看电影，干自己喜欢的事情。

我们还可以通过肌肉放松、认知重建和想象来降低我们的焦虑。认知重建是通过引导被试注意情境中的积极方面，从而提高我们的积极情绪；想象是让被试按主试的指令想象一幅舒适的、田园式的画面，以转移注意力，最好的例子就是回想一下当天的工作、生活，不仅可以分散注意力，还能为接下来的工作做好准备。

家居色彩对人的影响

色彩对人的精神和身体都有着潜在影响，无论在衣食住行各方面都能给我们正面或者负面的影响，尤其是在家居环境中，色彩对人的影响就更大了。正确选择恰当的色彩搭配，有助于身心健康的保持和正面调节，而错误的色彩选择，可能使不良情绪持续恶化。

在装修时，许多人都喜欢用一些带颜色的亮漆，屋子里摆放五颜六色的家具。但选择颜色时要跟自己的健康、个性以及周围环境结合起来。对于在外面特别劳累，性格又外向、比较活跃的人，家里颜色对比不要太强烈，要柔和一些，这样能对身心起到帮助作用。儿童卧室的颜色最好不要太艳，避免影响他们的眼睛发育，而老人房间适宜选择浅色调，能提高睡眠质量。此外，一个房间内的颜色最好不要超过三种，以防对人的视觉神经造成刺激，引起兴奋和失眠。

色彩多种多样，对我们的影响存在着很大不同，颜色的秘密就在于它们在我们的生活、工作中，悄无声息影响着我们的情绪，所以，大概了解每种颜色的特点，能辅助我们营造更好的生活。

以深蓝色为主的家居色调，时间久了，家中会变得阴气沉沉，人们也会变得生性消极。紫色虽然是紫气满室香，可惜紫色中的红色部分，无形中会发出刺眼的色感，易使人有一种无奈的感觉。粉红色一般受到少女或者新婚夫妇的喜爱，尤其对于新婚夫妇，可以调节气氛，显得浪漫温馨。但是，过一段时间后，两人会产生莫名其妙的怒火，容易为芝麻小事发生争吵。其实，粉红色以及红色易使人心情暴躁，易发生口角。所以，我们对于家居颜色的选择，要慎用红色。至于黄色，如果多用，则会使室内的人心情闷忧，烦热不安，产生惊恐、忧虑的感觉，容易使人产生幻觉，神经病患者最忌此色。此外，我们特别需要注意，家中的绿色多，也是会使居家者意志渐渐消沉。事实上，绿色是指大自然之绿色，而非人为之调配绿色，所以，难免会造成室内死气沉沉，没有生气。

当然，色彩当中也有利于家居生活的颜色，如乳白色、象牙色、白色，这三种颜色与人之视觉神经最适合，因为太阳光是白色系列，代表光明。眼也需要光明来调和，而且家中白色系列最好配置家具，白色系列也代表希望。木材原色是最佳的色调，易使人产生亲近感，尤其是书房，应尽量用木材原色。总而言之，各种色调不可过多，以恰到好处为原则。

家居色彩不但能影响我们的日常作息，甚至还能影响我们的食欲。体重的变化取决于人的内心，而颜色是可以让内心发生变化的事物之一。餐桌上的食物也会因为其不同的颜色，或增加我们的食欲，或减少我们的食欲。其实，医学界很早就认为各种不同的颜色都有着各自不同的内涵，而且还将不同的颜色对身体器官所产生的影响按照阴阳五行的原理进行了研究和整理。不仅仅是食物的颜色，购买服饰和厨房用品的时候也可以选择适合自己的颜色。

高温加剧焦虑心理

每到夏天，炎热的气候使我们变得烦躁不安，情绪不稳定，爱发脾气，感觉头脑不清晰，无法静下心来思考问题，记忆力差。每年的高考生想必更深有体会，当知了还在歌唱的时候，他们默默对着书本苦读，汗流不止，高温闷热的煎熬考验着他们。

无论是孩子还是成年人，高温对我们身体的影响都是不可忽视的，更会直接影响我们的心理健康。尤其当气温超过 35 摄氏度、日照超过 12 小时、湿度高于

80%时，气候条件对人体下丘脑的情绪调节中枢的影响明显增强，导致情绪和认知行为的紊乱。我们很多人会感到心烦气躁、思维紊乱，往往为一点儿小事便大动肝火，这就是"心理中暑"，又称"夏季情感障碍"。大量事实证明，气压、温度、湿度、日照、风以及大气电磁场等多种气象因素作用于人体后，都会影响人们的生理功能，引起情绪的变化。比如，气压越高，血液溶解氧气的能力越大；气压越低，人体内血红蛋白结合氧气的能力就越低；如果气压变化过大过快，超过了某个阈值，就会使人出现心跳加快、呼吸急促等缺氧症状。这种生理上的变化，又会引起情绪的紧张和烦躁。

研究表明，许多季节性疾病与天气气候的变化密切相关。一般来说，低温环境有利于形成较佳的心理状态，而高温或在温度回升时，人的精神状态则容易产生波动和异常。精神专家研究发现，当气温较高或有暖流入侵时，精神病人起床徘徊、无法入睡、叫喊骂人、摔打东西的情况显著增加，正常人也会有程度不同的情绪变化。主要是高温天气影响了人体下丘脑的情绪调节中枢，也会因为外界的强烈光线产生一种烦躁情绪。

天热人容易出汗，加上睡眠和食欲不好，使得体内电解质代谢产生障碍，因而影响大脑神经活动，令人发生情绪和行为方面的异常。世界卫生组织的一份资料表明，1982年至1983年的"厄尔尼诺现象"，使得全球大约10万人患上了抑郁症，精神病的发病率上升了8%，交通事故也至少增加了5000次以上。究其原因，是"厄尔尼诺"这种异常气象变化，引起全球范围的气候异常和天气灾难，超越了一部分人的心理承受能力，从而发生坐卧不安、精神迟钝等症状，意志薄弱者还会发出歇斯底里的哭叫声。

1996年奥运会前夕，美国警方曾委派专家做过细致研究，发现亚特兰大的日犯罪事件总数，是随气温的升高而递增的，其中最热的6、7月份，犯罪率最高。偏偏奥运会在这一时段举行，为了减轻人们的恐惧感，奥运会组委会的负责人一度谎称亚特兰大夏季气温不超过30摄氏度。

知道真相之后，也许我们会质疑奥运会组委会的做法，但这对于稳定人心却起到正面的作用。高温并不一定直接导致犯罪，却能诱发犯罪，长期处于高温环境中，大约有10%的人会出现情绪、心境和行为异常，高温天气使我们火气大，容易因微不足道的小事与人闹意见，家庭矛盾增多，朋友间的争吵增加，陌生人之间的纠纷更易发生，这些均是犯罪的诱因，从而导致了犯罪率增加。研究结果表明，每年的 2 月份是犯罪率最低的，而随着温度的上升犯罪率开始上升，到 8 月达到最高峰。即温度每上升两摄氏度，犯罪率会提升一个百分点。其中，对女性的性侵害案件在夏季最多。

对于热带地区，或者夏季较长的城市来说，防止当地犯罪至关重要。当然，我们也不需要为此感到恐慌，现代社会科技为我们解决了很多高温带来的不便和困难，最为常见的就是室内制冷机器的兴起。每到炎热的夏天，一些大型商城总会热闹不凡，凉爽通风的室内就像秋天一样舒服，即使没有购物娱乐的需要，人们总是很乐意到商城凉爽一番。除了机器的辅助，我们个人也可以通过调整日常作息和饮食来度过漫长的夏天。专家给我们的建议是：充足的睡眠、科学合理的饮食、做好防晒措施、合理饮水等，除此之外，我们还可以做一些自己喜欢的体育运动，尽量保持平静、乐观、豁达的心态。

对于心理的调节，我们还可以遵循环境心理学的原理，室内多应用冷色系，如乳白、淡蓝、浅绿等颜色，少用红色等暖色系，也会起到热中求静的心理作用；多做自我心理调节，心烦意乱的时候听听舒缓轻松的音乐，或者和外界多交流，与家人朋友多聊天，缓解心理压力。

噪音威胁健康

生活在城市的人们总会有很多机会遭受不同程度的噪音污染，例如车水马龙的道路上车辆发出的噪音，日夜赶工的工厂发出持续的机器运作噪音，修建建筑物、装修时发出的噪音，等等，这些噪音音量大，持续时间长，如果短期接触这些噪音，对我们的影响不会很大，需要 10 分钟的时间，很快就能恢复正常。相反地，如果长时间遭受这类噪音的影响，我们则会产生强烈的生理应激反应，如血压升高、心跳加快、感到紧张心情不愉快，影响了我们的正常工作和生活。例如在高速公路或在火车站附近居住的人，噪音会降低他们的听力，影响他们的阅读能力。

只要我们细心观察，便很容易发现，噪音很多并且长期存在噪音的地区，犯罪率会比其他地方高，这与噪音对我们的心理影响有着密不可分的关系。噪音不仅造成听觉的损伤、影响人的生理机能和心理健康、干扰操作行为，而且还影响到人们的社会关系，例如人际吸引、利他行为和攻击性。

利用测量人际距离的方法发现，当噪音的强度为 80 分贝（耳朵听力）时，使人们彼此感到舒服的距离增加。因此噪音使人们要求有更大的个人空间，在存在噪音的居住区，邻里间的交往会比噪音较少的居住区少，也就是噪音降低了人际吸引，人们交往的意欲大大减少。噪音也会增加唤醒水平，增强人们的攻击性，特别是对于具有攻击性倾向的人，当一个人被激怒或情绪不佳时，正好他又受到了高强度的噪音影响，那么则会直接增强他的攻击性，容易对周围的人、物进行攻击性行为，使人有犯罪的倾向。

噪音也会影响我们的利他行为，个体的助人行为在积极情绪状态下比在消极情绪状态下要多。在正常噪音、65 分贝和 85 分贝噪音三种条件下，帮助捡起掉落书刊的百分比分别为 72％、67％和 37％。其他一些研究也都得到了相同的结果，噪音使人的注意广度变窄，不能注意到旁人的需求，因此使助人行为减少。

我们往往对这种传统的、明显的噪音避而拒之，随着现代社会的发展，噪音却以另一种"低调"的方式，悄悄侵入到我们的工作、生活中，直接影响我们的健康。

曾几何时，"坐办公室"是多么让人羡慕的工作，风吹不到，雨淋不着，不需要为生计东奔西跑，只要安静坐在电脑前，就能完成当天的工作。可如今，那些曾让人羡慕的"坐办公室"的人却为此付出了健康的代价。一项调查显示，我国知识分子的平均寿命只有 58 岁，而同期我国国民期望寿命将近 75 岁。另一项数据显示，在北京，知识分子平均寿命从 10 年前的 58～59 岁降至 53～54 岁，比北京市民平均寿命 78.5 岁低了 20 多岁。由此不难看出，现代年轻上班族的健康状况十分堪忧。

在办公室里工作，有时却不明原因地感到头晕、心烦，注意力不集中。专家认为，出现这些情况往往与办公室噪音有关，现在办公室噪音已成为威胁上班族健康的"隐形杀手"。

办公室噪音主要来源于敲击键盘的声音、电脑主机、传真机、冷气暖气的送风声，此外还有室外交通、室内人员沟通交流等噪声。电脑较多、面积不大的办公场所噪声污染更重，一般的人在 40 分贝左右的声音下可以保持正常的反应和注意力，但在 50 分贝以上的声音环境中工作，时间长了就会出现听力下降、情绪烦躁，甚至会出现神经衰弱现象。

科学家对 40 名女职员进行了实验，一组被派到真正安静的办公室工作，一组被派到有一些办公室噪音的地方工作。3 个小时后，研究人员采集她们的尿液进行分析，结果发现，那些在有低量噪音办公室里工作的人，尿液里包含了较高水平的肾上腺素，而肾上腺素正是一个人在承受压力时分泌的一种荷尔蒙。

也许对于不经常在办公室的人来说，这是难以相信的事实。但这却真实存在着，虽然办办公室里不存在传统意义上的"噪音"，也就是我们一般理解的高分贝、高频率的声音，但存在的低噪音却不可忽视。空调、电脑主机、传真机的嗡嗡声及键盘声等音量并不大，但多种声音组合起来对人体会产生没有规律的刺激，在有噪音办公室里工作的人，体内肾上腺素水平会升高，对心脏是一种刺激，情况较轻的会出现头晕、心烦、注意力不集中的，如果长时间遭受这种办公室的低噪音影响，一定程度会损害心脏的健康。

在条件允许的情况下，室内工作的人们在工作约一小时后，到户外进行休息、活动一下，或者可以选择戴上耳机，听下轻音乐减少周围环境的影响，但要注意耳机的音量，不宜过高。

第十六章 如何读懂人心而识人

蔡元培先生日常性情温和，如冬日之可爱，无疾言厉色。处世接物，恬淡从容，无论遇大观推刃或引车卖浆之流，态度如一。但一遇大事，则刚强之性立见，发言作文，不肯苟同。故先生之中庸，是白刃课蹈之中庸，而非无举刺之中庸。

——蒋梦麟

(曾任北京大学教授，著名教育家)

常常低头的人在想什么

细细观察我们的身边，会发现有这样一些人，当你与他们交谈时，他们经常会停下来，并且低下头。我们仔细分析一下不难发现，这类人说话办事都比较谨慎，正是所谓的"慎重派"。

常常低头，可能是由于他们表达能力比较差，或是思维慢而导致的，是他们在说话时利用它来进行思考的一种常用动作。

这种人看起来往往是和蔼可亲的，对待朋友也能够做到客观和理智。当他们遇到问题的时候总是冷静思考，进行认真分析，最后做出正确的判断和决定。而且，常常低头的人从来都不会独断专行，他们非常尊重别人，所以，他们往往也能得到周围人的尊重和爱戴。

可以说，那些常常低头的人有的时候反应并不敏捷，甚至有的时候他们会显得比较有城府。我们在日常生活中会发现，一些机关单位的公务员总是有这样的动作，而他们之所以会这样的原因就是怕说错话，所以需要通过间歇来思考。

其实不管什么样的人，只要为人处世就必须要懂得谦虚谨慎。我们对人对事的态度万万不可过于骄狂，更不能乱摆架子，否则就会把自己放在一个四面楚歌的环境中，被世人讥笑和瞧不起。

乾隆在位时，大才子纪晓岚深得他的赏识。有一天，乾隆皇帝宴请群臣，在宴会中间，诗兴大发，于是就出了一个上联："玉帝行兵，风刀雨箭云旗雷鼓天为阵。"

这时大家正吃在兴头上，一看皇帝出了对子，都开始花心思想着怎样能显露自己的才华，可是，在场的臣子没有一个人可以对得上来，于是乾隆只好无奈地选择了纪晓岚。

本来以为纪晓岚怎么着都应该低下头仔细地思考思考，可是令乾隆没有想到的是，他几乎都没怎么想，就把下联给对了下来："龙王设宴，日灯月烛山肴海酒地当盘。"

这一对不仅十分工整，意境也非常到位，并且和当时的场景联系了起来，于是群臣们都纷纷地赞叹不已，大家都齐声高呼万岁得到了一个大才子。

可是乾隆却并不太高兴，因为他从纪晓岚的这个对子里面听到了一些讽刺自己的话。他慢慢露出了怒色，半天都没有说话。纪晓岚是一个聪明人，看到这种情况，他再也没有当初的傲气，而是把头低了下来，想了一会儿，接着说道："圣上为天子，所以风、雨、云、雷都归你调遣，威震天下；小臣们都是酒囊饭袋，因此希望连日、月、山、海都能在酒席之中。可见，圣上是好大神威，而小臣只不过是好大肚皮而已。"

这一句话终于把乾隆给逗乐了。纪晓岚看皇上不生气了，赶紧低下头，擦了擦额头上的汗，庆幸自己终于躲过去一劫。

其实纪晓岚并没有讽刺乾隆皇帝的意思，只是一时失言了。经过这件事情以后，纪晓岚做事变得谨慎多了，做事说话之前都要先低下头仔细地琢磨琢磨，再不敢随便说话行事了。

在我们身边很多办事严谨的人，做事情之前都有低头思考的动作，这已经成了他们这类人的一种习惯。

有一位哲学家说过这样一句名言："骏马骨架大了值钱，为人架子大了招嫌。"这句话其实就隐含着为人处世的深刻道理，它告诫人们：不要傲慢无礼，务必谦虚谨慎，过分地骄傲自大或者对别人炫耀自己的能力，这都是不对的。

时常观察夜空也会发现，当月亮到了最圆的时候，就会开始亏缺；而当桶里的水满了之后，就会往外溢，这其实都是自然现象，但是却告诉我们"谦虚谨慎能够受益，骄傲自满必定会招受损害"的道理，这更是人世间的常情。

其实，不管一个人的才华多么出众，如果他特别喜欢炫耀自己，一副骄傲自大、乱摆架子的姿态，肯定就会使周围的人感到被看低或备感失落，从而导致心理上的失衡，这样的结果就势必会招致别人的反感，从而受到众人的厌烦，最终可能就是自己吃了大亏，还不知问题到底出在哪里。

所以，在社会中行走，务必要学会谦虚谨慎，要有"常常低头"的心理。

十分懊悔会拍打头部

通过观察身边的人，我们会发现这样一种现象：当有些人做错了事情，或者是自己十分后悔做了什么事情的时候，总是会用手轻轻地拍打自己的头部，这个看似简单的小动作却包含着很多意义。拍打头部在大多数情况下表示懊悔和自我谴责，他肯定是犯了什么不该犯的错，或者是把你交代的事情给忘记了，心里感到懊悔不已。

拍打头部，显现出人们最大的弱点是羞怯和缺乏坚强的毅力。虽然在现实生活中他们有极强的组织和判断能力，但是他们总是喜欢夸夸其谈，而真正去做的时候却是非常少的。如果在你的身边有这样的人，你可能会常常看到他们有很多宏伟的目标和计划，可是到头来你却发现真正能够成功的没有几个人，再加上个性之中有一些羞涩的因素，不会主动和别人进行交往，时常不能充分发挥自己的能力，于是他们经常会有一种"黄金埋土"的感觉。

如果你的朋友中有喜欢拍打头部，且拍打的部位在后脑勺的人，那么你就要注意了，这样的人不注重感情，对人苛刻，你之所以可以成为他的朋友，是因为你可以在某些方面帮助他。当然，这样的人也有很多优点，还是值得你去花时间理解和认识的。比如他对待工作的那份认真和执着，他的好学与上进，你都会不自觉地接受他，佩服他，喜欢和他交朋友。

经常拍打前额的人却和拍打后脑勺的人有很大的区别，他们为人坦率、真诚，从不拐弯抹角，更不会"要心眼"。这种人性格比较急躁，一旦做了什么错事或忘记了什么事情时就常会拍打前额。这种人非常喜欢和答应帮助别人做事情，但是他们的记性不是很好，会时常忘记，所以有什么事情还是自己做，尽量少找这样人的帮忙吧！但这并不是说这样的人不值得我们去信任。相反，他们是非常愿意帮助别人的，无论什么事情他们都会尽他们最大的能力去帮助别人。

做错事情后经常拍自己前额的人，他们往往是真心地表示歉疚，如果是因为自己考虑不周，或者是自己做事不够谨慎所造成的，也就是错误的原因在于自己的失误，那么这个人心里会非常懊悔，所以他们会拍打头部以释放自己内心的这份愧疚。

洛克还在大学读书的时候，就已经有了严重的偷盗行为。每当他偷窃成功后，他都会把自己关到一个房间里，不吃不喝以惩罚自己，他总是先拍打自己的头部，问自己为什么要这样做，最后他会把头深深地埋在臂弯中痛哭流涕，但是他管不住自己，过后还会继续偷窃。没过多久，他就因为持枪抢劫，被抓捕入狱。在监狱里他每天都会以拍打头部来释放自己的懊悔心情。正因为他的认错态度和改正态度好，在关押了一段时间后他就被释放了。出狱后他就参加了军队。然而，他的老毛病又犯了，他的思想控制不住他的行为，他又开始在军队中偷窃。

后来他又被抓进部队监狱，进入监狱之后，洛克每每想到当初自己做过的事情就十分懊悔，甚至当洛克从监狱里获释以后，人们一提及当年的事情，洛克都会用手拍着自己的脑袋说，唉，我都后悔死了。

洛克在偷窃后会感到自责和懊悔，那么他为什么会继续偷窃呢？这是因为他想偷窃的强迫心理已经形成了，虽然在他的下意识心理中积累着内疚的情绪，但这内疚的情绪不足以战胜他想要偷窃的心理。

就这样，在洛克的人生道路上他不断地摔跤，内心也不断地深受煎熬，他偷窃次数越多，内心就会产生更加激烈的自责和懊悔。

其实，一个人具有自责和懊悔感，多少可以说明他对做错事情的承认态度，这是很好的。每个活着的人，不管这个人是多么优秀，都会有这种自责和懊悔感，这种感觉是一种"秘密的小声音"对你说话的结果，这种"秘密的小声音"就是你的良心。但是我们不能像洛克一样让行为不受内心的控制，我们应该在做了错事后感到懊悔和自责，并且在自责后找到犯错的原因，改正错误。另外，应该在犯错之前就开始提醒自己，而不是在犯错后深深自责，因为就算再多的愧疚也无济于事。

虽然每个人所处的生活环境不同，但是在各种环境下，人们的行为肯定会受到某一特定的道德标准的约束，如果违背了这一标准，他就会感到自责和懊悔，甚至会受到他人的批评。

对于我们来讲，这种悔恨的形成有其深刻的社会根源。其主要原因在于：如果你不感到自责和懊悔，就会被人看成是"不懂事"，甚至是说你缺乏良知，而这一切对你的影响极大。如果你确实关心某人或某事，那么你就会为自己所做的错事感到自责、懊悔，这也就是告诉大家，你是一个有责任感的人，是一个能顾及他人感受的人。

当一个人刚刚出生的时候，因为年龄太小，他不会注意到别人，自己想要什么就要什么；但是随着渐渐长大，他会慢慢认识到，在他的身边还有其他人，自己必须要顾及他人的感受。每个人都有自私的一面，当我们了解到这种自私是一种不良的品行时，就会产生一种自责和懊悔的感觉。

虽然自责和懊悔能激励具有德行的人产生一种美好的思想和行为，但是，并不是每种自责和懊悔都能产生好的结果。自责和懊悔的情绪只有配合积极的心态才会有良好的促进作用，否则，就会产生一种可怕的结果。

扬头的人代表什么都不在乎

有的人在走路的时候总是喜欢抬头挺胸，大踏步地向前，这充分显示了他的气魄和力量。当然，有的时候也会给身边人一种高傲的感觉。

这种人一般喜欢以自我为中心，不太注重人际交往，更不会轻易投靠和求助于他人，哪怕是遇到了根本无法解决的事情，他们也不会向别人求助，而是自己默默承受。但是他们的思维是敏捷的，做事有很强的条理性，考虑问题比较全面。

即使是一件不怎么复杂的事情，他们也会为自己拟订一份比较详细的计划。他们比较看重自己的外表，习惯于修整仪容，衣履整洁，时刻使自己保持着完美的形象。无论是逛街出门前，还是走亲访友，他们总喜欢在镜子前端详一下自己，看看自己："头发凌乱吗？""发型完整吗？""衣服整洁吗？""皮鞋光亮吗？"

走路昂首挺胸的人，大多数都是比较自信的，这样的人自尊心往往也很强，而有的时候则可能过于自负，容易妄自尊大，还可能有清高、孤傲的成分；做什么事情都只相信自己，处处主观臆断，对于人际交往也保持一种漠不关心的态度，经常是孤军奋战；但是他们的思维比较敏捷，做事富有组织能力，能够成就财富事业和完成既定目标，自始至终都能保持完美形象。

在职场中很多人也确实是这样的！他们自视清高，看这个不顺眼，那个也不顺眼，不与别人交往，孤独行事，当自己遇到麻烦的时候才想起平常身边的人，而真正到了这个时候，能够站出来帮助他的又有几个人呢？

小王刚毕业，正忙着找工作，有一天他接到了一家贸易公司的面试电话，小王应聘的职务是行政秘书。

到了公司之后，发现老总是一个年轻人，估计也就 30 岁出头，公司已经创办 8 年了，注册资金 3000 万，办公环境等一切都还不错，是小王比较满意的工作氛围。

当时小王昂着头走进了办公室，面试的人员，包括老总在内一共有三个人，在整个面试的过程中小王总是傲慢地把头抬得高高的，好像他对什么事情都漠不关心。尽管小王很自信、很坦然，但是这却给面试官造成了一种对什么事情都不在乎的印象。

面试结束后，小王很高兴，当时觉得公司应该会聘用自己，因为他觉得自己表现得很好，而且他认为老总还是认可自己的。可是最后他才知道该职位已经录用了其他人。

这下小王很伤心，当他询问知道内情的人时，对方说是因为小王在面试时表现出一副扬头高傲的样子，让老总以为小王没有责任心。

如果在我们的身边有这样的人：他们走路的时候总是扬着头，那么他们可能不在乎任何事情。

当遇到这样的人时，为了能够更好地与他们进行沟通，我们就应该尽自己最大努力发现他们的兴趣点，只有这样他们才会有兴趣来和我们进行谈话，甚至是进一步的沟通。如果你仅仅是按照自己的观点来给他讲道理，是万万不可的，因为他们这种习惯扬头走路的人，是不会理会你苦口婆心的教诲的，有的时候弄不好反而还会引起他们的抵触情绪，最后弄得"破罐子破摔"，这样对我们来说就得不偿失了。

而且心理研究发现，这种喜欢扬头走路，对什么事情都不在乎的人，他们往往是因为自傲，换句话说他们有让自己不在乎任何事情的资本。所以有的时候和这样的人交往，应该想办法压一压他们的傲气，让他们对你产生一种由衷的敬佩心理，那么你就可以抓住他们的内心，更好地揣摩他们的心理了。

摸弄头发常常郁闷焦躁

现代社会越来越焦躁了，人们也越来越情绪化，在我们身边经常会有一些抚摸自己的头发，甚至是撕扯自己头发的人，他们整天都被焦躁和烦恼包围着。焦躁使我们享受不到生活的平淡，就如一株无根的浮萍，使我们远离真实，过着一种虚妄的生活。

为什么熬得过那段吃不饱、穿不暖的日子，也不用再去担心温饱问题，有时间可以逛街、可以去酒吧，甚至可以住漂亮的房子，可以开豪华的汽车了，而人们的心却渐渐地躁动不安了呢？

也许是现在真的不比从前了。社会变革对原有结构、制度产生了具体的冲击，一些原有体制正在解体或成为改革的对象，而新的制度还没有相应地建立和完善。在这种情况下，人们就很难预测自己的行为，很难把握好自己的未来。

同时，伴随着社会的转型期与社会利益和结构的大调整，有可能使一部分原来在社会中处于优势的人"每况愈下"，而原来在社会中处于劣势的人反而会发展起来。每个人都面临着一个在社会结构中重新定位的问题，即使是再有钱的大款也不能保证他们永远挥洒自如。那些处于社会中游状态的人更是患得患失、战战兢兢，时时刻刻都想进入上流社会，于是心神不宁、焦躁不安、迫不及待，这已经不可避免地成了一种社会状态。

一个45岁事业有成的男士在接受"年度成功企业家"荣誉的前4个星期说道："我不懂这代表了什么。对我而言，生活就是一连串的任务，永远没有截止日，成天都是支票兑现、公司业务等，又没有一个可以歇息的地方。我感到自己像一块馅饼里的馅被层层包裹着透不过气来。我现在总是习惯性地抚摸自己的头发，自己也开始变得郁闷烦躁。

"有的时候我真想把这一切全部抛开，逃到一个没有人认识我，而又有时间让我安静思考的地方。有的时候我还特别想去冒个险，不去管婚姻、孩子、家庭、工作、朋友，我所希望的这一切，只盼望有个喘气的机会。可是这也让我感到很矛盾，如果摆脱这些，我生活中所爱、所珍惜，以及费尽心血所得到的一切就全都倾空了！我现在知道的只是：当前我的生活方式让我越来越浮躁，而且它正在一点一点地摧残着我的心灵。"

这位先生可能明白，如果不趁一切还来得及的时候下决心摆脱这种焦躁的生活，他便可能在不久的将来被迫放弃他所在乎的一切。

焦躁其实就是一种具有很强的冲动性、情绪化和盲动性的社会心理。而具体的行为表现就是一个人在情绪非常焦躁的时候会发脾气，有的时候会用手抚摸自己的头发，而一些焦躁情绪比较严重的人，可能会用手撕扯自己的头发，等等。

在这个充满着焦躁与不安的年代，每个人都会变得有些焦躁与不安，似乎大家每天都在不由自主地问自己："我能否拥有别样的生活？""今天过后，明天会如何呢？"

现在的社会生活节奏非常快，而快节奏也已经成了我们这个社会发展的主要特色。"现在网络""新新人类""后现代"其实都逐渐成了现在非常流行的话语，人们也更加容易和快速地适应了"快餐"之类的东西，而我们也会非常明显地感觉到那些敦厚、舒缓、循序渐进的事物越来越没有市场了。

一些心理学家通过调查这种喜欢抚摸头发的人发现，他们往往都存在着很强的焦躁心理，而通过进一步的了解，心理学家认为欲望膨胀和焦躁不安，其实是我们对社会剧烈变化的一种心理反应。没有这种激烈的反应，就没有经济结构的调整、转基因食品，更没有传统文化和观念的更新与多样化。从某种意义上讲，在躁动不安、情绪化的时代中还掩藏着一种内在的和谐。

但是，一个总是喜欢抚摸自己头发的人，很难把握住真实的生活，甚至于会选择放弃自己努力追求着的东西。在新的经济时代，一切都变化得太快了，几乎超出我们的想象，我们已经找不到真实的边界在哪儿。这就像一个万花筒，轻轻一动，哪怕只是很小的移动，我们都会看到一种新鲜的东西。

其实，焦躁也好，情绪化也罢，都是社会大背景下的一种特有现象，而我们的目标是要挣脱旧的生活框架，重新建立起新的生活模型。所以，实际上在躁动不安中还潜藏着我们发展的锐气和对生命和谐的渴望。

喜欢张望的人是乐天派

眼睛能够像嘴巴那样表达情感，这对于我们个人来说不能不算是一个非常重要的交流窗口。我们翻阅历来的文艺作品，不管是小说还是散文，几乎无不涉及眼睛能向人们传达很多信息的内容。

而对于眼睛的作用，身体语言交际的研究者们并不为言情小说家们的修辞表达所迷惑，他们使用的是自己单独的专门用语。

例如，"视线的相交"一般称为"双目交视"或"目光相触"，而专家们选用的词语是"相互注视"，这意味着，相互反应的两个人相互看见了对方"包括眼睛在内的整个面部"。这个用语被选的理由是因为：距离一米以上，就难以正确区别人们视线所向的对象区域。

通过研究发现，人们在公共场所，比如在街头、商店、事务所和自助食堂，遇到某人时，若不想和他打招呼，一般都会采取"礼貌正确的无视"，说白了，就是对方进入视线范围也不去"注视"和"凝视"。而很多乐观顺应派、善于交际的人，他们的目光却是四处转头张望的。

还有的时候，大多数人一进入电梯，与他人照面，就会背对他人，和大家保持一致姿势。在一起也不交谈，或者望向天花板，或者看着地面，或者读着说明书，或者看着显示楼层号的电光板。偶尔，同乘者之一与自己的目光相遇时，则浮现出表示信赖和善意的微笑，进行两三秒钟的相互注视。如果超过这个时间，较长久地看着对方，那么，不是要表示非难或疑惑，就是想要表达搭话的欲望，表示要传达一种信息。

而当一些乐观顺应派，善于交际的人进入电梯的时候，他们的目光却是四处转头张望的，好像在寻找什么物品一样。

脸部颤动预示着不满

在我们的身边可能会有这样的人，他们的脸部总是会不自觉地颤动，而且还频繁地眨眼，那么这个时候你就应该明白，这是欲望得不到满足的一种表现，而这种人一般以落魄失意者居多，当然，他们在多数情况下不想或者害怕别人看出自己曾经的落魄，所以又要刻意掩饰自己的缺点，于是脸部动作就变得格外频繁。

一对新婚夫妻刚结婚仅仅半个月就要面临分别，因为丈夫获得了全额奖学金要去美国留学，攻读电子工程学的硕士和博士学位。

丈夫走后第一年秋天，妻子就拿着丈夫的材料去使馆申请探亲签证，但是却被拒签了。由于预料当中的事情出现了意外，她出现了欲求不满的情况。但是，她还能够安慰自己，心想着现在不行那就等年底吧。于是等到年底圣诞节前夕再次去申请，她没想到还是被拒签了。夫妻俩打算相约美利坚、二度蜜月的幻想就这样被无情地摧毁了，这时他们才开始感到有些紧张不安，当与别人说起这件事情的时候脸部也开始不自觉地颤动。第二年，妻子第三次去办理签证，又被拒签了。

就这样，妻子每天都饱受着内心的煎熬，现在遇到欲求不满的事情，她的脸部就会不自觉地颤动。

有时候，人的行为受到了限制，这不是因为外部环境，而是由自己的内心造成的，这也就是我们所说的灵魂的枷锁。一个人在社会上寻找幸福的出路，不但要看他上下求索的方式，更重要的是看他的思维方法正确与否。如果一个人想寻找幸福，可以在中国寻找，也可以在国外寻找，这些都是次要的，只要你的目标明确而现实，就都能实现。

思想是人的翅膀，可以带着我们飞向自己想去的地方，如果思想和翅膀不能自由地展开，那么不要说飞翔，就连走路都可能走不稳。就像鸟儿一样，飞起来很自如，但在地面上行走却很笨拙。所以说人们的追求，不应该超越自己的能力，要有一个正确的价值取向，要懂得欲望应该满足。

俗话说："鱼和熊掌不可兼得。"选择就像下围棋，大弃大舍，这么做都是为了赢得幸福。物质生活中的欲望，常常表现为一种攀比的行为，其总体的规律就是"你有我也有，你没我也要有"，这样以求得到周围人的赞赏和羡慕。社会生活中的欲望，主要表现为一种自夸和炫耀，通过吹牛、隐匿等欺骗手段来过分表现自己。心理学家认为，人们应该别为了所谓的理想和欲望，而"打肿脸充胖子"。

从前有一个人做生意失败了，但是他在别人面前还是一副成功人士的样子，当别人问及他最近怎么样时，他的脸部开始不自觉地颤动，但仍然极力维持着原有的排场，就怕别人知道自己失败了。为了能重新起来，他经常请人吃饭，拉拢关系。每当宴会的时候，他甚至会租用私家车去接宾客，并请了两个钟点工来扮作自己的女佣，佳肴一道道地端上，他以严厉的眼光制止很长时间没有吃到美食的儿子抢菜。虽然前一瓶酒还没有喝完，但他已经打开了柜中最后一瓶XO。当那些心里有数的客人酒足饭饱告辞离去时，每一个人都热烈地致谢，并露出同情的眼光，但尽管看到他告别时脸部出现的不自觉颤动，也没有一个人主动帮助他。

每个人都希望能够得到别人的认可，但是，当我们获得了一个人的认可之后，就希望能够获得十个人的认可，甚至是更多。所以，我们每个人很可能会为寻求他人的认可而活在爱慕虚荣的牢笼里面，欲望越来越多。

如果在你的内心深处希望得到他人的赞许或同意，那么，当你一旦获得了别人的认可，你就会有一种幸福的感觉。但是，如果你陷入这种无法摆脱的虚荣之中，那么，一旦你没有得到别人的认可，你就会感到非常失望，从而失去信心，而这时你可能就会有自暴自弃的心理。

厌恶时是什么表情呢

心理学家很早就发现，厌恶其实是人的本能。

心理学家做过一个实验：蘸一点柠檬水，或是苦味的奎宁水放入婴儿口中，那么婴儿肯定就会出现厌恶的表情，比如说是鼻子微皱、上唇抬起，等等。

对于婴儿来说，他们心里面那些好吃的东西应该是和妈妈的乳汁一样的味道。而酸味和苦味可能会让他们觉得是不好吃的食物。所以他们对这些味道就产生了一种本能的厌恶，拒绝吃下它们。其实这就是人的本能。

而当婴儿长大以后，随着他们认知能力的增长，对事物就会有更深刻的认识，厌恶感也会表现得更加强烈，当然这种鼻子微皱、上唇抬起的厌恶的表情也会更加明显。

在平时的生活中，有很多事情都会让我们产生厌恶，比如说看见老鼠、蟑螂等动物。其实我们之所以会对这些事物产生厌恶感，根本原因就在于我们把这些东西看成是有危害的，所以本能的厌恶并远离它们，这就是对自己的保护。

那么到底什么是厌恶呢？厌恶包括了恶心、讨厌、难受、不满、拒绝等感觉的不良情绪。但是抽象来看，在我们日常生活中凡是与好的东西相互对立的，都能够引起人们的厌恶情绪。当然在有的情况下，厌恶的情绪可能和东西美好与否毫无关系，它也许是由某种挫折而引起的，比如升学、应聘、考试受到挫折等。

比如有这样一件事情：

娟娟在朋友王先生的心目中是一个品质高尚的人，但是有一次王先生却发现娟娟乘坐公交车的时候没有买票，而逃票行为是王先生十分厌恶的，所以从此以后他再见到娟娟的时候就会鼻子微皱、上唇抬起，非常厌恶。

我们的年纪越来越大，经历的事情也越来越多，我们每个人都会自然而然地产生一种所谓的冒险厌恶心理。但是，这种自然而然产生的冒险厌恶心理和因为成功所导致出现的冒险厌恶症是完全相同的。

社会哲学家得出过一项理论，这一理论认为：年轻人和老年人对于不达目的誓不罢休的做法有着完全不同的看法。大多数的年轻人认为这样做是正确的，而在老年人中，他们往往会认为"只有傻子才这样莽撞"，他们还是非常主张"慎思而后行"的想法。

由于成功最终导致的所谓"冒险厌恶症"，是很有可能发展成精疲力竭症的症状，比如说人们出现的个人障碍、重复行为的焦虑症以及管理者对企业的一种故意破坏的行为，等等。这些都是由于成功而导致的"冒险厌恶症"，当然他们会给我们带来很多严重的不良情绪，而这种冒险厌恶症的最明显的特征就是会产生恐惧，具体的表现就是患者不仅害怕去发现和尝试一些新鲜的事物，而且会有更多的鼻子微皱、上唇抬起的厌恶性表现。

其实，这正如社会学家克里斯托弗·拉什等人所阐明的那样：要想说服一个曾经获得了很大成功的人再一次相信失败，这将也是一个很有吸引力的选择，但是这并不是一件容易的事情。特别是对于大多数的美国人来说，他们总是把事业成功与否当成是别人评价自己的最主要的依据。而且，这种表现是非常明显的，人们的心理健康程度与他们所能承受的成功程度是紧密相关的。即便是对于那些非常自信的成功人士来说，虽然他们相信自己成功并不是通过走运或者欺骗得来的，但是这些人也总是担惊受怕，如果不小心谨慎地保护，他们目前的成功可能并不能维持很久。

其实，我们可以打个比方，在这种心理状态下，你就好像把自己人生所有的鸡蛋都放在了事业这个篮子里，而这样一来，一次小小的失足或者跌倒就足以使你一无所有，因此，有这种想法的人，他们脸上往往都是鼻子微皱、上唇抬起的厌恶表情，经常会把个人事业上的挑战、创新和变化理解成对他目前状态的威胁，从而对自己的事业甚至人生产生极大的厌恶感，而不能自拔。

翻白眼不屑于世俗事物

当和某个人正在兴致勃勃地谈论一件事情的时候，你突然看到对方朝自己翻了一个白眼，你的心理会是什么感受呢？我想大家肯定兴致全无。其实，有时候喜欢翻白眼的人，他们对外界的事物总是缺乏兴趣的，把周围的事物看成是一些索然无味的东西。

我们常说，"眼睛是心灵的窗户"，而一个总是喜欢翻白眼的人，就好像把这扇窗户关上了一样，他们永远都看不到外边那美丽的风景，自然也对外界的事物没有什么兴趣。他们的兴趣好像被凝固了一样，不会被任何事情激起。

很多时候，我们会把翻白眼看成是别人对自己的一种轻蔑，当然，这是一种很不友好的举动。对你翻白眼的这种人一般个性比较冷静，极少有情绪冲动的时候，他们内心深处总是在为自己着想，是一个极其任性、固执己见的人。

老舍在《四世同堂》里就曾反思了"中国式的好人"这一问题。在北平这座古城里，有无数个像祁家这样的家庭，他们每天艰难度日，忍气吞声，从来不得罪人，整天给人赔笑脸；他们常常随波逐流，八面玲珑，明明知道什么是卑下的、可耻的，但是就是不敢指出来。他们是活下来了，但他们也死去了；活下来的是臭皮囊，而死去的是自己的精神。

轻蔑可以说是人尊严的最后一道防线。如果一个人能够对该轻蔑的东西表示轻蔑，这就说明这个人还有尊严，而一个人轻蔑的时候往往会带着翻个白眼的动作。

德国占领巴黎的时候，在国家剧院举办了一场音乐会。当有军官在包厢里喧哗时，指挥立刻停止了庄严的交响乐，哼起一曲黄色小调来，令全场为之惊愕，他这是在冒被送进监狱的危险，更为重要的是他要表达他的轻蔑。当德国人非常无礼地问他，为什么要这么做，他翻了个白眼，根本没有正眼看德国人，说道："没有人能够侮辱艺术，即使这个人有决定我生死的权力。"最后，那些趾高气扬的德国人不得不向他道歉。

轻蔑，不一定都是坏事，对不好的事情进行轻蔑，往往能让正义战胜邪恶，改变现实中的不平等。"虽万人吾往也"，轻蔑的力量可谓是四两拨千斤。首先，你想要轻蔑对方，一定要有轻蔑对方的本钱，如果你与对方同流合污、狼狈为奸，那么轻蔑便无从谈起。如果对方是淤泥，你就要做出淤泥而不染的莲花；如果对方是流沙，你就要做流沙中发出光芒的一粒金子；如果对方是燕雀，你就要做展翅高飞的鸿鹄；如果对方是鱼虾，你就要做那见首不见尾的游龙。只有这样，你才能轻蔑，并且理直气壮。

请轻蔑你该轻蔑的，敬重你该敬重的。用你的勇气去轻蔑那些理应被轻蔑的东西，显示出你的本色。以谦和的心态对待他人，以轻蔑之心对待那些肤浅不堪的事物，保持客观的态度，才是君子的立身之道。

没事儿别老挑眉

有事没事儿喜欢老挑眉，说话特别刺耳的人，他们是很少懂得礼节的。在平时，我们每个人都会非常在意别人对自己的态度。哪怕对方可能是一个无礼的人，他也不喜欢别人对自己没有礼貌。一个"礼"字代表了很多的含义，比如说尊敬、尊重、亲切、体谅，等等，当然也体现出了一个人良好的修养。所以，我们在说话的时候，一定要把"礼"放在前面。

有一些人认为，礼貌仅仅算得上是社交上的一种手段，而除此之外没有别的价值。可是在实际生活中却不是这样。

心理学家曾经指出，自尊是维持人们心理平衡的重要因素。我们每个人都需要一个平衡和健康的心理，而且希望能够受到别人的尊重，因为只有这样才说明自己是有价值的。所以，生活中离不开礼节，甚至可以说，一个没有礼貌的人是举步维艰的。

很久之前，有一个年轻人向一位老人打听道路，但他问路的时候挑了挑自己的眉毛，说话还带有命令的口吻，可以说是一点也没有礼貌。老人看了之后非常生气，说："无礼。"而年轻人把老人的话听成是"五里"了。于是快马加鞭超前赶路，可是当他跑了十多里了，还是没有见到一户人家。终于，他醒悟过来，开始往回走，再见到陌生人的时候就有礼貌地问路，结果很快找到了自己想去的地方。

俗话说"礼多人不怪"。礼不仅可以体现出一个人的人品和修养，而且还能看到你对别人的尊重。如果你在生活中能够有礼，那么你说的话别人听着自然顺耳，别人当然也会喜欢你，欢迎你。

当然了，还有这么一种情况。在人际交往中，如果在你身边总是有没事儿喜欢老挑眉的人，那么你就应该注意了，这些人可能是不太注重礼貌的。但是我们应该有博大的胸怀，不以小人之心度君子之腹，和这种喜欢老挑眉的人和谐相处的最好方法就是"有礼"。对别人有礼有节，懂得尊重别人，别人也同样会对你有礼貌。这样一来你不但获得了对方的尊重，甚至有的时候还能给你带来惊喜。

在日常生活中，我们经常会发现那些喜欢没事儿老挑眉的人说出这样的话："就咱们这关系，你还跟我客气什么？""你这么说简直是太见外了！""你再这么和我客气，我真生气了！"

事实上，我们不应该完全相信这样的话。因为在现实生活中由于双方不客气而导致朋友反目、夫妻分手的例子不胜枚举。俗话说："人熟礼不熟。"这也就是告诉我们：当面对熟人的时候，也要懂得尊重对方，做到恪守礼仪。

哪怕两个人关系再好，也是互相独立的两个人，彼此之间依然需要互相尊重。而两个人之间所建立的亲密的关系，不应该是粗鲁的、无礼的。我们只有在理解和尊重别人的前提下，才会有更加稳定和长久的感情。

这也就是所谓的"礼多人不怪"，即使是面对自己最熟悉的朋友也要讲究的礼仪。如果你因为彼此之间太过熟悉而放肆的话，你早晚都会失去这份来之不易的友谊。所以，我们对任何人都应该礼貌一些。

我们还应该明白，每个人都希望能够拥有属于自己的一片小天地，所以我们一定不可过于随便。而心理学家研究发现，那些没事儿老挑眉的人，会让人觉得没有礼貌，除了他们说话言语不注意之外，还有一个主要原因就是他们经常会占据别人的小天地。

其实我们每个人都应该有属于自己的一片天地，而这片天地是不允许别人侵犯的，不然的话两人之间就容易引起隔阂，甚至是冲突。

比如，不问对方是否有时间、是不是心甘情愿，你就任意支配和占用对方本来已经安排好的宝贵时间，特别是有的人去别人家做客，一坐下来就"屁股沉"，全然没有考虑到对方的难处与不便；而有的人往往对别人的隐私非常感兴趣，喜欢追问对方深藏心底、特别不愿启齿的秘密，其实这些都是不尊重他人的表现。

当然了，我们在平时偶然疏忽一下，完全是可以理解、宽容，甚至是忍受的，但是如果总是这样，肯定会导致对方的疏远或厌恶，你们的感情必然会恶化。所以我们一定要懂得礼节，不管是亲朋好友，还是老夫老妻都应该讲究礼仪，适当"客气"。

感到吃惊时的反应

吃惊是由一些出乎意料、意想不到的情况而产生的一种心理反应。不管是感到惊奇，还是莫大的震惊，这些都属于吃惊。另外，吃惊心理往往只是一瞬间的事情，吃惊心理过后可能就会变成厌恶、愤怒、尴尬，等等。

眉毛向上挑，眼睛圆睁，嘴唇无意识地张开，这就是一种吃惊的表情。在平时生活中，让我们吃惊的事情太多了，其例子可以说是不胜枚举。如果用一句话来概括，就是：只要是那些我们没有想到的事情，都会让我们感到很吃惊。

在一次大型产品推销会上，王军向一大群客户推销一种钢化玻璃酒杯。在他进行完产品的说明后，他开始向客户做产品示范——把一只钢化玻璃酒杯扔在地上而不会破碎。可是他碰巧拿了一只质量差的杯子，结果猛地一扔，酒杯摔碎了。

王军眉毛向上挑，嘴唇无意识地张开，眼睛看着地上的碎片，因为这样的事情在他整个销售酒杯的生涯中还未发生过，大大出乎他的意料，所以他也感到十分吃惊，一时不知道该怎么收场了。

当时来参观的客户看到这种情况，一个个也是目瞪口呆，都表现出了惊讶的表情。原本他们已经相信了王军的销售说明了，只不过想亲眼看看以得到一个证明罢了，结果却出现了如此尴尬的局面。

这时候，如果让这种沉默继续下去，不到三秒钟，准会有客户拂袖而去，交易因此遭到惨败。想不到的是这时候王军很快从眉毛向上挑、嘴唇无意识地张开的神态中缓过来，微微欠身对客户们笑了笑，然后沉着而富有幽默地说："你们看像这样的杯子，我就不会卖给你们。"大家一听，禁不住大笑起来，气氛一下子变得活跃起来，紧接着，王军又接连扔了三只杯子，都成功了，再次博得了信任，很快就签成了几笔大单。

总之，所有的突发情况都会让我们感到吃惊，比如与自己的亲人成了敌人，朋友变成了对手，自己相信的人一夜之间背叛了自己，自己认为一些非常秘密的事情居然被泄漏出去，不经意之间得到陌生人的帮助，等等，这些都能够诱发我们产生吃惊心理。

吃惊表情的第一个积极作用就是能够对别人进行提醒。当异性向你表达爱意的时候，你可能就会出现眉毛向上挑、嘴唇无意识地张开的吃惊表情，告诉对方这是在你意料之外的事情，你根本就没有心理准备；而更为关键的是，当你在惊讶过后，会意识到对方过去的一些做法及表达的一些信息被你忽略掉了，今后需要引起重视，做出应该有的回应，才能使对方做出正确的判断。

吃惊表情的第二个积极作用就是记忆。吃惊可以显著增强一个人对于某件事情或者某个人的记忆，有的时候甚至会终生难忘。比如在日常生活中，你爱慕某一个人的学识、才华已久，但是却没有见过面。你本以为这个人应该是一位智慧长者，某一天你们两个人相见之后，你却惊讶地发现，其实这个人远比自己想象得年轻许多。那么，你肯定就会露出眉毛向上挑、嘴唇无意识地张开的神情，而在这惊讶之后，这个人就会深深地印在你的脑海里。

吃惊表情的第三个积极作用就是警告。吃惊首先向对方发出了警告，当然也向自己发出了警告。吃惊心理所表现的一系列反应会促使自己要有所调整，有所改变，并有相应的措施，以防范或改变某种状态。

吃惊表情的第四个积极作用就是激励。一个人因吃惊心理所表现的反应也可以起到相互激励的作用。比如，在你的亲属或朋友过生日时，当你把精心准备的礼物在朋友面前打开时，他肯定是眉毛向上挑，嘴唇无意识地张开，非常惊讶，非常兴奋，自然也会使你跟着兴奋起来。其实，送礼物就是一种追求让人惊讶的做法。

再比如，一个人可能会对某一次考试取得特别好的成绩感到吃惊，或者对自己在某一方面表现出的能力感到惊讶。这种惊讶其实就是对自己的某种肯定，也是一种激励。也许，从此你会对学习充满信心。也许，从此你为自己的事业开辟了一片新的天地。

通过嘴形分析内心世界

嘴是人类与外界交流的一种最为重要的器官。医学界研究发现，根据一个人嘴的大小，是否具有弹性，都能够看出这个人的身体健康程度，以及他的行动能力和生命力。除此之外，由于每个人的嘴部总是会有一些习惯性的动作，所以就会形成不同的嘴形，而我们又可以通过一个人的嘴形来分析他的内心世界。

如果我们从嘴的形状来看的话，基本上可以分为以下几种，而这几种不同的类型也有着不同的内心活动。

（1）伏月形。这种嘴形的唇角一般多为下垂型，长有这种嘴形的人的性格是比较谨慎的，但是在某些情况下也会显得非常冷漠，脾气显得比较怪异，不太容易和人相处，有的时候喜欢怨天尤人。但是这种人的内心深处还是非常善良的，只是因为他们这种怪异的性格而难以体现这种善良，所以这种人的人缘不是很好，总是喜欢独来独往的居多。

（2）仰月形。唇角有一些上扬，这种人的性格比较开朗，内心的情感非常丰富，有幽默感，性格温厚。在做事情的时候思路清晰，头脑灵活，意志力强，工作能力也很突出，所以他们总是能很快地找到适合的工作，总让其他人很羡慕。

（3）四字形。这种嘴形看起来好像长方形四字一般，上下唇都比较厚。这种人个性十足，为人老实深厚，有很强的正义感，也比较温和；在工作方面能力很强，头脑好，是比较容易成功的一类人。

（4）修长形。嘴形修长的人也代表了个性鲜明和诚实守信的人品，他们很懂得人情世故，有着很强的社交能力，因此人际关系比较好。

（5）一字形。这种所谓的一字形的嘴，上唇与下唇紧闭的话看起来就呈现出一字形，是有信念而且意志力非常顽强的体现，当然也是身体健康、认真而顽固的标志。

（6）盖嘴形。盖嘴是上唇突出，盖住下唇的嘴形，正好和承嘴相反，而其所代表的性格也与承嘴所代表的性格是截然不同的，拥有这种嘴形的人是讲道理、重义气的，可以说有着比较完美的人格形象。

（7）承嘴形。承嘴一般就是下唇突出，似乎是承住上唇一般。这种人喜欢讲一些歪道理，并且有很强的猜疑心理，任性自私，因此也较难得到上司的赏识和提拔，但是他们也并不是一无是处，他们的优点是忍耐力强，能够忍别人所不能忍，这也是成功的一个基本要素。

其实，嘴唇的薄与厚也会表现出一个人的内心活动。

薄嘴唇的人一般情况下意味着为人吝啬，具有比较严厉或执拗的特性。而厚嘴唇的人通常是非常容易受到外界影响的人，但由于他们受外界刺激比较多，所以他们也拥有着一种开朗的性格，为人也非常爽直随和，接受能力很强。厚嘴唇象征着为人比较热情，而绷紧的或薄的嘴唇则象征着这个人对人对事要求比较严厉，当然他们也有可能具有相互矛盾的双重性格。

由此，我们也可以把嘴部周围肌肉的收缩情况看成是担心受骗，希望能够抵挡住外界干扰的一种身体信号。在我们身边的一些人当中，他们的"上唇总是绷得紧紧的"，而他们这样的目的就是让自己不受到别人的影响。

搓手掌是期待还是紧张

我们在与人交谈的时候不难发现，有的人在交谈时总喜欢搓手掌，其实这是内心不安的表现。他们想通过两只手的摩擦来减少不安，从而让自己的心理得到安定。

当他们内心的不安加剧的时候，光搓手掌心是不够的，有的人可能会开始咬指甲或者是手指关节，甚至有的人会把自己的指甲咬成锯齿状。

　　所以，如果在与某些人进行谈话的时候，发现他在频频地搓手掌，甚至咬手指、指甲，或用指尖拨弄嘴唇，那就表明此人可能是焦躁，而且容易紧张，还非常不成熟的性格，可以说是极其幼稚的。

　　谈话是一方面，当我们与别人握手的时候也能反映出对方的内心状态。如果握手时对方的手心出汗了，那么就说明他是比较兴奋或者紧张的。

　　两人在沟通中的姿态、语言、举止等，往往都能够向对方清晰地表达出自己的内心状态，以及对方是什么态度。当然我们也可以通过观察对方的举止来了解他的个性，显露自己的个性，给人留下不同印象从而在交际中赢得主动。

　　一般来说，喜欢搓手掌的人，大多数是属于神经质类型的人，这部分人情绪比较不稳定，容易激动，而内心不能够维持平衡，比较敏感。在人体内，每当我们遇到恐怖或惊吓的事情时，跟自己无关的自律神经意识就会突然活动起来，从而引起我们呼吸紧张、血压与脉搏发生变化或汗腺兴奋等状况。

　　在现实生活中有些女性看起来冷若冰霜，而当有男性与她沟通的时候，她总是会不停地搓手掌，这就是因为与男性的交流让她感到了某种兴奋。另外，有一位心理学家曾经向警察们建议，通过观察手的出汗情况可以判定犯罪嫌疑人是否在说谎，也就是在询问嫌疑人的时候，一边握住对方的手，一边提问，如果嫌疑犯的手掌开始的时候是干燥的，但是在询问的中途忽然冒出汗来，那么他必定是心中有鬼，内心开始不安起来了。

　　所以，如果你在和一个人说话的时候，发现他总是在不停地搓手掌，这说明可能对方的情绪很激动，也可能是内心失衡的一个象征。

　　在禅宗里有这样一个故事，是菩提达摩和他的弟子慧可禅师之间的一段对话。

　　那个时候慧可禅师总是觉得自己心里有很多的疑问，希望能够得到菩提达摩的开示，从而让自己安静下来。于是菩提达摩问他："你的心在哪里？把你说的这颗不安的心拿出来让我看一看吧！"可是慧可禅师怎么都找不到自己的心，而就在这时菩提达摩就告诉他："我已经替你把心安好了！"

　　人之所以会紧张，总结起来不外乎就是嫉妒心、担心、愤怒心、贪心，以及各种各样的矛盾冲突导致的罢了。当然这种矛盾冲突包括自己与自己，或自己与他人之间，以及现实和想象或期待之间的落差。就拿嫉妒心来说，有时我们看到别人表现得比自己好，心里就会感到不太舒服，想得太多就开始紧张，之后就开始出现搓手掌的动作。其实别人有好的表现我们应该赞叹对方，为别人这么出色的表现感到高兴。而且我们应该保持一份喜悦，因为与其嫉妒别人，还不如以别人为榜样，去了解别人为什么能够成功，并且看看自己该如何去做才能够像他们一样优秀。所以别人的成功，不是白白得来的，一定是通过他们自己的辛苦努力换来的。

另外，贪心不懂得满足也是常常让一个人感到紧张的原因。贪得无厌是一件非常痛苦的事，其实能够得到的自然会来，所谓水到渠成，根本不必挖空心思去想、去和别人争，只要努力去经营，自然会开花结果。

喜欢插兜的人深藏不露

在日常生活中，人们都喜欢别人能按照自己的意愿来做事情。而那些喜欢把手伸进兜里摆弄东西的人，通常身边会有很多的朋友，在他们嘴边也经常挂着"对啊"等这类顺应你意愿的话。他们表面上看起来总是一团和气，人际关系也相当不错，但这并不代表着他们能够与你交心。

喜欢把手伸进兜里摆弄东西的人有着很深的城府，他们总是用各种办法来迎合别人，背后会为了自己的利益而精打细算。这种为人处世非常圆滑的人，可谓是深藏不露的"老狐狸"。

他们经常会说这样的话："嗯，对啊，就是你所说的那样""对啊，确实是这样，我也有同感"，来表示自己赞同或认同你的观点。当他们这样对你说的时候你自然会感到格外的舒服，内心还会非常高兴地认为原来他的想法和自己一样，自己的想法真是太高明，太完美了。

其实，他们说出这样的话并不一定是发自内心的。他们之所以经常这么说是因为要拍你的马屁，从而与你亲近，使他们与周围人的人际关系变得更加融洽而已。其实他们一直都是在为自己着想，希望通过这样得到更多的利益。

还有一种自我意识不是特别强烈的人也会常把手伸进兜里摆弄东西，他们非常善解人意，不会强迫别人按照自己的想法来做事情，更不会强人所难，斤斤计较。所以，他们有着非常好的人际关系，并且是最受欢迎的人。

但是如果你的上司是这样的人，那么你可别高兴得太早了。因为当你向他提出你的意见时，他口头上会对你说："对啊，你说得很有道理。"然而当事情进入最后决策的关键时期，他可能就不按照你说的那样去做了，而会要求你按照他固有的或者他认为对的意见去做，并且固执地不允许你反对。他的这种寸步不让的做法和他以往的表现是完全不一样的。

在说话的时候，喜欢把手伸进兜里摆弄东西的人，一般他的精神处于比较不稳定状态中。根据一些法律资料显示，犯罪嫌疑人在坦承自己所犯罪行之前一般都会有这样的状态，他们喜欢把手伸进兜里摆弄东西，这可能是因为他们心中藏有秘密所致。

当我们跟某个人说话时，如果看到他把手伸进兜里摆弄东西，就需提防一下了，很可能他心里隐瞒了什么事，也可能他正在打什么坏主意。跟这样的人打交道，我们应格外细心，以免上当。其实在工作中，许多人不知道他们内心的想法多么容易被人所窥探，他们的想法往往通过他们不经意的一个小动作就清楚地展示给了人们，所以不要以为别人不知道我们的小秘密，有的时候人家只是碍于面子不便挑明罢了。

第十七章　如何增强自已的吸引力

没有朋友的原因很多，一方面可能与性格内向、缺乏人际交往的技巧有关；另一方面，可能是发自内心地不愿与人交往，也感受不到友情的温暖。

——胡佩诚

（北京大学医学部医学心理教研室主任，心理学家）

"光环效应"打开喜好之门

"光环效应"最早是由美国著名心理学家爱德华·桑戴克于20世纪20年代提出的。他认为，人们对人的认知和判断往往只从局部出发，扩散而得出整体印象，常常以偏概全。一个人如果被标明是好的，他就会被一种积极肯定的光环笼罩，并被赋予一切都好的品质；如果一个人被标明是坏的，他就被一种消极否定的光环所笼罩，并被认为具有各种坏品质。这就好像刮风天气前夜月亮周围出现的圆环（月晕），其实圆环不过是月亮光的扩大化而已。据此，桑戴克为这一心理现象起了一个恰如其分的名称"光环效应"。光环效应在爱情和偶像崇拜中最明显，"情人眼里出西施"即是如此。

《韩非子·说难篇》中讲了这样一个故事：

春秋时期卫国国君卫灵公特别宠幸弄臣弥子瑕。一次弥子瑕的母亲生病，弥子瑕知道后便偷乘卫灵公的车子连夜赶回家。依据卫国的法律，偷乘国君的车子应处刖刑（把脚砍掉），然而卫灵公不但没追究他的责任，还夸奖他孝顺。又一次，弥子瑕陪同卫灵公在桃园游玩，弥子瑕摘下一个桃子吃了一口，认为桃子比较甜，于是把咬过的桃子给卫灵公尝。卫灵公不但没嫌弃，而且夸他有爱君之

312

心。时光荏苒，随着弥子瑕年老色衰，他渐渐地失宠了。卫灵公从不喜爱他的外貌开始也不喜欢他的德行了，甚至以上曾经得到卫灵公赞扬的两件事，最后也成了弥子瑕的"欺君之罪"。

这是一件比较典型的"光环效应"的故事，卫灵公因喜欢弥子瑕的外表而偏袒他的错误，也因为弥子瑕的容貌不再具有吸引力而将旧账重提。光环效应不仅只表现在以貌取人上，而且还常表现在以服装定地位、性格，以初次言谈定人的才能与品德等方面。在对不太熟悉的人进行评价时，这种效应体现得更加明显。

心理学家戴恩做过这样一个实验。他让被试者看一些照片，照片上的人有的魅力四射，有的魅力全无，有的魅力适中。然后让被试者在与魅力无关的特点方面评定这些人。结果显示，被试者对魅力四射的人比对魅力全无的人赋予更多理想的人格特征，例如和蔼、善良、沉着与好交际等。

可见我们如果想给并不熟悉或是初次见面的人留下良好的印象，让别人认同并且喜欢自己，那么初次见面的良好表现尤为重要。这能为自己以后说服别人、影响别人打下一个坚实的基础。

王佳是一家公司的业务经理，他谈吐文雅，人又长得帅，再穿上一身笔挺的西服，总是显得那么成熟干练。无论多么棘手的业务，只要他一出面，马上就能成功。

其实王佳也经历过一段初入职场的低潮期。那时，他刚来公司，和其他人一样从普通的业务员做起，每天奔波于各个写字楼和高档宾馆之间，几个月下来却一件业务也没有做成。这时他万万没有想到，是他自身的教养和形象直接影响了业务的开展。

王佳刚到公司时，公司统一发了一套西服，但需交服装押金。他刚毕业，这是第一份工作，手头比较紧张，而且他嫌西服过于正式，干脆就不穿西服。王佳平时喜欢穿休闲装，他觉得，一个男人穿着讲究的西服，却骑着一辆自行车，简直不伦不类，所以，上门谈业务时，他没有按公司的要求，而是一如既往地穿一身休闲装，同时，也不太在乎客户的感受，说话大大咧咧，行为举止十分不雅。

一天，当王佳敲开一家客户的门时，女主人看了他一眼，却并没有邀请他进门的意思，只是在门缝里对他说："你来晚了，他带着孩子到河边去了，你到那里去找他吧。"王佳一听，就显得特别不高兴，马上表示出了不满，不过还没等他说什么，门就被关上了。

推销失败，王佳只能扫兴地走下台阶，这时小区内一个女孩冲他打招呼：

"嗨，能陪我打一会儿乒乓球吗？"反正业务也吹了，陪漂亮女孩玩一会儿也好解闷。王佳与女孩儿打了三局，女孩非常敬佩他的球技。两个人便攀谈起来，王佳对那个女孩诉苦，告诉她自己是个业务员，虽然很努力，但运气不好，一直未能谈成业务。

女孩问王佳："你平时就是这副表情，穿休闲装与客户谈业务吗？"他点点头。女孩拿起球拍对王佳说："只有在这打球我才会理你，如果你是这样的脸色、行为举止和这身打扮到我家谈业务，我才懒得理你呢！"

王佳听罢此言，恍然大悟。第二天，他换上了一套西服，礼貌地再次敲响客户的门。这次还真的成功了，简直不可思议！从此他开始注重自己的仪表装束，业务进展很快，一年后他还当上了部门经理。

给别人以良好的第一印象对每个人都很重要，尤其是当你想影响并且说服别人的时候。每个人都具有对他人构成第一印象的影响能力，这会决定对这个人以后的评价。如果一个人最初被认定是好的，则他身上的其他品质也都被认为是好的，这用成语"爱屋及乌"可以形象地概括。

虽然，印象本身并不固定，并会随着人们之间进一步沟通交往而发生变化，但是这所有的变化都以第一印象为原点。以后的信息常常只扮演补充和解释的角色，这就形成了光环效应。所以你最初留给对方是开朗、爽快、热情、健康的印象，还是犹豫、冷漠、沉闷、健康状况不佳的印象，对于他人对你的评价起着至关重要的作用。

增强自己的外在吸引力

我们所说的外在吸引力有广义和狭义之分，狭义上仅指容貌，广义上还指你的衣着、谈吐、表情等方面。本文中我们讲的是广义上的外在吸引力。

虽然整容存在很大风险，但是仍有很多人趋之若鹜。因为在我们内心中不得不承认这样一个现实，外表漂亮的人在社交方面会有很多的优势。我们会对外表漂亮的人自动地、不假思索地产生喜好之情，这就是我们前文所说的"光环效应"。所谓光环效应，是指一个人的某一正面特征会主导人们对这个人的整体看法。而现在具有充足的证据表明，外表的吸引力正是这样一种正面特征。

有关研究显示，人们经常会不经意地把一些好品质加到外表漂亮的人身上，比如善良、诚实、聪明、机智，等等。相信大家在上学的时候都会遇到这样的情况：老师对那些漂亮的孩子更和蔼友善，因为他们会在潜意识中认为"漂亮的小孩一定聪明"。也许那时候相貌平平的你会愤愤不平，但是当你长大后，你也会不知不觉地认为"外表漂亮＝人品好"。其实，整个过程中我们根本没有觉察到外表在对别人评价时所起的作用。例如：

　　1974年在一项对加拿大联邦政府选举的研究结果显示，相貌超凡脱俗的候选人获得的票数相当于相貌普通的候选人的2.5倍。尽管调查结果表明人们偏爱相貌英俊的政治家的证据显而易见，但随后所做的一项调查中投票人却表示并没意识到自己存在如此偏见。实际上，在接受调查的加拿大选民中，有73％的人都强烈否认他们的投票决定受到了候选人外表的影响，只有14％的人承认也许会存在这种可能性。

　　另一种常见的以貌取人的现象在公司的招聘过程中也普遍存在。有一项研究发现，在一个模拟的招聘面试过程中，当决定应征者是否被录用时，虽然很多面试人员声称外表在他们的决策过程中所起的作用很小，但实际过程中应征者外表是否出众所发挥的作用比他的工作资历更重要。比如阿里巴巴网络技术公司的总裁马云先生就曾经在接受中央电视台《新闻会客厅》栏目的专访时，向记者抱怨说，当年在做产品推广与销售时，陌生人见他的第一面都认为他是坏人。原因是他的脸颊特别窄小，下巴也比较尖。"尖嘴猴腮"的相貌往往容易被归为坏人的。显而易见，相貌姣好的人给人留下的第一印象更好，所以得到的机会相应也多。尤其是大学毕业生就业的时候，更是如此。

　　另外还有一些研究结果显示，在审判过程中人的外表也会影响审判的结果。在司法系统中，外表美丽的人可能会得到更多的照顾。在宾夕法尼亚，有人做过这样一项研究：研究人员先在审判开始之前给74名男性被告的外表打分，然后再比较审判结果与他们外表的得分之间是否存在某种关系，最终的调查结果是外表英俊的被告所受的判决明显较轻。事实上，那些外表吸引力不足的人被定罪坐牢的可能性是外表有吸引力的被告的2倍。在另外一个比较过失的模拟审判中应判决的赔偿金的实验中，当被告比原告外貌俊朗时，判决的赔偿金平均值为5623美元。可是，当原告比被告潇洒英俊时，平均的赔偿金竟达到了10051美元。而且这种对外表吸引力的偏爱，并没有性别之分。可见，男女在好"色"这方面没有区别。

　　其他的一些实验也显示，外表有吸引力的人在遇到困难时更易得到他人的帮助，而且在改变他人的意见时也更有说服力。对此，男女的反应仍旧无差别。例如，在一个寻求帮助的实验中，容貌漂亮的男女通常会得到更多的人们的帮助，连同性别的人对他们都是如此。除非这个外表漂亮的人被当作是一个直接的竞争对手，尤其是被当成情敌时，这个规则才会失效。如果不算这种情况，那么外表漂亮的人在社会生活中会享受到巨大的优势。他们更加招人喜欢，更具有说服力，更容易得到帮助，同时被认为人品更好、智商更高。而且这种优势在他们很小的时候就开始积累了。对小学生所做的一项研究显示，如果一个外貌可爱的孩子攻击他人，老师往往不会认定这是调皮捣蛋的行为；而且老师会认为漂亮的小孩比不好看的小孩更加聪明。

由于我们喜欢外表富有吸引力的人，我们更容易顺从我们喜欢的人，所以超市里总能见到一些漂亮的女孩在做某些食品饮料的现场促销员，众多诈骗案中俊男靓女们更容易得手，在销售人员的培训计划中会有一些如何修饰自己的小建议。这都是外表吸引力的光环作用所导致的。

如果你的外貌普通或者不佳，也不必太过于在意，因为外在的吸引力不仅仅是容貌，还包括你的言谈举止、衣着品位。记住，人们普遍喜欢那些衣着得体，谈吐优雅，气度非凡的人，对那些衣衫褴褛，表现缺乏教养的人极为厌恶。

所以为了提高你的外在吸引力，如果在你的"硬件"并不够"硬"，尝试着多提高你自己的"软实力"吧！

主动迎合别人的兴趣

在我们的生活中，为什么有的人外表并不出众，我们却非常喜欢他呢？为什么有的人，我们却不愿意接近他呢？这是因为我们喜欢的人的行为挠到了我们的喜好之"痒"。如果你想别人喜欢你、接受你，你该如何将喜好之"痒"挠到位呢？

第一，你要学会迎合他人的兴趣打动对方。

每个人一生中都在寻找着一种感觉——重要感。在和别人沟通的时候，你是一直不断地在讲还是认真地在听别人讲话呢？假如你仔细地在听别人讲话，同时你再问一些别人感兴趣的话题，那样别人就会对你非常感兴趣。由于人们都喜欢谈论自己，如果你愿意花时间来同别人沟通他最感兴趣的话题，例如去哪个城市旅游，你可以跟他讨论关于那个城市的一切，要知道那是他最感兴趣的话题。当你跟他探讨这样的话题时，他能够感受到你的关切，就会变得更加喜欢你。

所以，智者在交谈时，都会找对方感兴趣的话题，这样会促使谈话在友好而和谐的气氛中进行。谈论对方感兴趣的话题，是在无形当中给对方以赞美和肯定，为你在对方的心目中增加印象分，从而使得两个人的距离被拉进，关系变得更密切。

无论是在生活中的普通交往，还是商业界的重要谈判，多讲些对方感兴趣的话题，会让你更容易得到对方的好感和信任。

第二，要学会赞美对方。

正所谓"一叶飘零而知秋，一夜勃发而知春"，哪怕只是小小的一滴水，也能够折射出整个的世界。真情是需要赞美的，而细微之处更能显现出真情，所以，经验丰富的人往往能抓住某个人在某一方面的行为细节，巧施赞美与感谢。这样比较容易博得对方的好感。

受到赞美是每个人内心的愿望，每个人都想让别人赞同他，承认自己的价值，不愿意听无价值而不真诚的阿谀，而苛求诚挚的赞赏是所有的人都需要的。因此，如果我们想得到别人的赞美和喜欢就应该先学会赞美对方。

一条最显而易见的道理，就是让你遇到的每个人都会觉得有比你优秀的地方，让他觉得你承认他在自己的小世界中是高贵而重要的，并且真诚地赞美他。

赞美是人与人之间交往的一流台词，赞美的话能让你赢得人心，你肯定别人的同时，也会得到别人的肯定。想要获得别人的喜欢，就要学会赞美别人，并不一定要有回报，因为真诚地赞美别人是一种美德，掌握了它，你就能征服人心，就像托尔斯泰说的："甚至在最好的最友爱的最单纯的关系中，阿谀或称赞也是不可少的，正如同要使车轮子转得滑溜，膏油是不可少的。"

如果你的赞美正合对方的心意，那么他们就会加倍地对你产生好感，换句话说，你这是挠到了他的痒处。那么我们怎么发现别人的痒处呢？曾经是日本最具影响力的业务员齐藤竹之助说："想轻易地发现每个人身上最普遍的弱点，是很简单的事情，因为只要你观察他们最喜爱谈的话题便可以知道。因为言为心声，心中最希望的，也就是嘴里谈得最多的。你就在这些地方去挠他，一定挠到他的痒处。"

学会赞美他人吧，可以给你带来无数的朋友和深厚的人脉资源。

放下心防更容易获得认同

在现实生活中，人们都喜欢自己受到别人的重视。这是因为人类除了基本的生存需求以外，心理上的需求也十分重要。人们都有这样一种意识，即都希望自己受到重视，成为团体、组织里的中心人物。

善于交往的人明白，对别人给予重视是十分重要的。充分重视别人，会很容易地获得别人的好感。作为一个人，都希望能得到别人的承认和尊重，如果你是领导者，你必须让你的属下在集体中有存在的必要性，正所谓用人不疑，疑人不用，这样可以有效地调动部署。如果你是个老师，你一定要记住每个学生的名字，而且要让学生明白自己在你的心中具有一定的地位，这样学生会因为受到你的重视对你产生好感，从喜欢上你的课而喜欢上学习……这一理论适用于各个行业。正是因为你衷心地欣赏他人的才华，肯定他人的努力奉献，会使得对方对你感激备至，"士为知己者死"就是这个道理。因此，重视和信任别人是网罗人心、取得他人喜爱的一大法宝。

现实工作、生活中，有一个人对你满面冰霜、横眉冷对，而另一个人对你面带笑容、温暖如春，你会倾向于和谁做朋友呢？显然是第二个。

有这样一句话：如果你不漂亮，就要使自己有才华，如果你既不漂亮，又没有才华，你就要学会微笑！笑是魅力的要素，没有笑容的面孔，即使相貌姣好，也只能算是一个雕塑作品。在生活中，凡是笑脸相迎的人，总是受人欢迎，而整天板着脸，不苟言笑的人，很难说他们有魅力。

世界上的语言有成千上万，微笑却是共通的、最受欢迎的"语言"。发自内心的笑容可以拉近人和人之间的距离，真诚的微笑是认识和结交别人的见面礼，是闪烁在人际交往十字路口的指示灯。有一副对联写得好："眼前一笑皆知己，举座全无碍目人。"可见微笑在与人结交的过程中的重要作用。

"道"同才为"谋"

有时候外表的吸引力并不是决定因素，在我们当中的大多数人都相貌平平，是不是还有别的因素可以使人与人之间产生好感呢？科学家指出，除了外在的吸引力外，还有几个可以令人产生好感的因素，而在这些因素中，最有影响力的就是相似性。

俗话说得好，"物以类聚，人以群分"。我们对与自己有着相同兴趣、爱好、观点、个性、背景甚至穿着的人，更容易产生好感。我们喜欢那些与我们相似的人。不管他们是在观点上、个性上、背景上，还是生活方式上和我们相似，都会使我们对其产生好感。因此，在社会交往中，若想获得良好的人际关系，寻求更好的沟通与交流，就必须学会求同存异。而对于那些为获得我们的顺从而渴望博得我们好感的人来说，只要有一个方面表现得和我们相似就可以达到目的。

"道"相同才能与之"谋"，每个人都会与具有相同点的人建立良好的关系。穿着就是一个很好的例子。一些研究人员通过实验发现，我们遇到别人求助时，更愿意帮助那些穿着与我们相似的人。

在20世纪70年代初，大部分年轻人的穿着只有两种风格，要么穿得像个嬉皮士，要么穿得整整齐齐、干干净净。研究人员分别穿成这两种风格到校园里向大学生们要一角钱打电话。在研究人员的穿着与被问学生的穿着风格相一致的时候，答应请求的人竟超过2/3。但是，当研究人员和被问的学生穿着风格不一致时，答应请求的竟不足1/2。其实，我们往往会不假思索地对和我们类似的人做出正面的反应。

具有类似的兴趣和背景的人更容易打成一片，譬如我们常说的棋友、舞友、球友、老乡、同学等。商业推销中经常运用这种相似性的办法来增强顾客们的好感以提高顾客顺从的可能性，例如，汽车销售员在接受培训时都会被告知，在对顾客拿来交换的旧车进行检查时，一定尽力找到能暴露顾客背景与兴趣的蛛丝马迹。假使在汽车的行李箱中发现打猎的装备，销售员过一会儿将会提到自己很喜欢到远郊去狩猎，并且乐此不疲；如果发现汽车后座上有高尔夫球，销售员可能会顺口说他希望雨最好还是不要落下来，这样下午他就可以去打那场早已计划好的18洞；如果他注意到车是在其他地区买的，他就会问顾客是从哪里来的，然后惊讶地说他自己去过那儿旅游或者自己就是在那里出生的，等等。

中国的许多保险公司最擅长使用类似的手法。而且，它们还总结提炼为五同，即同学、同乡、同事、同窗以及同姓。总之，只要是业务员自己能够联系上的都可以展开销售的动作。也正是由于这个原因使得许多人只要知道对方是销售保险的就敬而远之，避之唯恐不及。在向同学抱怨诉苦时，同学的内心自然而然会产生同情，于是交易有利于达成。

虽然这些相似之处看上去也许毫不起眼，但它们确确实实在起作用。例如，一位研究人员在分析保险公司销售记录时发现，顾客最有可能从年龄、习惯、政治观点或宗教信仰等方面与之相类似的推销员那购买保险。其实再小的相似性也会使人们对另外的一个人产生正面的反应。

我们在日常与人交往中，也要应用好相似性原理，尽快地找到与对方的"道"，然后投其所好。其实找共同点并不难，这只是你获得别人喜好的初级阶段，随着你与对方的深入接触，你们会挖掘出越来越多的共同点，这样才会使你们的关系达到更理想的境界。

其实，寻找共同点的方法还有很多，比如曾面临过共同的生活环境，共同的工作任务，共同的生活习惯，共同的家庭背景，等等。如果你想与别人建立良好的关系，强调双方的共同点不失为一个好方法。

学会主动喜欢别人

现实生活中，我们总是喜欢那些喜欢我们的人，并且能够互相成为好朋友。如果别人欣赏和认可我们，我们会认为他们很有眼力，就像一个发现了千里马的伯乐。于是在我们眼里，对方会显得如此美好、特殊，我们会更喜好对方，也更愿意接近对方。

根据这一原理，你要想别人喜欢你，就要先去喜欢别人。奥地利著名心理学家阿尔佛雷德·阿德勒在《生活对你的意义》一书中说道："一个不关心别人，对别人不感兴趣的人，他的生活必然遭受重大的阻碍和困难，同时也会为别人带来极大的损害与困扰。所有人类的失败，都是由于这些人才发生的。"

一个人如果只关心自己，就很难被别人喜欢。要想被别人尊重，必须将你的注意力从自己的身上转移到别人身上，努力发现别人的优点。哲学家威廉姆斯说过："人性中最强烈的欲望便是希望得到他人的敬慕。"可见获得别人的敬慕是人之常情，如果你只是过度地关心自己，而没有时间和精力去关心别人的话，由于他们无法从你这儿得到关心，也就不可能会注意你了。

伍布奇先生是一位著名的营销专家，他也是一家公司的总裁。当有人问他一个成功的销售员必须具备哪些基本条件时，他毫不犹豫地说："当然是喜欢别人。还有，一个人必须了解自己公司的产品而且对产品有信心，工作要勤奋，善于运用积极思想。但是，最重要的是他一定要喜欢别人。"

喜欢别人是受人喜欢的基本要素。从本质上来说，受人喜欢是销售员素质的某种表现形式，因为，销售员在推销产品的同时，也是在推销自己。当一个人能够用心地喜欢别人时，他也会讨别人的喜欢。因此，要想得到别人的喜爱，首先必须真诚地喜欢别人。这种喜欢要发自内心的，而并非另有所图。它很简单，但并非很容易做到。"喜欢别人"是一种生活方式的结果，它是一种训练有素的思想模式的产物，是你喜欢别人的一种思维方式，也是积极思想，也就是说，你应该以一种积极的心态而不是消极的想法对待他人。

著名魔术师哲斯顿最后一次在百老汇上台的时候，《创富学》作者希尔花了一个晚上待在他的化妆室里。为什么呢？因为哲斯顿，这位被公认为魔术师中的大师，在从业40年间，曾到过世界各地做出过多场精彩的表演，他神乎其技的"魔法"经常使大家瞠目结舌。共有6000万人买票看过他的表演，而他则赚了200万美元的利润。

希尔请求哲斯顿先生传授给他成大事的秘诀。哲斯顿说自己的成功和学校教育几乎毫无关系，因为他很小的时候就离家出走成了一名流浪者，搭货车，睡谷垛，沿门乞讨，他认字是通过坐在火车中向外边看铁道沿线上的标志而学会的。

他的魔术知识是否特别优秀？他告诉希尔，关于魔术手法的书已经有好几百本，而且有几十个人跟他懂得一样多。但他有两样很多人没有的东西：第一样东西是哲斯顿能够在舞台上把自己的个性展现出来。因为他是个表演大师，他了解人类的天性。他所做的每个手势、每个眉毛上扬的动作、所说的每个语句，都事先仔细地演练过很多遍。第二样东西是哲斯顿对他人真诚地感兴趣。他告诉希尔，很多的魔术师都会看着观众对自己说："坐在底下的那些人是一群傻子、一群笨蛋，我可以把他们骗得团团转。"而哲斯顿的方式却完全不同。他每次上台都对自己说："我很感激，因为这些人来看我的表演，他们使我能够过一种很美好的生活。我要把他们当作朋友，并把我最高明的手法，表演给他们看。"

他宣称，在每一次走下台时，他都对自己说："我爱我的观众，我爱我的观众。"希尔听完后总结道：原来哲斯顿成大事的秘方竟然如此简单，就是因为他对别人感兴趣，这就是一个史上最著名的魔术师所使用的秘方。

这则故事告诉我们，如果你希望别人喜欢你、尊重你，你必须学会去爱别人、尊重别人。要真正去关心别人，爱别人，极力展现自己最美好的一面，那样正如不求报酬，做善事定将有所回报一样，别人也会加倍地关心你、爱护你。

对接触的事物有好感

我们往往对接触过的事物比较容易有好感，而对熟悉的事物更有特别的偏爱，所以它能对我们的各种决策产生重要的影响。

在外国每当大选之际，选民们在投票站给候选人投票的时候，经常会因为某个候选人的名字听起来比较熟悉而投他一票。

几年前的美国俄亥俄州发生了一次有争议的选举，一个选举前被认为完全没有希望的候选人在州司法部长的选举中获得了最终的胜利，这一结果让所有人大跌眼镜。究其原因竟是在选举前不久，他把自己的名字改成了布朗。而在俄亥俄州的政治家中，这个名字出现的频率很高。

为什么会发生这种事情呢？部分原因是人们下意识地会对某种熟悉的东西产生喜爱之情。通常情况下我们都不会意识到，我们以前看到的某个东西的次数能影响到我们对它的态度。例如，曾经有一个实验，在屏幕上几个人的脸一闪而过。由于闪现的速度比较快，甚至当时以这种方式看到过这些脸的被试者记不得自己曾经见过这些面孔。但是，一个脸孔在屏幕上闪过的次数越多，当后来被试者遇到这个面孔时，对他的印象就越好。因为越喜欢一个人，受这个人的影响也就越大，所以这些被试者也就更易被这个人的意见所左右。

共同目标能拉近心理距离

为了共同的目标而合作，使大家统一意见，并加深了解和帮助，尤其是在遇到苦难的时候，更能增加彼此的了解，增强好感，建立深厚的感情。

2003 年 2 月，15 名欧洲游客在撒哈拉沙漠被不法分子绑架，在经历了 6 个月的历险和恐惧之后，这一事件终于得到了解决。15 名人质中只有德国女游客米歇尔·施皮策不幸身亡，其余的人质都安然返回。回顾整个绑架的过程，米歇尔的死绝非偶然，从某种程度来说，是因为她不能很好地与别人相处和合作，最终导致了她的死亡。

在这次的死亡之旅中，旅客和绑架者合作相处显得至关重要，个人的阅历和魅力决定了自己在这个群体中与人相处与合作的能力，确定了自己在这个群体中的位置。米歇尔倔强的个性和不合作的态度，使她在这个群体受到严重的孤立。因为米歇尔不相信任何人，时常由于一些鸡毛蒜皮的小事与同伴发生冲突。绑架者几乎都是极端分子，他们对弱势的人质提出诸如穿外套、戴头巾之类的要求，被绑架者中唯有米歇尔拒不合作。虽然同伴们一次次苦苦相劝，但米歇尔仍然无动于衷，最后导致她与同伴越来越疏远，不得不一个人待着，大多数时间她只能一个人躺在毛毯上唉声叹气、自言自语。因为米歇尔和旅伴的情感距离逐渐变大，连绑匪们在她再次不听话时也没惩罚过她。他们认识到了米歇尔在人质中是很孤立的，根本无法起到杀一做百的作用。

最后，米歇尔无声无息地死了，整个群体反而变得更加融洽，这点从绑匪与人质照片上的笑容可以看出来。后来，人质马克·海迪说："这并非米歇尔终于不再使我们神情紧张，而是我们已经看到，如果我们不能很好地相处和合作、同心同德，将导致事态更加恶劣的后果。"

目前中国许多的企业都参加过一种户外的拓展训练，目的就在于培养员工的合作意识。参加拓展训练能够使员工们的合作意识显著提高，组织效率也能得到提升。户外拓展，是以团队合作来完成平时看起来难以完成的任务为主要内容。面对共同的危机，所有的人会意识到只有联合起来才可能解决这个问题，因此他们很快就组织起来，为达到共同的目标，大家齐心协力，渐渐消除了彼此之间平时积攒的矛盾，提高了团队凝聚力。

与他人能够很好地相处、合作，在任何时候都是一种美德，都是社会的需要。与他人很好地相处、合作，可使一个人的人格变得高尚，用一种豁达的心态去分享别人的成功，用一种欣赏的眼光去肯定别人的长处，你的人生境界会因此得以提升。与人很好地相处、合作，可以建立一种健康和谐的人际关系。在一个生活节奏如此飞速的现代社会，在一个缺乏沟通的生活环境中学会适应与理解，人与人之间定将多一份融洽，少一些隔阂；与人较好地相处、合作，必须克服那些狭隘的心态。一个极端自私自利的人，一个狂妄自大的人，一个总是对别人心存戒备的人，是永远体验不到与他人愉快的相处与合作之后的快感的。

相处与合作的愉快，不是由廉价的吹捧与无原则的褒奖而获得，也不是通过投其所好和奴颜婢膝的精神贿赂，而是以客观事实为基础的真实价值判断来建立。

虽然由于接触产生的熟悉感往往会引起人们更多好感，但若这种接触是一个不愉快的经历，那就会产生不愉快的结果。如果你与对方有着良好的合作学习方式，那么在你们建立起好感的过程中，这一因素会起着至关重要的作用。

所以，如果你想讨得某些人的喜欢，甚至进一步做到说服对方的目的，你就要试图建立起与对方为了共同的目标而努力，为了共同的利益与对方"齐心协力"，他们其实是我们的战友。

爱屋及乌是交际利器

当你想说服某人时，往往会遭遇到对方警戒心的设防，而一旦对方有了警戒心，就像一个人身上包裹了护盾，变得刀枪不入。要想突破这层心理壁垒，以便顺利地进行说服，需要了解对方的深层心理，使对方对你产生好感，这是至关重要的。

要说服这种深具戒备之心的人，必须和他建立良好的"情感协调"关系，而向对方传达"我们属于一个世界"的观念是重要因素之一。你要不断给对方灌输，我们是有很多共同点的，我们双方有共同的理想、爱好等，而由此衍生的爱屋及乌的心理是协调好双方感情的良好"纽带"。

我们身边有很多吸烟喝酒的人，当医生劝说他们戒酒时，往往没有和他们具有相同经历的人劝说有效。人们在初次见面时，常常会先从"你是哪里人？""你是哪个学校毕业的？"这些问题开始聊起，这种行为的潜意识就是想寻找彼此的共同点，如果有一个人说出某个地点后，另一个人也许会说："哦，我也是那个地区的人（我前几年到过那里玩）。"你们会因为从对那一地区的喜好而上升到喜欢与其相关的人和事，如此一来，两个人便在很短的时间里拉近了彼此的距离。

另外，把与对方具有亲密关系的第三者作为话题，也可以迅速取得对方好感。

威廉是一位非常善于交际的人，他每次在发觉谈话不顺利的时候，都会想办法把话题转向对方的家庭。有一次，他出席一个商谈会议，对方是一个表情严肃、不苟言笑的人。他们在寥寥几句之后，威廉突然转移了话题，问道："您的儿子现在应该上小学了吧？"对方的表情立刻松弛下来，笑着说："你怎么会知道呢？那孩子调皮极了。"随后双方的交谈就变得很融洽了。

威廉这种转移话题的方式，很成功地就完成了双方感情的协调，真不愧为交际高手。

罗斯福总统任内的邮政部长叫吉母·法雷，他与人第一次见面时，都会询问对方的姓名、家庭、职业，等等。待到下一次见面时，哪怕是一年以后，他都会清楚地叫出对方的名字，并且会询问对方妻子、孩子的近况，这对于造成共同意识有很大帮助。

国外曾经有位人士参加州长的竞选，他的助选员经过调查发现，一般选民都误认为他是一位属于高阶层社会的人士，对于一般人经常表现得很冷漠，于是他们便把宣传的重心放在他是四个孩子的好爸爸上。

选民了解这个被选举人有四个孩子，而且也是一个称职的好爸爸之后，对他立刻产生了亲切感，最终他以高票当选州长。

由以上的例子不难看出，遇到难以进行说服的场面时，在进入主题之前，尽量谈一些和主题无关的事情，例如，彼此的阅历、爱好或者家庭，让对方多了解一下自己。这样一来，对方的心就像被熨斗熨过一般，服服帖帖，警戒心完全消失，很容易营造轻松平和的气氛。

互惠互利不能忘

中国历来讲究礼尚往来，这似乎也是人类行为不成文的规则。与人交往讲究互惠互利，双方需要保持一个利益平衡，如果利益平衡被打破，就会导致关系破裂。互相帮助，有来有往，用真心换取真心，这样才能使我们赢得更多的人心，也能使友谊更加稳固。

人与人之间的互动，就像坐跷跷板一样，要高低交替。一个永远不肯吃亏、不肯让步的人，即使真正得到好处也是暂时的，他迟早要被别人讨厌和疏远。得到别人的好处或好意及时回报，这能够表明自己是一个知恩图报的人，有利于相互的长久交往。

中国人向来比较讲究礼节，连一起吃饭时都要抢着付钱。西方人却不争不抢，AA 制，简明了事。为什么会有这样的差异？一般的回答是因为文化的不同，中国人讲面子、好客气，西方人比较实际，尚独立。但要是再问，为什么中国的文化与外国不同，不同的文化是如何形成的，有没有什么道理？恐怕就答不上来了。文化是一个很难说清楚的东西，用文化不同来回答中国人请客吃饭方式与外国人的不同，是在用一个说不清楚的东西解释另一个说不清楚的东西，这样的回答很难让人感到满意。

如果我们是从心理学的角度来分析这种行为，这就涉及个人的问题，这样我们明白起来似乎就显得简单得多。

说来说去，最后都大致指向一个路标——"互惠"。互惠定律，指在人际交往中要懂得知恩图报，尽量以相同的方式报答他人为我们所做的一切，指双方的互惠共赢。

我们的成长环境就在教育我们"天下没有白吃的午餐""天上不会掉馅饼"，我们被告之别人对我们的好是因为我们同样在为对方付出。"埋单"本身是"痛苦"的，我们都愿意做被请客的人，而非东道，因为这是人的天性，人天生就有"损失痛苦"的心理，客观地说，付款行为对我们本身而言是一种损失。而在这样的环境教育还有天性下，我们还是抢着去埋单是因为有更有利益的事情值得这样去交换——或许是精神上的或许是物质上的。就好比，我们这次埋单，下次轮到对方；或者因为这次的主动埋单而让对方欠下我们人情；或者是因为别人之前对我们有所帮助和给予……

文艺点说就是：人生最美丽的补偿之一，就是人们真诚地帮助别人之后，同时也帮助了自己。帮助别人也就是帮助你自己。你送出什么就收回什么，你播种什么就收获什么。你帮助的愈多，你得到的也就愈多；而你愈吝啬，也就愈可能一无所得。"爱别人就是爱自己"，这句很经典的话，其实已说出了人与人之间关系的"核心秘密"。

在人生的旅途中，我们一直在播种，也许我们不经意的一次善意，就会获得意想不到的感激。当然，我们付出的时候并不是为了得到回报，可生活就是这样，有播种就会有收获，对我们来说也许只是绵薄之力，但或许对我们却有不一样的人生起点。

在不是很熟悉的朋友之间，我们求别人办事，如果没有及时回报，下一次又求人家，就显得不太自然，因为人家会怀疑我们是否有回报的意识，是否感激和肯定他对我们的付出。反过来说，如果对方突然有一件事反过来求我们，而我们即使觉得不太好办，也难以拒绝。所以，为了保持一定的自由，最好不要欠人情。当然，在关系很密切的朋友之间，就不一定要马上回报，那样反而可能显得生疏。但也不等于不回报，有机会的时候还是应该回报的。

学会道歉让人暖心

很多人一做错事，就会搬出很多理由试图保护自己，也有人碍于面子而不肯诚实认错，殊不知这样做反而会招致反效果。做错了事，最重要的应该是自己先认错，唯有自己勇于认错，才能冀望对方以"人非圣贤，孰能无过"的宽大态度给予谅解。

李教授要去南方开一个学术研讨会。他刚下飞机，正准备给负责接待他的人打电话。这时，一位来接人的小姑娘由于走得太快太急，一不小心踩上了李教授的脚。对方穿的是细跟高跟鞋，这一脚踩下去，李教授"哎哟"一声，疼得蹲下了身，纵使修养再好，痛到这样的程度，心里自然是有怨气的，所以嘴上也免不了想叨念一番。

正在这个时候，小姑娘也马上蹲下身，焦急地说："对不起，实在是对不起，您看我走得实在太急，都不瞧路了。咱什么都别说了，现在就去医院看看吧，医药费多少，我都掏了，您看行吗？"听到这些话，李教授顿时怒气全消，想想小姑娘年纪轻轻的，也挺懂事的，那自己一个大老爷们儿要真较真那就没必要了。于是，李教授一咬牙，挺了挺腰杆，十分"大度"地说："我没事儿，你走吧。"

美国学者苏珊·杰考比说："在我最初的记忆中，母亲对我说，在说'对不起'时，眼睛不要看在地上，要抬起头，看着对方的眼睛，这样人家才会明白你是真诚的。我母亲就这样传授了良好的道歉艺术：必须直率。你必须不是在假装做其他事情。"所以道歉并非耻辱，而是真挚和诚恳的表现。

心理学认为，大多数情况下，及时的道歉可以缓解甚至消解矛盾对象的怒气，"对不起"三个字所包含的含义就是很好地否定了对方否定的观点，对让对方自觉和厌恶的情感进行了批判，把自己置于了与对方同等的立场和态度上，并让对方感觉自己被理解、被信任。所以，一般情况下，只要说了"对不起"，很多事情就可以很顺利地解决了。

学会道歉，检讨自己，纠正错误，是一种美德和值得尊敬的事，因此不必躲躲闪闪、羞羞答答，但也不必夸大其词，一味往自己身上揽过。否则，别人不仅不会接受你的道歉，反而觉得你虚伪。总之，金无足赤，人无完人。错误不可避免，却可以减少。有这样一句名言："如果你不会犯错，多半是因为你不够投入。"像小学教室里的那群孩子一样，全身心地投入角色。错了就及时、勇敢而且坦诚地说一句：对不起，我错了。就算不对别人说，对自己说也是一种激励。

但是，却有很多人认为，说了对不起，认了错就会被瞧不起，会被认为能力差，会丢面子，会得不到信任，会失去威严。然而，与之相反，能从错误中得到教训的人是最有智慧的人，因为他的进步会最快，有什么能比从错误中学到的经验来得更深刻呢？

那么，我们在对别人表达自己的歉意时，又应该怎么做呢？

用身体认错。所谓"用身体"是指，我们所表现的态度要发自内心，光是嘴上认错，而态度却草率轻浮，这种认错当场就会引起对方的反感。对方在意的是我们的态度，而不是言词。态度是否真诚，才是决定言词动听与否的重点。

同时，简洁扼要地说明事情经过。极力地为自己辩解会招致对方不谅解，但简洁扼要地说明事情经过和失败的理由，却也是必要的，因为这样对方才能明了事情的状况。

交往越多越亲密

在现实生活中，人们大部分的朋友，不是同学、同事关系，便是住所比较近的邻居。心理学家认为，熟悉能增加人际吸引的程度。如果其他条件大致相当，人们会喜欢与自己邻近的人交往。我们甚至总是能够比较方便地在同学、同事或邻居中找到意中人。

处于物理空间距离较近的人，见面机会较多，容易熟悉，产生吸引力，彼此的心理空间就容易接近。常常见面也便于彼此了解，促进相互喜欢，我们经常说"远亲不如近邻"，是因为我们和邻居接触多，而与相隔较远的亲戚接触少。接触得多的人，我们会有一种亲密感，而接触得少的人，我们会感觉到生疏。

生活中，我们会看到一些"近水楼台先得月"的事情。比如，某个女孩和男朋友不在一个城市。公司的某个男同事特别关照女孩，女孩开始只是出于礼貌与男同事保持正常的交往。由于男朋友不在身边，女孩有了什么事，男同事总是给予帮助，渐渐地，随着交往的密切，两个人之间产生了感情。于是，女孩与千里之外的男友分了手，选择了这个男同事。这个现象，在心理学上被叫作"邻里效应"。

20世纪50年代，美国社会心理学家对麻省理工学院17栋已婚学生的住宅楼进行了调查。这是些二层楼房，每层有5个单元住房。住户住到哪一个单元纯属偶然，哪个单元的老住户搬走了，新住户就搬进去，因此具有随机性。

调查时，所有住户的主人都被问道：在这个居住区中，和你经常打交道的最亲近的邻居是谁？统计结果表明，居住距离越近的人，交往次数越多，关系越亲密。在同一层楼中，和隔壁的邻居交往的概率是41%，和隔一户的邻居交往的概率是22%，和隔3户的邻居交往的概率只有10%。多隔几户，实际距离增加不了多少，但是亲密程度却有很大不同。

由此看来，人们之间交往得越多，他们的关系就越亲密。因此，我们要想与人建立亲密关系，需要主动与人多接触、多联系。每与人多接触一次，他人对你的印象就更深一点。

对于现在的很多年轻人来说，最困难的是不知道如何主动跟人联系，如何主动与人保持联系。也有很多年轻人委屈地说："我很好相处，只是不好意思找你！"的确，这种不好意思就是我们与别人沟通的"心理障碍"，我们要想办法把它克服。

米小娅是在一个优越的家庭环境中长大的，爸爸是一家企业的领导，妈妈是机关干部。因为父母的关系，身边的人对她都是客客气气的。从小学到大学，她在别人的赞扬声中长大，不懂得什么是"迎合"；向来是别人逗她说话，她却不知道如何在交谈中寻找话题。

大学毕业后，米小娅很顺利地进入一家大公司，她凭借出色的英语水平赢得了总经理秘书的职位。在别人看来，她工作最接近高层，最容易得到老板的欢心，也最容易高升。

可是进入公司不久，米小娅就开始犯了难。她不懂如何与老板沟通，一些很正常的话，在她看来那都是在讨好老板，无论如何就是说不出口。一开始老板还对她问长问短，而她除了有问必答外，也绝不多说什么。

渐渐地，她发现老板不太和她闲聊了，即使说话，也局限在工作范围内。工作刚开始，她和老板的关系就陷入了僵局，米小娅不知道怎么办才好。

米小娅确实存在与人沟通的心理障碍。要想改变这种状况，就要利用生活中的邻里效应，多与他人沟通、交往，以增加自己和他人的亲密程度。这里就如何主动与他人交往归纳几点建议以供参考。

1. 打招呼是一种好习惯

想得到，先给予。每个人都渴望认识好朋友，却吝于"先给予、先付出、先主动"伸出友谊之手。在工作和生活中，我们要主动地跟人打招呼，主动地与人建立联系，少一点心理设防，有事没事跟朋友常聚聚。

有一家保险公司曾对20岁至49岁的人进行"人生课题的意识调查"，结果发现，不同年龄层的人都认为，结交朋友是人生最重要的课题。可有趣的是，人都有惰性、怯性，宁愿一个人待着，也不去主动结交朋友、与朋友们联系。

2. 主动联络朋友

无论是与邻居间还是朋友间、客户间，平时的联系都非常重要。建立关系最基本的原则就是：不要与别人失去联络，不要等到有麻烦时才想到别人。关系经常不联系，就会变得生疏。所以主动联系朋友尤为重要。在工作之余，有事没事都可以打个电话，哪怕是随便聊聊；有空的时候发一个E—mail（电子邮件），节假日的时候发一则问候的短信，或者上QQ聊上几句都是简单有效的方法。

3. 及时回应朋友

打招呼是对等的，有人跟自己打招呼，立刻回声招呼才是基本礼仪。面对讨厌的人时，一般人都会不由自主想回避，这种做法是错的。愈是讨厌的人，愈要控制自己的情感，积极地去接近对方。礼貌这种东西就像交通规则一样，别人不遵守并不代表自己也可以不遵守，就算没有人要遵守，自己也非得坚持到底不可。

4. 少一点设防心理

在生活中，我们都会有一些设防心理。人与人之间在交往中有意或无意地采取措施的设防行为就是设防心理。在两个人独处的时候，我们不时地会有些防范心理；在人多的时候，你会感到没有自己的空间，自己的物品是否安在；你的日记总是锁得很紧，这是怕别人夺走你的秘密。为了这些，你要设防。这种心理是很正常的。但是，如果过于防御别人，则会对你的人际关系起到负面作用，阻止你与他人的正常交流。

古人说："过犹不及。"的确是这样，心理学的研究发现，人们的交往频率与喜欢程度的关系呈倒 U 形曲线。也就是说，交往过于频繁或生疏，关系过于亲密或淡漠，都不利于人际关系的保持。因此，与朋友之间保持中等交往频率时，彼此喜欢程度才最高。

第十八章　润物细无声的心理操纵术

很多时候你其实很难解释清楚自己为什么会有这样的想法，而心理学则可以帮助你找到产生这些感觉的原因，同时还会告诉你在特定情况下，如果你做出某些行为会产生什么样的结果，这些结果会对你有什么影响，反过来也可以帮助你调整自己的行为。

——毛利华

（北京大学心理学系副教授）

请对方帮个力所能及的小忙

人的心理世界是非常错综复杂的，可以用"冰山理论"来比喻：冰山在水面之上，可以观测到的那部分，可能只是它全部体积的1％，而其余99％的部分却隐藏在幽深广袤的海洋之下。人的心理也正是如此。

了解了人类的心理，并且能够熟练且正确地运用它来帮助自己和了解他人，这显然是一件对自己很有益的事情。很多人都有过这样的经历，希望某人与自己亲近，或者是营造亲善默契的关系，或者希望能够对他人提出某种要求，但是却常常遭到冷眼或者是拒绝。很多人都在抱怨不知道如何才能迅速地与他人建立良好的交谈氛围或者是友好的关系。这时候你不妨向你的目标提出一个小小的要求，要求他帮一个小忙。

一名饮水机推销员要经常上门推销饮水机，但是却经常被拒绝，有时候人们甚至都不愿意听他说完他要推销的东西，他对此感到十分沮丧。有一天他走进一个新小区时非常口渴，他已经走了很远的路，刚好附近并没有咖啡店，他不得不敲开一家住户的门。

"先生，您好！我是××饮水机推销员。我刚好路过您的家，附近没有咖啡店和便利店，我很口渴，我可以向您讨杯水喝么？"

推销员感到十分窘迫，因为他很少去要求别人。而且作为一名推销员，他所接受的推销理念是尽量不要去麻烦任何客户或者潜在客户，尽管只是一个很小的请求。

那位住户答应了他的请求，去倒了一杯水给他。推销员喝了水，灵机一动说："谢谢您给我的水，我现在感觉比刚才好多了，我可以在您的家里休息一下么，顺便向您介绍一下我们公司最新的产品。"

住户迟疑了一下，最后还是答应了。就这样推销员和住户聊了一下午，最终很顺利地达成了那笔订单。事后，推销员经过仔细的思索，最后想出了一个方法，就是在每次推销东西之前，或者在见重要的人士的时候，都会在正题开始之前非常有礼貌地请对方帮自己一个小忙，例如"倒一杯水"这样的小事情，气氛通常就会因此而变得轻松融洽，而自己的办事成功率也随之大大提高。

这个推销员不经意间所使用的，就是心理学上最为著名的"进门槛效应"。

"进门槛效应"指的是假使一个人同意了他人的微不足道的要求，为了避免之后认知上的不一致或是想给他人留下前后一致的印象，就极有可能接受他人接下来的要求。关于这个奇妙的理论是美国社会心理学家弗里德曼联合其搭档弗雷瑟在实验中提出的。

实验具体内容是这样的：二人让实验助手到两个居民小区劝说小区内居民，使他们同意在他们的房屋前竖一块写有"小心驾驶"的大标语广告牌。

实验组在去第一个居民区的时候，直接向小区的住户提出了这个要求，结果遭到大多数居民的拒绝，接受率只有可怜的17％。

然而在第二个居民区，实验组先请求住户们在一份赞成美国人安全行驶的请愿书上签字，这是个很容易做到的举手之劳，几乎所有的被要求者都同意了。几周之后实验组的人员再次拜访同一个小区的住户，并且这次向这些居民提出了想要树立广告牌来提醒安全驾驶的要求，出乎意料的是这次的接受者竟占全部被要求住户的55％。

为什么同样都是提出竖立广告宣传牌的要求，却会产生如此截然不同的结果呢？

研究者认为，人们对于难以做到的要求或违反个人意愿的请求提出拒绝是很自然的行为，但一个人若是对于某个微不足道的小请求找不到拒绝的理由，就会倾向于同意他人的小请求；而当一个人参与进一个活动的一小部分以后，便会倾向于继续保持这种状态。因为如果他拒绝后来的更大要求，自己就会出现心理认知上的不协调。人类通常倾向于保持同一种状态，即使他内心有拒绝的理由，为了恢复协调的状态他也会找理由说服自己继续干下去，并使态度的改变成为持续的过程。

假使一个人同意了你的一个小请求，那么你们之前就可以称为成功地建立过一次亲善关系，任何人都会倾向于维持这个亲善的关系，除非你的要求的确令他难以忍受。

如果在日常生活中学会运用这样的技巧来与他人进行沟通，就可能更易于得到对方的配合与支持。

运用对方最熟悉的语言

不知道你有没有留意过，在与他人交流的过程中，人和人的说话速度和方式都是不一样的。有些人说话的速度非常快，而且说起话来眉飞色舞，表达得既形象又生动；而有一些人说话非常注意节奏，他的语气抑扬顿挫如同话剧演员一样动听；还有一些人，他说话的速度偏慢，而且常常陷入思考，因而在他们的谈话和交流中常常会引发冷场。这正是你需要了解的，每个人都有他熟悉的和他感兴趣的语言方式，使用他人最熟悉最感兴趣的语言，可以使你迅速和他人建立亲善的关系，在你与他人之间将很快形成一个和谐友好的气场。

人和人之间的区别是如此巨大，以至于你无法完全把每个人认清，但是人的行为模式和思考轨迹，还是有规律可循的。那就是：每个人都有他的语言模式，每个人都有他感知世界的模式，这些全体现在他的语言和表情运用中。

我们每个人感知世界，都会通过五种感官系统：眼睛、耳朵、鼻子、舌头以及我们的身体本身，去知觉和接收外来的信息。去看，去听，去闻，去尝试和感知，人体外在的感知器官很丰富，但是人体的大脑内部，处理信息的系统只有 3 个部分，那就是内视觉、内听觉和内感觉。它们共同处理着人类大脑对外部信息的思考，嗅觉、触觉和味觉在这 3 个不同的外感官所接收到的信息，在大脑内部统一属于内感觉处理系统来处理。

因此，人类的思考和发言类型可以分为 3 种：视觉型、听觉型和感觉型。

大多数时候，人们根本不知道自己是用哪种方式在进行沟通或者处理这些数据，因为这些行为都是在潜意识下自动运行的。看到这里，你可能会产生疑问：

如果我是视觉型的，难道我的耳朵就没有起作用了吗？

答案当然是否定的。没有任何一个人只会采用一种方式而完全将另外两种方式所摒弃，我们的大脑会随着外界的刺激而自动地在 3 种方式中不断地转换。但人们都有一个"优先采用的系统"，那就是我们上面所说的视觉型、听觉型、感觉型 3 种方式之一，这就是人类的行为思考模式。当我们用这种方式来处理这些信息的时候，我们就会感到特别舒畅和愉悦。

提到的：有些人说话速度很快，而有些人说话又特别慢，假设你平时就是说话速度非常快、思维跳跃性较大的人，和说话慢条斯理且常常冷场的人打交道你会感到压抑和别扭。

而当你和与你采用相同思考行为模式的人交流时，你们语速和使用语言的模式都是比较接近的。你会觉得交流很轻松，也会乐意和他把交流进行下去。

因此，当你掌握了他人的思考行为模式，分析出他人的思考发言类型，是视觉型或是其他类型，你就会很容易地知道如何能和他人进行良好且有效的沟通。

使用和他人一样的语言模式，你将更容易赢得他人的好感，交流也将非常容易。

在成长过程中，所有人都不会例外：人人都会自觉不自觉地使用一种或者两种内感官，去判断和思考事物。一旦你掌握了他人使用内感官的差异，并且能够使用恰当的方式去与对方磨合，将对你的人际关系产生很大帮助。打个比方，在工作中，如果你习惯于先把工作埋头做好，然后再三言两语、简明扼要地把自己的工作情况向你的领导汇报，你一定是视觉型的人。如果不巧你的老板是一个听觉型的人，那就会对你做了什么事情视而不见，他会更加在乎你都向他汇报了什么——你只做事少汇报的方法显然不适合他——如果你了解了这些差异，就会明白，你可以多向他做口头汇报。

询问他最在行的那些事

奥地利有一位非常著名的心理学家，他写过一本书，书名叫作《生活对你的意义》，书中有一段话是这样的："一个不关心他人，对他人不感兴趣的人，这个人的生活必遭受重大的阻碍，同时他会给别人带来极大的损害和困扰，所有人类的失败，都是由于这些不关心他人的人才发生的。"

询问他人，了解他人，对他人发生兴趣，你会发现别人也对你产生了兴趣。

这里有一个很好的切入点，就是在你和他人交流，或者在与他人初次见面的时候，多多询问他人那些他最在行的事情。事实上每个人都热衷谈论自己，尤其是自己的"当年勇"。

事实上每个人都只关心自己，他关心你一定是因为你与他有关。人们不但对你我不发生兴趣，对任何人也不会有兴趣，他们无论早晨、中午、晚上，所关心的只是他们自己。

纽约电话公司曾做过一项关于这方面的调查，他们研究在通电话时，人们最常用到的是什么字，这个答案非常简单，那就是我们最常见的"我"字。这项调查的结果是，在 500 次电话谈话中，人们加起来曾用了 3990 个"我"字。

你也是一样的，当你看到一张有你与他人的合影时，你先看的是谁？

每一个见过罗斯福并有幸和他交谈过的人，都会对他渊博的学识感到惊讶。有人曾经这样说过："无论是一个普通的牧童或骑士，或是政客或是外交家，罗斯福都知道应该跟他说些什么。"这是为什么呢？答案很简单，因为在接见来访的客人之前罗斯福都会对对方加以研究，会在对方来到之前准备好那位客人所喜爱说的话题，并且知道对方特别感兴趣的事。

罗斯福跟其他具有领袖才干的人一样，他知道这样一回事：深入人们心底的最佳途径，就是对那人讲他知道得最多的事情。

曾任耶鲁大学文学院教授"费尔浦司"这样描述罗斯福：

在我 8 岁的时候，某个周末的星期六，我去姑妈家度假。那天晚上有位中年人也去了我姑妈家，他跟姑妈寒暄过后，就注意到我身上。那时我对帆船有极大的兴趣，而那位客人谈到这个话题上时，似乎也很感兴趣，我们谈得非常投机。

他走了后，我对姑妈说："这人真好，他对帆船也极感兴趣。"

姑妈告诉我："那客人是位律师，照说他对帆船方面不会有兴趣的。"

我问："可是他又怎么一直说帆船的事呢？"

姑妈对我说："他是一位有修养的绅士，所以才找着你所感兴趣的话题，陪你谈论帆船。"

想要他人对你发生兴趣是很难的，但是你可以先关心他人，先对他人产生兴趣，这是你和他人成为朋友的最好方式。你已经知道人们对自己是多么看重，对自己的芝麻小事是多么关心，因此，你可以借由询问他最在行的事情，撬开他的话匣子。事实上，这无比简单。

心理学家认为，人类这种高等动物蕴涵着丰富的情感细胞，当外界的某些因素刺激这些情感细胞后，人的内心深处会出现一种感激之情和行为上的"报答"现象。尤其是当你让对方感受到你是真的在关心他时，他内心深处的感情负债感就会加重。在这种负债感的驱使下，他会心甘情愿地帮助你做很多事情。

在人际交往中，关心他人多一点，你的麻烦便会少一点。因为你的关心会让对方对你产生感谢、感激甚至感恩之情，以后当你有求于他时，即使他不喜欢或不愿意答应你提出的要求，最起码也不会成为你办事情的绊脚石，有时甚至会对你网开一面。

从相对论的角度讲，关心别人就是关心自己，因为只有你关心别人了，在你需要帮助的时候别人才会更好地关心你、回报你。这种因关心的互惠性产生的巨大影响，不仅体现在名人身上，日常生活中也随处可见。

心理学认为，人际关系是很复杂的事情，当你平时的关心、鼓励日渐汇聚在他人身上时，于对方而言，他的内心会产生一种不可言表的亏欠感，所以他会试图通过各种办法回报你。如果碰上一个能够回报你的机会，他们往往会毫不犹豫地行动起来。生活中的很多事情，都是如此。当别人感觉到亏欠你并真心诚意地想帮助你、支持你时，你想推都推不掉；当你与对方没什么交情，而你又想向对方索取他也想要的东西时，对方很难会将他喜欢的东西拱手相让，即使你用再多的物质或者金钱，也未必能如愿以偿。

怎样吸引他人来接近

每个人都需要朋友，正如我们每一个人都有一种强烈的归属需要，那就是要与他人建立持续而亲密的关系。当我们有归属时，感到被一种亲密的关系所支持时，我们会更加健康和快乐。反之，就会情绪低落，引起自卑感和失败感。

但是，人与人之间的关系是世上最复杂的东西，而中国人之间的关系更加微妙。你可能很可爱、很能干，但你不能确保自己有足够的吸引力——吸引他人来接近你。

为了得到这种快乐感和归属感，我们希望、喜欢别人来接近自己、亲近自己。而这些，都可以通过自身的做法来影响他人。

如果了解了人际吸引力的 NASCR 法则，并具备了这些吸引力，你就能轻松赢得他人的喜欢和接近。

1. 接近性吸引力（N＝near）

接近性从某种程度上决定着两个人能否成为朋友进而保持良好的友谊关系。当然，不可否认接近也可能诱发敌意，但接近性更容易产生喜欢和吸引。社会学家已经证实，大多数人的婚姻对象是那些和他们居住在相同小区或在同一个公司工作或曾是同学关系的人。

2. 外表吸引力（A＝appearance）

良好的外表形象能给人好感，比如，与一个长相一般的女孩相比较而言，一个漂亮的女子更容易吸引男人们的注意力，让人愿意接近。外表对人们的判断、行为产生着极大的影响，甚至给人留下难忘的印象，这就是心理学上所说的"美女效应"。

外表吸引力将会影响他人对我们的态度，是认可还是拒绝，是亲近还是疏远，对你自身的吸引力更是有着巨大的影响作用。需要提醒的是，我们长相可以平常，但我们可以通过整洁、大方、得体的着装来修饰、装点自己。

3. 相似性吸引力（S＝similarity）

有一词语叫"志同道合"，兴趣相同的两个人容易产生吸引力。心理学家指出，这其实就是人的一种相似相惜心理。根据这种心理，在与朋友交往时，如果我们能找到共同点，投其所好，就能很容易把对方吸引过来，跟他们建立良好的交往关系。

你一定有过这样的经历：当你向对方诉说你和他共同的观念、立场或者发现相同的兴趣、爱好或有相似的经历时，两人的思想就很容易产生共鸣，碰撞出激烈的火花。

4. 互补性吸引力（C＝complementarity）

心理学家认为，两人相处，对双方都有助益（互补）或彼此都有友好的意愿（相悦）或彼此发现有类似的态度（相似）时，两人的交互关系就有继续维持的可能。也就是说，当双方的个性或需要及满足需要的途径正好成为互补关系时，就会产生强烈的吸引力。

在日常生活中我们经常可以看到这样的现象：脾气暴躁的人和温和而有耐心的人能友好相处；活泼健谈的人和沉默寡言的人能成为要好的朋友。

5. 关系回报吸引力（R＝return）

在人际交往中，一切关系的形成都被回报吸引力制约着，你期待什么样的朋友，你身边的朋友就是什么样；你希望朋友怎么接近你，他就能怎样接近你。所有的一切，全都由你的态度决定。因为感觉是相互的，你怎样对待别人，别人就会怎样对待你。

我们有责任在将来的某个时候回报曾经接受过的恩惠、礼物和邀请等。也就是说，人们往往愿意和那些喜欢他们的人打交道，并且努力在交往中回馈同等的喜欢。这就是关系回报吸引力的巨大作用。

心理学家的实验证明，即使在虚拟世界，被一个永远不可能见面的人拒绝交往，我们都会产生挫折感。因此，我们要想在人际交往中赢得主动，就学会使用人际吸引力的 NASCR 法则，让其更好地为我所用，从而搭建良好的人际关系网。

给人一个最能迷惑人的头衔

人际关系中有一项重要的规则，那就是："永远使人们自己乐意去做你所建议的事。"要学会使他人自愿去做你想要让他做的事。如果你想要改变他的意志，而不引起他的反感，那就记住：给他一个好听的头衔，使他感觉到自己重要，使他自愿去做你所建议的事。因为一般情况下，大多数人都会愿意接受指导——前提是你得到他的敬重，并且对他的某种能力表示敬重的话，你就能指导这个人去做你想要做的事。

也可以这样说，倘若你想改善某个人某方面的缺点，你就要学会表示出他已经具有这方面的优点了。"假定"对方有你所要激发的美德，就要给他一个美好的名誉去表现，那样，他会尽其所能去实现、去达到这个水准，相信我，他是不愿意使你感到失望的。

1915 年，整个美国处于一片惊恐之中，因为在一年的时间内，欧洲各国彼此残杀，规模之大，是人类战争史上从未有过的，和平能实现吗？无人知晓。不过，威尔逊总统决定要为这件事而努力，他要派一个代表，一个和平专使，到欧洲和那些军阀们商谈。

国务卿勃雷恩，是主张和平最有力的人，他希望自己能为这件事奔走。他看出这是个绝好的机会，可以完成一项名垂后世的伟大任务。但是，威尔逊总统却派了勃雷恩的好友郝斯上校去。假如郝斯上校把这件事告诉勃雷恩，而勃雷恩不愤怒的话是很难的。

"当勃雷恩听说我要去欧洲担任和平专使，显然他感到极大的失望，"赫斯上校在他的日记中记述说，"勃雷恩表示，这件事原本他是准备自己去的。我回答说，总统认为一位政府大员担任这件事，是很不适合的。到了那里，会引起人们极大的注意——美国政府怎么会派一个国务卿来商谈此事呢？"

你看出其中的暗示了吗？郝斯上校似乎就是在告诉勃雷恩他的职位是何等重要，担任那项工作是极不适宜的。而这使勃雷恩满意了。

告诉他人他的头衔何等重要，可以给他人一种"权威""重要人物""关键人物"的感觉，如果你希望某个人能够按照你的希望去做事——不如告诉他他很重要，让他自愿去做这件事。

事实上，无论是富人、穷人，还是乞丐、盗贼，都是重视名誉的。人人都有虚荣心和自我实现的愿望，所有人都愿意竭尽所能，去得到他人给予的美名，并且保持别人赠予他的美名。

给他一个头衔，使他感觉自己是重要的。他会愿意保持你对他"重要""美好"的形象评价。

每个人都有好为人师的一面

每个人都有好为人师的本质，只因为人都有自我实现的欲望。人们渴望得到他人的认可和尊敬，希望自己在比他人更高一层的位置，特别是自认为经验丰富和取得了一些成就的人，他自我肯定以及想取得优越感的欲望会更大。当我们用"求教"的方式向对方提问题时，正是迎合了人的这种心理，很快，你就可以把心与心之间的距离拉得很近。当你怀着谦虚和真诚的态度去求教他人时，几乎很少有人会拒绝你。这时你们的关系已经从"陌生人"或者"其他人"的关系，变成了"向他求教的学生""他帮助过的人"，因此他会觉得和你更亲近，即使你有更多的目的或者想法，也往往会进行得很顺利。

日本推销大王原一平经人介绍，前去拜访某建筑企业的董事长渡边先生。可是渡边并不愿意理会原一平，见面就给他下了逐客令。原一平并没有退缩，而是问渡边先生："渡边先生，咱们的年龄差不多，但您为什么能如此成功呢？您能告诉我吗？"

原一平的提问方式非常诚恳，也把对方摆在了"老师"的位置，使他觉得自己有责任也乐意去教导别人。

每个人都有自己感兴趣的东西，比如有的人喜欢篮球，有的人喜欢军事，有的人喜欢音乐，还有的人对演艺圈的八卦新闻感兴趣，有的人对书法绘画感兴趣，有的人对烹调食物感兴趣，有的人对神秘现象着迷，等等。总之，每个人都有一项或是多项的兴趣，会说话的人就要在说服别人的过程中，懂得迎合别人的兴趣。

郑欣欣是一家大型建筑公司的助理，奉命聘请一位著名的建筑设计师为本公司的一个大型建筑项目做设计顾问。但这位设计师号称"水不进"，他退休在家多年，且性情清高孤傲，水都泼不进去，一般人很难请得动他。

为了博得这位"水不进"先生的欢心，郑欣欣事先做了一番调查，她了解到设计师平时喜欢作画，便花了几天时间读了几本中国美术方面的书籍。她来到"水不进"设计师家中，刚开始，"水不进"先生对她态度很冷淡，郑欣欣就装作不经意地发现设计师的画案上那幅刚画完的国画，边欣赏边赞叹道："这幅画真的很有意境啊，景象新奇，意境悠远，青山隐隐孤舟微……嗯……"一番话使"水不进"先生耳朵全竖起来了，油然升腾起愉悦感和自豪感，恨不得化身为录音机把欣欣的夸奖录下来。

接着，郑欣欣又说："老先生，您这幅画大有北宋名家董源的风骨啊。"这样，就进一步激发了设计师的谈话兴趣。果然，"水不进"先生的态度转变了，话也多了起来。接着，郑欣欣对所谈话题着意挖掘，环环相扣，使两人的友情越来越近。终于，郑欣欣说服了这位设计师，出任公司的设计顾问。

人与人之间，有一项非常重要的定律，如果你能够在人际交往中遵守这项定律，便很少会遇到冷遇和冷眼。

因为自我尊重需要，是人类天性中最渴求的事物之一。人类从内心深处，渴望得到他人的重视。如果人们在交往中忽视了他人自我尊重、自我实现的需要，认为他人并不在乎你对他的态度，认为他已经习惯了，你轻蔑他也没关系——这对你来说也许将是一个灾难。你永远也想象不到一个没有自尊的人将会对你做什么，你也想象不到一个得到你宝贵的重视的人能够给你带来什么——记住这条定律，慢慢你就会发现它给你带来的好处。

事实上每个人都是骄傲的，无论这个人表现得多么谦虚，其本质都认为自己是了不起的，在某个领域非常厉害的——这是条至理，越谦和的人越自认为有内涵，只等着人发现。因此，你就要学着去做那个人。学着去假装你是那个了解他的长处、懂得他的价值、仅次于他的人，你需要他，你懂得欣赏他，他会因此备感骄傲的。

让对方产生自己人的感觉

社会心理学家经过研究，得出一个结论：在正常情况下，大多数人都能根据对方和外界条件去决定自己究竟应该掏出多少心里话——特别是在面对还不十分了解，但又想要继续交往的人，既有一种自然的戒备感，又会想要把自己好的方面尽量展示出来，然后把自己的弱点和缺点尽量隐藏起来——这多层的防备和虚伪使双方难以沟通。在这种情况下最好的方法就是，展示你和他人的一致，消除他人的戒备心。

无论在生活中还是在商场上，这都是一种有价值的方法。所以，如果你要使别人喜欢你，一定要谨记：就别人的兴趣谈论。当别人企图强行说服你的时候，你往往会觉得对方根本就不理解你，他只是想控制你，他不懂你的心情，不了解你的感受，也不懂得站在你的角度看问题——这些就是抵触心理，这时你往往无法接受对方的任何建议，因为他说什么你也懒得去听。

对于他人也是如此，当你企图说服别人，或者给别人提建议的时候，一定要让对方感觉到你是和他一样的，你是站在别人的角度去看问题，要让他人相信你，你就需要让他人觉得你是他的自己人。

一百多年前，美国总统林肯曾引用一句古老的格言："比起一加仑胆汁，一滴蜜能够捕到更多的苍蝇，对于人心也是如此。假如你想要别人同意你的原则，你就要先使他相信：你就是他的忠实朋友，你就是他的'自己人'。你要用一滴蜜去赢得他的心，这样才能使他走在理智的大道上。"让人感到你是自己人的最快方式，就是永远和他的"臭味"相投。表现出你和他的一致，酿造"自己人"的这"一滴蜜"。

大多数情况下，如果到了一个陌生的环境中，首先能获得你的好感的，往往是与你有共同点的人——那些与你长相、举止相似、说话相似，或者有共同爱好的人，甚至与你有相同出生地的人都能引起你的好感。这些与你有相同的生活习惯的人、相同经历的人，你会无意识地把他们看成"自己人"，从而不自觉就提高了对他们的信任度。

所谓"自己人"，就是指对方心目中，他把你与他归于同一类型的人。因为人们总是喜欢和与自己相似的人在一起，人们往往对"自己人"更加容易接受，对他所说的话更信赖。一旦你成了他人的"自己人"，那么你们之间的摩擦事件与心理冲突会大大减少，他对你更不会设防，你就更容易与他建立良好的人际关系。

与他人有共同点的人更容易获得他人好感，无论你说什么，都应该尽力让对方看来你是在为他说话，你是为他着想——使他人相信你就是他的自己人，从而使双方的心理距离拉近。

你还需要让他人觉得你所说的话是真实的，而不要让对方觉得，你是为了迎合他而故意编造谎言。在人际交往中，你需要注意技巧，话语必须使人感到你说得非常对，你说得中肯，有道理，这样才能增强你对他人信息传递的效力。

设法寻找与对方相同的缺点

在日常生活中，人们总是更加容易熟悉那些和自己有共同点、可以聊得来的人。因为人们普遍觉得这样的人亲切大方不落俗套——只因他有和自己相似的地方。在人际交往中常常能很好地证明这一点——人们对于能够与自己有相同爱好或相同专业的人总是另眼相看的，并且可以更快地与对方熟悉。因此，当你希望和他人快速熟悉起来，不妨表现出你与他人一致的地方，使对方能够亲眼看到你们之间的共同点，相信我，这些都是在人际交往中，可以快速缩短彼此之间距离的有效方式。

人是很复杂的个体，要想真正地了解一个人并不是一件很简单的事情。要想交到真正的朋友，只有了解了他的为人，你才能在交友的过程中有更多的选择。了解他人的为人，就是了解他的素质、修养和品德。物以类聚，人以群分。也只有性情相近、脾气相投的人，才能走到一起成为朋友。如果对方的朋友都是一些不三不四、不伦不类的人，他的素质是不会太高的；结交的都是一些没有道德修养的人，那么他自己的修养也不会好。有的人在交朋友的时候都是用性格、脾气来取人；有相同的追求的人便成了好朋友；还有的是因为爱好相同而走到了一起。但是不管怎么样，只有两个人的修养相当，品质差不多的时候才能成为永久的朋友。因此，了解一个人可以从了解他的朋友开始。

当你想要取得一个人的信任时，首先得和对方缩短距离，要先与之处于平等地位才能进行下一步。你们之间的相似之处是沟通情感的桥梁，这在社会心理学中的术语叫"互择"。对于双方来说互相选择，即双方都具有相当的吸引力，彼此都愿意接近，这是一种你情我愿的互择。互择的条件包括：彼此的年龄、性别、生长经历、籍贯、喜好、品味、职业、资历、社会地位、经济地位甚至教育水平等都是彼此互择的条件，但关键是彼此认知的一致性。只要能够满足"认知一致性"的条件，即使上述有关自身的很多硬性因素相差很大，照样会在彼此之间产生很大的吸引力，"知己和知音"说的就是这个道理。

张萌今年大学毕业后加入了找工作的大潮，应聘了几家单位都因为没有正式工作经验而被拒之门外，他感到十分沮丧。在毕业潮的 8 月底，张萌抱着一线希望到一家大型公司应聘。该公司的专业十分对口，待遇也非常好，张萌在应聘之前已经打听了该公司的情况。通过了解，他发现这个公司的老总无论是大学时勤工俭学的经历，还是其人直爽的性格都和自己非常相似。张萌顿时如遇知音，于是他在应聘时，就与老总畅谈有关自己的能力与求职经历等。张萌在谈的时候特意强调了自己大学时勤工俭学的经历，以及自己性格也非常直爽，等等。果然，他的开门见山赢得了老板的赏识，二人谈得十分投机。最终他被录用为实习生，一个月后转正，一年后又成功升职为业务经理。

这个年轻人很聪明，他非常懂得通过寻找自己和他人相似的经历以及相似的性格入手，拉近自己与老总的距离，让老总感到亲切，从而得到老总的认可和赏识。

上面例子中的年轻人就是利用了"自己人效应"。为了让对方接受他的观点和态度，他首先把自己归为对方的群体中，向对方传播"我们很相似"的信息，通过相似的经历和性格赢取他人的认可。

因此，要想使对方接受你的观点、情感，你就必须把对方视为与自己一体，暗示你们有相似之处，或把自己视为对方的"自己人"，也使对方相信这一点，通过寻找共同性格和共同经历来使双方的心理距离拉近，这样沟通起来就会事半功倍。

向对方多献一点殷勤

人生在世一定要学会怎样与人打交道，你一定听不少人说过某某某是个非常殷勤的人，某某某很知道进退。殷勤，这个词常用于表示巴结讨好，人们会觉得它不好听。但人们往往忽略殷勤的另外一个意思，那就是热情周到。我们在生活中要懂得热情、大方、周到地对待别人，别人才会对你产生好感。

季先生新进了一家公司，公司待遇非常丰厚。公司要求他在一个月内搜集到500位目标客户的资料，前提是资料要详细且都在这个城市。公司对目标客户的条件制定出了很严格的要求。过了大约半个月，他只搜集到200位目标客户的资料。一个偶然的场合，他遇到一位保险公司经理，这位保险公司经理所做的业务的目标客户与季先生的目标客户完全重合。于是季先生记下了这名经理的联系方式。季先生在周一就去拜访那位经理了。正当季先生被引进经理室时，秘书由门外探头进来，告诉经理说："我今天没有找到新勋章。"

经理向秘书点点头后，接着向季先生解释说："是这样，我一直替我那淘气的孩子收集勋章。"季先生笑了笑表示理解，随即坐下来说明他的来意，提出他的问题和要求。可是那位经理却是含糊其辞，概括笼统，不着边际地应付他。无论季先生如何保证只需要一般客户的资料，不会骚扰和泄露这些资料，并且可以签下协议。但是很明显，经理就是不愿意说。季先生用尽了办法，也无法使他多说些，他们的谈话简短枯燥，没有一点要领。

季先生随即结束了这次拜访。他思考良久，决定从勋章入手。于是他坐车到本市的旧货市场，花了一整天时间淘了 30 枚少见的勋章。第二天的下午，季先生再去拜访那位经理，同时传话进去，他有很多勋章，特地带来给他的孩子。可想而知，季先生获得了热烈的欢迎。那位经理非常惊喜，对季先生的态度大大好转。最后，他虽然没有把自己的客户资料给季先生（因为他签了保密协议），但是他把季先生介绍给了他的人事经理，人事经理向他提供了他所有可以提供的符合条件的客户资料。

显然，季先生曲径通幽的策略，非常成功。

你在与一个今后有可能对自己有帮助的人聊天的时候，对方说："听说×××快要在北京开演唱会了，一直没多余的时间去买票。我从小就很喜欢听他的歌，如果有机会的话，我真想去看看。"他也许是"说者无心"，但是你必须要做到"听者有意"，可以抽空去买一张票送给他。

虽然对方在说这件事的时候，并没有想到你会这样做，但是如果你能主动做到这一点，就会给对方留下这样的印象：机灵、乖巧、善解人意等。对方会因为这件事而记住你，或是感激你，当你以后需要帮助的时候，他们就会毫不犹豫地向你伸出援助之手。

既要知道工作的重要，也要深信生活中的乐趣，随时把心中最挚诚的愉悦欢乐带给大家，这就是处理人际关系的要诀。感情是在不断交流的过程中加深的，要在相处交流中逐步体现你的关心、热情和真诚。不要当你需要帮助时才想起和人家联系，这样人家会认为你太过现实；有新朋友不要老朋友，你的信誉度和真诚就会越来越受到别人的怀疑。

不要藐视对方

你认为你对他人什么态度，对他是否亲近，对他是否赞赏，这对他来说根本毫无关系，这种想法是完全错误的！人人都是渴望被别人尊重的，即使真是你平时很不在意的人，当你决定给他足够的尊重的时候，用一种和善的态度对待他、夸奖他、赞扬他，你会发现，这对他是非常重要的。

作家雷布利克在她的《我和梅脱林克的生活》一书中，曾说道：正是她的尊重，给一位低卑的比利时女佣带来了惊人的改变。

她这样写道："隔壁饭店里有个女佣每天替我送饭，别人都叫她'洗碗的玛丽'。她有这个绰号是因为她最早工作，是厨房里的一个助理。她长得很奇怪，一对斜眼，两条弯弯的腿，身上瘦得皮包骨头，还经常是一副无精打采、迷迷糊糊的样子。

"一天，当她端着一盘面来送给我时，我诚实地对她这样说：'玛丽，你不知道你所拥有的财富？'

"玛丽平常似乎有克制自己感情的习惯，她做事总是小心翼翼，生怕会招来什么灾难，不敢做出一点高兴的样子。听了我的话后，她把面放到桌上，然后叹了口气说：'太太，我是从来没想过那些的。'她并没有露出怀疑之情，也没有问更多的问题，她只是转身回到厨房，反复思考我说的话，确信我不是在开她的玩笑。

"从那天以后，她就开始改变。在她自卑的心里，已经起了一种神奇的变化。她相信自己的财富是被人遗忘之宝，她开始在意她的面部和身体。她那原来凋零了的外表，渐渐散发出青春般的气息来。

"三个月后，我就快要离开那个地方时，玛丽突然告诉我，她即将和厨师的侄儿结婚了。她又悄悄地告诉我：'我要去做别人家的太太了！'她向我表示感谢，因为我只用了简短的一句话，就改变了她的人生。"

雷布利克给了"洗碗的玛丽"一个珍贵的财富，而那个财富改变了"洗碗的玛丽"的人生。

当要马上陷入了顶撞式的很恼人的争辩漩涡时，最佳的方法是绕开它，避开它，不要去争论。针锋相对、咄咄逼人的争辩也只能屈人口，不能够服人心。那些被你的雄辩逼迫得无话可说的人，心里并不是完全服从了你。他们的肚子里常会生出满腹牢骚，只是一时服从你的言论，事实上仍然认为自己是对的。永远不要指望仅仅以口头之争，便可改变对方已有的思想和成见。如果你争强好斗，坚持争论到最后一句话，虽可暂时获得表演胜利的自我满足感，但并不可能真正令对方产生好感，争论是所有事情中最没有意义的事情。所以在交谈中，必须坚持"求同存异"的原则，去试着接受他人的观点，而不要把自己的观点强加于人。

不要在人前炫耀卖弄

当你主动与他人交往向他示好时，他肯定对你保持着戒备心理。这时如果你一开始就直入主题，没有经过良好的铺垫，就很难一下突破对方的心理防线。因此应先了解好对方的经历、爱好，用各种方式与对方建立良好关系，投其所好，务必使对方在思想感情上产生"共鸣"，然后再谈正题。先赢得他人好感，以温顺谦和的态度获得他人的肯定，就更容易进行下一步的行动。

孙标是天津一家矿泉水厂的推销员，多年来，他一直想把本厂的矿泉水卖给一家连锁百货公司，可那家公司却偏偏始终不肯买他的矿泉水，依然只是向市郊一家矿泉水厂购买。更让他咽不下这口气的是——每次运送矿泉水时，那家矿泉水厂又正好经过他办公室的门前。孙标为此在讲习班上大发牢骚，痛骂那家连锁百货公司。

孙标嘴上这样讲，可心里还是不甘心：为什么就劝不动那家公司跟他买矿泉水呢？

于是他们公司小组的人决定开展一次讨论，分成两组，从孙标的事情延伸展开一次辩论，主题就是——"连锁性的百货公司业务发展，对国家害多益少"。

孙标参加了反对的那一组，替那家公司辩护。接着，他决定去见那个一直不买他的矿泉水的百货公司负责人。

孙标见到那个负责人后，这样对他说："我不是来要求你买我的矿泉水的，我有另一件事想请你帮个忙……"把来意讲完后，孙标接着说："我找不到，除了你以外还有谁能提供我这项资料……我很想在辩论会中获胜，希望你能提供更多有关方面的资料。"

他们谈了两个小时。接着那个负责人打电话给另外一家连锁机构的高级职员，并且那位负责人还写信给全国连锁性联营百货公司公会，替孙标找来了不少有关这方面的辩论记录。

那位负责人觉得，他的公司其实已做到服务社会的宗旨，并且他对自己的工作感到满意而自豪。那位负责人在谈话的时候，两眼闪耀着热忱的光芒。

孙标要离开的时候，那位负责人亲自送孙标到门口，并预祝他在辩论会上获得胜利。最后，他还对孙标说："下个月的时候，你再来看我，我愿意订购你的矿泉水。"

这件事对孙标来说启发非常深刻：尽管他没有提到矿泉水，也未就此央求对方，对方却反过来主动提出要买他的矿泉水。

想要打动他人的心是有技巧的，与其炫耀自己，不如表现出谦虚。投其所好地进行交流，表现出你的谦虚，这些谦虚的话，要比自吹自擂好得多。一个真正懂得人际关系交往秘诀的人，是不会沉迷于自我吹嘘、自我炫耀这种低级把戏的，你所做出的努力、取得的成果，别人比你看得更清楚。

所有人都讨厌扬扬得意的人，这是一条至理名言。当你站低了的时候，不会因此矮人一截，而是因此和他人更亲近，但是你站高了，不仅与他人距离遥远，摔一下也往往会特别疼。

不贪图小利

占小便宜吃大亏，蝇头小利同样也会绊倒人。做事前要先权衡利弊，不要因为小利失去大节。

人们往往不在意细节，其实越是小的细节越应该引起人们的足够重视，因为也许你的一个不经意的举动就会被别人注意，成为人家的话柄，不要忽视小节。也不要贪图小利，因小失大的事情实际上每天都在发生。有时候人会受到诱惑，觉得自己贪图点小利不算什么，不会影响大局。殊不知，一步走错满盘皆输。

老赵在公司表现很好，于是便被委以重任，公司派他去沈阳的下属公司出差。老赵赴外地出差是代表着总公司，且负有重大的责任，但是老赵仍然觉得比起在公司里每天从早忙到晚，这是个轻松的肥差。老赵出差到了沈阳，当地的下属子公司知道"钦差大臣"要来，自然在事前做足了准备。

老赵一到，对方便以尽地主之谊为名拉着老赵在沈阳到处游玩。玩得差不多了他们才去了要视察的实际地点，老赵要检查的文字资料也都一应俱全。老赵象征性地履行了视察工作，公务便宣告结束。紧接着子公司又将老赵接到全市最高级的酒店用餐，各种珍馐美味尽皆收入口中。晚上，老赵便下榻于此了。就这样连着几天，老赵过得非常舒适，下属公司也是毫不吝啬，对老赵极尽殷勤照顾之举。转眼间，公差已毕。下属公司为表"孝心"给了老赵一大堆礼物及土特产让他带回去。老赵也不客气，推辞一下便尽收囊中。

"拿人家手短，吃人家嘴软。"盛情款待之下，老赵回到公司在出差报告中对下属公司的表现是极尽善言。公司是依据老赵的报告来进行评估并进行下一步的战略计划的，但老赵在报告中夸大其词，水分很多，公司的计划在当地根本行不通。老板大怒，经过调查，发现老赵在出差期间不仅没有认真工作，而且还收受"贿赂"，数额达万元。老赵甚是迷惑，自己仅是拿了些礼品和土特产，哪里收受现金万元？原来下属公司见老赵捅了娄子，于是便落井下石，倒打一耙。这样，老赵有口难辩，只得哑巴吃黄连。最终他在公司里待不下去，不得不辞职回家了。

老赵的问题就出在他爱贪小便宜身上。占便宜不说，而且还把工作置于脑后，结局自然是不言自明。

贪小便宜只能得到一时的利益，对长远发展来说实在是有百害而无一利。因为"若要人不知，除非己莫为"，贪小便宜很容易就会被别人知道，如果你被别人认为是爱小利的人，到时一传十、十传百，你的名声便毁在了这点蝇头小利上，真可谓是拾了芝麻丢了西瓜，实在是得不偿失的事情。要克制住自己的"贪欲"，不为小利失了大局，要让自己成为一位优秀的人。

生活中，大多数的人都在追求物质上的满足，表现在言行上便是为了小事斤斤计较，然后获得片刻的满足，但是满足后仍然会空虚。物质和金钱并不能带来长远的利益，与人争斗也不能带来美好的未来，真正的无价必定表现于无形，如同真正的艺术品，它的价值不在价格与实体上，而是艺术家对作品付出的情感和精力，以及附着在作品上的生命感悟。

说话做事要统一

人的本质是非常立体的，但他人往往因为我们的外表、言语行为，或多或少只看到其中的一个侧面，就因此给我们下定论，于是立体的人就扁了。人的优点和其他方面也会被抹杀。如果你被看扁，内心一定会强烈地充斥着一种不公平感，这时你该怎么做呢，是奋起反抗，还是隐忍不发？

汉代公孙弘曾经就被人看扁过，但是他很顺利地渡过了难关。秘诀就是：即使在被人污蔑的时候，也言行一致，保持自己的风度和涵养。

公孙弘年轻时家贫，后来他成为丞相，生活依然十分俭朴。他提倡廉洁简朴，并且自己保持言行一致，一顿饭只有一个荤菜，睡觉也只盖普通棉被。但是大臣汲黯向汉武帝参了一本，批评公孙弘位列三公，有相当可观的俸禄，却只盖普通棉被，实质上是装模作样、沽名钓誉，只是为了骗取"俭朴清廉"的美名。

于是汉武帝便问公孙弘："汲黯所说的都是事实吗？"

公孙弘回答说："汲黯说得一点没错。满朝大臣中，他与我交情最好，也最了解我。今天他当着众人的面指责我，正是切中了我的要害。我位列三公而只盖棉被，生活水准和普通百姓一样，确实是故意装得清廉以沽名钓誉。如果不是汲黯忠心耿耿，陛下怎么会听到对我的这种批评呢？"

汉武帝听了公孙弘的这一番话并没觉得他沽名钓誉，反倒觉得他为人谦让是个不沽名钓誉的人，就更加尊重他了。

公孙弘面对汲黯的指责和汉武帝的询问，没有违背自己一向保持的言行一致的美德。他一句也不辩解，并全都承认，这是一种何等的智慧呀！

因为汲黯指责他"使诈以沽名钓誉"，无论他如何辩解，旁观者都已先入为主地不相信他了，会认为他也许还在"使诈"：公孙弘深知这个指责的分量，采取了十分高明的一招——保持言行一致，不作任何辩解，大方地承认自己沽名钓誉。

这其实是向汉武帝表明，自己至少"现在没有使诈"。因为沽名钓誉的人绝不肯承认自己沽名钓誉，不沽名钓誉的人一定不会追着汉武帝解释洗清自己的名誉，并且还对指责自己的人大加赞扬，认为他是"忠心耿耿"——正是公孙弘言行一致的行为，给皇帝及他的同僚们这样的印象：公孙弘确实是"宰相肚里能撑船"。

公孙弘具有非常的智慧，他用"严于律己，宽以待人"的苛刻标准来要求自己。因此面对他人的指责他只会坦然承认自己的不足，这是严于律己，哪怕他人是无根据的污蔑也不愤怒，这是宽以待人。这样即使是被人看扁和污蔑，公孙弘仍然赢得了良好的口碑和印象。

喜欢夸口、说大话、"吹牛皮"的人，常常是外强中干的，而且他们的目的只不过是想引起大家对他的关注，以满足自己的虚荣心。人与人相处，贵在讲信用。自己不能办到的事情，胡乱吹嘘，会有华而不实的印象。卖弄自己，显示自己多有才华，知识多渊博，对方会有相形见绌的难堪，这也不利于交往。

假设你被人看扁，你一定会感到沮丧并且气愤，但是想要不被他人看扁，首先自己要做个站得住的人——古人说："淑人君子，其仪一兮。"说的就是君子要言行一致，如果在乎他人对你的想法，就需要保持你的形象，虽然这也许很困难，但是这是赢得他人尊重的最好方法。如果你希望别人把你看成了不起的人，你就首先要做一个了不起的人。

"人靠衣裳马靠鞍"，我们常常会自觉不自觉地以貌取人，如果你希望得到更多的认可，就需要在外表上多多注意，特别是细节的处理上，越是精致越能够显示出你的品位。时刻都不要忽视自己的外表，这也是自我肯定、自我尊重的一种方式。

一个人被他人看扁的时候往往会感到自己自尊心受挫——这时如果消沉下去，只会越来越难受，但是如果能够打起精神来，不自怨自艾，告诉自己这没什么。就算是被看扁，自己还是很有潜力的，用自信和激情去让看扁你的人退下阵来，那么看扁这件事对你就没什么了。人生在世，让所有人都看得起你是很难的。即使你能够一直保持言行一致，也不能避免有的人价值尺度是歪的——告诉自己，做好自己就足够了，不要太在乎他人的看法，你会越来越强大的。

让对方喜欢上你

得到他人欢心的方式就是温和地对待他人，除了和颜悦色，还有就是真诚称赞他人，永远关注他人的优点，不吝啬去夸奖他人。要做到"平易近人"，虽然这个词用得很多了，但人们反而不去关注他的意思。我们不如重新理解这个词。

平：放平你自己，把你和他人放在同一个地位上，不要居高临下地看待他人。

易：使自己易于相处，宽容对待他人。

近人：主动亲近他人。

做到这三点，所有人都会喜欢你。

卡耐基在人际交往上赢得了所有人的赞誉，认识他的所有人都喜爱他、称赞他，这和他的平易近人和乐于发现他人优点是分不开的。

如果你用行动暗示他人自己喜欢他，比你用话语表示喜欢他会更加具体，也更加容易让人相信。而你脸上真实的微笑，就在做这样的表示："我喜欢你，你真的使我快乐，你是个不错的人，我非常高兴见到你！"

为什么人们都那么喜欢狗呢？它那么喜欢跟我们接近，当它看到你时，那股发自内心的高兴也感染了你。如果你露出微笑，也将获得这个效果。前提是"诚意"的微笑，那些"不诚意"的微笑又如何呢？事实上微笑应该是从内心发出的，而那种"不诚意"的微笑，往往是从面皮上表露出来的，那种微笑既机械又敷衍，那种"皮笑肉不笑"的笑容，很难欺骗到他人——人都是敏感的。因此发自内心的微笑，将会使人喜欢上你，不要用虚假的微笑去赢得友谊。

卡耐基曾经向上千个商界人士建议：无论何时，无论何地，遇到人就展开一个轻松的微笑。

有人曾写道："现在我去办公室，一定对电梯员微微一笑，说'你早！'见到司机我也一样，我一定会对司机也投之一笑……我去柜台和职员说话时，面对里面的员工，我脸上也带着笑容……我在交易所里时，面对那些我素昧平生，之前从没有见过面的人，我的脸上也会带着一缕笑容……

"这样下去没有多久，我慢慢发现每个人见到我时，都会向我投之一笑。而对那些前来向我诉苦的人，我也会以关心、和悦的态度听他们诉苦，帮他们耐心地分析，无形中就把他们所认为苦恼的事轻易地解决了。我发现微笑替我带来了财富——那是很多、很多的财富。

"我也改掉了原来的习惯：把原有对人的批评，把斥责家人的话，换成对他们的赞赏和鼓励。我现在再也不会说，我需要什么。我尽量去接受别人的观点、想别人的需要，这使我的生活变得完全不一样了……我现在变成了一个比过去更快乐、更富有的人。"

虽然微笑是一件微不足道的小事情，但是正是这小小的微笑，使他的人生有了极大的成就。

孙静萌在刚被提升为公司的部门经理时，董事长想在他们部门为她选一位副经理。为了公平起见，董事长建议让他们部门的成员现场投票选举，正式开会投票选举的日子定在下个周一。尽管从提出建议到真正实行只有一个星期的时间，但是这一个星期却发生了一件让她感慨颇多的事情。

董事长向大家宣布完下周一选举的事情后，同一部门的张多多便在大家注视的目光下，主动向董事长提出自己想坐副经理的职位。又过了一天，公司另外一个人也主动要求坐副经理的职位，并且直截了当地对她和董事长说："选谁我都支持，但如果选张多多我就不同意，并且我来的时间长，我觉得我更适合这个职位。"她俩都给董事长留下了深刻的印象。

为了争这个职位，她们都将对方视为自己最强劲的对手，拉票、给同事送礼，明争暗斗地一直到会议选举的当天。其间，被大家称为"老好人"的李红，对大家也表现出比以前更多的关心、爱护。在进行公众投票选举后，选举结果令她和董事长都非常吃惊，最终成为副经理的人，既不是当场表态的张多多，也不是暗地里毛遂自荐的另外一个人，而是部门中被大家称为"老好人"的李红。

这个结果令大家都很震惊，但是大家选举的同事代表上台发言时，却说出了这样的话："李红是我们部门中最老实、最善于关心人并经常帮助人的人，所以我们大家认为，她最有资格做副经理。"

同事代表的发言，道出了人际关系中最微妙的东西：生活中要尽量对别人多点关心，这样你的麻烦才会少一点，做事情成功的概率才会大一点。面对职场的晋升，谁会不心动？面对金钱的诱惑，谁会不激动？难道最后晋升为副经理的李红，生活中就不会有这种愿望吗？毫无疑问，李红也一定有这样的愿望，只不过李红是通过关心他人的实际行动表现出来而已，并最终通过这种善意的举动，有效地影响了大家，成功地当选为副经理。

适时地以感情动人

在生活中我们往往能看到那些已经功成名就的影视明星或是企业家，虽然他们现在生活得非常富足风光但是常常在舞台上含着热泪诉说着他们过去的艰苦生活。这种诉述充满了艰辛的因素，诸如自幼丧父、生活艰苦或者是到处漂泊，还要赡养生病的母亲等不幸的经历，说到动人处听者皆动容。这种以感情动人的方式博得人们的同情，能牢牢地抓住别人的心，让别人对他多出一分好感，也能在感情上加分。

历史上有非常多的谋略家，利用感情去感动他人、迷惑他人、博取他人的同情和怜悯。会攻心的人大部分都善于用此达到自己的目的。利用感情博取他人的同情，其法至柔，一定要放低自己的位置，使人产生同情。

越王勾践被吴王夫差打败之后，忍辱负重，顺从吴王夫差的要求，离开自己的国土，带着送给吴王的宫廷美女及金银财宝和自己的王妃虞妲，从此在吴国做了阶下囚。

勾践在吴国每日平静地养马放牧，除粪洒扫，辛勤地做一切低贱工作，看上去没有一丝怨恨之色。吴王逐渐相信了勾践已经没有异心，然而勾践并没有死心，他只是在谋划。勾践深深地知道，如果要复国报仇，必须先回到越国。想要回到越国，除了通过忍让消除夫差的警戒心之外，还要以卑微的面目和对夫差的爱戴之情，去博取夫差的同情和怜悯。

一天，夫差登上姑苏台瞭望，远远地就望见勾践和夫人穿着简陋的衣服，坐在马粪旁边，仍然保持端正的坐姿，看起来样貌非常可怜，夫差的同情和怜悯之心油然而生。

他对太宰伯嚭说："在这种艰苦肮脏的环境之下还能坚持下去，真是不容易啊！"

伯嚭说："不仅仅是可敬，更是可怜啊！"

夫差说："太宰你说的对啊，我实在不忍心了，假如他们可以改过自新的话，那么就赦免他们，让他们回到自己的国家吧！"

勾践听说吴王夫差有病，请求去探视，此时恰逢吴王要上厕所，勾践便说："臣在东海，曾经与医师学习过观察人的粪便，这样就可以知道人的病情。"一会儿，吴王出恭完毕，将桶拿到门外，勾践揭开桶盖，手取其粪，跪在地上尝了尝，左右都掩着鼻子。勾践又走到室内，跪下叩头说："囚臣敬贺大王，据臣的推测，您的病两三天就会完全好了。"

吴王夫差问："你是怎样知道的？"

勾践说："臣曾听医师说，夫粪者，谷味也，顺时气则生，逆时气则死。现在我尝大王之粪，味苦且酸，正应春夏发生之气，所以知道。"

夫差大受感动，说："你真是仁义啊！比我儿子对我还要真心。"

不久以后，夫差就下令送勾践回越国了。

忍辱负重，以情动人。忍耐只是它的形，而通过忍耐以获取所求之人的同情和怜悯才是其神。如果对方一开始没有被你打动，你所需要做的就是保持耐心，继续做出低姿态，不断让对方安心，因为也许对方只是在观察你，保持耐心，才能攻破对方的心理防线，对方才可能考虑你的要求。

如果想得到别人的帮助，有所求的人就要保持一定的耐心，进而使对方对你的行为和经历表示同情和怜悯，并由此生出好感，这样总有一天会攻克对方心中的堡垒，为你办一些事情。

最受欢迎的人都擅长用感情去发展人际关系，以令人感动的诚恳和深情去赢得爱戴。让人感到你是喜爱他的，他在你心中是最好的。即使他人并不够资格，也多多去赞许他人，他人出于感动和骄傲，也会尽力达到你所称赞的水准，这就是影响别人的奥妙所在。

在无形中给对方施加压力

如果你想要和比你强大的人对峙或者博弈，当正面出击有难度和风险时，旁敲侧击是一个很好的选择。如果说主动出击是刚烈激进的，旁敲侧击则是柔和的、毋庸置疑的。它的方式也更容易使人接受，即使不成功后果也不会很糟糕。

有的事情你明明占理，但是因为对方太过强势，或者你害怕引起对方反感而不敢提出来。比如你希望老板给你加薪，你觉得自己的能力、业绩都值得加薪。要想大胆提出来，这就需要注意你提出的方法。对于薪酬，大多数人都是含蓄的，即便对自己的工资不满意，觉得自己应该加薪，也不敢找老板提，害怕弄巧成拙的话，自己即使不被扫地出门也会被"另眼相看"。这时，你只要运用旁敲侧击的方法，善开"金口"，就会发现向老板提出加薪也远没你想象得那么可怕。

小白到一家 IT 企业打工，每天兢兢业业地工作，业绩很好，老板也很喜欢他。只是三个月过去了，本来谈好过了一个月试用期就给转正，工资也会涨，但是小白只是第一个月转正了，薪水到第三个月都没涨。小白决定跟老板说说，但是怎么说呢？

一次工作总结后，小白趁着送工作记录的机会和老板说："老板，我现在是正式职工，转正都两个月了，我的工资还是试用期的工资，是不是人事那里还有手续没办妥啊？回头您能帮我问问人事主管吗？"

其实，小白知道人事部门已经给他办齐了手续。

老板听后十分平静，没有很特别的反应，还认真地回答小白说要帮他问问。

第二天下班，老板就找到小白，对小白说："小白啊，那个事我问了，人事那里这两个月比较忙，你的工资上个月就应该加上去了，但是财务上一时没办好手续，这个月就给你按正式的结算了，你要继续努力工作哦。"

有时候你该得到某些东西，却迟迟没有得到，这时不管是因为他人的疏忽还是故意，你都不妨为他人找一个台阶，提醒他的同时也让他下来。

古人说："将死战，臣死谏。"将军死在战场上，文臣死在劝谏皇帝上，都是为国捐躯，是很体面的死法。但是这种"臣死谏"的做法很明显已经不再适用于现代社会的交往了，如何正确"进谏"又能保全自己，这也是一门学问，使用旁敲侧击的方法，既给了他人改过的机会，也给他人留了面子。

心理学表明，人的本性带有受暗示性这种特性。这是人类特质中一种无意识的自我保护能力，也是人的本能。在影响对方决策的过程中，暗示他人一条路走不通，也是一种很有效地旁敲侧击的手段。当他人成功接收到"那条路不行"的暗示时，他自然会回来走"你给出的路"。

给对方制造紧迫感

俗话说"物以稀为贵"，越是稀少的东西，人们越珍惜。对于每天都能得到的东西人们是最不珍惜的。机会也一样，对于经常能碰到的机会，人们觉得失去也没什么，但是对于一次错过就再也没有的机会，人们往往就会认真地对待了。

在选择机会越多的时候，人们越是拿不定主意；而选择机会越少的时候，人们越着急做出选择。因此，利用人的这种心理，可以打出"稀少""绝版""即将没有"这样的招牌，做出后退的姿态，降低他人得到它的概率，给他人以紧迫感迫使对方迅速做出选择。这种方式的实质是一种变相的威胁：你要不要？不要就没有了！

威胁后退法，顾名思义，在双方的对峙中，在自己的立场上对对方加以诱导，必要时假意退步，使人误以为他将要失去这次机会，以此来给他制造紧迫感，逼他迅速就范，投奔自己的一方，可以说是威胁后退法。

尽管北京的房价一直居高不下，但是仍有很多人在持币观望，等待时机。有一个售楼处就采取了一种排队取号的买楼方式来销售楼房。

开发商故意每次开盘只开一栋楼的一个单元，造成房源紧张的假象，让很多买主去看房，但是不一定买得到。于是就有很多人为了买到房子 24 小时排队，而排上队的买主也不一定能买到房子。每次开盘，开发商就会通知 50 个有号的买主过去抓阄，实际上只有 35 套房子在销售。也就是这 50 人中会有 15 人有号抓阄也买不到房子。

就是在这种紧张气氛下，买主们到了已经不在乎房子的价格有多高的地步了，他们更在乎的是自己是否"幸运"地抓到了有房的阄，从而买到房子。所以结果就是，那些抓到了阄被安排能买房的人，都非常高兴。因为他们都认为自己是无比幸运的，因为他们抓住了一次好机会，还有好多人有钱都买不到房子呢！

当一件事情已经僵持良久，而你又处于主动地位时，不妨假意后退，告诉他人一个严重的后果去恐吓威胁对方，以威胁的方式去逼迫他人就范。

赵先生接手了一个陷入经济危机的公司，为了摆脱公司的财务困境，赵先生觉得有必要压低员工的工资，而重要的一点就是要压低领导层的工资。首先他把经理的工资降了 10%，自己也从 40 万降到 20 万。接着，他对其他部门的领导人宣布："6 万元年薪的工作很多，10 万元年薪有没有，你们比我清楚，你们可以自己考虑考虑。"赵先生这种强制恐吓不讲策略的话语一出，各部门的领导当然就拒绝了他的要求。双方僵持了很长时间，事情也一直没有进展。而有一天，赵先生突然对部门领导的谈判委员说："你们这种间接的罢工，让公司工作无法顺利展开。我已经准备向劳务派遣中心的工作人员请求调派来新的中层管理人员了。"各部门派出的与赵先生谈判工资事宜的代表没想到赵先生会使用开除这一招，各部门领导层原本是想通过这次谈判在工薪的问题上取得进展。这会儿看来不仅工资有可能谈不成，搞不好还会失业。之后，各部门代表在短暂的讨论之后，决定接受赵先生的要求。

"短缺原理"是一个经济学术语，指的是在市场经济中，同一个物品，人们得到它的机会越少，那么它的价值越高。如：很多学生都对学校食堂的伙食有很大意见。但是如果食堂因为一些事故不得不停止营业两周，学生们需要到别的地方吃饭，那么两周后学生再回到食堂吃饭的时候，对伙食的满意度一定会比以前增加：其实食品的质量还是一样的，只是得到它需要门槛了，没有那么容易了，所以对它的要求就降低了，满意度也增加了。

电视连续剧每集总是在关键的时刻结束，所有的电视剧都知道要将悬念留给观众，吊起观众的好奇心才能获得收视率。人类的好奇心是所有生物中最旺盛的。在别人没有防备的时候后退，使他人紧张，是最好的进攻方法之一，你越是后退，别人就越想跟上来。

就是要故意激怒对方

不是所有达到目的的途径都是一条路向前的，也不是所有行路方式都是温文尔雅的。有时，在那些温和礼貌的手段无法达到目的时，反其道行之，故意激怒对方，也是一个曲径通幽的好方式。

王小川是一家小广告公司的经理，主要负责为客户制作广告以及在电视台预约播出。一天，一位难缠的客户与王小川讨论广告费的问题，他的广告即将插播在一档将要上演的儿童剧中。在讨论价格的过程中这位客户显得很不耐烦，故意激怒王小川，说王小川的公司根本没有真正的开销，只是与电视台牵线的中间人而已，压根就不需要那么多的广告费。王小川非常生气，觉得客户的指责很没有道理，但仍耐着性子详细说明了公司的日常开销，与客户明明白白地算了一次账。在他费劲唇舌的一番介绍之后，这个客户愿意出的费用还是仅高出了广告公司日常开销的一点点，并且强调"一个子儿也不会多给"。最后王小川不得不以这个价钱签下了合同。

这个客户的激将法是相当成功的，他充分利用了王小川的好胜心去激怒他，使他说出不该说的话，最终成功地获知了该公司的运营成本，从而只付出了很少的广告费用。从这个客户的角度来说，既然对方公司的运行只需要王小川说的这些费用，他只要让王小川有赚头就好。只要有利益的存在，双方的合作就可以继续。而王小川非常愚蠢地被激怒了，上了这位客户的当，将原本属于商业秘密的制作成本原原本本地告知了对方。

有一次，美国的幽默作家马克·吐温先生在教堂听牧师演讲。一开始，他觉得牧师讲得很好，使人感动，他准备捐款。但是过了10分钟，牧师还没有讲完，马克·吐温有些不耐烦了，他决定只捐一些零钱。然而又过了10分钟，牧师还没有讲完，他不胜其烦，于是他决定1分钱也不捐。许久以后牧师终于结束了冗长的演讲。开始募捐时，马克·吐温由于忍耐太久，气愤得不仅未捐钱，还从盘子里偷了2元钱。

这种刺激过多、过强，以及作用时间过久而引起人们反抗心理的心理现象，叫作"超限效应"。

超限效应在家庭教育中出现得最频繁。如：当一个孩子不用心而没考好时，父母会一次、两次、三次地重复对他的成绩作同样的批评——刚开始孩子还是内疚的，慢慢他就习惯了，最后他开始反抗了——这就是被逼急了的反应。

了解这一定律，当你不希望他人怎样的时候，你可以反着来，一定要他人怎样——直到他人被你逼急了，起了逆反心理，你的目的也就达到了。

亚当和夏娃的故事就是超限效应的有力体现，本来上帝如果只是随意说说不许吃那个果子也就算了，如果一再强调，反复强调渲染，反而会引起他们的好奇心——上帝的心思是复杂难测的，人心也是如此。

故意激怒对方可以使他失去理智，也可以使他"反其道行之"，但是注意凡事有度，不然后果是很难预料的。

改变对方的心意——但是这些只是手段，你真正需要的，是在生活中磨炼你自己。这些手段可以帮助你达到暂时的成功，但是只有真心才能换来真正的朋友，这本书可以让你变成"聪明人"和"所有人都喜爱的人"，而你自己的努力，将使你变成"内心强大的人"和"拥有真正朋友的人"。

第十九章　以强大的内心面对世界

是不是有信心，当你遇到大的困难的时候，当你有很强大阻力或强大敌人、竞争对手的时候，是否还会坚持，当你有很多诱惑的时候，是否会改变自己的想法，这些因素在人生成长过程中，每个人都会遇到。

——李彦宏

（毕业于北京大学，企业家）

天才不是天生的

一般认为，智商在 80～120 叫作正常，其中 110～120 属于较聪明，达到 130 叫作超常，超过 160 叫天才。所以，天才也就是具有卓越想象力、创造力和突出的聪明才智的人。

其实，几乎每个时代的心理学家都在不断探索一个问题，这个问题便是：是不是真有先天的才能？天才是不是天生？

有一些心理学家研究，有一部分 1 月出生的人，最后都成了职业联赛球手——他们拥有这方面的天赋。但是，这个研究也说明了，并不是每一个在 1 月生的人都会成为职业联赛球手，这或许和后天的环境有关，却无法证明先天的天赋是否有其作用。所以，心理学家也提出了，一个人的成就是天赋与后天储备结合后的产物。然而，当心理学家越是深究这个问题去考察天才们的人生经历时，才越是发现，在成就成功的过程中，天赋的作用越来越小，而后天储备的作用却越来越明显。

这个结果正如心理学家迈克尔·豪在他的著作《解读天才》里面提到过的

一样：

在成长为作曲家之前，早期莫扎特并不让人觉得超凡脱俗。他早期的作品都是在父亲的帮助下完成，在父亲的指导下取得进步。莫扎特小时候的许多作品，几乎都是在其他作曲家帮助下完成的。当然这些协奏曲只是莫扎特音乐生涯的起点，直到21岁左右，莫扎特才创作了被世人公认为杰作的作品。从这时开始，莫扎特开始了协奏曲作曲家生涯。

从莫扎特的案例里我们可以看出，所谓的天才固然有天赋异禀的成分，但是，更多的还是要仰赖他的后天环境——在别人帮助下及自身的刻苦钻研。

20世纪90年代，心理学家K. 安德斯·埃里克森和他的两个同事在柏林的顶级音乐学院做了这样一个试验：

他们把学习小提琴的学生分为了3组。第一组是学生中的明星人物，具有成为世界级小提琴演奏家的潜力；第二组的学生只被大家认为比较优秀；第三组学生的小提琴演奏水平被认为永远不可能达到专业水准，他们将来的目标只是成为一名公立学校的音乐教师。

在分组完毕后，所有的组员被问到同一个问题——从拿起小提琴开始，你练习过多少个小时？

最后得出的统计答案为：几乎每个学生都是从5岁的时候开始练习小提琴。在这期间，差不多人都是每周大约2～3个小时。但是到8岁左右，差别开始显现出来。一个班级最为出色的学生练习的时间开始多于其他学生：9岁的时候每周6小时，12岁的时候每周8小时，14岁的时候每周16小时，这样一步一步增加练习时间，一直到20岁的时候，他们还在不断练习——他们的练习具有明确的目的和个人的思想，从而表演得更为出色——这样的练习每周超过30个小时。按照这样的练习时间，其实到这些第一组中的小提琴卓越者20岁的时候，他们差不多已经练习演奏了几乎10000个小时。与之相比较，那些水平低一些的第二组优秀者的练习时间则是8000个小时，而第三组普通者的时间则为4000个小时。

实验者之后又将专业钢琴演奏家和业余钢琴演奏家进行了对比，竟然得出了相同的结论。与那些业余钢琴演奏者比起来，专业钢琴家在20岁左右的时候，练习时间就已经达到了10000个小时。

从这个实验中我们可以得出这样一个结论：一定程度的紧张练习对那些能够肩负重要使命的卓越者而言是必不可少的——他们需要一遍一遍研习专业技能。

事实上，研究者们都认为，卓有成效的练习时间必须达到 10000 个小时，这显然是很不可思议的事，但它是一个事实。

但是，无论是从事怎样的职业或者将来有什么样的成就，这 10000 个小时的练习量并不是轻而易举就可以得到的，而是需要一定的条件和环境。否则，在没有很好的家庭氛围的环境下，多数人是无法静下心来钻研某个领域。因为，我们很有可能没有办法得到父母的支持，这将成为我们的一道障碍；同时，如果经济条件不允许，我们就可能要分出一部分时间打工赚钱，这也就瓜分了我们练习所需的 10000 个小时。而且，这 10000 个小时如果不是从很小并且坚持不断地努力，也是不可能达成的。想想看，人们会管一个快到 90 岁才小有成就的人叫天才吗？

选择积极心态生活

PMA 黄金定律是积极心态 Positive Mental Attitude 的缩写。它是成功学大师拿破仑·希尔数十年研究中最重要的发现之一，他认为造成人与人之间之所以存在成功与失败的巨大反差，心态起了很大的作用。积极的心态是人人可以学到的，无论他原来的处境、气质与智力怎样。

拿破仑·希尔还认为，我们每个人都佩戴着隐形护身符，护身符的一面刻着 PMA（积极心态），一面刻着 NMA（消极心态）。PMA 可以创造成功、快乐，使人到达辉煌的人生顶峰；而 NMA 使人终生陷在悲观沮丧的谷底，即使爬到巅峰，也会被它拖下来。因为这个世界上没有人能够改变你，只有你能改变你自己；没有人能够打败你，能打败你的也只有你自己。

很多人都把自己的境况归于外界的因素，认为是环境决定了他们的人生位置。但是，我们的境况不是周围环境造成的。说到底，如何看待人生，由我们自己决定。纳粹德国某集中营的一位幸存者维克托·弗兰克尔说过："在任何特定的环境中，人们还有一种最后的自由，就是选择自己的态度。"

只要人活在这个世界上，各种问题、矛盾和困难就不可能避免，拥有积极心态的人能以乐观进取的精神去积极应对，而被消极心态支配的人悲观颓废。

对于 PMA 的阐述，拿破仑·希尔是这样认为的：

1. 言行举止像希望成为的人

许多人总是要等到自己有了一种积极的感受再去付诸行动，这些人是本末倒置。心态是紧跟行动的，如果一个人以一种消极的心态开始，等待着感觉把自己带向行动，那他永远也成不了他想做的积极心态者。

2. 要心怀必胜、积极的想法

谁想收获成功的人生，谁就要当个好"农民"。我们绝不能播下几粒积极乐观的种子，然后指望不劳而获，我们必须不断给这些种子浇水，给幼苗培土施肥。要是疏忽这些，消极心态的野草就会丛生，夺去土壤的养分，甚至让庄稼枯死。

3. 用美好的感觉、信心和目标去影响别人

随着你的行动与心态日渐积极，你就会慢慢获得一种美满人生的感觉，信心日增，人生的目标也越来越清晰。紧接着，别人会被你吸引，因为人们总是喜欢和积极乐观者在一起。

4. 使你遇到的每一个人都感到自己很重要、被需要

每一个人都有一种欲望，即感觉到自己的重要性以及别人对他的需要与感激，这是普通人的自我意识的核心。如果你能满足别人心中的这一欲望，他们就会对自己也对你抱有积极的态度，一种"你好我好大家好"的局面就形成了。

5. 心存感激

如果你常流泪，你就看不到星光，对人生、对大自然的一切美好的东西，我们要心存感激，人生就会美好许多。

6. 学会称赞别人

在人与人的交往中，适当地赞美对方，会增加和谐、温暖和美好的感情。你存在的价值也就会被肯定，使你有一种成就感。

7. 学会微笑

面对一个微笑的人，你会感到他的自信、友好，同时这种自信和友好也会感染你，使你的自信和友好也油然而生，使你和对方亲近起来。

8. 到处寻找最佳新观念

有些人认为，只有天才才会有好主意。事实上，要找到好主意，靠的是态度，而不全是能力。一个思想开放、有创造性的人，哪里有好主意就往哪里去。

9. 放弃鸡毛蒜皮的小事

有积极心态的人不把时间和精力花在鸡毛蒜皮的小事上，因为鸡毛蒜皮的小事使他们偏离主要目标和重要事项。

10. 培养一种奉献精神

曾任通用面粉公司董事长的哈里·布利斯这样忠告属下："谁尽力帮助其他

人活得更愉快、更潇洒，谁就达到了推销术的最高境界。"

11. 自信能做好想做的事

永远也不要消极地认定什么事情是不可能的，首先你要认为你能做到，再去尝试，不断尝试，最后你就会发现你确实能做到。

或许你无法选择出身、天赋、环境，但你可以选择态度，用积极的心态去面对自己的人生，面对这个纷繁复杂的世界。

现实生活中最常见同时也是代价最高的一个错误，是认为成功有赖于某种天才、某种魔力、某些我们不具备的东西。其实并非如此，成功的要素其实掌握在我们自己手中。成功是运用积极心态的结果。一个人能飞多高，是由他自己的心态所制约的。

当然，有了积极心态并不能保证事事成功，但运用积极心态可以改善我们的日常生活。在积极心态的帮助下，我们能够给自己创造一个良好的心灵空间，走向成功；而一味沉浸于消极心态的人一定不能成功。拿破仑·希尔说，从来没有见过持消极心态的人能够取得持续的成功。即使碰运气能取得暂时的成功，那也是昙花一现、转瞬即逝的。

激情鞭策成功

激情是鞭策和鼓励我们奋进向上的不竭的动力，只有对工作充满激情，才能使自己对现实中所有的困难和阻碍毫无畏惧。激情，是一种能把全身的每一个细胞都调动起来的力量。在所有伟大成就的取得过程中，激情是最具有活力的因素。每一项改变人类生活的发明、每一幅精美的书画、每一尊震撼人心的雕塑、每一首伟大的诗篇以及每一部让世人惊叹的小说，无不是激情之人创造出来的奇迹。最好的劳动成果总是由头脑聪明并富有工作激情的人完成的。如果在工作上总是这山望着那山高，容易使人丧失了上进的动力和兴趣，从而阻碍了自己的发展。其实工作的成就感绝不只是靠金钱得到的，把收入看淡一点，从工作中发现兴趣，远比盲目地另找一份工作要实际。

美国著名人寿保险推销员弗兰克·帕克就是凭借着对工作的激情，创造了一个又一个奇迹。当帕克先生刚开始成为一个职业棒球运动员时，就遭受到了一次很大的打击，他被球队开除了，原因是动作无力，没有激情。球队经理对帕克说："你这样对职业没有热情，不配做一名棒球职业运动员。无论你到哪里做任何事情，若不能打起精神来，你永远都不可能有出路。"

　　后来，帕克先生的一个朋友给他介绍了一个新的球队。在到达新球队的第一天，帕克先生做出了一生最重大的转变，他决定要做美国最有热情的职业棒球运动员。

　　结果证明，他的转变对他具有决定性的意义。帕克先生在球场上就像身上装了马达一样，强力地击出高球，接球手的手臂都被震麻木了。有一次，帕克先生像坦克一样高速冲入三垒，对方的三垒手被帕克先生的气势给镇住了，竟然忘记了去接球，帕克先生赢得了胜利。激情给帕克先生带来了意想不到的结果，他的球技好得出乎所有人的想象。更重要的是，由于帕克先生的激情感染了其他的队员，大家也变得激情四溢。最终，球队取得了前所未有的佳绩。当地的报纸对帕克先生大加赞扬："那位新加入进来的球员，无疑是一个霹雳球手，全队的人受到他的影响，都充满了活力，他们不但赢了，而且他们的比赛成为本赛季最精彩的一场比赛。"

　　而帕克先生呢？由于对工作和球队的激情，他的薪水由刚入队的 500 美元提高到约 5000 美元，是原来的 10 倍。在以后的几年里，凭着这一股热情，帕克先生的薪水又增加了约 50 倍。

　　你一定会为帕克先生的激情所折服，但故事到此并没有结束。后来由于腿部受伤，帕克先生离开了心爱的棒球队，来到一家著名的人寿保险公司当保险助理，但整整一年都没有一点业绩。帕克先生又迸发了像当年打棒球一样的工作激情，很快他就成了人寿保险界的推销至尊。他深有感触地说："我从事推销工作 30 年了，见到过许多人，由于对工作始终充满激情，他们的收效成倍地增加；我也见过另一些人，由于缺乏激情而走投无路。我深信在工作中投入激情是成功推销的最重要因素。"

　　在职场上，这种激情创造成功的范例还有许多许多。我们的生命一半是给工作的，如果我们缺乏对工作的激情，工作就会变成无休无止的苦役，这是一件非常可怕的事情。正如加缪描写的古希腊神话中的西西弗的境遇：他不停地把一块巨石推上山顶，而石头由于自身的重量又滚下山去，再也没有比进行这种无效无望的劳动更严厉的惩罚了。然而，倘若我们真的处在这样的命运摆布之中，尽管可以找到怨天尤人的理由，但是，有一点必须注意的是，我们自己应对困境负主要的责任。我们往往把工作当成赚钱的手段，很少把它与实现快乐的途径联系在一起，而对待工作的态度是以金钱的多少为转移的。

对自己的工作充满激情的人，不论工作有多少困难，或需要多少的努力，始终会用不急不躁的态度去进行，而且一定能够出色地完成任务。

美国的《管理世界》杂志曾进行过一项调查，他们分别采访了两组人，第一组是公司在职的高水平的人事经理和高级管理人员，第二组是商业学校的毕业生。他们询问这两组人，什么品质最能帮助一个人获得成功，两组人的共同回答是"激情"。

激情对于事业，就像火柴对于汽油。一桶再纯的汽油，如果没有一根小小的火柴将它点燃，无论它质量再怎么好，也不会发出半点光和热。而激情就像火柴，它能把你具备的多项能力和优势充分地发挥出来，给你的事业带来巨大的动力。

人生目标贯穿于整个生命，你在工作中所持的态度，使你与周围的人区别开来。

成功是激情投入的产物，有些人热爱工作几乎达到了废寝忘食的地步，因为工作给其以成就感，工作令其兴奋、令其感到生命的充实。也正是因为这样，他们才能在工作中不断扩展自我、获取新知，达到成功的新境界。

兴趣是成功的推动力

有一位哲人这样说：快乐的秘诀，就是时时刻刻做自己喜欢的事。什么样的工作才能让我们发挥自身的优势，创造出令人羡慕的财富呢？那就是自己喜欢的工作。如果现在做的工作使你不开心，那就要考虑这项工作是否适合自己。不妨问一下自己下面几个问题：是不是感觉一天 8 小时的工作时间很长，度日如年，总在看表？工作的时候不想和同事说话，看到同事工作心里就烦躁？下班以后是不是总有一种悲观的情绪？是否感到很烦躁？

如果对于上面几个问题我们的回答都是肯定的，说明现在的工作不适合我们，我们不用在这个让我们如此心烦的工作上耗费自己的时间和精力了。

在职场上，我们还有很多选择。找一份自己热爱并擅长的工作，就好比和自己爱的人谈恋爱，我们在他或她面前才会展现出最精彩的自我，这样的工作才会给我们的事业增添光，而且做自己熟悉、热爱的工作，能把自身的优势全部发挥出来，并积累更多的财富。

小余原本是一名汽车维修工，因为他当初学的是汽车维修专业，但是他却并不喜欢这份工作，所以人总是懒懒散散的。后来他接触到了电脑，没想到刚一接触时就很感兴趣，于是花 900 元买了台二手电脑回家，自己摸索起来。慢慢地，在别人眼里很无趣的硬件及软件，都让他觉得很有趣。后来，他越专越精，直到现在他开了一家自己的电脑维修店。由于他维修电脑的技术很好，已经在附近小有名气，许多网吧、小公司都找他去做电脑的维护工作，每个月都有很好的效益。

兴趣是我们最好的导师，做我们感兴趣的工作、想做的事业，我们才更有可能成功；做我们想成为的人，我们才可能享受到人生的美好。当我们不知所措的时候，请静下心来听一听我们内心的声音，成功必在不远处等着我们。

所谓兴趣，是指一个人力求认识某种事物或爱好某种活动的心理倾向，这种心理倾向是和一定的情感联系着的。"我喜欢做什么？我最擅长什么？"一个人如果能根据自己的兴趣去设定事业的目标，他的积极性将会得到充分发挥，即使在工作中尝尽了艰辛，也总是兴致勃勃、心情愉快；即使困难重重也绝不灰心丧气，而能想尽一切办法，百折不挠地去克服它，甚至废寝忘食、如痴如醉。

可见，兴趣是我们职业的最好的老师。就像罗素说过，他的人生目标就是使"我之所爱为我天职"。也就是说，他要把生活中最感兴趣的事作为其终身职业，这的确是个值得效仿的好方法。所以，要确定我们的事业奋斗目标，首先要问问我们自己的兴趣究竟在哪里。

怎样才能选择一份和我们的兴趣对口的工作，从而发挥我们的力量呢？以下一些可以作为我们的职业选择参考：

愿意与人接触——喜欢同人交往，结交朋友，对销售、公共关系、采访、信息传递一类活动感兴趣。相应的职业如推销员、公关人员、记者、咨询人员、教师、导游、服务员等。

喜欢同具体事物打交道——喜欢操作具体事物，默默无闻，埋头苦干。相应的职业诸如制图、地质勘探、建筑设计、机械制造、计算机操作、会计、出纳等。

喜欢从事帮助人的工作——乐于助人，试图改善他人状况，帮助他人排忧解难。相应的职业如福利工作、慈善事业、医生、律师、保险员、护士、警察等。

喜欢干规律性工作——喜欢常规性、重复的、有规则的活动，习惯在预先安排好的程序下工作。相应的职业如图书管理员、文秘、统计、打字、公务员、邮递员、档案管理员等。

喜欢研究人的行为——对人的行为举止和心理状态感兴趣，喜欢谈论人的问题。相应的职业如社会学、心理学、人类学、组织行为学、教育学、政治学等方面的研究和调查分析。

愿做领导和组织工作——喜欢掌管一些事情，希望受人尊敬并获得声望，在活动中时常起骨干作用。相应的职业如政治家、企业家、社会活动家、行政管理、学校辅导员等。

喜欢抽象的和创造性工作——对需要想象力和创造力的工作感兴趣，喜欢独立工作，乐于解决抽象问题，具有探索精神。相应的职业如哲学研究、科技发明、经济分析、文学创作、数理研究等。

喜欢钻研科学技术——对分析的、推理的、测试的活动感兴趣，长于理论分析，喜欢独立工作并解决问题，也喜欢通过试验做出新发现。相应的职业如气象学、生物学、天文学、物理学、化学、地质学等研究和实验。

喜欢具体的工作——希望能很快看到自己的劳动成果，愿从事制作有形产品的工作。相应的职业如室内装饰、时装设计、摄影师、雕刻家、画家、美容美发、烹饪、机械维修、手工制作、证券经纪人等。

喜欢表现和变化的工作——对表演、运动、惊险、刺激的事情感兴趣，喜欢经常变动、无规律的但具挑战性的工作。相应的职业如演员、运动员、作曲家、旅行家、探险家、特技人员、海员、职业军人、警察等。

喜欢操作机械——对运用一定技术、操作各种机械去创造产品或完成任务感兴趣，喜欢使用工具，尤其是大型的马力强的先进机械。相应的职业如飞机、火车、轮船、汽车驾驶，机械装卸，建筑施工，石油、煤炭的开采等。

不必忧思过度

受一些思维的影响，原本单纯的孩子们早早地背负了"世界比你想象的还要复杂"的重壳，还未出校门就对社会产生了巨大的畏惧感，害怕自己无法适应这个复杂的社会。于是在师长们的"谆谆教导"下，心怀不安地开始钻研众多书籍，知道了对所处的环境要"眼观六路，耳听八方"，对朋友、对同事"逢人且说三分话，未可全抛一片心"，对谋事要"三思而行"等道理。做事处处设防，处处怕被人算计，整日小心谨慎地生活；刻意地与人拉开的距离，有时甚至会感觉自己孤独无依，也不敢依。同时也让我们有限的生命加大了时间成本，事业上加大了信誉成本，使我们的生命质量大打折扣。

事实上，我们并不需要如此忧思过度，也不需要活得这么累。真实的潜规则也并非那么刻意和复杂。世界上的真理永远都是朴素的、自然的、简单的，仔细研究一下现代成功人士的道路，我们会发现，他们之中最为聚焦的共同点就是：简单行事、复杂读书且极具思想。其实，细析人生的诸多难题，实在不难体会到"天下本无事，庸人自扰之"的现实生存状态。生命本应该是一件简单质朴的东西。在为人处世过程中，能够做到随时、随性、随遇、随缘、随喜，不盲从，不消极，积极地顺应事物发展的自然规律，也是一种难得的自在。

有一位老领导，将他一生中所有的经验教训总结为简单的四句话，告诉了他即将步入社会的女儿。

第一句话："压抑自己没必要，奉承巴结也没必要。"相对于趾高气扬的人，你再怎么尊重他，他也不会平等对你；你再怎么奉承、巴结，他也永远不会因为同情而施舍你。不管出身低微还是处境艰难，都不要寄希望于他人礼遇。当说时就说，当做时就做，只要别心虚和畏首畏尾，就不会让人轻易看不起，而你也将赢得更多平等的机会和尊重。

第二句话："不要盘算太多，要顺其自然。"做人不要盘算太多，只要自身努力够了，就不要拼命去求人，有时想得越多，心越急就越得不到回报；等你不想的时候，它就会意想不到地属于你。有些潜规则与不能把握的东西还是顺其自然。该是你的东西终归是你的，不要太强求。

第三句话："相信自己比依赖别人重要。"一个人，必须要有思想，有社会责任感，相信自己比依赖别人重要。不同的人做事肯定不一样，上司一般都会看出来的。只要尽心尽力做事，就不会被埋没，除非你对自己的能力有怀疑。关键是要摆正心态，有机会时就为社会多做点儿什么，没机会时要记住"为自己打工"，积累更多的有形无形资本。为自己做再多的事情也不过分，不论人生际遇如何，及时努力都不会错。

第四句话："不要对谁特别好，也不要对谁特别不好。"物以类聚，人以群分。任何单位，任何群体，人际关系结构都离不开"三三制"，具体到个人身上就是1/3的人对你一般，1/3的人对你不"感冒"，1/3的人对你好。这与我们常说的"1/3的人在干，1/3的人在看，1/3的人在捣蛋"同理。所以，必须因人而异，好的要保持，中立的要争取，敌意的要宽容。永远不要被少数人所利用。

很多时候，很多东西，非要亲身经历了，才更贴近于真实，才会发现，真的没有必要太刻意地复杂。有些东西并不是万金油，并非用在哪里都能起作用。生搬硬套相反倒是容易给人邯郸学步的感觉，徒增了不少尴尬。

价值观决定"值不值"

很多人每天都有苦恼和矛盾的时候，在值得与不值得之间作着艰难选择。"值得"与"不值得"，距离有多远，就在于我们的内心如何衡量。正如心理学中"不值得定律"所阐述，一个人如果在做一份自认为不值得做的事情，即使成功，也不觉得有多大的成就感；如果在做自认为值得做的事情，则会认为每一个进展都很有意义。

努力工作暂时先把儿女私情放在一边，因为这份工作值得；我要上网玩游戏或者网聊到底，因为这份工作不值得我放弃这些娱乐……我们常会有这样的想法。

那么，我们又是怎么来定义"值不值"呢？

李嘉诚当初为了开创自己的大事业，离开舅舅的钟表公司独自闯荡。然而，他并没有像很多年轻人那样浮躁，而是从很多年轻人都不屑的小事做起，在打工中循序渐进，一点一点地开创事业的新局面，终于成就一代富豪的庞大产业。

还有，美国通用电气公司前总裁杰克·韦尔奇曾说过：一旦你产生了一个简单而坚定的想法，只要你不停地重复它，终会将之变为现实。我们中的许多人天生有些心高气傲，认为自己从一开始工作就应该得到重用，就应该得到丰厚的报酬，往往会对手头上的琐碎工作不满，动不动就兴起"拂袖而去"的念头。一位先知说过："无知和好高骛远是年轻人最容易犯的错误，也是导致频繁失败的主要原因。"其实，小事也好，大事也好，都是我们内心价值观的一种判断，我们不妨听听比尔·盖茨的劝告："年轻人，从小事做起吧，不要在日复一日的幻想中浪费年华。"

我们渴望在工作中证明自己的优秀，但往往不屑于简单小事，从而失去了很多展示自己价值的机会和走向成功的契机。

那么，究竟哪些事值得做呢？通常，这要取决于三个因素。

第一，价值观。一般来说，只有符合我们价值观的事，我们才会满怀热情去做。

第二，现实的处境。同样一份工作，在不同的处境下去做，给我们的感受也是不同的。例如，在一家大公司，如果你最初做的是打杂跑腿的工作，你很可能认为是不值得的。可是，一旦你被提升为领班或部门经理，你就不会这样认为了。

第三，个性和气质。比如，在企业中，让成就欲较强的员工单独或牵头完成具有一定风险和难度的工作，并在其完成时给予及时的肯定和赞扬；让依赖性较强的员工更多地参加到某个团体中共同工作；让权力欲较强的员工担任一个与之能力相适应的主管之职。同时要加强员工对企业目标的认同感，让员工感觉到自己所做的工作是值得的，这样才能激发员工的热情。

明白了这个道理，做事或作选择时，我们就要理性地对待内心的"值得"与"不值得"。

吸引的回报理论

不管你承认与否，我们在与某个人成为朋友之前，这个人对于你来说总有或多或少的吸引力。也许因为对方知识渊博；或者是乐观自信，抑或是他可爱、热情、聪明等。

同样，当他人主动与我们做朋友时，我们身上的某个优点也吸引了他们。至少我们让他们感觉到我们身上有他们喜欢或令其满意的地方。毫无疑问，我们都乐意跟那些能带来报偿的人交往。

从心理学的角度看，这种现象叫吸引的回报理论。因为爱是相互的，你对别人的热情和真心对待，会换来你对他的吸引。在友谊中，双方的长处和优势得以互换。所以，只要你善意、真诚地去对待别人、欣赏别人，定会有意想不到的收获。

在中国这个重人情的大环境下，良好的人际关系可以为我们的工作和生活带来极大的方便。为此，我们要重视人际交往，而从关系回报中提升他人与我们交往的兴趣，是织就关系网的一个有效途径。具体做法可参考以下几个方面：

1. 保持关系中的及时回报

俗话说："种瓜得瓜，种豆得豆。"种下仁惠、真诚的热情，得到的也将是对方的真心与热情。在人际关系的过程中，我们要想保持关系常鲜，首先注意到的就是及时的回报。

2. 主动提供帮助

没有哪一个人会永远顺利的。如果朋友遇到困难时应及时安慰或帮助他们。当他们落入低谷时，打电话给他们。不论你的关系网中谁遇到麻烦，立即与他通话，并主动提供帮助，这是表现支持的最好方式。

患难见真情，这时的帮助与安慰更易感动朋友，同时也体现出我们的人格魅力。

3. 表现出经常需要他

在交往中不能总做接受者。如果你仅仅是个接受者，无论什么关系网络都会疏远你。搭建关系网络时，要做得好像你的职业生涯和个人生活都离不开它似的，让对方感觉到自己被重视，表现出对他人的尊重是吸引人最为有效的方式之一。

4. 形成互动

在谈话和交往中，要及时回馈对方，这样会增加对方的兴趣，加强互动的频率，有助于形成密切、融洽的氛围。在做出反应时，一定要自然，不能做作，夸张的动作反应和尖声大叫等都会弄巧成拙，甚至滑稽可笑。作为积极的反应，还应包括富于响应力的对话。

5. 诱发对方愉快的情感

依据理论家伯恩和科罗尔等人的理论：人们通过条件反射形成了对那些与回报性时间有关的人的积极感受。比如，在一周的紧张工作之后，当我们围坐在篝火前，享受着可口的食物、醇香的美酒和美妙的音乐时，我们就会觉得一切都那么温暖。因为我们喜欢那些回报我们或与我们得到的回报有关的人。意思是我们不仅乐于跟那些能带来报偿的人交往，我们还喜欢与那些能让我们心情愉悦的人交往。

如果我们在人际交往中做到以上几个方面，相信会有越来越多的人愿意与我们成为朋友，我们在社会交往中将行走自如，生活和工作会变得更加美好。

运气可以自己培养

有的人好像天生受幸运之神青睐，做什么事都顺心合意，甚至好机会都不求自来。而有的人却处处碰壁，倒霉事接二连三。运气是不是真的是天生的，人们能不能改变自己的运气呢？

苏珊是一名 34 岁的看护助理，来自英国的布莱克普尔。在感情的道路上，苏珊一直走得磕磕绊绊。有一次她被安排与一名男子相亲，对方不小心撞到玻璃门上，把自己的鼻梁给撞断了。下一个相亲对象骑着摩托车赶赴约好的碰面地点，却在路上发生了车祸，他的两条腿都摔断了。几年以后，她终于准备踏入婚礼的殿堂，可就在结婚的前一天，他们所选的教堂被人一把火给烧了。除此之外，苏珊还遭遇过一系列令人跌破眼镜的意外。其中有一次在一段不到 50 英里的旅程中，她就遭遇了 8 次车祸，真可谓是厄运缠身。

这个例子可以说是坏运气的极致体现了。那么，人的运气好坏真的只是人生历程中的偶然事件吗？有心理学家设计了一系列的实验来研究人的运气。

心理学家给那些志愿者每人发了一张报纸，请他们仔细看过后告诉他里面共有几张照片。其实，在报纸的中间部位，他用半版的篇幅和超大的字体写了这么一句话："如果你告诉研究人员看到了这句话，就能为自己赢得100英镑！"这是心理学家特别为他们准备的一个赚钱的机会，不过他并没有提前告诉他们。那些幸运儿显得非常放松，所以看到了报纸中间的大字，从而为自己赢得了100英镑。与此相反，那些运气不佳的人完全把心思花在了清点照片的数量上，所以并没有发现这个赚钱的机会。这个简单的实验表明，幸运的人总能够把握意想不到的机会，从而为自己带来好运；而不幸的人则可能因为给自己太多限制，而错失良机。

瑞典于默奥大学医学院的捷安堤·乔泰教授的大部分研究工作都是在探讨人们的出生日期跟其心理和生理健康之间的关系。在其中的一项研究中，他要求大约2000人完成一份调查问卷，借此来衡量他们自认为喜欢追求刺激的程度，然后查看问卷的得分是否跟人们的出生日期相关。喜欢寻求刺激的人无法容忍他们此前已经看过的电影，喜欢与捉摸不透的人相处，容易被登山和蹦极等具有较高风险的运动吸引。与此相反，不爱寻求刺激的人喜欢一遍又一遍地看同一部电影，感觉跟自己非常熟悉的老朋友相处非常舒服，而且不喜欢去他们从来没有去过的地方。追求新奇和刺激是我们人性的一个基本方面。捷安堤的研究结果显示，喜欢寻求刺激的人通常是在夏天出生的，而那些喜欢熟悉事物的人则更可能出生在冬季。

受捷安堤教授的启发，心理学家在想"天生幸运儿"是否也跟时间心理学有关。时间心理学的相关研究显示，出生月份的确会对人们的行为方式产生细微的影响。不过，也有一些研究人员研究过两者之间另外一种完全相反的效应。也就是说，人们的行为会如何影响他们对自己和他人真实生日的阐述。

这些实验结果告诉我们，那些志愿者的运气好坏在很多情况下是由他们的思想和行为所决定的。幸运的人通常乐观开朗，而且充满活力，所以容易接受新的机遇和经验。相反，不幸的人性格相对孤僻，而且反应不够敏捷，所以常常对人生感到不安，不太愿意充分利用摆在面前的大好机会。

由此看来，你经常得到幸运之神的垂青，还是常因运气不佳而扼腕叹息，其实很大方面与天生无关，而更可能是你给自己的暗示，以及你心态和行为吸引而来的。积极乐观的心态会为你带来好时运，而消极抱怨则可能让厄运不断。

第二十章　管理要懂一点心理学

心理学研究的方向、领域很宽广，比化学、物理都要宽广。比如我们可以做脑科学，做跟大脑有关的神经机制，跟生命科学做的事情一样多。但是我们也可以做人力资源，做人才选拔，跟管理学院，跟其他行业做的一样多。

——周晓林

（北京大学心理学系主任，心理学家）

为什么会对领导的决断有抵触

领导与下属是社会关系中常见的一种。领导者对下属实施领导，并按照一定的目标、任务、标准、程序等要求下属做什么、怎么做，并规范下属的行为。二者之间有时难免会发生冲突。

在职场中，为什么下属会对领导的决断产生抵触呢？所谓抵触心理是对事物的压力变化产生的一种抵触心态，使情绪变得非常的暴躁和极度的不稳定。比如你想尽快地完成工作，领导却给你设置了重重障碍，致使你产生抵触心理。

抵触情绪常常以下列三种形式出现：

其一，条件限制。某些人不能支持或同意你的提议，是由于某种无法妥协的原因（例如：公司政策、法律原因、合同义务）。

其二，找借口。人们会找借口或拖延，是因为不相信你的主意会使他们受益。此时你能做的就是消除他们的疑虑。

其三，真正的反对。这种情况是由于缺乏资金或资源，受时间限制等原因造成的。

对领导决断的抵触，其实就是对领导能力以及决断的怀疑。当你在职场碰到能力不如你的领导，心里或多或少会有些不服，对领导的话也不怎么放在心上，对于领导的决策也持反对意见，更不愿意去执行。觉得领导的各种决策都是错的或者觉得领导是在自作聪明，这种肤浅的决策作为下属的你动动脑筋就能做出判断；甚至你觉得这决策很不可思议，对此感觉很无奈。

产生矛盾后，若身边再有人挑唆，下属就会觉得自己的努力领导根本就不会放在眼里，因而做事变得不积极；而领导会觉得，我给他做规划都是为了他可以尽快晋升，他还不领情。双方有了矛盾一般不会当场发作，但会对对方产生不满的心理。

出现抵触心理时，我们应该怎么做呢？

先来了解令下属不满的领导类型：

暴躁型：这类上司经常为一点小事发脾气，性格急躁，容易将个人情绪带进办公室；

优柔寡断型：你的上司总是朝令夕改，令你措手不及；

摆款型：此类上司自恃清高，喜欢摆架子，而且心胸狭窄；

管家婆型：这类上司事无巨细，什么都管，表面上他似乎相当开明，鼓励人尽其才，实际上他只是将他下属当工具，他的意见就是命令，你很难获得成就感；

不体谅下属型：此类上司做事缺乏责任心，不懂得体谅下属，这一类型也是下属最抵触的。

对于以上几种类型的领导，我们能做的就是熟悉领导的心理特征，与之多沟通交流。不熟悉领导的心理特征，就不能与之进行良好的交流，无法与领导取得共鸣。

即使你受到了极大的委屈，也不要把这些情绪带到工作中，因为这会影响你的工作。

领导和下属要学会换位思考，站到对方的立场去想问题，这样双方的合作就会十分愉快。一旦你真正消除了抵触心理，你就会觉得你们更像是伙伴而不像是上下级。作为伙伴，领导会委托给你更多更重的任务，使你有更广阔的发展空间。

让你的员工拥有归属感

根据马斯洛的需要层次理论，人们在满足较低层次的需要之后，就会追求较高层次的需要。当人们生理和安全的需要得到满足之后，就会有归属和爱的需要。正常的人都有归属需要，而且绝大多数人都希望自己归属于多个群体或组织。人们大多希望自己能组织家庭，有情感寄托，能享受天伦之乐。人们还希望自己归属于某个群体，有朋友，能社交。人们还希望自己有单位、有组织，一来可施展才华和抱负，满足成就感；二来可从组织中获得支持和帮助，得到力量感、温暖感和归属感。一个人对某个组织的归属感越强，他就越热爱这个组织，工作中的积极性也就越高。

所谓归属感，是指由于物质和精神两方面的共同作用，使某一个体对某一整体产生高度的信任和深深的眷恋，从而使该个体在潜意识里将自己融入整体中去，并将该整体利益作为自己行事的出发点和归结点。员工的归属感对企业的发展尤为重要，能否使员工产生归属感，是赢得员工忠诚、增强企业凝聚力和竞争力的根本所在。

归属感是一个外延广泛、内涵丰富的概念。从表层而言，归属感体现为一种满意度，简单来说就是指一个人对他所从事的工作的态度。工作满意度高的员工会对工作保持积极的态度，表现为工作高度投入、主动性强、工作效率较高；对工作不满的员工则会对工作持消极的态度，如推卸责任、逃避承担更多工作。适度挑战性的工作、公平的报酬、支持性的工作环境、融洽的同事关系都是工作满意度高低的决定因素。

深层挖掘归属感的内涵，可以看出它不仅仅是一种满意度，更表现为一种团队意识、创新精神的发挥以及主人翁意识、个人能动性的体现，是员工价值观和企业价值观的高度统一。只有当员工的个人价值观和企业的价值观得到了某种程度的统一，员工感到自己的理想能与企业的实际结合起来，才会有事业成就感、有与企业一起发展的渴望，才有理由相信自己的价值会在企业的运营中得到实现，才有决心将自己融入企业中去，以企业的利益为自己行为的导向，从而使归属感随之产生。

员工的归属感是企业凝聚力的核心。那种被企业需要、尊重的感觉会不断激发员工的创新意识。当企业有经营困难时，有归属感的员工更能不离不弃、与企业共渡难关。一旦员工对企业产生了"依恋心""归属感"，就会撂不下手中的工作，离不开合作的团队，舍不得未完的事业。如果员工对企业不信任、欠缺对团队的归属感，他们就不可能会以在团队中工作为傲，工作的热情和实力也不会被完全激发，他们只是为"工作"而工作，只会"做完"工作而不是"做好"工作。

而一旦如此，为了确保竞争和发展，另一种情况就会随之产生，那就是企业的流动性会相对增大，这样企业的稳定和长期发展就得不到保障。

企业需要员工的"归属"来积聚向心力，同样对于员工来说，他们也需要这种"归属感"来满足自身对"安全感"的追求。人总有一种安全的需要，他需要加入到某一个集体当中去，通过群体成员之间的相互作用，被这个集体的其他成员所认同，进而产生一种被社会认同的感觉。人在这种情况下才可以消除无助感和孤独感，减少自我怀疑，觉得自己更有力量，面对复杂的社会生活能够感觉到是安全的、有依托的、被他人信任的。人们在安全感的基础上，更能够满足地位感的需要、自尊的需要、实现目标的需要，从而产生更加强烈的对该群体的归属感。

那么，在组织管理活动中如何才能满足员工的归属感呢？

1. 增加员工之间相互交流的机会，让大家彼此增进认同感

成员之间多交流、多沟通，才能相互了解，达成共识，消除误会，增进认同感，从而增加归属感。比如说，多组织大家开展一些娱乐活动、对一些问题开展讨论等。

2. 让员工有安全感和温暖感

"哪里最安全、最温暖？"当有人问这样的问题的时候，相信绝大部分的人会回答"家"。也正因如此，每个人才都想营造一个温馨的家，并为家庭的建设奋斗终生。

一个好的公司应给员工以家庭般的温暖感、安全感。其中，最重要的一条就是不轻易解雇员工，且让他们在工作中、生活中遇到困难时能及时得到帮助，在公司中能够得到家庭般的温暖。

3. 安排员工感兴趣的工作

兴趣是最好的老师。心理学研究表明，一个人干他所感兴趣的事比干他不感兴趣的事的效率能高出若干倍，干自己感兴趣的工作往往容易出成果，且长期从事自己感兴趣的工作有利于身体健康；反之亦然。因此作为管理者，要善于观察、分析每位员工的兴趣差异，因人而异地安排工作。如果每位员工所干的都是自己感兴趣的工作，他们就会热爱各自的岗位，工作就会对他有吸引力。

4. 让员工有成就感

作为管理者，要经常宣传本组织工作的意义，让员工觉得自己是在做有意义的工作。还要对干出了成绩的员工不失时机地进行表扬，尤其要给成就欲望强、抱负大的员工安排能充分施展其才华的岗位，且委以重任，让他们能从事业中获得极大的乐趣。

5. 让员工觉得自己很重要

作为管理者，要掌握每一个员工的情况，以便既可以量才而用，又能够给下属一种"我在上司心目中有位置"的感觉，以增强他对工作的责任心。通常情况下，员工都愿意让上司知道自己的名字，愿意在上司面前表现自己，以引起上司的关注。管理者一定要了解员工的这一心理，并满足他们的需求，以激发、鼓励他们的工作热情。你对员工越关注、越了解，他就越高兴，工作热情也会越高，对公司的贡献也会越大。

面试官为什么喜欢拉家常

面试一直是很多大学生的难题。因为大学生刚毕业，社会经验不够，而面试官却不是和他们探讨学业上的问题，也不像在学校写论文时有章可循，他们总喜欢和大学生们拉家常，面对面试官那些天南地北的问题，大学生总是不知所措，不知道应该怎样应付，所以很多都铩羽而归了。

面试官为什么喜欢和面试者拉家常，为什么总是说一些看似和主题无关的问题？其实，这里大有深意。既然面试，就是要达到效果——录用合适的人，所以不要以为面试官的问题都是随口而出的。之所以要给应聘者这样的假象，是因为面试官知道应聘者都是有备而来，虽然心情有点紧张，但是对设想的问题都已经想好了一些对策，在这种情况下问问题，面试官得不到自己想要的效果。于是，要问些看似不着边际的问题，以分散应聘者的注意力，再把真正有杀伤力的问题隐藏其中，这时候，就能看出应聘者的真水平了，只是大多数应聘者在面试官漫无边际的聊天中放松了注意力，无法回答到点子上，结果导致面试失利。

面试官之所以要跟面试者拉家常正是应用了心理学上的"鲶鱼效应"。什么是"鲶鱼效应"，这一效应有什么作用呢？

鲶鱼效应最大的影响力是能够引发人们的应激心理，应激心理是由塞莱氏根据机体遭到侵害而产生紧张的反应状态。后来心理学家将该效应引起的应激心理总结为：在受到外界的巨大压力时，人们会处在高度紧张、亢奋的精神状态中，这能够激发人们内在的无限潜能，从而使人们爆发出超常的能量。

虽然与生俱来的能量和无限潜力每个人都具有，但人们的惰性属于天生的弱点，当人们每天让自己处在一个相对宽松、安逸的环境中时，自己的惰性会被潜意识不断地强化，在这种状态下，就会导致贪图享受的出现。这种状态在动物群体中也适用，比如曾经在澳大利亚的牧场草原上，野狼吞噬羔羊的情况经常出现，在政府和军队的多方帮助下牧民将狼群赶尽杀绝。虽然没了狼，但是羊群的数量依然逐年下降。这是因为随着狼的被消灭，羊群的紧迫感、危机感也没有了，它们也同时失去了激发内在繁殖、生活的动力。

医学界认为，当人们处在一个适度的忙碌、紧张状态中时，对来自外界的各种信息刺激，有着高度的敏感性，从肾上腺源源不断地分泌出大量的激素，人们会产生前所未有的能量和生存力。

"生于忧患，死于安乐"是中国的古训。事实上，每个人在现实生活中获得成功与辉煌的比例都是相等的。而之所以绝大部分人平庸，最主要的原因是由于周围的环境带给了人们太多的安逸感觉，从而满足现状、放松自己、固守平庸；相反，有着杰出贡献的那些人，他们无时无刻不把自己放在一个适度的忙碌状态中，固有的忙碌带给他们紧迫感、危机感，而他们正是被这些特有的紧张、压力激发出前所未有的能量，从而获得成功。

作为一名普通的推销员，在最初刚做推销行业时，小刘并没有出色的成绩，每个月的工资都不够自己的生活费。为了更好地提高自己的推销业绩，他整天虚心地学习那些出色的推销员的方法，后来他总结出来了一套自己的推销秘诀，凭借这个方法他连续3年拿到了推销业绩的第一名。这是什么样的方法呢？他推销前、推销中、推销后的行为是这样的：无论推销对象是什么样的客户，他都会准备好推销时可能用到的一切用具并提前预测客户可能提出的问题，然后防患于未然，他会一一列出这些问题的答案。见到客户后，他除了认真介绍自己的产品，还会仔细且认真地倾听客户的意见、观点、问题等，客户言谈举止中的每个细节他都时刻注意。无论此次推销是否成功，推销结束后，他都会总结推销过程中的经验和心得。然后把推销过程中客户拒绝自己的原因以及自己没有解决的问题纷纷列出来，并一一地寻找最佳答案，这样就会避免同样的事情在下次推销的时候发生。这种时刻让自己处在紧张中的努力正是让小刘在销售领域获得成功的原因。

让自己时刻处在适度的紧张状态中，人们究竟该如何做呢？人们在工作时要做到细心、精心，遇事多想一点，多做一点，可以在感到累的时候适当地放松自己，但要有个放松时间的规定；也可以打破内心原本的安逸惰性，为自己找一个竞争对手，这样能够让自己立刻投入到残酷的竞争压力中，能够快速调整身体中的每一根神经到紧张的状态中。

面试是一场心理博弈，这是一场应聘者与面试官之间没有硝烟的战斗。面试官和应聘者都要揣摩对方想什么，那么，谁揣摩的正确，谁就先攻破了对方的心理防线，谁就是胜利者。有些问题面试官虽然只是随便问问，但是却能看出应聘者的人品和为人处世的方法。看似简单的问题，如果应聘者回答得很随意，面试官自然不满意，毕竟，公司不是学校，口无遮拦是不利的。应聘者如果想胜出，就不能在拉家常中丧失了注意力，你要时刻保持适度的紧张，在整个面试过程中，除了保持谈吐谦虚谨慎，举止文雅大方，态度积极热情之外，谈话时，不要显得漫不经心，眼睛不要东张西望，要适时地注意对方，也不要眼皮下看，那样会显得缺乏自信，与用人单位激动地争辩某个问题也是不明智的举动，保持不卑不亢的冷静风度是有益的。确认提问内容，切忌答非所问。回答问题简洁明了，条理清楚，把握重点，有理有据。向面试官展现你是一个认真、严谨、忠诚、勤奋的人，这样才能达到面试官的要求，才有可能胜出。

罗素·康威尔说：成功的秘诀没有什么特别的，就是凡事都自我要求达到极致的表现而已。事实上，达到极致表现的方法之一就是让自己适度的紧张，所以，那些在生活中保持适度紧张的人，可以在提高工作和学习效率的同时增添生活情趣，使身心健康、事业辉煌。

为什么要公布工作计划

有一些公司会在每年年初要求每个部门以及每个人制订出本年的工作计划，并且要求工作任务要超去年的 20％。公司管理部门会将这些计划公布在公司的网站上，每个员工都能看到。对这样的做法，有的员工很不理解甚至很不满，认为这样会让自己感到压力，万一完成不了，到时候会很没面子。那么，公司为什么要这样做呢，是一时心血来潮么？

在心理学中有个词叫作"成就动机"，是指个体追求自认为有价值的重要的工作，并使之达到完美状态的动机，而这个动机是推动人们前进的内部动力。成就动机经常被运用在生活中，只是人们给其定义的名字不一样，有人将其称为希望、梦想，也有人将其称作目标、心愿、计划等。只要人们内心具有一个成功的信念，这即是一种内在的驱动力，会使自己用高标准的姿态要求自己，从而获得成功。

著名的心理学家斯考沃茨博士曾做过一个深度的调研，在调查中发现，无论是生活贫苦的平民百姓，还是出身高贵的富家子弟，虽然他们的经历截然不同，工作也千差万别，但是在赢得成功方面他们有着共同的特点，即一个怀抱梦想或者拥有某种意念的人最终会成功；而那些根本就没有过强烈的梦想或者愿望的人，以及绝大部分曾怀揣梦想，但在面对现实的时候放弃了最终梦想的人，基本上都是平庸无奇或者虚度生命。

人们可以通过这个调研结果了解这样一个道理：源于一个梦想或者意念的内在动机促成了世界上所有的成功。在这种内在动机的驱使下，个人的潜能会不断地被激发，人们在一次次的自我完善中坚持着打造完美，最终获得成功。美国财政部部长在南卡罗来纳州的一个学院做演讲时告诉学生们：一个人能否获得成功，不取决于生下来的状况，也不取决于运气、环境。我们可以想办法改变不如意的情况，你只需在改变这种不幸的境况时明确地告诉自己：我希望变成什么样的情况，然后不停地以此作为意念，采取行动，全身心地投入，向理想的目标前进。

公司把每个员工的工作计划公布出来，就是为了让员工们给自己装一个促使自己完成任务的"发动机"，使自己全身心地投入，克服各种困难阻力，朝着既定目标前进。生活中人与人之间的差别原本很微小，但为什么造成了巨大的差异，其原因在于是否摆正了心态，获得成功的内在驱动力是否充满内心深处，而世上的一切财富、成功，都源于人的意念，正如詹姆斯·艾伦所说：无论在物质世界还是精神世界里，对目标的坚定是所有努力的根源。

具体而言，就是能够正视所遇到的挫折和失败，在工作或者做事情的时候，要有克服障碍和困难的心态，要有不达目的决不罢休的坚韧意志，要表现出极大的韧性和毅力。此外，还要不断地要求自己，提高自己，逐步分层次地完善自己。如果一个人朝着梦想的方向充满自信地前进，用破釜沉舟的勇气争取他梦想的生活，在他意想不到的时候成功就会突然降临。

正所谓：气魄大方可成就大，起点高才能功名高。有人认为天才或成功是先天注定的，但是，实际上成就天才事业的人远没有世上被称为天才的人多。为什么许多人一事无成，因为他们缺少排除万难、雄心勃勃、奔向成功的动力，因为他们不敢为自己制订一个高远的奋斗目标。如果缺少一个认定的高远目标，不管一个人有多么超群的能力，他都将一事无成。设定一个高目标，就等于达到了目标的一部分，这就是心理学中所说的吉格勒定理。这也是为何公司要让员工制订比去年高很多的工作计划的原因，这才能促使员工完成和超过心中的既定计划。

齐瓦勃是美国伯利恒钢铁公司的建立者，他出生在美国的一个乡村，受的学校教育非常少。虽然如此，齐瓦勃却雄心勃勃，每时每刻都在寻找着发展的机遇，他坚信自己一定能做成大事。

18岁的齐瓦勃来到钢铁大王卡内基所属的一个建筑工地打工。在他踏进建筑工地的那一天，他就下决心要做同事中最优秀的人。

每天晚上，同伴们都会在一起闲聊。只有齐瓦勃躲在角落里读书。一天，到工地检查工作的公司经理恰巧看到了这一情景，问道："你为什么学那些东西？"齐瓦勃说："我想公司并不缺少打工者，但缺少的是既有工作经验，又有专业知识的管理者或技术人员，不是吗？我不仅在为老板打工，也不单纯为了赚钱，我是在为自己的远大前途打工，为自己的梦想打工。"

齐瓦勃抱着这样的信念，一步步成为总工程师、总经理，最后被卡内基任命为钢铁公司的董事长。后来，齐瓦勃终于建立了自己的大型伯利恒钢铁公司，并创下了非凡业绩。正是因为齐瓦勃从一开始就为自己制订了一个高远的目标，才完成了从打工者到创业者的飞跃。

心中一开始就怀有一个高远的目标，意味着你从开始就知道目的地在哪里，以及自己现在在哪里。至少可以肯定，朝着自己的目标前进，每一步迈出的方向都是正确的。心中一开始就怀有最终目标，会让你逐渐形成一种良好的工作方法，养成一种理性的工作习惯和判断法则。

有了一个高的奋斗目标，你的人生也就成功了一半。如果格调低下、思想苍白，生活质量就会趋于低劣；反之，生活则多姿多彩。

请员工吃饭有什么作用

李开复喜欢请人吃饭是出了名的，许多人不明白他为什么那么热衷请人吃饭？其实很简单，"拿人手短，吃人嘴软"。吃饭不仅可以互相增进了解，增进感情，而且吃了别人的饭，理应帮别人做事，或提供力所能及的帮忙。这就是请吃饭的奥妙，吃饭是在打心理战。

在生活中人们经常会以相同的方式回报他人为自己所付出的一切，正所谓你想别人怎样对待你，你就要怎样对待别人。在别人给予他人好处后，人们心中会有负债感，总希望能够通过同一方式偿还这份人情。这就是心理学上所说的"互惠原则"，是指受人恩惠就要回报。互惠原则认为，人是三分理智、七分感情的动物，友善会孕育友善，付出会孕育付出。

如果你想成为一个成功者，就要利用好这种互惠心理。也就是说，在你想得到他人帮助之前不妨先向对方提供帮助，这等于提前在人际关系的银行中存下了丰厚的资金，你可以在需要时随时支取，甚至透支使用。俗话说"鸦有反哺之义，羊知跪乳之恩"，动物尚且如此，更何况人呢？所以，如果你想让对方心服口服地跟着你走，就要给人好处，让人对你有负债感。

1985 年，墨西哥发生里氏 8.1 级地震，地震造成了重大损失。当时埃塞俄比亚红十字会为了帮助墨西哥地震中的受难者，向墨西哥捐出了 5000 万美元，很多人为此感到震惊。不过对于那些知情人士而言，这又是情理之中的事情。据知情者透露，墨西哥在 1935 年埃塞俄比亚抗击意大利侵略时，曾给埃塞俄比亚提供过巨大的帮助，所以 50 年后，当墨西哥发生地震后，埃塞俄比亚会立即做出这样的回报。

爱默生说过："人生最美丽的补偿之一，就是人们真诚地帮助别人的同时也帮助了自己。"墨西哥与埃塞俄比亚的这种互帮互助的现象，增进了彼此的友好关系，拉近了两国间的距离。心理学认为，任何人做任何事情都会受到互惠心理的影响。负债感会督促人们通过同一方式或者其他方式偿还这份债务。

首先友善地对待对方，就能有效地影响对方。对方在接受了这份友善后，心里会产生亏欠感，而事情的主动权，也会因此掌握在主动施人以友善的人手中。日本商人说："施恩是回报率最高的长线投资。"确实如此，当你为了事业奔波劳碌时，当你在生活的道路上摸爬滚打时，当你为了得到他人的支持而煞费心思时，不妨学会先给予对方所需，然后再向其索取你想要的东西，这时往往会有事半功倍的效果。

生活中的每个人，都会不同程度地受到互惠心理的影响，因此当别人给予自己帮助时，会自然地想着回报对方；当别人对自己好时，自己会想尽办法对别人更好。所以，如果人们能在平时及时、适当地施恩于他人，那么他人就会心服口服地成为你成功路上的帮手。

关心别人就是关心自己，这是相对论的角度。你只有关心别人了，在你需要帮助的时候别人才会更好地回报你、关心你。关爱别人其实就是在关爱我们自己，这是从互惠原则上讲。在你关爱对方的同时，对方也会借助其他的方式关爱你。这能拉近人们之间的距离，促使人们成为亲密的朋友。戴尔·卡耐基曾说过："一个真正关心别人的人，在两个月内所交到的朋友，比一个总想让别人关心他的人，在两年内交到的朋友还要多。"所以生活中不妨学会多爱护人、多关心人、多体贴人，这样会使你做起事来得心应手、事半功倍。

也许有人会说，自己懂得这个道理，可与他人交往中应当如何主动关心、帮助别人呢？其实方法很简单：如果你每天奔波于外面的业务，可以利用在外面跑的机会，多联系曾经被你疏远的朋友，比如一起吃个饭、喝杯咖啡等；如果你每天待在办公室中，那就利用吃饭和休息的时间，和朋友、同事多交流沟通；如果你经常出差，在每次出差回来时不妨给同事带些当地的特产或者其他特色小礼物等。

看上去虽然事情小之又小，但坚持做下去却对拉近彼此间的关系具有重要作用。当你有求于对方时，即使他们对你提出的事情无能为力，也会想尽办法帮助你，因为他们感到自己必须帮助你。对于那些平时不关心、不联络他人的人，事到临头才来抱佛脚，那肯定会碰壁。

在心理的负债感面前任何人都会显得软弱无力，这就是互惠原则中亏欠心理所带来的威慑力。心理学认为，无论在什么样的情况下，即使是一个我们不熟悉的陌生人，如果你先给他点小恩小惠，再请求他为你办事，会大大提高对方答应或者接受你请求的可能性，有时甚至可以进一步给你提供方便，这就是亏欠所带来的互惠影响力。

为什么要男女搭配

吴霖是一家广告公司的设计师，自从他上班以来，他所在的办公室就只有清一色的男士。吴霖是一位非常勤奋的人，他喜欢不断地工作、不断地产生新的设计思想。然而，最近这两年以来，他发现自己在办公室待得太久之后，经常会莫名其妙地产生一种无聊感、空虚感，而且白天很容易疲劳，创作与设计方面的灵感也似乎逐渐枯竭了。然而，一个月之前，吴霖所在的公司为吴霖的设计室聘来了一位年轻貌美的美术学院毕业的女大学生。吴霖发现，只要有这位女大学生在办公室，他工作起来就特别有劲儿，设计东西也特别有灵感，而且他还会莫名其妙地产生一种欣喜感和兴奋感。

吴霖在女大学生来了之后所产生的这种心理正是我们平时所说的"男女搭

配，干活不累"。像吴霖一样，其实我们每个人都会有这样的亲身体验：和异性在一起工作总是会感到轻松愉快，不知疲倦。但这并不能说明我们是好色之徒，这其中包含着科学和心理学的原理。

心理学家发现，"男女搭配，干活不累"的心理效应在男性身上表现得往往会更为明显一些。这主要是因为男性比女性更喜欢通过视觉获得有关异性的信息，异性的容貌、发型、肤色、身段等外部特征都易引起他们的极大兴趣，并会对他们的感觉器官产生某种程度的冲击作用，使他们感到愉悦不已。另外，心理学家还发现，男性在女性面前的表演欲望要比女性在男性面前的表演欲望强烈得多，而表演欲望和表演行为本身会刺激人体产生更多的神经传导物质多巴胺。多巴胺是一种能引起人兴奋并能够增强人的动机的神经传导物质，人体内多巴胺水平的正常增高会使人感到活力无限和兴奋不已。

同样的道理，女性在男性面前也会有这种表演欲，只是没有男性在女性面前的表演欲强烈而已。女性的这种表演欲也能在她们体内引起多巴胺水平的变化，从而使她们的兴奋度提高、工作的活力增强。除了以上两个方面的原因以外，还有一个原因是不能忽视的，那就是男女在性格等诸多方面具有互补性，男女在一起工作会更充分地表现出这种互补性。假如女人和女人在一起工作或男人和男人在一起工作，就不能体现这种性格方面的互补性，工作的效率也肯定会受到一定的影响。

科学家发现，人体向外释放的外激素非常容易被周围的异性接收到，并对他们的行为产生影响。除了心理和精神方面的因素以外，研究人员还提出了另外一种解释"男女搭配，干活不累"的理由。20 世纪 70 年代后期，科学家对外激素的研究兴趣日益增强，并发现了外激素活动对人及动物行为的影响规律。外激素是通过分布在人或动物皮肤或外部器官上的腺体向外释放的激素。

"男女搭配，干活不累"可归结为"同性相斥，异性相吸"的"异性定律"。

在宇航员、野外考察人员或男性工种较单一的职业中，时间长了，其工作人员会产生一种莫名其妙的头晕、恶心和浑身不适感。这种状况用药物治疗往往无效，但在与异性接触后，却会很快得到缓解。原来，这种"病症"是性比例严重失调、异性气体极度匮乏的结果。所以，目前一些国家在派往南极的考察队员中，往往有意识地安排一些女性介入，是有其良苦用心的。

在一个群体中，有男有女和只有单独一种性别有一些微妙的差别。无论男性或女性，长时间从事某一单调工作时，都会感到寂寞、疲劳、工作效率低下等。而增添了异性后，这种情况马上会得到缓解，时间也感觉过得很快，工作也感到轻松多了，而且效率特别高。

在社会生活中，如果一些企业、单位能对异性定律进行合理的利用，就可以让许多事情达到事半功倍的效果。异性在一起工作，往往有以下好处：

1. 取长补短，完善个性

男人一般性格开朗、勇敢刚强、果断机智、不拘泥于小节、不计较得失、行为主动，而女人往往文静怯懦、优柔寡断、感情细腻丰富、举止文雅、灵活、委婉、性格比较被动。男女在一起，能够进行优势互补，同时容易促使双方发现自己的缺点，并完善自己。

2. 增强推动力和约束力

人总是想在异性面前表现自己最好的形象，因为得到异性青睐是我们的巨大动力。这样，男女在一起就容易激发出各自最好的表现，各显其能，发挥出最大的能力，同时有一种内在的心理约束力来规范自己的言行。

3. 增强凝聚力

男女搭配，可以使一个群体的成员增强感情依托、荣誉感和凝聚力，从而提高工作效率。不过"异性定律"也不能滥用。女性外表漂亮，讨人喜欢，如果再加上交往得当，在异性面前办事容易，这是正常的。但是，如果为达到某一目的而用色相去引诱别人，就不道德了。男性对异性，尤其是对年轻漂亮的异性热情些、客气些也无可非议，但把异性当作刺激，想入非非，让人感到"色迷迷"的，就超过限度了。

因此，在与异性交往的时候要掌握好一定的"度"。在这个"度"之内，异性定律会给我们带来诸多好处，而一旦超过了这个"度"，就得不偿失了。

管理从尊重员工开始

汉高祖刘邦得到天下后，有一次与群臣讨论他打败项羽、取得天下的原因。他说，"论在后方出谋划策、决胜千里之外，我不如子房；镇国安邦，治理百姓，筹办粮饷，我不如萧何；带兵百万，战无不胜，攻无不克，我不如韩信。这三个人都是杰出的人才，我能够用他们，而项羽只有个谋士范增还不能用，所以我能打败他并取得天下。"

刘邦之所以成功，是因为他了解人、尊重人，使下属的才能充分发挥了出来。而项羽呢？尽管"力拔山兮气盖世"，却唯我独尊，不懂得承认和尊重别人，所以导致了最后的失败。心理学家认为，尊重是每一个人的心理需要。不管先天条件如何、财富有多少、地位是高是低，任何人都需要别人的尊重。

美国心理学家曾做过一个实验，证明了尊重对人产生的巨大影响。为了调查研究各种工作条件对生产率的影响，美国西方电器公司霍桑工厂一个大车间的6名女工被选为实验的被试者，这些女工的工作是装配电话机中的继电器。实验持续了1年多。

第1个时期，让她们在一个一般的车间里工作2星期，测出她们的正常生产率。第2个时期，把她们安排到一个特殊的测量室工作5星期，这里除了可以测量每个女工的生产情况外，其他条件都与一般车间相同，即工作条件没有变化。接着进入第3个时期，工厂这时改变了对女工们支付工资的方法。以前女工的薪水依赖于整个车间工人的生产量，现在只依赖于她们6个人的生产量。第4个时期，在工作中安排女工上午、下午各一次5分钟的工间休息。第5个时期，把工间休息延长为10分钟。第6个时期，建立了6个5分钟休息时间制度。第7个时期，公司为女工提供一顿简单的午餐。在随后的3个时期，每天让女工提前半小时下班。第11个时期，建立了每周工作5天的制度。最后一个时期，原来的一切工作条件又全恢复了，重新回到第1个时期。老板是想通过这一实验来寻找一种提高工人们生产率的生产方式。的确，工作效率会受到工作条件的影响，然而，出乎意料的是不管条件怎么改变，如增加或减少工间休息、延长或缩短工作日，每一个实验时期的生产率都比前一个时期要高，女工们的工作越来越努力，效率越来越高，而且她们根本就没关注过生产条件的变化。

这是为什么呢？之所以会这样，一个重要的原因就是女工们感到自己是特殊人物，受到了尊重，引起了人们极大的关注，因而她们感到愉快，于是便遵照老板想要她们做的那样去做。正是因为受到了重视和尊重，所以，她们工作越来越努力，每一次的改变都刺激着她们去提高生产效率。

是的，每个人都需要尊重。尊重的需要是人的一种高级需要。人与人有差异，人与人在财富、地位、学识、能力、肤色、性别等许多方面各有不同，但在人格上是平等的。维护自己的自尊是人类心中最强烈的愿望，因此，满足尊重的需要对人来说十分重要。很多时候，人们为了获得尊重，会通过追求流行、讲究时髦、用高档商品、买名牌服装等手段来体现自己的价值。

马斯洛说："尊重需要的满足，能够使人对自己充满信心，对社会满腔热情，体会到自己生活在世界上的用处和价值。"而尊重的需要一旦受到挫折，就会使人产生自卑感、软弱感、无能感，从而对生活失去基本信心。

既然尊重的需要对人如此重要，那么作为管理者，就一定不能忽视对员工的尊重需要的满足。一旦员工的尊重需要得到了满足，它就会产生巨大的、不可估量的作用。那么，如何尊重员工呢？这里提几点建议，与大家共同探讨：

1. 不要对员工颐指气使

有些管理者使用起员工来非常随意，对员工吆五喝六："小张，给我打壶水来。""小刘，去给我买包烟。"在日常生活中，有不少管理者就是这样随意使唤自己的员工。他们扩大了员工的概念，把员工与保姆等同。这时，员工心里会怎么想呢？他们心中肯定充满了不满的情绪，觉得自己被侮辱了，从而对企业管理者有了抵触情绪，这样一来他们还怎么可能会把百分之百的精力投入到工作当中呢？正所谓"爱屋及乌"，如果员工对企业管理者抱有一种否定的态度，他们又怎么可能努力去完成上司指派的工作呢？

2. 要多使用礼貌用语

当你将一项工作计划交给员工时，请不要用发号施令的口气，真诚恳切的口吻才是你的上上之选。对于员工出色的工作，一句"谢谢"不会花费你的钱，却能让你得到丰厚的回报。

3. 慎重对待员工的建议

当你倾听员工的建议时，要专心致志，确定你真的了解他们在说什么，让他们觉得自己受到了尊重与重视。千万不要立即拒绝员工的建议，即使你觉得这个建议一文不值。拒绝员工建议时，一定要将理由说清楚，措辞要委婉，并且要感谢他提出意见。

4. 对员工要一视同仁

在管理中不要被个人感情和其他关系所左右，不要在一个员工面前把他与另一个员工相比较，也不要在分配任务和利益时有远近亲疏之分。

5. 聆听员工的心声

在日常工作中，注意聆听员工的心声是尊重员工、团结员工、调动员工工作积极性的最有效的方法，也是成功管理者的一个十分明智的做法。实际上，一个人由于知识的局限性和看法的片面性，会忽视很多具体的问题。有些情况也许你并不重视，但它却可能会对实际工作产生重大的影响。只有广泛地聆听员工的意见、看法，并认真加以分析，才能避免工作中由于疏漏造成的失误。对于犯错误的员工，好的管理者同样会采用聆听的办法，不是一味地去责怪他们，而是给他们解释的机会，让他们认为自己很尊重他。这样，处理问题就方便得多，员工也会口服心服地接受。

针对员工实际需要进行激励

张毅经营着一家小型公司，该公司共有 15 名员工。近几年，公司效益稳步上升。张毅知道，公司取得今天的成就，是员工们努力的结果，其中，张明与赵富国尤为突出。

由于公司业务量的扩大，张毅感到，里里外外靠自己一个人已经应付不过来了。他迫切需要一名助手，张明与赵富国自然都在其考虑中。平心而论，张明与赵富国无论人品还是工作能力都旗鼓相当，很难分出高下，但助手只需要一名，如果两名都做助手肯定是一种浪费。于是他私下决定：提拔一名当助手，给另一位加薪。但是提谁当助手，给谁加薪呢？张毅还是左右为难。这时，他想起了在某大学教管理心理学的好朋友陈胜阳教授，于是他决定向陈教授请教。

陈胜阳教授告诉张毅："你要对他们做出选择，不妨先了解他们需要什么。"这令张毅茅塞顿开。

回去后，张毅立即分别找两人谈话。结果发现，赵富国家并不富有，他上有双亲，下有一个小女儿，妻子多病且没有工作，生活比较艰苦。所以，就目前来说，钱对赵富国来说更为重要。因此，张毅毫不犹豫地做出了决定。

上面的故事告诉我们，当决定采取某项措施去激励员工时，要看我们给予员工的是不是员工所迫切需要的。只有当员工所得最能满足他的需要时，激励的效果才能达到最佳。张毅遇到的事，所有的企业管理者都会遇到。只有那些不断研究并发现员工需要和愿望、努力调整自己的激励方式、激发员工付出最大努力的管理者，才是成功的管理者。

现代社会，许多企业主要利用提高工资待遇来激励员工，因为每个员工都希望自己能从工作中获得满足，而工资待遇是满足其生存需要的重要手段。工资收入不仅是生活的保障，而且还是社会地位、角色扮演和个人成就的象征，对员工具有重要的心理意义。

但是工资收入对员工的激励作用还取决于动机层次的高低，尤其是取决于一个人的成就动机。一般来说，低成就动机的员工比较容易为工资等物质激励所激动，而成就动机高的员工更关心的则是他的工作岗位、环境能否提供心理满足。

在这个前提下会出现两种情况：一种是如果工作岗位、环境和其心理需求相一致，则较少的工资他也会接受；另一种是如果工作岗位、环境无助于自我实现，他就会要求更高的工资待遇来抵偿失去平衡的心理。所以，如果工作安排能使高成就动机的人感到在工作岗位、环境方面更多的心理满足，他就会全力工作而不计较工资待遇；而低成就动机的人，他们的工作积极性则随工资待遇的增加而增长，一旦因为某种原因取消或降低了工资待遇，其工作积极性就会随之下降。因而，作为管理者，必须了解员工的需要，只有这样才能对员工进行有效激励。

此外，工资激励必须贯彻劳绩挂钩、奖勤罚懒的原则。工资水平与劳动成果挂钩，使升了级的人满足、升不了级的人服气。当然，工资激励在激发员工积极性方面的作用还取决于该员工的经济背景。如果他已经拥有相当可观的存款和相当齐备的家庭设施，或是出生在相当富裕的家里，一般来说，工资对他的激励作用不会很大。

作为管理者，对员工进行物质激励的同时，也不能忽视对员工进行情感激励。人在满足较低层次的需要之后，会产生较高层次的需要，因而管理者要适时地给予情感激励，以激发员工工作的积极性，使其发挥最大的潜能。

在日本的一些企业中，经营管理人员就十分注重对其下属的情感投资。东芝公司董事长士光敏夫被人们称为"最有人情味的先生"。他上任之后，经常不带秘书，一个人前往各工厂听取工人的意见，跟工人聊天。他还常常提一瓶清酒去慰劳员工，跟他们共饮。他不摆架子，慈祥关切的姿态得到了员工的好感。一位工人说："士光敏夫董事长和蔼可亲，亲自询问我们的困难。我觉得董事长这么有人情味，我们应好好地努力，竭力为他效忠。"

为了增进感情，日本企业非常注重关心员工生活。有些企业对员工结婚、生孩子、过生日等情况，都能及时了解并派人前去送礼祝贺。员工家办丧事，企业也派人去吊唁。除了经常举行联欢会，有些企业还在年终举行忘年会、年终聚餐等，并邀请员工家属参加。有的企业在新年时还给员工每家送一份礼品。有的企业的体育和文化娱乐设施，则对员工家属一律开放。更有甚者，三菱集团、芙蓉集团等许多公司还成立了婚姻介绍所，帮助单身员工成家。

日本三洋公司拯救美国费里斯特市电视机厂的案例便是感情激励的一个典型。日方管理人员在整个过程中先后办了三件事：一是邀请全厂员工聚餐，之后又赠给每位员工一台半导体收音机，随后又带头粉刷厂房；二是工厂的生产状况有所改善后，厂方需要增加工人，而日方管理人员一反招聘员工的惯例，不去社会上招聘青年工人，而是聘用以前在工厂工作过而眼下失业的工人；三是三洋公司总裁亲自赴美与工会代表会面，希望与之携手合作。采取这三招后，全厂员工齐心协力，终于使电视机厂起死回生。

可以说，日本企业在运用感情激励法调动工人劳动积极性方面的确取得了很大成功。作为管理者，要在工作中自觉地运用感情激励法，在工作中诚心诚意地关心人、尊重人，了解员工行为的原委，体察他们的情感，帮助他们排忧解难，给他们以感情上的抚慰，这样就会在调动员工工作积极性方面取得更大的成功。

此外，创造良好的奖励的心理氛围对激励员工也是十分重要的。

某研究所有两位助理研究员经过多年刻苦钻研，对一项生产工艺进行了重大改革，为研究所节省了一笔相当可观的资金，因而获得了科技发明二等奖。消息传来，全所同志奔走相告，两位研究人员心情激动万分，家属也为之兴高采烈，人们都期待着正式发奖这一天的到来。但谁也没有想到，一天，研究所的领导手里拿着获奖的证书，对两位研究人员说："证书已经发下来了，你们自己把名字和题目填上吧。"这两位研究人员接过空白但印制得相当考究的证书，心里有一种说不出的滋味。

从心理学来说，这是因为他们俩有一种需要没有得到满足，即对于他们在事业上所获得的成就，领导应予以重视和尊重，并给予一定荣誉的心理需要。可是，这位领导非但不如此，还把一张非常庄严的证书连姓名都不填写就冷冷地交给了他们，更不要说举行什么发奖仪式来教育大家和鞭策获奖人了。由此可见，对员工进行精神激励，创造良好的奖励的心理气氛是十分重要的，而这个问题往往被人们忽视。现在有不少单位把奖金随着工资一起发，没有奖励的心理气氛，因而也很难产生奖励的心理效应。当然，奖励的心理气氛隆重程度应与奖励的程度相当，即奖励的规格越高，奖励的心理气氛应越浓。

作为管理者，要了解员工的需要，要学会通过不同的激励方法来激励员工。

第二十一章　如何在谈判中战胜对手

　　因为它（通过对方表情读心）是通过自己的日常生活经验总结出来，知道面部表情跟内部心理互动，跟你的动机、意图的关系，这是个人经验的一种总结。

——周晓林

（北京大学心理学系主任，心理学家）

了解你的谈判对手

　　在谈判中，了解对手是十分重要的，因为这关系到谈判的成败。但是不同的对手有不同的心理特点，我们必须清楚地了解他们的心理特征才有助于谈判的成功。

　　根据心理的不同，有关专家将对手分为14种类型。在与这14种类型的对手进行谈判时，你必须清楚地了解他们的心理特征，据此采取不同的对策。要极力避免触犯对手心中的禁忌，不要伤害他们的感情。

　　1. 以自我为中心的对手

　　这种对手的心理表现为：你的嗜好和我不一样。这种对手想获得优越感，并且寻求自我满足。这种心理的形成，大概和他的性格、经历有很大的关系。可是，这并不是说和他对你的印象完全无关。如果他对你没有好感，就会强烈地产生出"差别"的感情。

　　对于有点装模作样的对手，你要把他当作很高贵的人对待，不要轻易深入他的内心世界，而应以巧妙的维护其自尊心的方式——越谈越亲热的方式与他结交。

同这种对手洽谈的禁忌：不尊重他，伤害他的自尊心，轻易深入他的内心世界。

2. 倔强固执的对手

这种对手的心理表现为：无论如何也要固执到底，拘泥于形式，很想多听听别人的意见。顽固的对手一旦决定了，是无论如何也不想退后一步的。有些人面对这样的对手，仍要苦口婆心地说服他。可是，越想说服他，他就越会固执地抵抗，结果不但不能达成协议，反而会造成不愉快。

对于这种对手，你不要奢望说服他，最好先做一位忠实的听众。这样一来，对手就会以为你已经接受了他的想法，下次就会有"应该多听对方说"的心理。再顽固的对手，心理上也会有接受别人意见的愿望，所以，你必须有耐心，等到对方愿意听你的话为止。

同这类对手洽谈的禁忌：毫不顾忌地驳斥他的观点，企图压服他；缺乏耐心。

3. 犹豫不决的对手

这种对手的心理表现为：希望一切由自己做主决定，不让对方看透自己。这类对手无论做什么事，都喜欢自己决定，不要借助他人之力，他们总是想一切根据自己的意志、凭自己的感觉来决定。他们的头脑很好使，一旦对某事感兴趣就会考虑很多，其结果也就是更加裹足不前。

对这种类型的对手，必须采取和蔼可亲的方法和他接触，绝不可以诉诸强迫；必须观察他的反应（特别是非语言的），并掌握当时的气氛，与他保持一定的距离（心理上的、身体上的）；少说话，以行动来取胜。

同这种对手洽谈的禁忌：企图说服他，强迫他接受你的观点；在心理上和身体上过分地接近他。

4. 言行不一的对手

这种对手的心理表现为：不想树敌，言行不一致。

这一类型的人很受欢迎，因为他们情绪好，能轻易地使买卖成功；而且他们脾气好，不买也不会拒绝谈判。所以，谈判人员一开始就可以殷切地介绍产品。对于过分热心的对手，应看穿他们，了解他们热心的真实度，然后采取措施。

同这类对手洽谈的禁忌：轻信他们的热心，缺乏热情。

5. 风云突变的对手

这类对手的心理表现为：任性。人的任性，和人天生的个性和成长环境有关。也就是说，这个问题的根源在于人们在幼年时期接受的教育导致他不像个大人，而是表现出幼稚的行为。对于这种对手，先了解他的"生活步调"，然后洞察此人今天的心情，他心情舒畅便步步紧逼，他心情烦闷就尽量避免和他作正面的接触，否则不管你费多少口舌和工夫，都可能一事无成。

同这类对手洽谈的禁忌：不了解他的生活规律，不善察言观色，抓不住出手的机会。

6. 不愿见面的对手

这种对手的心理表现为：不想和谈判人员有任何瓜葛，因为不买，所以没必要见面。这种对手认为，谈判人员凭着三寸不烂之舌同自己讲话，自己可能不知不觉地买下东西，因而有种被害的感觉。如果曾有不想要的东西被强迫买下的经历，他更会产生不和谈判人员来往的心理，因为他觉得和谈判人员见面必会遭遇强卖，这使他内心充满不信任感。所以，谈判时应避免使对手产生这种感觉，而应采取比较温和的谈判方式。

同这种对手洽谈的禁忌：态度生硬或过分热情，没有足够的耐心。

7. 感情脆弱的对手

这类对手的心理表现为：自尊心强，对事情确信不移，认为一切都是自己好。自尊心强的人，会拼命为维护自尊心而努力。自尊心一旦受到伤害，他就会非常不满。特别是敏感的人，往往为一些小事耿耿于怀。对于感情脆弱易受伤的对手，应注意聆听他说的话，避免使用让他误会的语言，不要让他产生被忽视感。

同这类对手洽谈的禁忌：不维护其自尊心，不听他的谈话，使用易引起误会的词语，忽视他的地位。

8. 胡侃瞎扯的对手

这类对手的心理表现为：不喋喋不休就无法心安理得，因把对方驳倒而感到愉快。喜欢说话的人，大多数是自我显示欲强的人。爱说"我如何如何"，而且，说到最后也说不出个所以然，更糟的就是边嚷边离开现场。其实，具有这种强烈自我意识的人内心都有不堪一击之处，因此总是拼命地想用说话来弥补这个弱点。这种心理，会煽动起他们不停说话的冲动。这种对手没有多少心机，他只要把自己想说的话全部吐出来，心情就会开朗。所以，绝对不可因为对方啰唆个没完就胆怯起来。索性顺着他的话题，慢慢地引导他进入你预设的阵地，以顺利地实现你的目的。

同这类对手洽谈的禁忌：对对手说的话表现出不耐烦甚至因厌烦而开溜。

9. 不懂装懂的对手

这种对手的心理表现为：虽然不晓得自己是否真的什么都知道，却要装出一副无所不知的样子。这类对手认为：承认"不知道"就会被对方看出弱点，有可能上当受骗。在其内心，他存有"我才不那么轻易地被骗"的意识或"我什么都知道"的自信，以及"我比你能干"的优越感。

对于这种对手，绝对不能拿道理和他辩论，因为即使你在嘴巴上胜过他，在买卖上也无法胜过他。最好静静地听他尽情地发泄，以使他感到满足。总之，最重要的是，你要切实采用接受性的对话和随声附和的方式。而对于他的质问，只需要简明地给予答复。

同这类对手洽谈的禁忌：有问必答，拿道理和他辩论，一较高低。

10. 沉默寡言的对手

这类对手的心理表现为："不好应付"的意识很强，想用态度来表示想法。任何人都有不擅长于某一事物的缺陷。人类本来是很喜欢说话的，因此不善于说话的人常常闷闷不乐。他拙于言辞，生怕被别人误解或小看。这种想法已形成了他的支配观念，增加了他对谈判的不安和恐惧感，尤其是增强了他无法说出内心所想的事所产生的焦急愤怒，使得他保持沉默的意识更强。

对于这种类型的对手，很难从他所说的话中探知他的欲望。此时你要仔细留意他的任何一个小动作，而且还要弄明白在他的动作后面究竟隐藏着什么要求。

同这类对手洽谈的禁忌：不善察言观色，以寡言对沉默。

11. 初来乍到的对手

这种对手的心理表现为：没自信，想逃避，希望给予照顾。怯场的对手当中，多是没自信的人。如果谈判人员和对手特别不投机，则另当别论。但对于抱有"要为人做些事"的想法的对手，则不管其态度如何也不要畏惧，而应以真诚的态度来沟通，结果，你会发现他是个热心人，他会照顾你。

同这类对手洽谈的禁忌：强与之接触，因对手的态度而畏惧。

12. 似懂非懂的对手

这种对手的心理表现为：讨厌麻烦的事，自信，不愿拘泥。对事，他总感情用事地说："真麻烦！"他凭感觉处事，一接触事物就下判断。这种人或许会博得对方一时的好感，但是，其轻率的行动会留下后遗症。这时，对这笔买卖的细节，谈判人员要尽量利用资料卡来加以说明，以让对手理解。

同这类对手洽谈的禁忌：对产品不详细解说，急于求成。

13. 容易冲动的对手

这种对手的心理表现为：好奇心强，易激动，热得快也冷得快。他们喜欢新产品，特别是最新产品，由于是第一次见到，他们想拥有产品的欲望很容易被激起。对付易冲动的对手，你要先紧抓住他的心，了解他对什么感兴趣。如果他们对谈判人员的"诚实"有兴趣，你就要在诚实方面表现出吸引力，在心理上征服对手。

同这类对手洽谈的禁忌：抓不住他的兴趣，打持久战，丧失成交机会。

14. 编造谎言的对手

这种对手的心理表现为：不希望别人识破自己的本意，非常注意保护自己；不想对第三者吐露真意，因为他们害怕吐露心事会被对方看穿。这种对手如果有受骗的感觉，将会感到不安。这种个性的对手大多感情丰富，所以你不能刺激其心灵，扰乱他心理上的平衡。要尊重对方的立场，冷静地和对方洽谈。

同这类对手洽谈的禁忌：刺激他的心灵，打破他的心理平衡，不尊重他的立场，甚至谴责他。

如何洞察对手的心理

在谈判中，你的对手是怀着什么心理而坐到谈判桌边的，这一点是至关重要的。如果能够洞察谈判对手的心理，然后有针对性地采取谈判策略，就会在谈判中牢牢地把握主动权。"人心如面，各不相同。"

人的心理状态是千差万别的，很难一目了然。洞察对手的心理，大致可以通过以下几种方法：

1. 察言观色

虽然人的心理状态是隐秘的，但总会通过一定的形式表现出来。一个人的一举一动、一言一行，都从某一个侧面反映了他的性格与心理。以握手而言，一般来说，松弛的握手表示从礼节上敷衍对方，紧紧的握手则表示真诚与高兴，主动热情的握手可表示友好的愿望，漫不经心的握手则表示对对方不感兴趣。视握手为例行公事的人一般缺少诚意，做事草率，不值得信赖；握手时掌心出汗的人易冲动，常处于紧张和不安之中；在公众场合频繁与陌生人握手的人自我表现欲很强。再以走路的姿态或坐姿为例，一般而言，昂首挺胸、脚步坚定、目光深邃，说明此人坚毅而充满自信，敢于承担责任。这种人在谈判中不太容易做出让步，但当双方目标接近时，又往往能果断拍板，从而达成协议。相反，脑袋低垂、精神恍惚、眼睛东张西望、目光狐疑、手足无措，则说明此人信心不足、意志薄弱、缺乏开拓精神。这种人在谈判中总是疑心多虑、犹豫不决、喜欢说"不"。此外，从衣着打扮、面部表情也能了解到对手心理的一些蛛丝马迹。

2. 投石问路

仅仅从外表上观察到的心理表现，往往是肤浅的，很可能靠不住。尤其是那些深藏不露的老手，你很难从外部表现洞察到他的内心世界。这时，你不妨投石问路，诱使对手暴露他的心理、性格或意图。你可提出一些早就了如指掌的问题，让对方回答，这叫"明知故问"，看看你的对手是如何回答这些问题的；或者首先请对手发言，这叫"引蛇出洞"，你可从他的发言中了解其心理与性格。

3. 以静制动

在谈判开始时，你最好不动声色，先看看对方的姿态；或者故意拒绝对方的某些建议，或者对其建议不冷不热，看看对方又有什么反应。通过体察对方的反应来清楚地了解对手的心理。

当然，洞察对手心理的方法不止这些，也并不拘泥于这些，这就需要你在实践中积累经验，摸索其他的方法。

用眼神传递答案

眼神能反映一个人的心理活动，特别是在商务交往和谈判中，眼神的巧妙运用会让谈判取得意想不到的良好效果。

2005 年夏，海天集团的经理郭刚带着几位得力助手去广西与商业伙伴谈判。当谈判进行到一半时，突然陷入僵局。会议室中的气氛变得紧张起来，对方代表团虽仍有人表现得漫不经心，但大家都在用眼神较劲。

对方代表团希望郭刚对谈判条件作一些让步，然而这与郭刚的预期相去甚远。于是有将近 5 分钟的时间，没有人开口说话，会议室里一片死寂。突然，郭刚抬起头，眼神从对方所有人的脸上扫过，最后落在主要对手的脸上，紧紧地盯着对方的眼睛。对方一开始露出深沉的微笑，但是，1 秒钟、2 秒钟……随着时间的流逝，对方终于沉不住气了，说道："老郭，看你的眼神如此坚定，我想今天我再说什么也是徒劳。这样吧，我答应你们的条件，咱们先签一份合同，然后我请大家吃饭。老郭，你这个朋友我交定了！"

在谈判中，如果你想处于主动地位，那么就需要像郭刚一样善用眼神的力量。在谈判中，运用眼神的技巧主要有：

（1）如果你希望给对方留下较深的印象，就要凝视他的目光久一些，以表自信。

（2）如果你想在和对方的争辩中获胜，就不要把目光移开，以示坚定。

（3）如果你不知道别人为什么看你，你就要稍微留意一下他的面部表情和目光，以便于应对。

（4）如果你和别人四目相对，觉得不自在，你就要把目光移开，减少不快。

（5）如果你和对方谈话时，他漫不经心且出现闭眼姿势，你就要知趣地暂停；你若还想做有效的沟通，那就要主动地随机应变。

（6）如果你想和别人建立良好的默契，应该用60%～70%的时间注视对方，注视的部位是两眼和嘴之间的三角区域，这样信息的传递会被正确而有效的理解。

（7）如果你想在交往中，特别是在和陌生人的交往中获取成功，那就要以期待的目光注视对方，不卑不亢，只带浅浅的微笑，不时以目光接触，这是常用的温和而有效的方式。

在不同的场所运用不同的眼神，才可能在商场上立于不败之地。

在谈判中除了要巧妙地运用眼神外，还需要仔细观察对方的眼睛，对方的眼神会告诉你他（她）在想什么。

爱默生曾对眼睛做过这样的描述："人的眼睛和舌头所说的话一样多，不需要词典，却能够从眼睛的语言中了解整个世界，这是它的好处。"眼睛被誉为"心灵的窗户"，这表明它具有反映人的深层心理的功能，其动作、神情、状态是情感最明确的表现。

眼睛的动作及其传达出的信息主要有：

（1）与人交谈时，视线接触对方脸部的时间在正常情况下应占全部谈话时间的30%～60%。如超过这一平均值，可认为被测者对谈话对象本人比对谈话内容更感兴趣，比如一对情侣在讲话时总是互相凝视对方的脸部；若低于此平均值，则表示被测者对谈话内容和谈话者本人都不怎么感兴趣。

（2）倾听对方说话时，几乎不看对方，那是企图掩饰什么的表现。据说，海关的检查人员在检查已填好的报关表格时，他通常会再问一句："还有没有什么东西要呈报？"这时多数检查人员的眼睛不是看着报关表格或其他什么东西，而是盯着你的眼睛。如果你不敢坦然正视检查人员的眼睛，那就表明你在某些方面不够老实。

（3）眼睛闪烁不定是一种反常的举动，通常被视为用来掩饰的手段或性格上不诚实。一个做事虚伪或者当场撒谎的人，其眼睛常常闪烁不定。

（4）在1秒钟之内连续眨眼几次，这是神情活跃、对某事件感兴趣的表现；有时也可理解为由于个性怯懦或羞涩不敢正眼直视。在正常情况下，一般人每分钟眨眼5～8次，每次眨眼不超过1秒钟。时间超过1秒钟的眨眼表示厌烦、不感兴趣，或显示自己比对方优越，有藐视对方和不屑一顾的意思。

（5）瞪大眼睛看着对方是表示对对方有很大兴趣。

（6）当人处于兴奋状态时，往往是双目生辉、炯炯有神的，此时瞳孔就会放大；而消极、戒备或愤怒时，人会愁眉紧锁、目光无神、神情呆滞，此时瞳孔就会缩小。实验表明，瞳孔所传达的信息是无法用意志来控制的。所以，现代的企业家、政治家以及职业赌徒为了不使对方觉察到自己瞳孔的变化，往往喜欢戴上有色眼镜。

当然，眼神传递的信息远不止这些，有许多只能意会而难以言传，这就需要我们在实践中用心观察、积累经验、努力把握。

通过察言观色看穿对手

在谈判中，我们不仅要听其言，还要观其行。广东民谚说：当一个人笑的时候腹部不动就要提防他了。伯明翰大学的艾文·格兰特博士说："要留心椭圆形的笑容。"这是因为这种笑不是发自内心的笑，即皮笑肉不笑。因此在谈判过程中，察言观色是很重要的，它能使我们获得更多信息。这里的"察""观"就是指在谈判过程中对对方的观察，具体一点说是对对方的姿态、动作的观察。

对人的了解，除了可以通过有声的语言获得信息外，还可以通过姿势、动作这种无声的语言来获得信息，有时后者可以传递前者所不能传递或无法传递的信息。有声语言与姿态、动作等无声语言都可以传递信息，但这两种传递信息的方式在信息的发送者与接收者如何控制与利用信息这一方面是有区别的。通过有声的语言来传递信息这种方式，对信息发出者来说是可以控制的。而通过无声语言（姿态和动作）来传递信息这种方式，信息的发出者有时是难以控制的。这是因为语言本身是人们有目的、有意识地发出的，而对于姿态和动作，虽然人们也可以有意识地去加以控制，但它们更多时候却是在人们无意识之中或是下意识之中进行的。

人们的某些习惯动作是他们内心意识的外在表现。比如，你刚才与老板在办公室就某个问题进行了探讨，并且交换了看法。假如现在有人问你刚才说了些什么，你一定能够很快地、八九不离十地把内容讲出来。如果那人再进一步问你在讲话时或者在讲某几句话时做过什么动作，你很可能就描述不出来了。这就是因为你说过的话是经过你的大脑有意识地思考的，所以你会有记忆；而你所做的动作除了某些特别，如接了一个电话你会有印象外，其他一般性的动作，如摸鼻子、扶眼镜、搔头发等你是记不起来的。

因此，动作和姿态语言传递的信息往往要比有声语言所传递的信息更真实、更可信。据一位曾在第二次世界大战期间服役于德国情报局的人讲，当时他在内部抓到许多美国的情报人员，其依据是这些人在吃东西时采用并非欧洲人用叉子的方式。此外，他们在坐着的时候，两腿交叉的姿势是美国式的而不是欧洲式的。有经验的警察能在一伙小偷中很快地辨认出他们的首领，其依据是他们的眼神与手势有着细微的差别：一般的小偷对小偷首领在眼神中都会显现出某种敬重之色，而小偷首领在眼神、手势等方面则会显露出某种权威。正是因此，在谈判过程中对谈判对手姿势和动作的观察、分析，是我们获得谈判信息、了解对手的一个极为重要的方法和手段。

有时，我们要判断对手通过有声的语言传递的信息是否可信、可信度有多大，以免由于误断而引起不必要的紧张。举个例子，在法庭上，一个法官对他面前的律师或原告人、被告人眨一眨眼睛或皱一皱眉头，都会使对方神经高度紧张。他们的大脑会立刻高速运转，对法官用动作和姿态传递的信息做出分析、判断和解释。而实际上这位法官大人眨一眨眼睛、皱一皱眉头，很可能是因为风将一粒沙子吹进了眼睛或者是他在审案时有这么一个眨眼睛或者皱眉头的习惯，而并不代表什么意思，也没想向对方传递什么信息。

总而言之，通过有效的察言观色，我们可以更好地了解对手的心理状态，为后面的工作打好基础。

看懂对方的体态语

在谈判的过程中，了解对手的心理是很难的，因为"知人知面不知心"。但是，我们还是可以从对手的体态语中洞察对手的心理。

1. 嘴

嘴是人类最重要的器官之一，它是说话的工具，同时也是摄取食物和呼吸的器官。它的咬、吮、舐等多种功能都决定了它的表现力，而这些往往反映出人的心理状态。

（1）紧紧地抿住嘴，往往表示意志坚决。

（2）噘起嘴是不满意和准备攻击对方的表示。

（3）遭到失败时，咬嘴唇被视为是一种自我惩罚的动作，有时也可解释为自嘲或内疚的心情。

（4）注意倾听对方谈话时，嘴角会稍稍往后拉或往上拉。

（5）不满和固执时往往嘴角向下。

2. 吸烟的姿态

（1）吸烟时爱咬烟头，或用唾液润湿嘴唇，让烟卷叼在嘴唇上：这是"回归心理"或不成熟的幼儿心理的反映。

（2）没抽几口就把烟掐掉：表明想尽快结束谈话或已下决心要干某一件事情，或者正是火气冲天之时。

（3）吸烟时不停地磕打烟灰，甚至吸一口磕一次烟灰：表明内心有冲突，忧虑不安。

（4）让烟燃着拿在手里，但很少抽：表明在紧张思考或等待紧张心绪的平息。

（5）烟将吸尽而犹依依不舍：说明此人一定很注意节俭或者是很小气。

（6）吸烟时口中喷烟，使烟浮动而以为乐者：一定是一个不喜欢多动的人。

（7）吸烟时向上吐烟者，多是积极、自信、骄傲、有主见、地位优越的表现，朝下吐烟则多是情绪消极、意气消沉、心有疑虑、信心不足或企图遮掩某件事情的表现。

（8）吸烟时向上吐烟的速度越快，说明他的优越感和自信心越强，向下吐烟的速度越快，则越显示他六神无主，或表明他低沉、沮丧的心情非常强烈。

（9）吸烟时不向前吐烟，而将烟从嘴角吐出者：给人一种诡秘感，显示其积极和消极两种思想情绪的极端状态。当然，有时也可能是出于礼貌，因怕把烟吐到别人脸上而从嘴角吐出。

（10）吸烟时从鼻孔里喷烟：这往往会给人一种自负的感觉，这样向上喷的烟越高，表明其自信、优越感或得意的心情越强烈。但如果吸烟者总是低着头由鼻孔喷烟，则表现出一种忧虑、愁苦的心理状态。

3. 上肢的动作

通过观察对方上肢的动作或者自己与对方手与手的接触，我们可以据此判断、分析出对方的心理活动或心理状态，也可以借此把自己的意思传达给对手。

（1）握拳表现出向对方挑战或自我紧张的情绪。握拳的同时使手指关节发出响声或以拳击掌，都是向对方表示无言的威吓或发出攻击的信号。握拳使人肌肉紧张、能量集中，通常只有在遇到外部的威胁和挑战而准备进行抵抗时才会产生这种动作。

（2）用手指或铅笔敲打桌面，或在纸上乱涂乱画，这表示对对方的话题不感兴趣、不同意或不耐烦。这样做的目的一是打发时间，二是暗示和提醒对方。

（3）吸手指或咬指甲。这类动作是婴儿行为的延续，成年人做出这样的动作是个性不成熟的表现，即所谓"乳臭未干"。

（4）两手手指并拢并置于胸的前上方呈尖塔状，表明充满信心。这种动作多见于西方人，尤其是会议主持人、领导者、教师在主持会议或上课时，用这个动作来表示独断或高傲，以起到震慑学生或与会者的作用。

（5）手与手交叉放在胸腹部的位置，是谦逊、矜持或略带不安心情的反映。歌唱家和获奖者在等待被人介绍时常有这样的姿势。

（6）两臂交叉于胸前，表示防卫或保守的态度；两臂交叉于胸前并握拳，则表示怀有敌意。

4. 坐姿

通过观察对方的坐姿也可以识别对方的性格与心理状态。

（1）经常正襟危坐、目不斜视者，是力求完美、办事周密而讲究实际的人。这种人只做那些有把握的事，从不冒险行事，但他们往往缺乏创新与灵活性。

（2）爱侧身坐在椅子上的人，他们心里感觉舒畅，觉得没有必要给他人留下什么更好的印象。他们往往是感情外露、不拘小节者。

（3）把身体尽力蜷缩一起、双手夹在大腿中而坐的人，往往自卑感较重，谦逊而缺乏自信，大多属服从型性格。敞开手脚而坐的人，可能具有主管一切的偏好，有指挥者的资质或支配性的性格，也可能是性格外向、不知天高地厚、不拘小节的表现。

（4）将一只脚别在另一条腿后而坐的人，一般是害羞、忸怩、胆怯和缺乏自信心的女性。

（5）踝部交叉而坐：当男人显示这种姿态时，他们通常还将握起的双拳放在膝盖上，或用双手紧紧抓住椅子的扶手；而女性采用这种姿势时，通常在双脚相别的同时，双手会自然地放在膝盖上或将一只手压在另一只手上。大量研究表明，这是一种控制消极思维外流、控制感情、控制紧张情绪和恐惧心理、表示警惕或防范的人体姿势。

（6）将椅子转过来、跨骑而坐的人，这是当人们面临语言威胁、对他人的讲话感到厌烦或想压下别人在谈话中的优势而做出的一种防护行为。有这种习惯的人，一般总想唯我独尊、称王称霸。

（7）在他人面前猛然而坐的人，表面上是一种随随便便、不大礼貌或不拘小节的样子，其实此人内心隐藏着不安，或有心事不愿告人，因此不自觉地用这个动作来掩饰自己的抑制心理。

（8）坐在椅子上摇摆或抖动腿部或用脚尖拍打地板的人，说明其内心焦躁、不安、不耐烦，或为了摆脱某种紧张感而为之。

（9）和你坐在一起而有意识挪动身体的人，说明他在心理上想要与你保持一定距离。

（10）并排坐的两个人要比对坐的两个人在心理上更有共同感。

（11）喜欢对坐的人比喜欢并排坐的人更希望自己能被对方理解。

（12）直挺着腰而坐的人，可能是表示对对方的恭顺，也可能表示被对方的言谈激起浓厚的兴趣，或者是欲向对方表示心理上的优势。

总之，我们可以通过观察对方的体态语来识别其心理。

如何才能识破对方的谎言

在初次见面的时候，对方说的"久仰大名，如雷贯耳""你的这条领带真漂亮"就可能是一种"正性谎言"或"中性谎言"。当然，对于这些不会影响到谈判实质内容的东西，我们大可不必在意。

然而，当在谈判桌上谈到正题的时候，又该如何判断对方的话哪句是真，哪句是假呢？心理学家可以借你一双慧眼。

人在说谎时容易假笑，而假笑是由于情感的缺乏。纯粹从形式上看，它甚至不能算是欺骗。由于缺乏感情，人微笑时神情显得有些茫然，嘴角上扬，一副愉快的病态假象，就好像在说：这绝非是我的真实感受。

假笑的识别也许比其他的面部表情更为困难，而下面的 6 种面部表情会将一个人的真心暴露无遗：

（1）笑时只运用大颧骨部位的肌肉，只是嘴动了动。眼睛周围的轮匝肌和面颊拉长，这就是假笑。因此假笑时面颊的肌肉松弛，眼睛不会眯起。狡猾的撒谎者将大颧骨部位的肌肉层层皱起来以补偿这些缺憾，这一动作会影响到眼轮匝肌和松弛的面颊并能使眼睛眯起，从而使假笑看起来更加真实可信。

（2）假笑保持的时间特别长。真实的微笑持续的时间只能在 2/3～4 秒之间，其时间长短主要取决于感情的强烈程度。而假笑则不同，它就像宴会后仍不肯离去的客人一样让人感到别扭。这主要是因为假笑缺乏真实情感的内在激励，所以我们不知道其将何时结束。其实，任何一种表情如果持续的时间超过 5 秒钟或 10 秒钟，大部分都可能是假的。

（3）对于绝大部分表情来说，突然的开始和结束就表明是在有意识地运用这种表情。而只有惊奇例外，它一闪即过，从开始、保持到停止，总的时间不会超过 1 秒，如果持续时间更长，他的惊奇就是装出来的。很多人能模仿惊奇的表情动作——眼眉上挑、嘴巴张大，但很少人能模仿惊奇的突然开始和结束。

（4）假笑时，面孔两边的表情常常会有些许的不对称。习惯于用右手的人，假笑时左嘴角挑得更高；习惯于用左手的人，右嘴角挑得更高。

（5）笑容来得太早或太迟都可能表明是一个欺骗的表情。例如，如果一个人先说："我不是已经和你说过这件事了吗？"然后才勃然大怒，这多半是装的，他的表情是矫揉造作的。面部表情和身体姿势应该同时发生，而不是在其之后才发生。又如，一个人在摔完东西之后才表现出愤怒的样子，这实际上是装腔作势，是在演戏。

（6）当一个人悲哀、苦恼、痛苦和有负罪感时，他的眉毛的内角会挑起，前额会向中间皱起。只有不到 15％的人能假装出这种表情。而要装出恐惧和难过的表情甚至更难，这些表情为：眉毛挑起，双眉皱在一起。其极易将秘密泄露，并且只有 10％的人能装出这种表情。

在谈判中，我们一定要注意观察对方的面部表情，因为他的表情会告诉你他是否在说谎。

小动作泄露行动目的

人人都会说谎，但世界上没有不能被看穿的谎言。行为心理学家认为，我们不仅可以从一个人的面部表情识别其话语的真实性，更可以通过其肢体动作看出其话语的真实性。因为说谎是一种复杂的行为，要做到让人相信，需要动员全身的器官共同"演戏"。

一般来说，无论一个人的说谎技术如何高明，为了掩盖谎言，他都会无意中做出一些小动作，因此，善于观察的人，光看一个人的动作就可以断定对方是不是在说谎。

在谈判桌上，当发现对方有以下任一动作时，你就需要长个心眼，综合各种已知信息判断对方是否在说谎。

1. 遮掩嘴部

行为心理学家戴斯蒙·莫里斯博士做过这样一个实验：他让研究人员把护士作为测验对象，要她们有意地对病人谎报病情。通过录像观察，这些护士在说谎话时，比平常实话实说时使用了更多的用手掩饰嘴部的动作。由此他得出结论：手遮嘴的动作有说谎的嫌疑。

当有人在与你说话时，不自觉地时常出现用手捂嘴的动作；当说到与之相关的关键点时，他甚至有意假咳嗽以便用手来遮嘴，这时就要对这人说话的真实性多加留意，因为这时候也许他在说谎。结合前后的交往，你就不难做出准确判断。

如果说话者用手遮嘴，那么他就有"心口不一"的嫌疑。反过来，在你说话的过程中，如果对方用手遮嘴，且是一对一的交谈，你最好是暂停下来，问一问他是否有不同的意见；如果是一对众的演讲，台下的听众很多人出现了交叉双臂或者用手遮挡嘴部的动作，那么他们向你传递的信息是你说的不符合实际或你说的他们不感兴趣，这时你就要斟酌一下演讲内容，调整一下演讲的风格和角度，尽可能扭转这种不愉快的局面。如果你置这种负面氛围于不顾，坚持讲下去，那就不会有什么好效果，甚至会引起对方的质疑。

2. 摸鼻子

行为心理学家研究表明，一个人在说谎时，鼻子的神经末梢就会被刺痛，摩擦鼻子能够缓解这种不舒服的感觉。另一种说法认为，当比较坏的想法进入大脑之后，人就会下意识地指示手去遮住嘴，但又怕表现得太明显，因此会就势在鼻子上触摸一下。一般而言，摸鼻子的动作对说话者来说表示欺骗，对听话者来说则表示对说话者的怀疑。

当然，有的人在说谎的时候也不一定摸鼻子或捏鼻子，只是轻轻地在鼻子下方擦几下。由于动作幅度较小，很多时候几乎察觉不到。如果在交流的过程中对方有这种动作，那么你就要分析对方的言下之意乃至语言的真实性了。对于一些不惯于撒谎的人来说，撒谎时鼻子会产生一种几乎不为人所知觉的瘙痒感，为掩饰内心的混乱，他的手就会很自然地挪到鼻子上，摸它、揉它、捏它，从而缓解个人情绪。

3. 摸耳朵

有的人在撒谎时，通常会下意识地抚摸自己的耳朵，就如孩童双手掩着两耳的姿势一样。除了摸耳朵之外，也有人会揉耳背、拉耳垂或把整只耳朵拗向前面掩住耳孔。当然这种动作也常常能反映说话者的害羞或紧张情绪。

4. 揉眼睛

眼睛是心灵的窗口，人的许多秘密都会通过这个窗口流露出来。因此许多说谎的人会采用这种姿势来掩饰眼前的欺诈、怀疑和谎言。男人在说谎时常常会用力揉眼睛，假如是撒个弥天大谎，心中有一些忐忑，他还会把视线转往别处，通常是望着地面。女人在说谎时则喜欢在眼睑下方轻轻摸一下。

5. 搔脖子

有研究表明，人们在说谎时，面部和颈部组织往往会有刺痛感，而且必须用揉或抓来缓解。还有研究表明，说谎的人在感到对方怀疑时，脖子往往会冒汗。尤其当某人的话与事实严重不符时，这种表现会特别明显。其实只要通过仔细观察，我们就可以发现这样一个规律：人们由于内心的躁动，会用手去搔脖子，每次大约搔 5 下，很少有超过或少于 5 下的。搔脖子表明行为者对所面对的事情有所怀疑或不肯定。

当有人同你说"我能够理解你的想法"之类的话时，却用一只手的食指搔抓耳部下方或脖子的一侧，那么他此时内心的真实想法就是：不敢苟同。换句话说，虽然他口头上向你传递的是一种正面信息，但是他的体态语言则传递着一种负面信息，这种负面信息多表示怀疑或者不肯定。这时你就要避免轻信他的话。

6. 用手拉衣领

在谈判的过程中，如果你看到对方下意识地拉了一下衣领，你就需要长点心眼，以没有听清为由，让他再重复一遍对你说过的话。如果对方之前说的是谎言，在接下来的重复回答中就会出现支支吾吾、前言不搭后语的现象。这时，你再进而注意观察对方的神态，那么对方是不是在撒谎你便能判断个八九不离十了。

当然，一个人在愤怒或沮丧时也会拉一拉衣领，好让脖子透透气。如果你看到对方使用此动作，可能意味着他对你的表现和举动并不满意。如果你及时与他沟通，对方会感觉你善解人意，同时还会帮他缓解一下负面的情绪。

虽然我们能通过小动作去判断一般人是否说谎，但高明的说谎者也会利用有意识的小动作来误导和迷惑对方，因此我们要学会观察，仔细辨别，避免上当。

请对方先亮出底牌

不知道对方的底牌时，可以保持沉默，让对方先开口，亮出底牌，最后再采取策略。

理赔员："先生，我知道你是交涉专家，一向都是针对巨额款项谈判，恐怕我无法承受你的要价。我们公司若是只付100美元的赔偿金，你觉得如何？"

谈判专家表情严肃，沉默不语。

理赔员（果然沉不住气）："抱歉，请勿介意我刚才的提议，再加一些，200美元如何？"

谈判专家（又是一阵长久的沉默）："抱歉，这个价钱令人无法接受。"

理赔员："好吧，那么300美元如何？"

谈判专家沉思良久。

理赔员（有点慌乱）："好吧，400美元。"

谈判专家（又是踌躇了好一阵子，才慢慢地说）："400美元？……喔，我不知道。"

理赔员（痛心疾首）："就赔500美元吧。"

谈判专家仍在沉思中。

理赔员（无奈）："600美元是最高期限了。"

谈判专家（慢慢地）："可它好像并不是我想要的那个数。"

理赔员："如果说750美元还不是你想要的，那我也没有办法了。"

谈判专家（沉思一会儿后）："看来咱们的谈判无法进行下去了。"

理赔员："800，只能到800，否则咱们真的谈不下去了。"

谈判专家："好吧，我也不想为此事花更多的时间。"

谈判专家只是重复着他良久的沉默，重复着他严肃的表情，重复着说不厌的那句老话。最后，谈判的结果是这件理赔案终于在800美元的条件下达成协议，而谈判专家原来只准备获得300美元的赔偿金。

当我们不知道对方的底牌时，保持沉默是一个不错的主意！

爱迪生在做某公司电气技师时，他的一项发明获得了专利。一天，公司经理派人把他叫到办公室，表示愿意购买爱迪生的专利，并让爱迪生出个价。

爱迪生想了想，回答道："我的发明对公司有怎样的价值，我不知道，请您先开个价吧。""那好吧，我出 40 万美元，怎么样？"经理爽快地先报了价，谈判顺利结束了。

事后，爱迪生满面喜悦地说："我原来只想把专利卖 500 美元，因为以后的实验还要用很多钱，所以再便宜些我也是肯卖的。"

让对方先开口，使爱迪生多获得了 30 多万美元的收益。经理的开价与他预期的价格简直是天壤之别。在这次谈判中，事先未有任何准备、对其发明对公司的价值一无所知的爱迪生如果先报价，肯定会遭受巨大的损失。在这种情况下，最佳的选择就是把报价的主动权让给对方，通过对方的报价，来探查对方的目的、动机，摸清对方的虚实，然后及时调整自己的谈判计划，重新确定报价。

警惕谈判中的心理战

在商务谈判中，经常会遇到心理战。心理战是以折磨对手的心理为目的，类似于"不战而屈人之兵"，通过心理战使对手心里不舒服，从而把对手击垮，使对手潜意识里希望尽快完成谈判协议，并由此做出退让。

要摆脱这种束缚，必须做到：

1. 慎重选择谈判环境

你一定听过很多由于谈判环境引起心理压力而导致谈判失败的案例。对于一些很平常的问题，例如谈判是在你的或对方的或中立的地方举行，你应该保持警觉。在对方的地盘或势力范围内谈判，有时候于对方有利，他们比较容易对付你；但有时候又反而对你有利，因为这或许会使对方感到安适，从而更加乐意接受你的建议，而且一旦有必要，你也很容易离开谈判桌。如果你已经允许对方选择谈判的地点和环境，那你一定得意识到自己会受何种心理影响，并做好心理准备。

首先要问问自己是不是感到紧张，如果是，应探究一下原因。如果房内太吵，如果温度太高或太低，如果没有可以私下跟自己一方的人协商的场所，那么你就必须意识到，这是为了促使你让步和迅速作决定而刻意安排的不利环境。

此刻切勿犹豫，应尽快说出来。你可以建议调换座位、休息一会儿，或是干脆休会，改个时间和地点再谈。在任何情况下，你都要确认问题之所在，并将它提出来，然后根据客观环境和原则，与对方交涉安排新的谈判环境。

2. 谨慎对待对手的人身攻击

除了操纵环境之外，对方还可以利用语言或非语言的方式使你觉得不舒服。他们可能会对你的衣着或外表评头论足一番："你看起来好像一夜没睡，是不是办公室里的工作不顺利?"他们可能让你久候，或是中止谈判而去与别人谈事情，以此来贬低你的地位；他们可能暗示你的无知；他们可能故意不听你说话，然后让你重说一遍；他们可能故意不正眼看你……不论在任何情况下，只要能识破对方的伎俩，就能使之失效。而明白地指出其伎俩，则能阻止其"故伎重施"。

3. 警惕黑脸白脸的迷惑

两个警察为了获得更多的线索审讯 1 个犯人。其中 1 个警察恐吓、威胁要对他进行多项罪行的控诉，并把他置于强光底下逼问，但是自始至终犯人都没有开口。这时另 1 个警察进来后关掉强烈的灯光，并端给犯人 1 杯水，递给犯人 1 根香烟，还关切地询问犯人的家人是否安好，并宣称他是站在犯人这一方的，而且保证犯人不会再受到第 1 个警察的威胁。经过一段时间的交流沟通，犯人被其善意打动，主动交代了罪行。

在谈判中，同样也会出现这种骗局，同一方的两人也会扮演不同的角色。其中一位态度强硬："这台电脑值 5800 元，少 1 分钱我也不干!"而他的同伴则表现出有点难过和尴尬，最后插嘴说："小王，你似乎有点不近情理。这台电脑虽然没怎么用，看上去挺新的，但毕竟是一年前买的，配置已不是主流配置了。"接着，他会转过头来很亲切地问你，"你愿意付 5400 元吗?"这个让步并不大，但听起来好像他是在帮你的忙似的。

"白脸与黑脸的把戏"是一种心理操纵的伎俩。只要你能识破它，就不会上当。当那个"好人"讨好你、替你说话时，你只需用问过"坏人"的问题去问他："我很感激你要设法合理化的美意，但我们想知道你为何认为那是一个合理的价格? 你依据的原则是什么? 你如果能使我相信 5400 元是个公道的价格，我就愿意按这个价钱买下来。"

4. 别被威胁吓住

威胁是谈判中经常被使用的伎俩之一，这似乎很容易，比提个建议容易得多。威胁只需说几句话，如果它起作用的话，就不必当真采取行动了。可是，威胁也会导致对方的反威胁，会扰乱谈判程序，甚至会危及双方关系。

威胁常会通过施加压力来实现。施加压力常常会导致适得其反的结果。它不是会使对方更容易作决定，而是会使之更难作决定。威胁会使一个工会、一个委员会、一家公司或一个政府更紧密地团结起来，以抵抗外来的压力。温和分子和鹰派分子会手拉手，心连心，一起抵抗企图威胁他们的人。这时，问题就从"我们应该做这项决定吗"转变为"我们应该屈服于外界压力吗"。

高明的谈判者很少会诉诸威胁。他们不需要这样做，因为还有其他方法可以传递同样的信息。

把对方的所作所为将会产生的后果列出来，似乎比较适宜。你应该列出那些不受你的意志左右的后果，而不要列出你能施加影响的事项。"警告"要比"威胁"更具合法性，并且不会招致对方的威胁，例如："如果我们不能达成协议，新闻界就会坚持把整个事件的肮脏内幕刊登出来。到了那个地步，我不知道怎样才能合法地把新闻压制下来。对此，你有何高见？"

为了使对方的威胁失效，有时候你可以干扰其传达威胁的过程。你可以故意不理会对方的威胁，只将它视为未经授权的、匆忙说出的或与你不相干的信息。你也可以向对方传达这种危险负有风险。对付心理战的办法，首先是让自己有良好的心理素质，只有这样，你才能在心理战中节节胜利！

谈判中让步的艺术

一家公司的主管与工会针对薪资进行谈判。工会要求加薪4％，但是公司只肯加薪1％，双方多次谈判都僵持不下。后来公司的主管考虑到谈判已经耗费了许多时间和精力，因此决定再上谈判桌时要将加薪幅度提高到2.5％，也就是双方要求的中间点，如此一来谈判应该能够顺利落幕。

在谈判时，主管从刚开始就表现出很大的诚意，诚实地告诉工会代表，公司愿意提高薪酬以结束纷争，最大的极限是提高3％。然而，此时工会代表却还是没有接受。他们认为，公司一开始就愿意提高到3％，那么继续谈下去应该能够要求到更多。但由于工会的期望最后提高到了不合实际的程度，谈判终以破裂收场。

上面这个例子说明，谈判时让步往往是必要的，但是很多人却没有谨慎让步，以致得不到对方的善意响应。

让步在谈判中可以说是一种妥协，但更是一种策略和计谋。英国著名外交家萨道义在其著作《外交实践指南》一书中说，谈判"不仅需要运用策略和智慧，还需要有能屈能伸的精神"。一般说来，成功的谈判都需要互谅互让。在贸易谈判中，如果你是卖主，那么谈判开始时你提出的价格要相对高一些，然后在谈判中适当、适时地做出某些让步，这样有利于谈判协议的达成。但这绝不意味着开价越高越好，而应该使对方觉得你的开价虽高，但还不是那么苛刻，有讨价还价的余地。如提出不切实际的过高要求，使对方觉得荒诞离奇，不仅不能收到良好的效果，反而无益于谈判的顺利进行。

德国某公司销售经理率团来华推销焊接设备，其圆滑熟练的谈判技巧很值得借鉴。谈判时，德方的一套焊接设备先报价 40 万美元，并声明这是考虑到初次交易为赢得信誉而出的优惠价。经我方代表反复讨价还价，德方将报价逐步降到 27 万美元。德方经理做了个夸张的仰头喝药的动作，开玩笑地说："27 万卖给贵方，我是蚀老本了，回去怕要服毒自杀了。"结果终于以 27 万美元成交。

其实，据我方所知，该公司的这种设备以往也曾以 20 几万美元的价格多次出售，他们报价 40 万不过是给自己留出让步的余地罢了。

不过，即使留有充裕的余地，让步的幅度和次数也不能过于频繁，那样的话就过早地让对方知道了自己的底线。

有一次某外商向我方购买香料油，出价 41 美元/千克，我方开口便要价 48 美元。外商一听急了，连连摆手说："不，不，你怎么能指望我出 45 美元以上来买呢？"这外商无意中露了底。我方即抓住时机，逼问说："那么我们就以 45 美元成交吧。"

外商一时语塞，最后只好以 45 美元/千克的价格成交。外商失去了讨价还价的机会，还给对方留下了经商能力不佳的印象。

可见，在谈判中让步也得讲求策略。

1. 把握好让步时机

过早的让步往往导致己方的后悔；而该让步时不让步，则容易导致谈判破裂。那么，该什么时候让步呢？一般情况下，当对方已经让步到了最后阶段，我们在保证谈判"标的"原则前提下，让步时机已经成熟。如果不作适度的让步，对方也决不让步，谈判就将无法顺利进行，也就达不到使双方都满意的结果。

2. 巧用试探性语言

在让步之前作假设性提议，可以试探对方的灵活性。"如果"在下列问题中是一个重要的词语，它不会让你受到任何约束，还能帮助你识别哪些事情重要。例如，"如果我把价格降低 5％，您能确定和我们签约吗？""如果我给您 90 天的赊账期限，而不是 60 天，您能先把以前的利息付清吗？"

3. 运用分期付款式的让步

一个人走在路上捡到 2000 元，与一个人走在路上捡到 1000 元，走着走着又捡到 1000 元相比，后者的情况更令人高兴。虽然金额同样是 2000 元，但是后者却有中奖两次的加倍快乐的感受。

同样的道理，如果在谈判时将让步份额分成若干份，有分寸地让步，一份一份抛出，这样不仅能鼓动对方，还能起到迷惑对方的作用。尽量不要让对方了解你的底细，要让对方觉得每一次你都是无可奈何的，让对方感到来之不易。这样一来，对方也会以自己的让步来作为回报。由少到多的让步也能有效地让对方认为你的让步是有限的，再做出让步是希望不大的。这种让步方式也是常用的。

在谈判中让步可以表现出谈判者的高明之处。如何隐藏自己的弱点，击中对方的要害，是每一位谈判者在谈判前都要认真考虑分析的。让步只是一种计谋，运用不当不仅达不到自己的目的，还会搬起石头砸自己的脚。因此，策略性让步尤为重要。即：

在做出让步时仍坚持自己的原则。在重大问题上让步时，要小心谨慎，认真分析当时的情况，不该让步时一定不让，态度执着，据理力争；在细小的问题上可先让步，显示自己的大度，也让对方感觉到他们很幸运，成功地打了一次"擦边球"。

不管你在谈判中使用什么样的方式，谈判的最终目的是在对双方都有利的基础上做成生意，皆大欢喜。在谈判结束时还可以说一些诸如对方多么精明、多么厉害之类的话语，为下一次的谈判打下基础。

第二十二章　投资是一场心理学的游戏

假设人是理性的，会自觉不自觉地按成本—收益原则来行事。绝大多数情况下也的确如此。但这个世界上还有大量用理性经济学原理无法解释的现象。

——梁小民

（毕业于北京大学，著名经济学家）

投资风险的承受能力

投资是一个充满了风险和挑战的领域，也正是因为如此，它才吸引了众多的人参与其中。但是，投资者很少有人能够对自己的心理承受力有正确的判断，那些自认为坚强的人可能会在遇到大麻烦时很快崩溃，而一向并不怎么坚强的人却可能平静地接受结果，甚至等来新的转机。

投资充满了风险，同时也充满了机遇。从某种程度上讲，风险与不确定性也是投资的魅力之一，它迎合了人性中的一些特点，使全世界无数人即使多次损兵折将，也依然乐此不疲。就像我们所看到的那样，交易所里总是一派人头攒动的热闹景象，许多专业投资家、职业经纪人沉迷其中自不待言，就连那些退休的老先生、老太太、家庭主妇、上班族，甚至是一些未成年的小孩子也跃跃欲试，想在投资游戏中试试自己的运气与智力。

如果我们仔细观察，就会发现，在股市低迷时，一个经历过市场风浪的职业投资家的表现可能还没有股价上扬时家庭主妇的表现那么淡定和勇敢。每当股价下挫时，那些证券代理商与经纪人都会迅速变化手中的投资组合，将筹码锁定在那些保守的股票上，不敢轻易将手上的现金换成股票，即使在面对一些内在价值

411

被严重低估的好企业时，他们也犹豫不决，因为此时他们的心理较为脆弱，风险承受力较低，这种状况也势必影响到他们的交易决策。而股价上扬、市场高奏凯歌之时，人们个个大胆地追加资金，仿佛只要投入就注定有回报，此时，市场的风险被人们遗忘了，或者是他们虽然意识到了风险的存在，但他们高估了自己的心理承受力，一旦美梦破灭，只有后悔不已。尤其是那些被行情冲昏头脑、将自己的全部家当都赔进去的人，将会为他们的盲目与无知付出惨重的代价。

许多研究投资心理学的学者发现，要准确描述人们对风险的承受力几乎是不可能的。那些现代心理学中常用的研究方法，如访谈及问卷并不能考察投资者的风险承受力，因为人们对风险的承受能力是建立在情感之上的，而且随着情况的变化，人们自我感知的风险承受力也会有很大的变化。当股价下跌时，即使那些平常显得最大胆、最冒进的投资者也会变得畏首畏尾起来；而在股价上扬的时候，别说那些本来就激进的投资者，就连那些保守的投资者也常常满仓持有，难以轻易割舍。

在投资领域，人们普遍认为买卖股票是一种勇敢者的游戏。而在我们的社会里，勇敢者总是受到人们更多的尊敬，这使得大多数人在心中都认为自己也是一个能够承受风险的人。但是实际上他们并不是这样的，尤其在面对金钱的时候，自认为的风险承受力与实际的风险承受力并不是一回事。实际上，你可能只有在股价上扬时才是一个勇敢者，而当股价下跌时，你却往往吓坏了，只能跟着一群胆小鬼，唯恐逃之不及。

心理学家从统计学的角度出发，对人们的风险承受能力进行了研究，结果发现了一些有趣的现象。研究结果表明，人们的风险承受力与年龄和性别有很大的关系。从总体来看，老年人比年轻人更趋向于保守，女性比男性更加小心谨慎。而风险承受力与贫富之间的关系则没有定论，虽然我们通常可能认为有钱人比穷人更愿意承担风险，但实际上这只不过是一种直觉，心理学家尚未从统计心理学上找到支持这种看法的依据。

在股市中，你往往对自己的风险承受能力不甚了解。当市场行情一片大好时，你觉得自己无论买哪一只股票都会大赚一笔，这时你恨不得一下子将未来几年的薪水都预支去炒股。你觉得自己是一个可以面对一切的勇敢者，你随时准备承担可能降临的厄运。但是，事实上你的心里丝毫没有为可能出现的变故留下余地，你的勇敢只不过是轻度妄想症的白日梦罢了。一旦股价下跌，你就会变得异常胆小，担心你今天买入，明天它还会接着跌，那时你的钱会变少，而这是让人无法接受的，于是你就持币观望，不敢行动。

对任何一个投资者来说，客观地认识自己的风险承受力都是十分必要的。在股市中，千万不要对自己的风险承受能力妄下断语，天真地认为自己无懈可击，因为你的风险承受能力会随股价而波动。因此，你必须客观地认识自己，你越是客观，你就会越冷静，也就越容易做出正确的抉择。

投资时要摆正心态

有很多投资者在事后谈到自己的某些投资行为时，都不无后悔地说："我如果不那么早卖就好了。""我如果不那么着急抛售就好了，也不会亏那么多。""真不应该听某某的意见，上了大当。"但这个世界没有后悔药，一旦做出了某个决定，你就无法再重新来过。

金钱游戏对于失败者而言是非常无情的，许多人都有过痛心疾首的经历。不过，虽然很多投资者在有过失败的经历后也会进行反思，并试图找到自己的缺点所在，但是这种反思并没有让他们变得更聪明，相反，在下一次遇到同样的情形时，他们仍会重复同样的错误。难怪有人说，自股票市场诞生 100 多年来，投资者的行为并没有太多的改变，他们仍然感情用事，不时被恐惧和贪婪所支配，所以愚蠢与错误都是不可避免的。

在投资者买卖股票的行为中，到底有多少行为是经过理智的分析之后做出的决定呢？又有多少行为是在一时的情绪支配下的反应呢？

对此，我们恐怕很难得到一个准确的答案，不过唯一可以肯定的是，后者所占的比重一定远远大于前者。

有人指出，情绪使投资者付出的代价比无知更大。对时常改变自己行为的人们来说，这一点毋庸置疑。因为我们的大脑与计算机不同，它不是一次就设计好的机械部件，它虽然经过了漫长的进化过程，但依旧存在各种各样的缺陷。而且，外在环境的变化极易影响到它的运转，这就使得我们不能正确地意识到成败的机会与可能性，也无法抵挡所有诱惑。我们早就接受了某些心理定式，这种群体的信念影响着我们所做的大部分决定。这种群体信念的力量通常非常强大，有时它甚至在我们还没有察觉的时候就已经发挥出了它的巨大威力。如果投资者想在这个领域取得成功，就必须克服这一缺点。我们一方面必须冷静而细心地观察事实，另一方面又必须控制自己的盲从情绪，以期在充满诱惑的市场中保持清醒的头脑与判断力。

在股市上，本来是很聪明的人，眼见人家纷纷入货，深恐落后，于是连忙跟进，匆匆买入自己并不熟悉的股票；见他人抛出某种股票，自己也不问原因就跟着出货，随意脱手，结果往往上当，损失很大。

人们的心理就是这样奇怪，面对不理智的惊慌，我们明知是错误的，却还是无法抵制别人的影响。在投资市场上，同样的道理也在发挥着同样的作用。所以，当市场出现某种热点时，总会有许多人一拥而上，而这时，那些原本并不准备这样做的人也如坐针毡，因为他们觉得，如果自己不这样做，就是被人群抛弃了。人类的幸福感在很大程度上来源于群体的认可，而且这种情感会随着社会化程度的增加而不断地增强。我们不愿意与大多数人的看法相左，而且我们的潜意识里存在"越多人认可的东西便越正确"的思想。

在投资市场里，人们的情绪总是息息相关的。股价连续下挫之时，似乎每个投资者都陷入了悲观绝望的情绪之中。那些股票经纪人的悲观往往较他人更甚，因为他们受影响的程度最大，甚至连生计也会受到影响。那些依照账面资金计算本来比较富有的人，这时眼看自己的财富缩水，当然也感到心痛。而那些股价在高位时没有舍得卖出的投资者，眼看着本应该到手的财富转眼间化为泡影，更是后悔不已。这样一来，人人都感到不安，对市场顿时失去信心，于是股价开始狂跌。美国历史上有名的几次大崩盘，并不是经济运行情况的真实反映，而都是由于投资者集体丧失信心所致。

大多数投资者看好某只股票时，常常就此征询别人的意见，如果被你问及的这个人恰巧也看中了这只股票，那么即使他并没有提出什么更令人信服的理由，你也仍然感到自己的信心明显地增强了。相反，如果你得到的是相反的答案，你就会对自己的看法产生怀疑，变得犹豫不决，以至于错过最佳的买入时机。投资大师巴菲特指出，投资者在任何时候都应当秉持独立判断的能力，不能让他人的看法影响自己。如果你的选择建立在对企业认真细致的考察之上，你便大可不必理会他人那些十分主观的看法。事实上，你的看法越独到，你购买该股票的风险就越小。当你与朋友们交换看法时，他们越是表现得不屑一顾，你就应当越受鼓舞。可是，要真正做到这一点是十分不易的。实际上，大多数人往往会受到他人的影响，把自己原有的想法束之高阁，而努力和他人保持一致。

聪明智慧的古希腊人留下了一句著名的谚语："在痛苦中学习。"意思就是说，一个人若非天生具有控制自己情绪的天赋，那么他就得和大多数人一样，只有通过不断的学习才能达到这种境界。不过，学习控制情绪一事注定不是轻松的过程，因为你要让自己的习惯与人类的本性做斗争。学习控制情绪的方法只有一个，那就是犯错误，然后再去分析这种错误。

但是，在投资领域有这样一个奇怪的现象：人们不但不会从自己过去的错误中吸取教训，反而常常"信心十足"地犯下同样的错误，原因在于他们认为自己已经从原先的错误中得到了教训。这样一来，虽然你交了昂贵的学费，可你还是什么也没有学到。

在投资领域，学会控制情绪的目的是为了不犯相同的错误，但它的难度可能超出了我们的想象。许多成功的投资者发现，记录投资笔记是控制情绪的好方法。你要认真记下你所选择的每一只股票，包括你当初选择它们的原因以及后来为什么要卖掉。你要经常性地回顾整个交易的过程，并且客观地审视情绪给你造成的困扰。经过一个漫长的学习过程之后，相信你能够摆脱情绪的困扰。

投资中的错位效应

在投资中存在这样一种现象：有些投资者在股价上涨时马上果断地抛出自己手中的股票，以求稳妥，而在股价下跌甚至被套牢时仍迟迟不肯抛售自己手中的股票以减少损失。有研究者将这种现象称为"错位效应"。

错位效应是投资者中普遍存在的一种行为障碍。对这一行为障碍的理论解释之一是前景理论。该理论由诺贝尔经济学奖获得者卡内曼和他的同事托维斯基提出。他们认为产生错位效应的原因在于投资者是损失厌恶型。损失与收益具有不同的价值函数：损失的价值函数是凸的，并且相对陡峭；而收益的价值函数是凹的，并且相对平缓。这说明个体对一定损失的感觉要比一定收益的感觉要强烈。这也就难怪投资者获得微薄利润时会按捺不住获利了结，而跌得很惨时又迟迟不肯抛售。投资者迟迟不肯止损的现象也得到了所谓"禀赋效应"的验证。

投资者往往会高估自己手中持有的股票的真实价值。人们往往会根据参考点来评价他们选择的结果的好坏。对投资者而言，购买价或者心理价位也许是比较通常的参考点。但是，有时候参考点并不一定就是购买价或心理价位。股民通常会将现在的结果与假如当初不这样做会有的结果进行比较。因此，对错位效应的另一种理论解释就是后悔理论。根据后悔理论的观点，涨了怕再跌，跌了怕再涨，这就是投资者为什么获微利时立即了结，而套牢时却迟迟不肯解套的原因。

对于投资者来说，克服错位效应最有效的办法就是制定止损点和结利点。因为即使再高的命中率，也并不一定会导致高的利润，也许你一次的损失量已远远超过了多次盈利的总和。因此，结利点一定要定得比止损点高一些，这样才能使你避免损失。有研究者指出，目标利润最好是准备承担风险峰的 3 倍。

众所周知，"止损"可分为两种完全不同应用机制的止损，即保护性止损和跟进性止损。由于止损多发生在十分不利的情况下，总令人联想到不愉快的事，因此，人们往往不愿意谈论这一话题。但是，在实际操作过程中，任何人都不可能保证不出任何差错。如何将损失限定在较小的范围内，或尽可能使既得利益最大化，很现实地摆在每一个投资者面前。特别是入市不久的中小投资者，更需要合理地运用止损。下面简要谈一下止损点设置的有关问题。

（1）在任何情况下，用百分比而不是价位来表示止损距离，5%~10%是通常可以接受的合理幅度。尽管不同承受能力或不同操作风格的人会采用不同的比例，但是，对于不同价位和不同敏感度的个股，仍需设置不同的止损距离。一般而言，股价较低或股性较为活跃的个股，止损幅度应适当放宽，反之则应较小。需要注意的是，不能将止损空间定得太狭窄，否则交易就会过于频繁。

（2）在买入的情况下，止损价位一般设在上一个局部小底部以下，而且以收盘价为准，以避免被盘中震荡过早地清理出局。

（3）在股价已朝有利方向运动的情况下，采用跟进性止损，建议使用 5 日均线（较趋势线发出信号早一些）或前一日收盘价下方 3%来设置。

（4）当出现异常的成交量而未形成突破时，取消原来的保护性止损，将之置于该日收盘价下约 2%的地方。

最后，建议投资者一旦进入市场，就首先设置好自己的止损水平，准备付出一点讨厌但数量较小的损失，从而避免一场较为严重的灾难。尤其需要注意的是，永远不要抱有侥幸心理，保护性止损价位永远不能向下移动，这应作为基本原则来牢记。

不要让过分自信影响投资

许多心理研究表明，人们发生判断失误是因为总体来说人们过于自信。如果选一群人做样本，问他们有多少人相信自己的驾驶技术是高于平均水平的，有70%以上的人会说他们是极佳的驾驶员——这就留下一个问题：谁是差劲的驾驶员？另一个例子出现在医疗行业。当问及医生时，他们说他们对肺炎的诊断成功率能达到 90%，而事实上他们只有 50% 的准确性。

就信心本身来讲，这并不是一件坏事。但过度自信则是另一回事。当我们处理金融事宜时，它就尤其有害。信心过度的投资者不仅会让自己做出愚蠢的决策，而且会对整体市场产生巨大的负面影响。

投资者一般都表现出高度的自信，这是一种规律。他们想象自己比别人都聪明而且能选择获利的股票，或者至少他们会选择聪明的券商为他们打败市场。他们趋向于高估券商的知识和技巧。他们所依赖的信息也是能证实他们正确的信息，而反面意见他们则置之不理。更糟糕的是，他们头脑中加工的信息都是随手可得的信息，他们不会去寻找那些鲜为人知的信息。

如何证明投资者是过度自信的人呢？按照有效市场理论，投资者本该买股并持股。然而在过去的几年里，我们却经历了交易量的大幅度上升。理查德·萨雷认为投资者和券商都被赋予了一种信念，即认为自己掌握着更好的信息，自己比别人更聪明，所以自己能获胜。

信心过度解释了为什么许多券商会做出错误的市场预测。他们对自己收集的资料自信过度了，而如果所有的券商和投资商都认为他们的信息是正确的，他们知道一些别人不知道的消息，结果将会导致更大的交易量。

投资者趋向于认为别人的投资决策都是非理性的，而自己的决定是理性的，是在根据优势的信息基础上进行操作的，但事实并非如此。

丹尼尔·卡尔曼认为：过度自信来源于投资者对概率事件的错误估计。人们总是对于小概率事件发生的可能性产生过高的估计，认为其总是可能发生的，这也是各种博彩行为的心理依据；而对于中等偏高程度的概率性事件，人们则易产生过低的估计；但对于 90% 以上的概率性事件，则认为肯定会发生，这是过度自信产生的一个主要原因。此外，参加投资活动会让投资者产生一种控制错觉，控制错觉也是产生过度自信的一个重要原因。投资者和证券分析师们在他们有一定知识的领域中过于自信。

然而，提高自信水平与成功投资并无相关性。基金经理人、股评家以及投资者总认为自己有能力跑赢大盘，然而事实并非如此。有研究者在此领域做了大量研究，发现男性在许多领域（体育、领导、与别人相处）中总是过高估计自己。他们在 1991～1997 年中研究了 38000 名投资者的投资行为，将年交易量作为过度自信的指标，结果发现男性投资者的年交易量比女性投资者的年交易量总体高出

20%以上，而投资收益却略低于女性。该数据显示，过度自信的投资者在市场中会频繁交易，总体表现为年交易量的放大，但由于过度自信而频繁地进行交易并不能让其获得更高的收益。

在另一个研究中，他们取样1991～1996年中的78000名投资者，发现年交易量越高的投资者的实际投资收益越低。在一系列的研究中，他们还发现过度自信的投资者更喜欢冒风险，同时也容易忽略交易成本，这也是过度自信的投资者投资收益低于正常水平的两大原因。

如果市场是有效的，人的投资行为也服从理性的话，那么人们就应当认真选择股票，并在一定期间内持有它，而不是一有风吹草动便着急动作。正因为大多数机构投资者与个人投资者都有过度自信的通病，他们认为自己能够战胜市场，将别人丢在后面，所以他们不断地买卖股票，认为自己能抓住市场波动的规律而大获其利。这也就是为什么市场的交易量总是很大、股票的换手率通常很高的重要原因。这些人认为他们比其他人更聪明，他们掌握着被别人忽略的信息，所以他们能够获胜。

过度自信使许多证券商对市场做出了错误的预测。作为专业机构与人士，他们自认为比别人更了解股市，也更能把握它。他们可能搜集了大量的信息，可能对市场的变化有很强的敏感性，但这都不应当是他们自认为聪明的原因。因为事实上，他们知道的东西别人也同样知道，而且别人可能还注意到了被他们忽略的信息，他们的自信在事实面前最终将被粉碎。

心理学家指出，那些对自我有客观认识的人并不多，更多的人认为自己比别人聪明。可真实的情况是，大多数人都是资质平平的，天才当然有，但可惜你不是。盲目自信对投资者可谓是有百害而无一利。当你觉得自己有百分百的把握去购买某只股票时，切记不可将这种信心当成是理由。别忘了，全世界像你这样满怀信心去做傻事的人不计其数。

战胜自己才能赢得投资

价值投资大师格雷厄姆认为，投资人最大的敌人不是股票市场，而是自己。

投资者就算具备了投资股市所必备的财务、会计等能力，如果他们在不断震荡的市场里无法控制自己的情绪变化，那么也就很难从投资中获利。格雷厄姆认为，投资人若想建立面对股票市场的正确态度，就必须在心理和财务上做好充分准备，因为市场不可避免地会出现上下震荡。投资人不仅在股价上升时要有良好的心理素质，也要以沉稳的情绪来面对股价下跌，有时甚至是猛烈下跌的局面。若投资者有那样的心理素质，那么可以说投资者已经具备了 99% 领先其他投资人的心理素质。他说："真正的投资人从来不会被市场形势所迫而轻易卖出自己看好的股票，也不会关心短期的价格走势。"

在处理涉及金钱的问题时，人们往往特别容易做出情绪化且不符合逻辑思维方式的决策。在股票投资中，市场效率的产生也是因为投资者在取得信息后得以迅速地制定价格。因此，将人类的心理因素作为投资的重要变量来考量就显得特别重要。因为越是在不明确和不稳定的市场环境里，投资人受到有形、无形的心理因素的影响就越大。

我们发现许多诱使人们买卖股票的因素，除了从人类包括心理在内的社会行为角度来加以解释外，没有其他合理的解释。

在股票投资中，万千股民都向往着找到"炒股绝招""制胜法宝""跟庄秘诀"，从而在股市中所向披靡，建功立业，迅速致富。许多股民经常会遇到这样的情况，面对同样的基本面信息，会见好见坏；面对同一张技术图表，会见仁见智；面对同一条政策消息，会见多见空。巴菲特认为，任何一种投资理论或操作策略，都必须靠人的心志来驾驭。由此，他指出，任何一种投资理论或操作方法，最后还要结合当时的具体情况来研判与决策。

相信很多初涉股市的投资者都有这样的尴尬，买了就跌，一抛就涨，好像庄家就缺自己那几千（几百）股一样。

即使有一些经验的投资者，如果统计一下自己持有一只股票的时间，你会惊讶地发现：在套牢和保本（微利）阶段拿的时间最长，一旦股票有了 20%～30% 的涨幅则如烫手的山芋，随时准备抛出。原来赢利的日子是这么难熬。或者有的投资者满眼是黑马，买了几天又有了"新欢"，旧人自然已经看不上眼了，马上换股。往往结果是两面挨耳光，放掉的继续涨，买入的如死猪，然后再换……究其原因，无非是人性的弱点在作怪。

股票市场是由无数投资人的买卖意志和行为决定而形成合力的结果，所以我们尽可以放心地做出推论：整个股票市场的上升或下跌，其最主要动力来自于投资人的心理影响。

关于股价上下波动，从表面来看，是由于基本面或技术面的改变所引起；但从深层来看，则是心理面对基本面或技术面的变化所做出的反映。因此，巴菲特说，股价波动其实是人心在动，是千万人智力比拼与心态较量的最终结果。当投资者涉入股市的金钱游戏时，往往会产生特异的态度和行为。有的人平时非常小气，但在股市上却慷慨大方。有的投资人最关心的似乎不是赚钱多少，而是想借此证明自己的聪明才智和自我价值。因此，在股市中心理分析很重要。

要想战胜自己，在投资中取胜，在投资时要做好以下几方面的功课：

1. 投资先看大势

不要相信自己属于永远跑赢大盘的高手，和大趋势作对永远会失败。就像如果你在 2001 年到 2005 年夏买入股票长期持有和 2006 年获小利就跑同样愚蠢。

2. 选择适合自己的交易方式

如果不是职业投资人，建议散户不要频繁做短线，不妨学习巴菲特的"长捂不放"。大家可以根据自己的个性偏好，选择投资方式：跟随热点/挖掘冷门，中长期持有/波段操作，目标位操作/随机而动……

3. 做好研究

不要仅凭一句消息或者别人推荐就急于买入。现在资讯很发达，你可以通过互联网得到很多信息，只要你肯下功夫。不要只从证券媒体上获得信息，很多大众传媒、行业媒体上都有有价值的新闻等待你去发掘。不看股评家的推荐，要看竞争对手对他的评述和行业动态。

4. 制定合理的赢利目标

能获得超越银行利率数倍的收益应该满足了。当然这不意味着保守，只是当你已经远远完成 20%～30%年度收益目标以后，你会比较平和地做新的股票。股市里的钱是赚不完的，我们只能拿走属于自己的一部分。人家水平高，一年翻几倍，欣赏一下就是，不要产生攀比心理。要知道，往往"无心插柳柳成荫"。

看到别人的股连拉涨停，自己的股票举步维艰，自然不是滋味，但请先问问自己当初买入的理由是什么，目前环境是否变化了。如果判断的确失误，要勇于承认，即时抽身。但是出来以后不要急于介入下一只股票，首先反思一下教训，平衡一下心理，再按照自己先前追踪观察的清单选择新的目标。

如果你确定了中线目标，就不要在意每天的实时涨跌。多看周线和分时图，别太在意日线。经常想想如果我是庄家会怎么操盘，这可以帮助你理解股票的走势。

不要天天看股票，适当给自己放个假，调整一下心情很重要。即使行情不好，生活中还有很多有乐趣的东西可以体验。

如果有一天，你发现自己的情绪不会再随股票的涨跌而波动了，那时你才真正在股市中战胜了自己。

运用反群众心理

在股票投资里，有一个相当重要的原则，就是要实行与一般群众心理相反的操作，即在群众的一片乐观声中应该警惕，在群众的一片悲观时要勇于承接。因为，群众大都是"抢涨杀跌"的。

在股票理论上，股价愈涨，风险愈高，然而群众却愈有信心；股价愈跌，风险愈低，但一般的投资者却愈来愈担心。对投资者而言，如何在投机狂热高涨时保持理智的研判，以及在群众恐惧害怕的时候仍保持足够的信心，对其投资能否获利关系甚大。

在股市波动幅度比较小的时候，更可显示反群众心理操作的重要性。

在1987年初，台湾的一般经济学者或经济专家均认为台币升值，以出口为导向的台湾经济，势必会受到拖累，间接地使经济增长减缓，反映在股票市场中也将会出现一季比一季淡、一季比一季差。然而结果是，股市连创新高，到了9月份，更加狂涨不止。就在这群众一片看好，股市将创5000点之际，厄运降临，股市大幅挫落，加上美国股市暴跌的影响，台湾股市跌幅超过50%。

这些现象均显示股市的走向，往往与群众的心理背道而驰。有时主力也采取与一般的群众心理相反的操作方式，如在群众一片悲观而杀出股票时，主力却大力买进；在群众一片乐观而抢进股票时，主力又大力卖出，进行调节。

如果市场中大多数的人都看好价格会继续上涨，此时进场投资的人及资金早已因为一致看好而大量买进，所以价格通常因大量买超而产生超涨的景象。又由于该进场的人与资金都已经在市场内了，于是市场外能推动价格上涨的资金所剩无几，且市场中的每个人皆准备伺机卖出，导致整个证券市场潜在供给大于需求，因此只要有任何不利的因素出现，价格就会急速下跌。反之，如果市场中大多数的人都认为价格会继续下跌，此时该卖的人早已因为一致看坏而大量卖出，所以价格通常因大量卖超而产生超跌现象。又由于该卖的人都已经不在市场内了，于是市场内想卖出的浮动筹码已少之又少，所以卖压很少，且市场外的每个人皆准备逢低买进，导致整个证券市场潜在的需求大于供给，因此只要有任何有利的因素出现，价格就会急速上涨。

那么我们该如何衡量大多数人的判断思维呢？一般说来，如果股市处于上升高速阶段，此时几乎每人的股票账户上都赚得盘满钵溢，大多数股民兴高采烈，忘乎所以。此时的媒体、股评人更加激动，大肆渲染多头市场的发展趋势，为股民描绘一个又一个创新高的点位。外场的资金也经不起诱惑而积极加入炒股大军，大有全民炒股的态势。这时就可以判断大多数人的思维处于什么态势。如果用反群众心理，此时就要做到"众人皆炒我走人"。如果股市处于下跌高速阶段，此时几乎每人的股票账户上昨天还是赚得盘满钵溢，转瞬之间就烟消云散，严重套牢了，大多数股民垂头丧气，万念俱灰。此时的媒体、股评人更加悲观，大肆渲染空头市场的可怕发展趋势，为股民描绘一个又一个创新低的点位。入场的资金和赢利的资金纷纷撤离，大有全民空仓的态势。此时就要做到"众人皆空我做多"。

1996 年 10 月到 12 月初，1997 年 2 月到 5 月，沪深股市开始猛涨，当时几乎每人的股票账户上都赚得盘满钵溢，有人甚至提出"不怕套，套不怕，怕不套"的多头口号。管理层当时接连发十几个利空政策，但是大多数股民不听，结果后来套得很惨。2001 年 6 月 14 日，沪指创新高 2245 点后，媒体、股评人更加激动，为股民描绘一个又一个创新高的点位，2500 点，3000 点……大多数股民还处于多头思维中。这时如果用反向投资策略，就要众人皆炒我走人，不玩了。

2001 年 7 月后，股市处于下跌高速阶段，此时严重套牢的大多数股民垂头丧气，万念俱灰。而媒体、股评人更加悲观，大肆渲染空头市场的可怕创新低的点位。有人甚至提出沪指要跌到 800 点、400 点。资金纷纷撤离观望。这时就可以判断大多数人的思维处于空头悲观态势。如果用反向投资策略指导行动，就适当时机入市，完全可以在 2001 年 10 月，2002 年 6 月和 2006 年打一个漂亮的反弹仗和反转仗。

这里需要注意的是，反群众心理操作并不是单纯地机械式的逆势而为，为反对而反对比盲目跟风风险更大。股票市场对于公司股价判断正确与否的概率几乎是一样的，因此投资人唯一能与市场大众反向操作的状况应为：股票市场对于事件的心理反应似乎已到了疯狂的极致；对于公司财务资料的分析大家都错了。尤其需要注意的是，当缺乏足够的论据支持自己的反向操作观点时，千万不要与市场对立。要了解群众的一般心理，可参考以下指标：

1. 投资顾问意见

大多数的投资顾问都鼓励客户逢低买进，逢高卖出，然而现实中许多例子都显示，投资顾问经常做出相反的建议。因此，当大多数投资刊物看法乐观时，往往趋近顶峰；大多数投资刊物看法悲观时，往往接近谷底。

2. 证券公司人气是否畅旺

如果证券公司以往喧腾不已，而如今人烟稀少，且顾客无视其好坏、漠不关心股价的开跌在下棋聊天，书报摊有关股票方面的书籍卖不出去，此时通常股价已跌至谷底。反之，当人气沸腾，一开盘即全面涨停板，此时股价通常接近高峰，宜减少持股或退出观望。有两句证券俗语，即"人弃我取，人取我予"及"人不凑在一起时才是购买时机"乃最佳写照。

3. 共同基金持有现金比率

共同基金的投资组合中持有现金增多，表示股价要下跌；持有现金减少，表示股价要上涨。因此持有现金的比率可当作一指标，当现金持有比率非常高时，往往股价已接近谷底；反之，现金持有比率非常少时，股价常接近顶点。

4. 融资余额的趋势与额度

由于投资余额表示投资人信心的增减，在股价的循环中，由谷底复苏时，融资余额缓慢增加；随着股价的上涨，投资人信心的增强，融资额度及增加的速度逐渐增加，终于达到顶点。此时，融资部分成为股票重要供应来源，反转时，融资较多的股票往往跌幅最重，反群众心理操作可起到出奇制胜的作用。孙子曰：凡战者，以正合，以奇胜。意思是，大凡作战都是用兵内正常法则与敌交战，然后顺应战况的变化，用奇兵取胜。在股票市场中，投资者除了掌握应用基本分析财务分析技术分析外，也要注意市场心理的分析，这样才能根据股市的变化，用灵活的对策获利。

熊市中为何不肯割肉

炒过股票的朋友可能都有过这样的心理，当所持的股票突然下跌时，人们最初往往并不急于抛售，而是持一种观望的态度。当股票一跌再跌，人们这时却决定继续等待，以期待出现高涨的奇迹。

身在局外的我们通常会有这样一个疑问，与其让股票继续下跌增加损失，为何不立即抛售，尽可能地减少损失呢？心理学家认为人们对"财富"变化有这样一种心理：人们对同样的财富数量的损失和赢利，其"感受"是相当不相同的。一定数量"损失"所引起的"负效应"大于同样数量"赢利"所带来的"正效应"，这种损失的更敏感的现象就是"厌恶损失"。

心理学家认为，当人们在面临同样大小的利益和损失时，来自损失的压力比来自利益的幸福感高出约两倍。

另外，"厌恶损失"心理还会导致一些赌客在输钱的时候，有一种"不惜一切代价"都要竭力避免损失的心理。抱着这种心理，这些人无法把握自己逐渐丧失的理智，偏要抓住"已经失利的局面"不放，最后就是越输越多，直到一败涂地。

因此，当股价上扬的时候，我们更愿意选择稳定收益，马上卖出手中的股票，满足于小小的利益。相反，当股价下滑的时候，则盼望股票再次上涨，放弃稳定，选择风险。人们受到这种倾向的影响，会产生想把遭受的损失降到最小的心理，但最终却容易遭受更大的损失。

在股市里要想一直保持清醒的头脑，在情绪起伏不定面前，要以最快的时间做出对自己相对最有利的决策。除了避免"出手涨势股，死抓跌势股"的心理，我们还要了解下面几种不利的炒股心理。

第一，过度自信。心理学研究表明，人们总是对自己的知识和能力过度自信，投资者往往过于相信自己能够"把握"市场，把成功归功于自己的能力，而低估运气和机会在其中的作用。证券市场的巨大不确定性使投资者无法做出适当的权衡，非常容易出现行为认知偏差。市场上的很多异象都是由投资者的过分自信造成的，最典型的投资者行为是过度交易，推高成交量，导致高昂的交易成本，从而对投资者的财富造成不必要的损失。

第二，从众心理。经过反复思考后终于决定要在第二天早上卖出手上的股票。但当他踏入市场后，却又耳闻其他投资人对后势持乐观看法。就在这一瞬间，他马上变卦，反而又买进了新的股票。实际上，即使在一群特别聪明、相当沉稳多虑的人当中，从众心理仍然能够发挥作用。这也是造成市场成交量持续高位的一个原因。这种情况表现为在某个时期，大量投资者采取相同的投资策略或者对于特定的资产产生相同的偏好。这也就是所谓基金重仓股和券商重仓股的奥秘：基金扎堆，散户也扎堆，一出现恐慌性抛盘，只要有一个大单砸下，就会引起疯狂的跟风操作。

第三，自归因。自归因是指人们总将过去的成果归功于自己，而将失败归因于外部因素的心理特征。投资者通常将投资成功归功于自己的能力，而将投资失败归咎于外部的不利因素。例如很多人将自己投资失败、深度套牢归咎于听信某些小道消息的错误，而赚了钱则归功于自己准确无误的判断，而下次再出现小道消息的时候，依然确信不移，继续进入庄家编好的出货套，高位接盘。

第四，过度反应。指投资者对最近的公司信息赋予过多的权重，导致对近期趋势的推断过度偏离长期平均值。投资者过于重视新的信息，而忽略长期的历史信息，而后者更具有长期趋势的代表意义。

避免投资的非理性

在投资实践中，巴菲特认为："事实上，人们充满了贪婪、恐惧或者愚蠢的念头，这点是可以预测的。而这些念头导致的结果却是不可预测的。"事实上，心理是左右人类行为的主要因素，一旦涉及金钱，人们更容易做出情绪化且不符合逻辑思维方式的决策，非理性是其中最主要的一种情绪化表现。而投资又必须是理性的，如果投资者不能理解这一点，就不要做投资。

很多投资者习惯上都不喜欢对他们最有利的市场，却喜欢总是对他们不利的市场。当市场价格上升的时候，他们就觉得乐观，而市价下降的时候，就觉得悲观。如果他们再进一步，把这种情绪变成行动的话，他们会怎么做呢？在低价卖出，在高价买进，而这不是利润最大化的战略。

行为金融学研究表明，现实中的投资者正如巴菲特所说，"充满了贪婪、恐惧或者愚蠢的念头"，并非像有效市场理论中假设的那样是完全理性的，而是有限理性的，存在许多行为认知偏差，从而导致价格偏离价值。

事实上，在"股市热"的大环境下，广大投资者有必要对其中的投资风险有充分的了解，从而避免非理性的投资行为。正如巴菲特所言："投资必须是理性的，如果你不能理解它，就不要做。"

那么，如何才能在投资中保持一份应有的理性呢？

1. 学会定量分析

要在股市非理性波动中保持理性，其中最需要的方法是学会定量分析，从而准确判断股市是否过热或过冷。如果投资人能够进行定量分析，尽管不会因此就把分析能力提高到超人的水平，却能够使自己因此而避免随波逐流。如果投资人根据定量分析发现股市过冷，就可以理性地决策选择合适的股票低价抄底买入。

2. 培养合适的性格

许多投资人重视的是增强自己的才智，努力学习各种各样的知识，到后来却发现，与体育比赛中一样，态度决定一切，性格决定命运。学习投资中需要的知识相对来说比较容易，但养成合适的性格并不容易，却更为关键。投资者要有能力在信息不完全的情况下做出决定，就要能够抵抗得了人性的弱点。

股民常见的心理误区

投资者欲取胜于市场，必须首先征服自己的心理弱点。在市场中有效地进行自我调节，把握自我，培养一种健康成熟的心态至关重要。股市尤其是 B 股市场，风云莫测，危机四伏，在不断震荡的股海中，投资者要想获得成功，有雄厚的资金是必要的，但具有良好的投资心理更为关键。一些投资者由于缺乏正确的投资心理，难以适应风云变幻的证券市场，追涨杀跌，结果一败涂地，有的甚至倾家荡产。

下面是几种股民常见的心理误区：

1. 盲从心理

具有盲从心理的投资者在股票市场上缺乏自信，没有主见，道听途说，满脑张三李四的意见，唯独排斥了自我的见解，人云亦云，其结果只能是输掉股票。

在投资市场上，人们为什么常常重复犯盲目跟风、追涨杀跌的毛病呢？主要原因有两个：

一是缺乏系统的股票证券等投资知识。知识储备不足，使投资者难以认清市场变化规律及实质，不能把握市场走势，从而只能以别人的行为作为参考模式。缺乏对股票知识的系统了解，就没有自信，只能老是跟在他人后面转，见涨就跟，这样必然会吃亏。

二是从众心理的影响。盲从心理是证券投资的大忌。投资者要想克服盲从心理，首先必须系统学习，掌握证券投资知识和操作技巧，否则，投资股票就如瞎子摸象。一个掌握足够证券知识的投资者能透过市场出现的各种现象把握股市变化的规律，正确预测市场走势。一个人掌握的证券知识越充分，他就越自信，绝不会受别人所言影响自己的判断。而一旦他对股票市场的动向有了基本的见解之后，即使持相反观点的人很多，他也不会轻易地改变自己的立场。其次，投资者要养成独立思考和判断的习惯。因为股市上永远是先知先觉者太少，后知后觉者太多，"事后诸葛亮"太多。在股市上，总是少数人赚多数人的钱。所以要培养独立判断、逆向思维的能力，当大多数人"做多"时，自己应寻找"做空"的理由，因为真理往往掌握在少数人的手中。

2. 贪婪心理

投资者想获取投资得益是理所当然的，但不可太贪婪，要知道有时候，投资者的失败就是由于过分贪心造成的。

贪心是人性的一个弱点。行情上涨时，投资者一心要追求更高的价位、获得更大的收益，而迟迟不肯抛出自己的股票，从而使得自己失去了一次抛出的机会；当行情下跌时，又一心想行情还会继续下跌，所以犹豫不决，迟迟不肯入市，期望以更低的价格买进，从而又错过了入市的良机。希望最高点抛出是贪，希望最低点买进也是贪，而贪心的最后结果不是踏空，就是被套牢。

其实不论是做股票还是做期货，最忌的就是"贪心"。那如何克服"贪心"这一弱点呢？答案就是投资者要保持一颗"平常心"。因为想正确地判断出股价的顶部和底部是件极不容易的事情，要在每一次高峰卖出而在低谷买进更是"痴人说梦"。作为投资者，在预定行情达到八九成时就应知足了，毕竟从事证券投资应留一部分利润给别人赚。不乞求最高点卖出、最低点买进，保持"舍头去尾，只求鱼身"的心态，只有这样，致富的机会才能不断地光顾你。从事证券投资，收益目标不要订得太高，致富的欲望不要过于急切，不要乞求短时间发大财，成为巨富。应认清证券投资的规律，放弃空想，抑制贪念，只求赚取合理的差价。行情要一步步地做，利润要一点点地赚，稳扎稳打，步步为营，积少成多，这样你的财富才会像滚雪球一样越滚越大。

3. 赌博心理

具有赌博心理的投资者在投资上的一个重要表现就是在大盘或个股的走势还不明朗，或在企业基本面的变化尚未明显改观之前，仅凭借自己的猜测就轻易买进或卖出，企图靠碰运气发上一笔。例如，在大盘下行趋势尚未改变之前，许多人为买到最低价，经常去猜测市场的底部，结果是常猜常买常套。高位博傻也是"赌"的一个重要表现。这种投资的指导思想是：不怕自己是傻瓜而买了高价货，只要别人比自己更傻，愿意以更高的价格进货，自己就可以将股票卖给后一位傻子而赚钱。之所以说这种做法是赌博，是因为这种投资策略面临的不确定性太大，因为别人是不是比自己傻谁也说不清楚。而一旦高价股拿到手后没有后来者来接货，后果就将不堪设想。

这正是"高位博傻"这种赌博心理失败的一大典型例证。投资者若抱着赌博心理进入股市买卖股票，无疑是走向失败的开始，在股票市场行情不断下跌中遭受惨重损失的往往是这种人。因为这种人在股市中获利后，多半会被胜利冲昏了头脑，像赌棍一样不断加注，直到输光为止。而在股市中失利后，他们又往往会不惜背水一战，把资金全部投在某一种或若干种股票上，孤注一掷。结果，往往是股价一天天下跌，钱一天天减少，最后落得个"偷鸡不成反蚀把米"的下场。

每个投资者都希望自己买到最低价、卖到最高价，但这种过于完美的生意只存在于人们的幻想之中，因为你"不可能榨干最后一滴萝卜汁"，虽然许多人都在试图这么做——下意识地想从交易中赚到最后一点利润。从某种意义上讲，这种过于完美的要求等于是在说水不解酒、太阳不发光、地球不绕太阳转，而这不仅不现实，而且属于贪得无厌。

常言道："久赌必输。"从事证券投资，光靠运气是不行的，好运气不会永远跟着人走，存有任何侥幸心理所做的投资决定往往都是很危险的，损失也是惨重的。因此，投资者必须克服赌博心态，必须清醒地认识到，任何事物的发展都是有规律的，股市也不例外，虽然股价每日都在波动，但它的波动也是有规律的。要想在证券市场上取得成功，就不能靠侥幸，而必须靠丰富的证券投资知识、操作技巧、超人的智慧和当机立断的决心。透过市场价格不断波动的现象，把握股价走势规律，理性决策，这样才能在证券市场上取得成功。

股市上的胜利者往往具有高瞻远瞩的眼光和过硬的心理素质，能透过种种现象看本质，不抱"随便"和从众心理，并让每一次决定都源于深思熟虑。而这种平和淡然的心态，正是股海中人最难得的优势。